아들에게 들려주는
4차 산업혁명
이야기

The story of the Fourth Industrial
Revolution shared with my son

KB205267

아들에게 들려주는 4차 산업혁명 이야기
(4.0 Baraker)

초판 1쇄 발행
2021년 3월 31일

지은이 박원희, 박시은
펴낸곳 거꾸로미디어
펴낸이 박병기
편집디자인 컬러브디자인
인쇄 예원프린팅
후원 킨티브, 미래교육플랫폼, 굿뉴스스프레더스, 백호진
출판등록 2017년 5월12일 제353-2017-000014호
연락처 031) 242-7442
홈페이지 http://microcollege.life / http://gugguro.com
전자우편 admin@ebpss.page / gugguro21@gmail.com
카카오톡 ID gugguro

ISBN 979-11-971750-4-6

아들에게 들려주는

4차 산업혁명 이야기

The story of the Fourth Industrial
Revolution shared with my son

박원희, 박시은

거꾸로미디어

추 천 사

급변하는 시대를 살아가는 크리스천 입장에서 큰 고민과 숙제가 있습니다.
혼란스러운 시대에도 변하지 않으시는 하나님의 사랑과 그 하나님에게서 나오는 절
대 진리를 잘 전수해 주어야 하는 숙제입니다. 이런 점에서 저자 박원희 목사님의 애
쓰심과 수고가 귀하고 아름답습니다. 저자는 4차 산업 혁명이 만드는 세계 안에 필요
한 그리스도인의 능력은 여전히 복음의 능력이며 자기중심성에서 벗어난 착한 사람
이라 말합니다. 복잡한 시대를 살아갈 다음 세대 자녀들을 어떻게 양육해야 할지를
저자와 아들 시은이의 대화를 통해 배울 수 있습니다. 4차 산업 혁명에 대한 그리스
도인의 답변을 알고 싶은 분에게 이 책을 추천합니다.

이찬수 목사 분당우리교회

이제 곧 두 돌을 맞는 외손녀의 재롱을 볼 때마다 마음 한켠을 짓누르는 염려를 벗어
낼 수가 없었습니다. 그건 사랑스런 외손녀 주안이가 살아가야 할 미래의 시간에 대
한 두려움 때문이었습니다. 그만큼 우리는 그 어느 때보다도 어둡고 불확실한 미래
앞에 서 있다는 생각이 듭니다.

  박원희 목사님은 이 책을 통해 불안하게만 보였던 미래의 실체를 짙은 안개를 헤치
고 더 잘 들여다볼 수 있는 눈을 갖게 해주고 있습니다. 치료법은 정확한 진단에서 세
워집니다. 그런 의미에서 '아들에게 들려주는 4차 산업혁명 이야기' 책은 이 땅의 많
은 청소년 특히 기독 청소년들에게 구체적으로 시대를 헤쳐나갈 힘을 제공해줄 수 있
을 것으로 기대됩니다. 박원희 목사님이 시은이에게 들려주는 이 사랑의 이야기를 나
도 언젠가는 나의 외손녀 주안이에게 빠짐없이 들려주어야겠습니다.

강윤식 원장 기쁨병원

박원희 목사님은 이 책에서 4차 산업혁명은 인간이 '인공지능 클라우드 플랫폼'을 이용해 '증강세계'를 만들고, 그것은 결국 인간의 공간 확장, 곧 부의 확장에 대한 욕망을 드러내는 것이라고 설명하십니다. 그리고 이러한 세상 속에서 그리스도인은 '바라커'가 되어야 한다고 주장하십니다. 이 시대의 '바라커'는 이 세상의 주인은 예수 그리스도이심을 고백하는 사람입니다. 그리고 '약하고 고난받는 종weak-suffering-servant'의 모습으로 현실을 살아내는 그리스도인일 것입니다. 바라기는 이 책을 통해 4차 산업혁명이 만들어 내는 증강세계 안에서 많은 그리스도인이 주류의 시대 속에서도 비주류의 삶'바라커'을 삶아 갈 지혜와 힘을 얻길 소망합니다.

양석현 교장 샘물고등학교

4차 산업혁명을 설명하는 책은 시중에 많이 쏟아져 나왔습니다. 공학자가 쓴 전문적인 책에서부터 현직에 있는 분들이 쓴 기술서에 이르기까지 이미 수백 종 이상이 있는 것 같습니다. 하지만 목회자가 성경적 관점에서 4차 산업혁명을 이렇게 상세히 이야기하는 책은 처음 봅니다.

책을 읽어보니 저자의 관점이 새롭습니다. 역사적으로 일어났던 여러 번의 산업혁명들을 하나님 나라의 '확장'이라는 시대정신Zeitgeist으로 묶어낸 저자의 탁월한 안목이 놀랍기만 합니다. 책을 읽으며 4차 산업혁명이 가져올 기술적 발전과 문명의 이기에 집중하기보다 하나님의 형상imago dei을 지닌 인간의 행복과 안녕에 더 초점을 맞추게 됩니다. 4차 산업혁명의 기독교적 의미를 이해하고 싶은 분들의 흔쾌한 일독을 권합니다.

최종훈 대표 한국 자산투자 컨설팅

사진기 뷰파인더로 세상을 살펴보다 맨눈으로 볼 수 없는 피사체의 아름다움이 어느 덧 렌즈를 통해 내 필름 위에 나타나기 시작했습니다. 우리나라와 미국의 아름다움을 사진으로 비교하는 작업에 이어 중앙아시아와 몽골을 둘러보며 '이 땅의 주인은 이 땅의 아름다움을 본 사람'이라는 생각으로 그동안 이미지들이 정리될 때 박원희 목사님과 만났습니다. 그동안 사진으로 정리된 내용을 세상과 잘 나누기 위해서였습니다. 그런데 그의 몇 마디 말이 내 기억의 형상들을 단번에 흐트러트렸습니다.

마치 횡과 열을 맞추어 나름 줄 세워 놓았던 쇠막대기들이 강력한 자력으로 엉키는 혼란이었습니다.

그 후 박원희 목사님이 말한 '토브'와 '바라크'의 아름다움으로 우리의 사진은 재정리되고 있습니다. 박원희 목사님이 세상의 질서를 '토브'와 '바라크'로 세우기 위해 그의 아들 시은이와 나눈 4차 산업혁명 이야기책을 출간했습니다. 이 책을 여는 모든 분의 부모와 자녀들이 새로 펼쳐지는 창조주의 아름다운 질서를 4차 산업혁명의 공간 안에서도 누리길 소망합니다.

박원희는 아름다운 목사님입니다.

함철훈 작가 **사진가**

저는 이 책에 나오는 증강세계를 새 시대의 컨텍스트로 생각하고 미래교육플랫폼과 함께 증강학교를 세운 사람입니다. 증강세계는 온라인과 오프라인을 결합한 세계인데 그 세계관이 있는 것과 없는 것은 앞으로 한국 교회와 선교에 크게 다른 결과를 낼 것이라고 저는 생각합니다.

'한국 교회는 과연 증강세계관을 가질 수 있을까?'라는 질문을 하게 됩니다. 만약 새로운 시대를 맞이하며 증강세계관을 갖길 원하는 분이 있다면 이 책을 강력히 추천합니다. 증강세계관이 무엇인지를 명확하게 알려줄 것이기 때문입니다. 오프라인 세계이든, 온라인 세계이든, 증강세계이든, 어떤 곳이든 창조주가 안 계신 곳은 없습니다. '바라커'들이 모든 곳에서 하나님의 사역을 할 것인가, 하지 않을 것인가가 저의 최대 관심사입니다. 이 책을 읽으며 중대한 선택을 하시길 바랍니다.

박병기 교수 웨신대 미래교육리더십

Prologue

이 책은 단순한 4차 산업혁명 기술에 관한 책이 아니다.

이 책은 자연과학, 인문학, 성경적 관점에서

공간확장의 역사를 관통하는 책이다.

필자의 아들에게 어떤 역사적 공간의 변화가 와도 성경적 관점으로

통찰할 수 있도록 세계관을 만들어주고자

아버지의 마음으로 대화한 책이다.

필자의 아들은 4차 산업혁명의 공간 안에서 살아갈 것이다.

하나님의 생명의 복을 받아

그 생명의 복을 흘러보내는 4.0 바라커(4차 산업혁명의 공간 안으로 하나님 나라를 만

들어가는 자)로 살아가길 원하는 소망을 담은 책이다.

내 아들뿐 아니라 이 땅을 살아가는 모든 아들들에게, 딸들에게

4차 산업혁명의 4.0 바라커가 되길 소망하며 쓴 책이다.

일년 동안 아빠의 강의를 들어준 아들, 시은에게 고맙다.

삽화를 그려준 김소라 자매에게도 감사의 말을 전한다.

책 만들기가 어려운 시절,

청소년들에 대한 미래의 소망으로 책을 제련하는

거꾸로미디어의 박병기 대표에게도 감사하다.

모든 만물의 주인은 그리스도이시다.

모든 초연결의 플랫폼의 주인은 주님이시다.

인류가 공간의 확장을 통한 부의 확장과 생명의 확장을 하려고 하는 이유는

하나님이 계신 삼층천과 생명나무를 잃어버린 까닭이다.

공간의 확장 안으로 어김없이 하나님 나라는 이루어진다.

머리되신 그리스도를 통해 모든 공간이 하나님의 생명과 영광으로

가득찬 일은 실패없이 어김없이 수행된다.

그러므로 여전히 믿음은 모든 시대를 이기는 유일한 방법이다.

4차 산업혁명의 공간 안에 여전히 주인되신 그리스도를

이 책을 통해 만나길 바란다.

인간의 행복은 하나님의 영광을 영원토록 즐거워하는 것이기 때문이다.

샬롬.

시은 아빠 **박원희** 목사

이 글의 핵심적 성경 말씀과 단어

"하나님이 자기 형상 곧 하나님의 형상대로 사람을 창조하시되 남자와 여자를 창초하시고 하나님이 그들에게 복바라크을 주시며 그들에게 이르시되 생육하고 번성하여 땅에 충만하라, 땅을 정복하라, 바다의 고기와 공중의 새와 땅에 움직이는 모든 생물을 다스리라 하시니라 하나님이 이르시되 내가 온 지면의 씨 맺는 모든 채소와 씨 가진 열매 맺는 모든 나무를 너희에게 주노니 너희의 먹을 거리가 되리라 또 땅의 모든 짐승과 하늘의 모든 새와 생명이 있어 땅에 기는 모든 것에게는 내가 모든 푸른 풀을 먹을 거리로 주노라 하시니 그대로 되니라 하나님이 그 지으신 모든 것을 보시니 보시기에 심히 좋았더라토브: 복의 상태 저녁이 되며 아침이 되니 이는 여섯째 날이니라" 창세기 1장 27-31절

"우리를 흑암의 권세에서 건져내사 그의 사랑의 아들의 나라로 옮기셨으니 그 아들 안에서 우리가 구속 곧 죄사함을 얻었도다 그는 보이지 아니하시는 하나님의 형상이요 모든 창조물보다 먼저 나신자니 만물이 그에게 창조되되 하늘과 땅에서 보이는 것들과 보이지 않는 것들과 혹은 보좌들이나 주관들이나 정사들이나 권세들이나 만물이 다 그로 말미암고 그를 위하여 창조되었고 또한 그가 만물보다 먼저 계시고 만물이 그 안에 함께 섰느니라 그는 몸인 교회의 머리라 그가 근본아르케이요 죽은 자들 가운데서 먼저 나신 자니 이는 친히 만물의 으뜸프로튜어proteuo이 되려 하심이요 아버지께서는 모든 충만으로 예

수 안에 거하게 하시고 그의 십자가의 피로 화평을 이루사 만물 곧 땅에 있는 것들이나 하늘에 있는 것들을 그로 말미암아 자기와 화목케 되기를 기뻐하심이라"골로새서 1장 13-20절

- 토브Tov는 히브리어로 여러 뜻이 있다. 아름답다, 선하다, 만족하다, 좋다, 복이란 뜻이 있다. 하나님의 만족스럽고 아름다운 상태의 복을 토브라고 한다.

- 바라크Barak는 히브리어로 '복을 주다'라는 뜻이다. 토브의 상태를 유지하기 위한 복인 동시에 더 온전한 토브를 만들기 위해 지속적으로 부어주시는 복이다.

- 바라커Baraker는 히브리어 바라크Barak에 사람을 나타내는 영어접미어 -er를 합성하여 만든 저자의 언어이다. 4.0 바라커 Baraker는 4차 산업혁명의 공간 안으로 하나님 나라를 만들어 가는 자이다.

- 가상세계는 디지털이 만들어내는 오프라인 가상공간이다. 이른바 메타버스Metaverse이다. 추상을 의미하는 메타Meta와 현실 세계를 의미하는 유니버스Universe의 합성어이다. 현실세계는 우리가 살아가는 세계이다. 증강세계는 디지털 가상공간과 현실공간이 만나서 만들어내는 세계이다. 4차 산업혁명은 인공지능 클라우드 플랫폼으로 가상공간과 현실공간을 만나게

하여 증강세계를 만드는 혁명이다.

● 창조는 하나님의 바라크와 토브의 플랫폼이었다. 플랫폼은 서
플라이 체인supply chain과 밸류 체인value chain이다. 하나님의
바라크의 서플라이 체인공급사슬망은 하나님의 영광과 생명을
증가시키는 하나님의 밸류 체인(영적 자산가치 체계)을 갖고 있었
다. 바라크와 토브를 주어야 할 하나님의 형상을 가진 아담의
타락은 이 플랫폼을 잃어버렸고 아담의 후예들은 토브와 바라
크의 플랫폼을 자체적으로 만들기 위해 공간을 변화시켜왔다.
그러나 보이지 않는 형상이신 그리스도를 통해 바라크는 계속
부어졌고, 그리스도께서 십자가에 죽으시고 부활하심으로 모
든 만물을 하나님의 영광과 생명으로 통일(화목)시키는 토브와
바라크의 플랫폼은 완성되었다. 하나님 나라는 하나님 영광의
플랫폼이다. 그리스도는 하늘과 땅의 모든 세계 플랫폼의 주인
이시다. 산업혁명은 생명나무로부터 나오는 영광의 플랫폼을
잃어버린 인간의 부의 확장이다. 여기에는 진정한 행복이 없
다. 인공지능 클라우드 플랫폼이 만들어내는 4차 산업혁명의
증강세계 안으로 복음을 전해야 한다. 4.0 바라커의 시대가 다
가오고 있다.

Contents

공간의 역사와
4차 산업혁명에 대해
이야기하다

이야기 요점 STORY POINT

　산업혁명이란 공간확장의 역사이다. 필자는 역사를 공간, 장소, 하나님 나라로 본다. 로마 시대에는 로마의 길과 지중해를 통한 유럽이라는 공간확대, 명나라와 청나라의 실크로드의 길을 통한 아시아와 유럽의 공간확대, 대항해 시대에는 배를 이용하여 바닷길의 연결을 통한 아시아, 아메리카, 유럽의 공간확대, 1차 산업혁명의 증기기관을 통해 내륙까지의 공간확대, 2차 산업혁명의 비행기, 자동차 등을 통해 세계의 모든 공간을 작은 단위까지 넓히는 공간확대가 이뤄졌다.

　3차 산업혁명은 컴퓨터 윈도우를 통해 세계를 연결하는 첫 온라인의 접촉 세계를 열었다. 4차 산업혁명은 가상공간을 만들어 현실공간과 연결하면서 공간 확장을 한다. 이것을 필자는 증강세계라고 부른다. 4차 산업혁명은 인공지능 클라우드 플랫폼을 통하여 증강세계를 만든 것이다.

공간확장은 기술문명과 과학이 이루어간다. 그리고 이 공간이 등장할 때마다 철학과 예술은 인간다움의 공간을 질문한다. 인간다움의 공간이 장소이다. 공간이 바뀔 때마다 철학적 질문과 답, 예술 또한 바뀐다. 공간 안에서 인간다움의 행복을 만들려고 하는 인간의 공간이 장소이다. 그러므로 공간은 기술이 만들고, 장소는 인문학이 만든다. 하나님 나라는 그 장소 안에 사람만이 있는 것이 아니라 하나님이 들어오시는 것이다. 원래 창조의 공간은 하나님과 사람이 거하는 '하나님 나라'였다. 하나님의 영광과 생명으로 기쁨을 누리는 장소였다. 그것이 하나님 나라이다. 창조 때 생명나무를 통해 부와 생명이 충만했다. 삼층천에 계신 하나님은 사람 안에 들어와 하늘의 공간과 땅의 공간이 영광과 생명으로 충만하게 했다. 그러나 인간은 하나님을 떠나므로 하늘공간과 생명나무를 잃어버렸다. 하나님을 떠난 인간은 공간을 통해 부와 생명의 확대를 이루었고 행복이라는 아름다움을 인문학으로 추구해왔다. 그러나 이러한 인간의 구원행위는 늘 역사적으로 불행했다. 그리스도를 통한 하나님의 나라를 인간의 공간안에 오게하는 하나님의 구원의 행위만이 올바른 장소를 만들어낸다.

　마지막으로는 하나님 나라가 임하는 방식도 달라진다. 지중해의 길을 통한 바울의 선교, 실크로드를 통한 동방교회의 선교, 대항해 시대의 진젠도르프Nicolaus Ludwig Graf von Zinzendorf의 선교운동, 1차 산업혁명 때의 허드슨 테일러James Hudson Taylor의 내지선교운동, 2차 산업혁명 때의 대학생선교운동SVM, 우리나라에 들어온 언더우드Horace Horton Underwood, 아펜젤러Appenzeller, H. G 선교사들의 선교운동은 2

차 산업혁명의 선교운동이었다. 3차 산업혁명 시대에는 미전도 종족 선교운동과 선교 정보화 운동이 일어났고 랄프 윈터Ralph D. Winter 같은 학자들이 쓰임을 받았다.

공간의 혁명에는 세 가지의 변화가 온다. 첫 번째는 플랫폼의 변화이다. 플랫폼이란 서플라이 체인과 밸류 체인의 연결망이다. 지중해와 로마의 길을 통한 플랫폼, 실크로드를 통한 플랫폼, 증기기관을 통한 플랫폼, 자동차와 비행기를 통한 플랫폼, 인공지능과 클라우드를 통한 플랫폼으로 바뀌고 있다. 두 번째는 모바일-모빌리티의 변화이다. 모빌리티는 움직이는 도구의 변화이다. 범선, 갤릭선, 말, 증기기관, 자동차, 비행기, 그리고 모바일 폰인 핸드폰, 드론, 플라잉 카, 자율주행 자동차로 바뀌어 간다. 세 번째는 에너지의 변화이다. 사람의 노동력 에너지, 말이나 동물을 이용한 에너지, 석탄에너지, 석유에너지, 수소에너지, 태양핵융합 에너지로 바뀌어 가고 있다. 네 번째는 공간 안에 주고받은 언어의 변화이다. 언어는 데이터의 축적이다. 그림 언어로 정보를 표현하던 것이 문자언어, 알파벳언어로 정보를 축적했다. 그러다가 근대이후 수학언어로 정보를 축적하다가 4차 산업혁명은 디지털 언어로 정보를 축적한다. 공간의 플랫폼을 유동하기 위해서는 모바일-모빌리티, 에너지, 정보축적의 데이터라는 세 가지의 요소가 플랫폼과 함께 공간을 바꾸어가는 핵심적인 요소이다. 4차 산업은 인공지능 클라우드의 플랫폼 안에서 이러한 요소들을 하나로 연결하는 증강세계이다. 아들과 그 이야기를 나누었다.

아들에게 인간의 길 위의 역사, 공간에 대해서 이야기하다

"바울아, 네가 읽었던 책이 『길 위의 세계사』이지? 왜 그 책 제목이 길 위의 세계사 인지 아니?"

"길을 통해서 세계를 볼 수 있어서 그런 거 아닌가요?"

"그렇지, 똑똑하네. 중3이 되더니만 많이 똑똑해졌네~ 아빠가 세계사를 보는 관점은 세 가지야. 하나는 공간의 역사야. 또 하나가 뭐겠어? 장소로 보는 거야. 마지막으로 하나는 기독교인이니까 무슨 나라로 봐야지? 하나님의 나라로 세계사를 봐야 하는 거야. 즉 아빠는 공간, 장소, 하나님 나라라는 삼중구조로 세계사를 보고 생각해. 성경에 의하면 에덴동산의 아담이 죄를 범하여 하나님께 쫓겨나서 길 위로 가겠지? 그 에덴동산에서 나가는 길이 있는데, 에덴동산의 동쪽에 길이 있거든? 그것은 아니?"

"네"

"하나님이 에덴 동편에 문을 여시고 인간은 그 길로 출입을 했어. 아담은 생명을 먹고 에덴 동편으로 길을 떠나 하나님과 더불어 생명을 불어넣어야 했어. 원래 인간의 길은 생명의 길이야. 그래서 에덴동산의 동편의 길을 떠나 세상에 생명을 불어넣어 하나님 나라를 아담이 만드는 거야. 하나님의 영광과 생명이 넘쳐나는 곳이야. 그런데 인간이 타락하여 하나님께서 에덴 동편 길로 추방하시는데, 인간은 생명이 아닌 선악과를 먹은 상태로 추방을 당해. 하나님께서 아담과 하와를 추방하시고 에덴동산의 생명나무의 길을 닫아버리셨지."

"어이구, 인간의 불행이 시작되는 길이군요."

"그렇지! 그런 후에 길 위로 걸어가는 인류의 역사가 만들어지는데, 생명나무 없는 길 위의 역사가 이루어져. 에덴동산에서 추방당한 인간은 그 길을 따라 자신의 나라를 만들어가. 그것이 공간이야. 인간의 길 위의 역사는 공간 창출을 위한 역사야. 예를 들어, 인간이 수레를 발견하여 자신의 공간을 넘어 다른 공간을 공격하여 자신의 공간으로 만들어내. 로마의 길, 실크로드의 길, 대항해의 길, 이 모든 길 들을 통해 인간은 땅의 공간을 넓혀나가지. 이른바 사업을 확장하고 욕망을 확장해. 그러려면 공간을 확장해야 해. 인간은 길을 통하여 공간을 확장하고 자신의 공간을 지배하려고 하지. 인간이 바벨탑에서 자신의 거대한 공간을 만들었을 때 하나님은 인간을 흩어버렸어. 각자의 길로 떠났는데, 이제 인간은 그 길로 욕망의 공간을 다시 만들려고 하는 거야. 그러므로 인류의 역사는 공간과 공간의 충돌이야. 이것을 문명의 충돌이라고도 해. 공간의 충돌을 통해 자신의 더 큰 공간, 욕망의 공간을 만들려고 하는 거야. 이것이 인류의 역사이지.

인간은 하나님의 나라 대신 자신의 나라의 공간을 창출해. 다른 민족이나 족속들의 공간을 지배하여 자신의 공간을 만들어 내버리는 거야. 이것이 개인이나 기업, 민족 안에서 일어나는 공간의 충돌이야. 그 공간의 충돌, 생명나무를 잃어버린 인간의 욕망의 충돌이 역사 안에서 끊임없이 일어나는 거야. 아빠가 길 위의 세계사를 읽으라고 한 것은, 인간의 수많은 길, 즉 로마의 길, 실크로드의 길, 대항해의 길, 철도의 길, 비행기의 길 그리고 컴퓨터의 길을 통해 어떤 공간을 만들었는지를 보라고 읽어보라고 한 거야. 책을 읽어보니 세계사가 공간의 눈으로 보여졌는지 모르겠다."

"지금 아빠의 이야기를 들어보니 좀 더 명확해지는 것 같아요."

아들에게 인간의 길 위의 역사, 장소와 하나님 나라에 대하여 말하다

"이제 장소에 대해서 말해줄게. 장소의 역사라는 것은 뭐냐면, '공간이 열리면 그 속에 인간은 어떻게 행복할 수 있을까'라고 생각하는 것이 장소의 역사야. 예를 들어서, 하우스house는 집이지? 홈home은? 하우스와 홈이 다르지? 하우스는 뭐냐면 집, 즉 건축의 의미로서의 집이고, 홈은 가족이 살아가는 집이지. 하우스는 공간 또는 스페이스 space이고 홈은 장소 즉 플레이스place야. 예를 들어, 중국에서 장제스 총독하고 붙은 중국의 공산당 지도자가 누구야?"

"쑨원 아니에요?" "아니지 쑨원은 장제스 쪽이고, 모택동이지. 마오 쩌둥 아니야?" "아, 네"

"마오쩌둥毛泽东, Máo Zédōng하고 장제스蔣介石, Chiang Kaishek가 어떻게 싸웠냐면, 장제스는 전선이라는 것을 만들어 이 지역을 점령하면 장제스의 지역이 되고, 이 지역을 뺏기면 마오쩌둥의 지역이 된다고 생각했어. 중국을 지리적 공간개념으로 이해한 거야. 처음에는 마오 쩌둥공산당이 장제스의 국민당에게 밀려. 그래서 고난의 행군을 해. 이 것을 대장정이라고 말해. 1만 2천 킬로미터라는 먼 길을 행군하는 것이지. 이른바 퇴각하면서 걷는 거야. 알지? 고난의 행군을 할 때 마오 쩌둥의 전략이 뭐냐면, 백성들의 마음을 얻는 거야. 그래서 마오쩌둥의 공산당원들이 민간인을 괴롭히거나, 민간인의 밥이나 가축을 훔치면 그 자리에서 뭐 했겠어?"

"사형"

"그렇지, 사형을 했어. 그래서 '우리는 인민을 위한 군대야'라는 인식을 그 고난의 행군을 통해 중국 인민들에게 심어준 거야. 그런데 장제스의 국민당의 군대는 공격을 하면서 농가에 가서 닭도 잡아먹고 하면서 농가에 피해를 준 거야. 그런데 이 중국의 백성들이 공산주의가 뭔지 민주주의가 뭔지를 어떻게 알겠어. 그런데 사람을 대해보니까 공산당 사람들이 더 좋은 거야. 그러니까 마오쩌둥은 사람, 인민의 마음을 얻은 거야. 장제스의 군대에 쫓겨 공간을 잃어버리고 도피를 하였지만, 인민의 마음을 얻게 된거야. 장소를 얻은 거지. 결과적으로 마오쩌둥은 중국이란 대륙을 장소의 개념으로 본 거야. 마치 우리가 어떤 민족의 공간을 하나님 나라라는 개념으로 보는 것과 동일한거지.

그런데 이때 일본 군대가 쳐들어와. 장제스와 마오쩌둥은 일단 일본이라는 외세가 들어왔으니까 우리가 힘을 합치자라고 해서 공산당과 국민당의 합작이 이루어져. 그러면서 마오쩌둥은 중국 인민의 마음을 더욱 확실히 얻은 거지. 마오쩌둥은 사람의 마음을 얻었으니까 장소 place의 개념의 경영을 한 것이고, 장제스는 중국의 땅을 지배하려고 했기에 공간space의 경영을 한 거야.

오해는 하지마. 마오쩌둥은 6.25 전쟁 때 중국군을 보내어 우리나라의 많은 군인들을 죽게 한 인물이야. 존경할만한 그런 인물은 아니야. 아빠가 말하는 것은 공간과 장소를 바라보는 역사적 관점에 대해서 말하는 거야. 공간space의 지배자가 되면 안 되고 장소place의 지배자가 되어야 해. 장소의 지배자는 마음을 얻는 거야. 시진핑 중국 주석하고 미국의 대통령 트럼프가 4차 산업 공간 때문에 관세라는 카드를 들고 무역전쟁을 했잖아.”

“네”

“이것은 공간의 충돌인데, 시진핑 주석이나 트럼프 대통령은 온 인류의 마음을 얻지 못해. 공간space을 지배하기 위한 전쟁인데, 장소place에서 실패하는 전쟁이야. 이런 전쟁은 인류의 행복에 저해가 돼. 공간의 창출이 아닌 장소의 창출이라는 역사의 개념을 가져야 해. 아빠가 중앙아시아 카자흐스탄과 키르키즈스탄에 갔을 때 시진핑 주석이 일대일로一帶一路, One Belt and One Road를 하고 있었어. 이른바 중국에서 유럽까지의 실크로드를 통해 중국의 새로운 공간을 창출하겠다고 만든 중국의 꿈, 중국몽中國夢이야. 카자흐스탄에 도로를 건설하는데 중국의 장비, 중국의 인력, 심지어는 음식까지 중국에서 공수하여 먹는 거야. 그러니 현지인들이 아빠에게 중국 욕을 하는 거야. 그래서 아빠는 ‘이 일대일로는 실패다’라고 생각을 했어. 장비와 인력, 음식을 소비해주어야 그 나라의 경제가 살아나는 건데, 모든 것을 중국의 장비와 인력으로 하고 나중에는 그 도로 건설에 대한 댓가를 얻어내는 거지. 그것은 일대일로가 아니라 중국의 패권이야. 그것은 공간이야.

이런 것을 보면 시진핑의 인물 됨됨이는 모택동이나 등소평보다 못한 인물이지. 그러니 일대일로가 되겠어?

공간을 창출하는 길은 인간의 행복에 관한 장소의 질문으로 마무리 되고 말아. 예를 들어, 알렉산더 대왕이 인도를 정복하는 공간을 창출 했지만 끝내 남는 것은 헬레니즘이라는 예술과 문학이었어. 그것은 공간 가운데서 인간이 끊임없이 행복을 추구한다는 뜻이야. 즉 장소 를 만드는 거야, 나중에 말하겠지만 기술은 공간을 만들고 인문과 예 술은 장소를 만들어. 즉 기술로 이뤄낸 공간변화는 끝내는 장소에 대 한 질문, 즉 인문학적 질문으로 마쳐지는 거지. 그런데, 기독교인들이 이런 인문학적 질문에서 한 걸음 더 나아가 공간과 장소를 뚫고 들어 오는 하나님 나라의 시각에서 역사를 봐야 해. 우리가 드리는 주기도 문에서 '나라가 임하옵시고'라고 기도를 하는 것은 그것이 우리가 역 사를 보는 시각이라는 거야. 인간들이 새로운 공간을 만들어 낼 때 하 나님은 그 안에 생명 되신 그리스도를 통해 만들어내는 하나님 나라 를 만들어 가시지. 그러므로 우리 그리스도인은 하나님 나라의 관점, 복음의 관점에서 공간, 장소를 보아야 해.

예를 들어, 대항해 시대를 통해 바다와 육지가 이어지고 서유럽과 아 시아가 이어지는 새로운 공간의 시대에 진젠도르프 같은 평신도를 통 해 선교운동이 일어났어. 그는 대항해의 길이 인간의 탐욕과 정복, 식 민지라는 공간의 길이 아닌 복음의 길이 되도록 했지. 사도 바울은 로 마의 길을 통해 복음을 전했어. 그러므로 우리가 4차 산업을 배우는 것은 4차 산업을 통한 공간, 장소 안에서 어떻게 복음을 전할지를 고민하기 위해서야. 그리고 이 공간과 장소가 네가 살아가는 세상이란다."

"네"

"세 가지 관점으로 역사를 봐야 하는데, 아빠가 볼 때 첫 번째는 공간space의 역사로 봐야 해. 오늘날도 그렇고 앞으로도 공간이 어떻게 열릴 것인가를 이야기할 텐데, 일단은 공간을 살필 줄 알아야 하고, 그 공간의 역사 위에 장소place의 역사를 살필 줄 알아야 해. 공간의 역사는 기술혁명의 토대 위에 일어나. 그러므로 자연과학을 잘 이해해야 해.

장소의 역사를 살필 줄 아는 능력은 인문학적 능력이야. 그 위에 하나님 나라의 눈을 갖는 것을 신앙의 눈, 신앙의 힘이라고 해. 그런데 우리나라 기독교는 아직 공간에 대한 이해와 장소에 대한 이해가 부족하고 하나님 나라에 대한 이해도 부족한 것 같아. 4차 산업이라는 산업구조의 섭리는 궁극적으로 하나님의 자연섭리 통치의 일부분이야. 자연섭리란 창조세계를 통치하시고 하나님의 목적에 맞게 인도하시는 것을 말해. 자연섭리를 보통 일반은총이라고도 해. 이런 자연섭리를 모른다는 것은 하나님의 통치를 모르고 있다는 것과 동일해. 이러한 자연섭리 안에서 구속의 섭리, 즉 하나님이 구원해나가시는 섭리를 이해해야 해. 그러므로 공간과 장소라는 자연섭리의 이해 가운데 하나님 나라라는 구속의 섭리를 보아야 해.

하나님은 공간과 장소라는 자연의 섭리 가운데 하나님 나라라는 복음이 흘러 들어가도록 일을 하시지. 세상 사람들은 공간에 대한 이해는 있거든? 그런데 인문학자들은 장소의 이해를 통해서 역사를 봐. 그런데 그 위에 더 고차원적인 것이 하나님의 나라야. 하나님의 나라는 땅 위의 역사가 아니라 하나님의 역사이기 때문이지. 그런데 이 하나님 나라의 이해를 가지고 역사를 통찰하는 힘이 없기 때문에 그리스도인들이 역사를 해석하는 능력이 없어. 그러니까 세 가지의 관점으로 역사를 읽어야 그 속에 있는 너의 인생도 읽을 수 있어. 그래서 공간이나 장소가 널 지배하는 것이 아니라 복음이 너를 이끌어내는 삶이 되도록 해야 하는 거야.

그러면 『길 위의 세계사』를 보자. 이 책은 인류탄생부터 시작해서 어디까지 나오지? 우주 길을 잇는 역사까지 나오지? 아빠는 이 책이 네 수준에 맞을 거라고 생각해."

아들과 공간의 역사에 대하여 이야기를 나누다

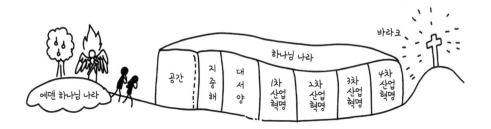

〈공간의 역사와 하나님나라〉

"네가 읽은 책을 보면, 첫 번째 '호모 사피엔스'. 이거는 안 외워도 돼. 인간이 유목민족에서 농경사회를 통하여 정착을 했다는 것, 즉 농경을 통하여 공간을 창출했다는 것이 중요해. 공간은 서플라이 체인과 밸류 체인을 만들어, 즉 공급체계와 가치체계를 만들어 시장경제가 일어나는 거야. 서플라이 체인은 그것을 생산하기 위한 연결망이야. 농사를 지으려면 씨앗, 관개수로, 농기계, 노동력 등 필요한 것이 있겠지? 이런 것을 서플라이 체계라고 하지. 밸류 체인은 생산된 것이 가치를 만들기 위해 연결된 망이야. 쌀이 생산되면 다른 나라에 팔아 소금을 사 올 수 있고, 다시 소금을 팔아 부의 가치를 확대하지. 부의 확장을 위한 연결망이 밸류 체인이야.

사냥하는 유목민일 때는 하루하루 사냥하고 살면 되는 거야. 그러나 농경사회가 되면 정보가 축적이 되는 거야. 언제 어떻게 농사를 지어야 하고 잉여물들을 어떻게 처리해야 하는지에 대한 데이터가 생기는 거지. 그러면서 물건을 서로 교환하고 생산하는 공급체계와 가치체계 사슬이 열려, 이것이 공간이 만들어내는 모습이야. 이게 1단계야. 두 번째가 뭐냐면, 히타이트족이지.”

“네, 정복하는 거요.”

“그렇지. 길을 따라서 전쟁을 하는 거지. 그래서 이 농경사회가 다른 농경사회를 지배하기 시작했지. 이것이 인류의 역사인데. 이 책에서 빠진 것이 알렉산더 대왕의 길이야. 알렉산더 대왕Alexander the Great은 알지?”

“네, 알아요.” “그리스의 문명과 인도 문명이 접목되는 것을 뭐라고 하지?” “헬레니즘이요.”

“맞아, 헬레니즘이라고 해. 이 첫 번째 육로의 길을 따라 공간과 공간이 더 큰 공간으로 확대되는 거야. 히타이트족이 정복을 통해 공간 확장을 한 것처럼, 그리스의 알렉산더 대왕은 인도 정복을 통해 공간 확대를 해. 공간을 확대한다는 것은 밸류 체인과 서플라이 체인이 확대된다는 것을 뜻해. 쉽게 생각해봐. 스타벅스, 맥도날드 같은 가게들은 전 세계에 있어. 세계를 공간으로 해서 밸류 체인과 서플라이 체인을 만드는 거야. 부자가 되고 싶으면 공간창출 능력을 가져야 하는 거지. 이것이 세계를 제패한 국가들의 특징이야. 그런데 알렉산더 대왕

이후의 역사를 보면 로마의 길이지? 로마의 길은 로마에서 예루살렘까지의 길이고 지중해의 바닷길이야. 로마가 어떻게 길을 만들었는지 로마의 길에 대해서 아빠한테 설명해줄 수 있겠어?"

"지중해를 둘러싼 나라들을 정복해서 '모든 길은 로마로 통한다.'라고 했어요."

"그렇지, 모든 길은 로마로 통한다는 것은 어떤 의미를 가지고 있을까? 로마로부터 시작해서 예루살렘까지 길이 열려. 그리스와 니케아를 거쳐서 예루살렘까지 이렇게 길이 있어. 또 예루살렘으로부터 독일의 트리어까지, 더 나아가서 배로는 영국까지 앵글로색슨족까지 로마가 길을 열었어. 엄청난 길이지. 이 길이 열리면 어떤 일이 일어날까?"

"다양한 문화가 만나게 돼요."

"아빠가 첫 번째로는 공간으로 역사를 본다고 했지? 우리 일상에서 공간이 확대되는 것을 어떻게 볼 수 있을까? 예를 들어, 우리가 KTX를 타면 부산에서 서울까지 2시간 30분이면 갈 수 있어. 예전에는 2박 3일이 걸렸던 것을 2시간 30분의 공간으로 연결한 거야. 공간의 역사가 열린 거지. 왜 인간은 공간의 역사를 열려고 했을까? 다시 말하면, 로마는 왜 공간의 역사를 열려고 했을까?"

"더욱더 효과적으로 이동하기 위해서요?" "앞에서도 말했지만, 다시 한번 정리해서 말할테니 잘 들어봐. 길을 여는 것은 두 가지야. 군사를 보낼 수도 있지만, 수많은 밸류 체인value chain과 서플라이 체인 supply chain을 만드는 거야. 서플라이 체인은 수요망과 공급망을 조절하는 물류체계를 말하는 거야. 밸류 체인은 이러한 물류의 교환을 통하여 부가가치, 즉 이윤이 남겨지는 체계를 말해. 이러한 서플라이 체인과 밸류 체인을 구성하는 것을 플랫폼이라고 해. 공간의 플랫폼의 목적은 부의 확장이야. 공간의 역사는 이러한 부의 확장 플랫폼이 등장하는 거야. 4차 산업혁명 때만 플랫폼이 등장하는 것이 아니고 인간의 공간역사마다 플랫폼이 등장해. 공간확대는 플랫폼의 확대야. 이것을 명심해야 해. 플랫폼이 만들어지면 그 서플라이 체계와 밸류 체계를 구동시키기 위한 수단이 변화되는 거야. 즉 공간의 플랫폼을 구동시키는 움직이는 수단들이 변화된다는 거지.

첫째는 화폐야. 다른 말로 하면 금융이야. 플랫폼의 변화는 화폐가 바뀌는 거야. 지금 달러가 기축통화가 되어있지? 그것은 미국 중심의 플랫폼이 형성되었다는 뜻이지. **두 번째는 통신수단이야.** 언어가 바뀌는 거야. 지금 우리나라에 가장 많은 학원이 영어학원이지? 이 말은 미국 중심의 공간 안에 살아간다는 뜻이야. **세 번째는 비행기, 자동차 등 공간을 이어주는 모빌리티야.** 지금은 공간을 핸드폰이 이어주고 있지? 이러한 모빌리티가 바뀌어지는 거야. 그 모빌리티에 필요한 에너지가 요구되는 거지. 그리고 그 공간에 맞는 기능적 인재를 양성하기 위한 보편교육의 변화가 일어나는 거야. 그러므로 공간의 역사는 플랫폼의 역사이고 거기에는 금융화폐, 통신수단언어, 모빌리티, 에너지, 보편교육의 변화가 등장하지.

산업혁명의 공간변화는 궁극적으로 플랫폼의 변화를 가져오고 그 플랫폼을 구동하는 새로운 수단들이 등장해. 물론 플랫폼과 그 수단들은 함께 공간을 창출하지. 그리고 이러한 공간을 만들어내는 자를 앙트레프레너Entrepreneur라고 해. 나중에 더 충분히 설명해줄게. 너의 이해를 돕기 위해 공간의 변화에 따른 수단들을 아빠가 그림으로 그려보면 다음과 같아.

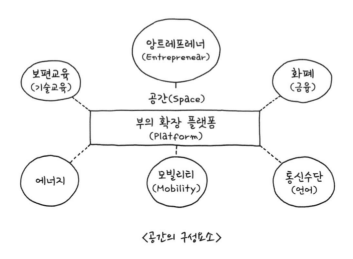

〈공간의 구성요소〉

그리고 그 안에 각 지역의 물류를 공급해주는 공급체계, 즉 서플라이 체계와 그러한 물품을 상호교환할 때 나타나는 부가가치의 밸류 체인이 있어. 밸류 체인은 이쪽 물건이 저쪽으로 가면 부가가치가 생기는 것이지. 과거 로마가 밸류 체인과 서플라이 체인의 중심이 되었던 것이지. 이것을 통해 부의 확장이 로마 중심으로 이루어지는 거야. 사도행전에 나오는 에베소, 고린도는 다 이런 로마의 서플라이 체인, 밸류 체인의 기능을 했던 도시이지. 아빠가 예전에 클레오파트라 Cleopatra 이야기를 했지? 그때 누가 나왔지?"

"안토니우스Antonius요." "그래, 안토니우스와 클레오파트라가 나오는데, 왜 이집트를 로마가 지배하려 했지?" "밸류 체인 때문에요."

"그래, 밸류 체인과 서플라이 체인을 구축하기 위해 이집트를 공격했는데, 이집트가 어떠한 곳이라고 했지 아빠가? 무슨 지대? 요셉이 애굽에 왜 내려갔지? 요셉이 꿈을 해몽한 게 뭐야? 7년 풍년이 들고 7년 흉년이 들었던 꿈을 해몽했지? 그래서 주변에 있는 모든 사람이 무엇을 구하러 온다고 했지?"

"곡식" "그래, 곡식. 그러니까 이집트는 곡창지대야. 예로부터 나일강이 범람하는 지역은 지중해의 곡창지대야. 식량을 공급하는 곡창지대라는 거지. 얼마 전 중국이 돼지 콜레라 때문에 돼지가 다 죽었지?"

"응" "중국 사람들은 돼지고기를 많이 먹는데, 지금 돼지 가격이 4배 폭등했어." "아, 진짜요?"

"그래서 이제 돼지를 수입해와야 하는데, 미국과 브라질에서 수입을 해. 브라질에서는 돼지고기가 들어오는데, 미국의 돼지고기를 시진핑 주석이 수입을 해주지 않아. 미국의 농경지역을 팜벨트라고 부르는데, 그곳이 전 미국 대통령인 트럼프의 지지지역이야. 여기서 옥수수하고 돼지고기를 팔아야 하는데, 안 파니까 중국의 인민들, 미국의 시민들이 둘 다 죽어 나가는 거야. 트럼프와 시진핑의 '공간을 위한 관세전쟁' 때문에 이런 일이 생기는 거야. 로마가 이집트를 정복하려고 하는 것은 곡창지대에 있는 이 농산물을 로마까지 들고 가려는 거야. 그리고 전쟁을 하면 배급이 중요해. 군인들이 전쟁에 나가면 보급부대가 따르고 그 뒤로는 장사꾼들이 따라가. 돈 되는 것이 없는가 해서 따라가는 거지. 그런데 군인들의 배급에 필요한 것이 무엇이겠니?"

"곡식" "그렇지, 배급이 되어야 하는 거야. 보급로가 확보가 되는 거지. 예를 들어, 옛날에 전쟁이 일어나잖아? 수양대군이 100만 대군이라고 이야기할 때 진짜 군대는 20만이고, 나머지는?"

"보급해주는 사람들이 80만이라고 했어요." "그래, 그중에 한 2-30만은 보급을 하는 보급군대야. 즉 장사하는 사람이지. 100만 군대가 다 군인이 아니라 뒤에 서플라이 체인과 밸류 체인을 가지고 있는, 전쟁수행을 돕는 사람들이 따라오는 거야. 보급품이 떨어지면 철수해야 하니까, 추운 겨울이 오기 전에 전쟁을 끝내야 하기 때문이지. 남한산성 읽어 봤어?"

"응" "남한산성 안에 갇혀서 겨울을 보낼 때 밥이 없으니 문을 열 수밖에 없었잖아. 백성들이 죽어가니까 식량보급하는 서플라이의 길이 막힌 거지." "그러니까 모든 길은 로마로 통한다는 것이 공간과 관련된 것이지? 로마는 바다를 장악한 것 즉 지중해를 장악한 것이고, 이를 지중해 문명이라고 부르는 거야. 바티칸에 놀러 갔을 때 지중해 문명을 봤지? 그리고 로마에 갔을 때 지중해 문명의 최고봉을 콜로세움이라고 했었지? 고린도식 양식, 이오니아식 양식, 로마식 양식의 기둥들로 1-4층으로 지어졌다고 했잖아"

"맞아요."

"그러니까 콜로세움은 지중해 문명의 최고봉이고 그리고 그것을 건축할 때 유대인들이 잡혀와서 동원되었다고 했지? 지중해 건축물은 화려한 건축물이야. 거기서 공간의 문명이 창출되었는데, 그중에서 이 로마의 길이 과연 인간의 행복인가? 이게 진정한 행복인가를 생각하는 것이 인문학자의 임무야. 로마시민들은 전쟁에서 이긴 후 그 밸류 체인과 서플라이 체인으로 부를 누리지만 대부분 지역의 사람들은 노동력을 제공하는 노예가 되는 거야. 이것이 과연 행복한 공간인가? 이런 고민을 인문학 성찰을 통해 해야하는 거야. 기독교인들은 기독교 인문학, 어려운 말로 철학적 신학을 통해 고민해야 하는 거야.

공간의 역사 안에서 인문학적 역사로 넘어가는 것이 장소의 역사이고, 사도 바울은 이 로마의 길을 통하여 복음을 전하러 갔지? 이것이 하나님 나라의 일들이 되는 거야, 이해가 되지? 그래서 공간의 확장 속에 부의 플랫폼이 생길 때 그것이 과연 인간이 행복한 플랫폼인가를 묻는 것을 인문학이라고 하고, 행복한 플랫폼을 만들려고 하는 것이 장소야. 여기에 정치, 예술, 철학이 등장하고 인문학적 교육이 나타나는 거야. 물론 정치 영역에서도 부의 공간을 확대하려는 정치가 있지만 정말 사람이 행복한 길을 구현하려는 정치도 나타나는 거야. 교육도 그 공간을 유지하려는 기능적 교육 혹은 보편교육이 나타나지만, 그 공간 안에서 인간이 행복한가를 묻는 진정한 인문학 교육이 나타나는 거야. 이렇게 공간에서 살아가는 인간의 인간됨, 인간의 행복에 대해서 말하는 사람을 아빠는 멜랑콜리커Melancholiker라고 불러. 이 부분도 나중에 충분히 설명해줄게. 장소의 역사적 관점에서 그 방법들을 그림으로 나타내면 다음과 같아. 아빠가 그려볼게 ”

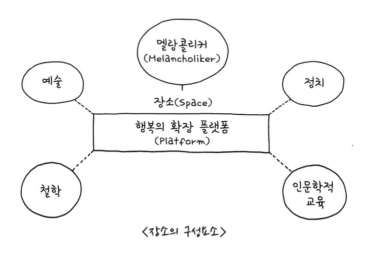

〈장소의 구성요소〉

"네, 쉽게 이해돼요."

"그리고 이 공간의 확대와 장소의 변화 가운데 진정한 최고선이신 하나님을 전해주고자 하는 복음을 전하는 하나님 나라의 선교전략이 바뀌어져. 바울의 선교, 모라비안 선교운동, 내지 선교운동, 해안가 선교시대, 대학생 선교운동, 종족 선교운동, 정보화 선교운동 등이 나타나는 거야. 원래 창조 때 하나님이 만드신 공간은 사람이 만들어지면서 장소가 되고 하나님이 동행하면서 하나님 나라가 되는 거야. 그리고 이러한 하나님 나라를 만들어가는 사람을 바라커라고 아빠가 지었어. 바라크는 히브리어로 "복을 주다"라는 뜻인데, 여기에 사람을 뜻하는 -er을 붙여서 바라커라고 지었어. 바라커Baraker는 복을 주는 자, 복음을 주는 자야. 4차 산업혁명의 시대에 복음을 전하는 자들, 하늘 복을 주는 자들을 아빠가 4.0 바라커라고 하는 거야. 이것도 그림으로 그려볼게."

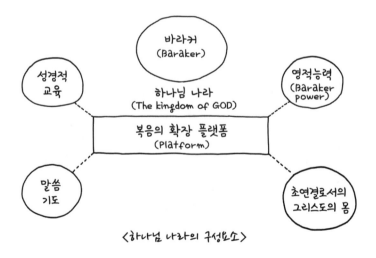

〈하나님 나라의 구성요소〉

아들에게 들려주는 4차 산업혁명 첫 번째 이야기

"아주 쉽게 이해가 되어요."

"그러니까 공간, 장소, 하나님의 나라의 삼중적 관점으로 역사를 볼 줄 알아야 되는 거야. 너의 역사를 보는 눈이 공간을 잘 살피는 눈이 되면 비즈니스맨이 될 수 있어. 왜냐하면 이 공간의 서플라이 체인과 밸류 체인이 어떻게 만들어질까를 간파해 버리면 그 공간 이해를 통해 돈을 벌겠지. 공간을 볼 수 있는 눈을 가져야 돈을 잘 벌 수 있는 거야. 공간의 확장이 부의 확장 플랫폼이기 때문이야. 네가 인문학자가 되려면 그 안에서 인간의 행복은 무엇인가를 생각하는 것, 즉 새로운 장소를 인간들에게 주어야겠다고 생각해야 하는 거야. 그럼 너는 인문학자의 눈을 가진 거야. 공간 안에 아름다움을 표현하겠지, 그리고 사람을 살만하게 하는 정치를 만들고 인간다움을 추구하는 교육과 공간에 대한 사람다움의 질문을 하는 철학이 생성되는 거야. 그래서 공간의 변화는 장소의 변화이고 인문학의 변화를 가져오는 거야. 그리고 네가 신앙의 눈, 복음의 능력으로 길을 보면 하나님 나라의 사람으로 세워져 가는 것이지. 로마의 길 다음에는 뭐지?"

"중국 비단길이 나와요."

"그렇네. 비단길은 실크로드라고 했지? 이 길은 엄청난 길이야. 너는 1차 산업혁명이 일어나기 전까지 세계에서 가장 강국이 어떤 나라였던 것 같아?"

"송나라요"

"맞아, 중국 송나라야. 당시 GDP가 유럽의 5배가 넘는 강국이었어.
1차 산업혁명 전까지는 중국이 가장 강국이었어. 그런데 1차 산업혁
명을 거치면서 세계최강이 영국, 미국 등 서양으로 바뀌는 거야. 실크
로드를 봐. 베이징에서부터 한반도로 평양까지 들어오지? 개성까지
들어오고 한성까지도 들어와. 그리고 베이징을 통해 이 비단길이 베
네치아와 로마와 제네바까지 가는 거야. 엄청난 길이지? 이 길이 세상
에서 가장 큰, 넓고 긴 길인데, 네가 읽은 책에서 빠진 것이 있어. 실크
로드는 육로만 있는 게 아니야."

"바닷길도 있었어요?"

"맞아. 바닷길도 있었는데, 놀랍게도 중국은 이 바닷길을 통해 밸
류 체인과 서플라이 체인을 못 만들었어. 무슨 말이냐면 이 실크로드
의 바닷길을 중국인들이 만들긴 했지만, 굳이 이 바닷길을 통해 플랫
폼을 만들 이유를 느끼지 못했어. 참 안타까운 일이지. 단지 자신들의
과시를 위해서 대항해를 한 거야. 중국 명나라때 정화라는 사람이 유
럽의 대항해 시대 보다 60년 빨리 아프리카까지 30여 개의 나라를 탐
방하며 바닷길을 만들었어. 28년 동안이나 바닷길을 연 거야. 그런데
정화의 대항해는 이 바닷길을 밸류 체인과 서플라이 체인으로 만들지
못했지. 실상 유럽의 대항해 시대를 거치면서 바다의 실크로드의 길
위에 장사꾼들이 제네바 베네치아로부터 시작해서 밸류 체인과 서플

라이 체인을 만들었어. 이때까지 서구가 아시아의 문명을 먹고 살았어. 놀랍지? 도자기 같은 것은 다 중국이나 한국이 만드는 기술이지? 이것이 베네치아에 가서 새로운 자기로 등장해. 세계의 커피잔, 티잔, 티포트 이런 고급스러운 도자기들은 다 영국이나 스페인 이런 나라들 거야. 사실 이것들의 원산지는 중국이라는 것이지. 그런데 지금은 서유럽이 전 세계의 커피잔이나 커피 접시라든지, 식탁에서 쓰는 접시의 서플라이 체인 즉 공급지가 되었지. 문명의 서플라이 체인은 바뀐다라는 거야. 원래 문명은 아시아에서 들어갔지만, 그 문명을 재생산하고 공간 안에 밸류 체인과 서플라이 체인을 만드는 플랫폼을 서양이 먼저 했기에 세계공간을 지배한 거야.

실크로드 공간 안으로 복음을 들고 들어간 것은 동방교회야. 교회는 크게 유럽중심의 서방교회가 있어. 천주교와 우리 개신교야. 그리고 그리스, 소아시아터키 중심의 동방교회가 있어. 이중 실크로드를 통해 복음을 갖고 간 것은 동방교회 중 네스트리안 교도들이야. 아시아에는 경교라고 알려져 있지. 이 이야기를 하면 너무 길어지는데, 당태종이 동방교회를 인정했어. 그 당시에 당나라 안에 교회가 있었어. 신라까지 들어왔잖아. 기독교의 한 분파인 동방기독교 교인들이 어떤 식으로 복음을 이 실크로드 위에 만들어 놨고 그들은 왜 소멸했는지에 대한 이야기를 하려면 길어. 짧게 이야기를 하면 약 2천만 명의 동방기독교인들이 이 실크로드 안에 살았어. 그들은 실크로드 안에 서양에서 중국까지 밸류 체인과 서플라이 체인을 만들어서 자생적 공동체를 만들고 복음을 전했어. 2천만의 동방 그리스도인들이 이 실크로드 안에 밸류 체인을 만들었다는 것이 상상이 가니? 그래서 이 밸류 체인과 서플라이체계를 통해 경제적 자립의 플랫폼을 만들었고, 당나라까지 복음을 전했고, 신라까지 복음을 전한 거야. 즉 세상이 만든 공간의 길, 플랫폼을 이용하여 복음을 전하는 이가 있었다는 뜻이야. 이게 상상이 되니?"

"상상이 안 되요"

"아빠는 중앙아시아에 갔을 때 그 동방교회의 역사적 흔적들에 들어가 봤거든. 자치적 마을을 만들었는데, 2천만이 터키에서부터 당나라에 이르기까지 실크로드 안에 공동체를 만들었어. 수많은 마을과 마을들이 교회 중심으로 세워졌고 이 마을들이 실크로드의 밸류 체인과 서플라이 체인의 연결 안에 있어서 스스로 자생적 경제 공동체가 되었어. 실크로드의 서플라이 체인뿐만 아니라 밸류 체인을 통해서 복음 로드를 만든 거야. 놀랍지 않니?"

"놀라워요."

"아빠가 나중에 이야기하겠지만, 4차 산업혁명의 플랫폼 안에서 수많은 바라크 공동체를 만들고 싶은 것이 아빠의 꿈이야. 그 꿈의 단서는 사실 동방교회의 실크로드 안에서의 복음 전략을 듣고 나서야. 동방교회가 실크로드 위에 복음 플랫폼을 만든 것처럼, 아빠는 4차 산업의 증강세계 위에 복음의 플랫폼을 만들고 싶어. 이것이 아빠가 하나님 앞에 받은 토브하나님이 주시는 선한 복야. 처음에는 그 이야기를 중앙아시아 현장에서 아무 생각없이 들었는데 아빠가 4차 산업혁명에 관한 책을 읽고 글을 쓰면서 4차 산업혁명의 플랫폼을 통한 밸류 체인과 서플라이 체인 속에 그러한 공동체를 전 세계에 만들어야겠다고 생각했어. 그것이 아빠가 꿈꾸는 4차 산업혁명 속의 새로운 선교인 초연결 사회 선교Hyper Connected Society Mission야.

 그들이 어떻게 순교했는지 아니? 어떻게 죽어갔는지 아니? 공부해야 해 시은아. 이런 것을 알아야 네가 살아가는 시대에 복음을 줄 수 있는 거란다. 네가 살아가는 그 공간 속에 어떤 장소의 역사, 어떤 하나님의 나라를 만들어나갈지 생각해야 해. 네가 살아가는 인생 자체가 공간이야. 어떤 사람을 만나고 어떤 학교를 만나는지, 너는 샘물학교를 다니지? 그럼 너는 샘물을 공부하는 공간을 만난 거야. 네가 대학을 가면 또 어떤 공간을 만나게 될 거야. 그 속에서 사람을 만나면서 네 인생이 만들어져 가는데, 공간의 이해와 장소의 이해가 없이 어떻게 네 인생을 풍부하게 만들 수 있겠니. 인간은 어떻게 공간을 만들었는가? 내 인생에서는 하나님이 어떻게 공간을 만들어 가시는가? 우리 민족의 앞으로의 공간은 어떻게 창출해야 하는가? 로마는 로마의 길을, 당나라는 실크로드라는 길을 만들었어. 이 실크로드를 중국 시진핑 주석은 중앙아시아, 동남아시아, 아프리카까지 천문학적 돈을 투자하면서 밸류 체인과 서플라이 체인을 만들려고 해. 그것이 일대일로야. 그것이 시진핑 주석의 중국몽, 즉 중국의 꿈, 인간의 토브야. 그렇다면 이 길에 통용되는 돈은 달러가 되는 게 좋을까? 위안화가 되는 게 좋을까?"

"위안화요." "시진핑은 위안화로 만들고 싶어 해. 그런데 전 세계의 서플라이 체인과 밸류 체인에 통용되는 돈은 달러니 위안화니?"

"달러요."

"맞아, 달러야. 그걸 미국이 허락하지 않지. 그러니 미국이 중국을 위안화 환율조작국이라고 정해서 무역을 못 하게 하고 트럼프 대통령이 이 길을 막으려고 하는 거야. 이것이 자기들의 공간인데 중국이 들어가니까 기분이 나쁜 거지. 시진핑 주석의 일대일로라는 것은 실크로드의 공간 위에서 등장한 거야. 그럼 아빠가 질문하는 것이 무엇이냐면, '우리 민족의 앞으로의 공간 창출은 어떻게 해야 하는가'이지. 우리나라는 전 세계를 향한 밸류 체인과 서플라이 체인의 플랫폼을 어떻게 만들 것인가? 이런 질문을 해야 하는 거야.

시은아, 너는 너의 인생 가운데 어떤 공간을 창출해야 하는가? 이것이 네가 던져야 할 질문이야. 너의 길은 무엇인지를 네가 질문하고 생각해 봐야해. 자신의 공간을 만드는 길이 보이지 않으면 공간을 지배하는 다른 나라나 사람의 종이 될 수밖에 없어. 우리나라가 이러한 공간을 창출하지 못하니 중국, 일본, 미국에 잡아먹히고 그들이 만든 공간의 서플라이 체인이나 밸류 체인의 한 부분이 되어 살아가는 거야. 이게 좋을까? 아니지. 실크로드 다음에는 몽골의 길이 나오네, 몽골은 왜 전 세계를 정복하려고 했을까?" "네, 그런데 동방그리스도인들은 왜 실크로드에서 사라졌는지 이야기를 안 해주시는 거예요?"

"아, 잠깐. 이제 몽골이야기 하면 나와. 잘 들어봐. 왜 몽고가 이 실크로드의 길로 세계를 정복하려고 칼을 빼든 걸까? 몽골제국의 길은 다 실크로드의 길이야. 원래는 이 몽골인들은 유목민인데 중앙아시아에서 물건을 배달해주면서 먹고 살았어. 중간 무역으로 먹고살았던 것이지. 그런데 중앙아시아 사마라칸트 쪽에 있는 부족들이 몽골인들을 얕잡아 본 거야. 몽골인들이 말에 물건을 싣고 중간 무역을 했는데 돈도 떼먹고 얕잡아보고 무시하니까 징기스칸이 열 받은 거지. 그래서 칼을 빼 들고 정복 전쟁을 하면서 땅을 정복해 나가기를 원한거야. 공간의 충돌이 일어나면 꼭 전쟁이 일어났어. 옛날에 영국이 중국에 쳐들어가서 홍콩을 지배했지? 그걸 아편전쟁이라고 하지?"

"네"

"그게 1차 산업의 공간이 확장되는 과정 속에 일어난 중국을 지배하는 전쟁이야. 옛날에는 공간과 공간의 충돌이 일어나면 싸웠어. 스페인과 영국이 대서양에서 싸우지? 대서양의 공간을 지배하려고 하는 충돌이 일어났을 때 기필코 전쟁이 일어나. 1차 세계대전도 똑같아. 그런데 지금은 중국과 미국이 붙었는데 전쟁이 일어났니?"

"안 일어났어요."

"왜 안 일어날까?" "싸우면 다 끝장나기 때문이에요."

"그렇지. 1차, 2차 세계대전을 통해 인간이 경험한거야. 이제 전쟁하면 다 죽는 걸 알았기 때문에, 그래서 칼과 총은 안 들지만, 무역과 기술이라는 새로운 패러다임의 전쟁이 일어난 거야. 알겠니?"

"네"

"몽골이 실크로드를 통해 공간을 확충하면서 서유럽까지 정복을 했어. 징기스칸이 몽골의 공간확장을 하면서 실크로드 안에 복음로드를 만들었던 모든 동방 그리스도인들이 사라지기 시작해. 물론 몽골의 왕후들 중에는 동방교회 그리스도인들을 통해 복음을 받아들인 사람들도 있었어. 그만큼 복음의 능력이 강력했어. 그러나 무슬림들이 이 실크로드 플랫폼을 지배하면서 가차 없이 동방교인들을 죽인 거야. 이것이 동방교회가 흔적도 없이 빨리 사라진 이유야. 교회 역사는 빛과 소금의 역사가 있어. 소금은 순교의 역사야. 이름 없는 역사이지. 이들이 세상 안으로 들어갔을 때 교회는 빛의 역사가 나타나. 초기 선교사들의 순교가 기독교 문명의 빛을 만들어 내지? 한국교회는 초기 선교사들의 소금 같은 삶이 있기에 지금 빛의 역사를 갖고 있는 거야. 그런데 지금은 다들 빛이 되려고 해. 소금이 없지. 소금의 역사가 있어야 빛이 있고, 한 알의 밀알의 역사가 있어야 열매의 역사가 있는 거야. 아무도 동방교회 실크로드의 선교행전을 몰라. 그들의 삼위일체 교리가 잘못 되었다는 비판을 하지만 그들의 선교가 무엇인지, 그들이 만들어놓은 그 실크로드의 소금의 역사가 무엇인지 기억하거나 찾아내려고 하지 않지. 그러므로 우리는 잊혀진 역사를 소중히 여길 줄 알아야 해. 특별히 소금의 역사를 배워야 해."

"네"

"자, 이제 십자군의 길은 무엇인지 말해보자. 십자군이 들어갔던 도시 중 가장 중심 도시는 베네치아야. 모든 십자군 전쟁은 십자군들이 이태리의 제네바와 브린디시, 베네치아라는 항구도시를 통해서 콘스탄티노플로 들어가 예루살렘을 무너뜨리려는 거야. 이 십자군 전쟁이 서유럽에서 일어난 일이기 때문에 아시아에는 안 중요한데, 그러나 십자군 전쟁을 통해 서유럽 안에 서플라이 체인과 밸류 체인이 일어난거야 무슨 말인지 이해가 되니?"

"네"

"전쟁이 일어나면 누가 뒤따른다고 했지? 배급로가 따라가고 장사꾼이 따라간다고 했지? 전쟁을 통해서 문명의 충돌이 일어나고 그 문명의 부가가치 때문에 공급체계와 밸류체계가 일어나. 물론 군대 보급로 때문에도 일어나고. 그래서 문명의 발전이나 공간의 확장사는 전쟁의 역사하고 동일하단다. 십자군도 똑같아. 실크로드와 로마의 길이 있었는데, 서유럽 속에서는 서플라이 체인과 밸류 체인의 길은 없었어. 그런데 십자군 전쟁 때문에 유럽의 각 나라에서 십자군들이 예루살렘으로 가기 위해 베네치아로, 로마로 모여들었겠지. 그래서 영국에서부터 시작해서 서유럽 전체에 터키의 콘스탄티노플까지 향하는 서플라이 체인과 밸류 체인의 길이 자연스럽게 만들어졌어. 이때 가장 많이 돈을 번 도시는 바로 베네치아야. 그래서 베네치아에 문명이 일어나는 거야. 놀랍게도 어떤 한 문명이 일어나는 것은 전쟁을 통해 부가가치를 얻는 문명이야. 베네치아 가봤지? 베네치아는 다 십자군 전쟁으로 인해 일어난 부를 기반으로 만들어진 문명이라는 거지. 그리고 동방의 콘스탄티노플로부터 온 문명들이야. 훔쳐 온 문명들이지. 그리고 르네상스라는 문명은 궁극적으로 십자군 전쟁 때문에 창출되는 문명이기도 해. 이해가 되지?"

"네" "자, 이제 빨리 넘어가 보자. 좀 지루해지지? 대서양은 대항해시대의 발달을 보여줘. 대항해시대까지는 스페인, 포르투갈, 네덜란드 그리고 영국으로 세계의 시민들이 들어가는 거야. 이게 다 길을 만든 나라들인데. 이 전까지는 육로의 길을 만들었지만, 이제부터는 바닷길의 공간이 창출되는 거야. 그래서 대서양을 통하여 아프리카와 유럽과 아시아와 콜럼버스의 미국의 발견을 통한 아메리카라는 대륙의 공간이 바다를 통해 창출되는 것이 대항해시대라는 거야. 이해되지?"

"네"

"그리고 이 대항해시대의 공간을 시간적으로 단축하게 만든 것이 제1차 산업혁명이야. 증기기관 때문이지. 원래 증기기관은 방직기를 만들려고 만든 거야. 유럽은 금이 통화수단이고, 아시아는 은이 주고 받는 통화수단이었지. 우리나라 임진왜란 때 명나라가 도우러 와서 병사들에게 은을 줬지? 우리 조선은 은본위 체제가 아니라 엽전 체제였어. 은을 안 받았지. 그래서 명나라 황제가 조선의 선조에게 은을 통화체제로 바꾸라고 해서 그때부터 우리나라도 은으로 주고받는 일이 일어났어. 지금 달러 가격이 비싸지고 무역전쟁의 위협이 있으니 금값이 올라갔어. 왜 그러냐면 옛날부터 나라와 나라, 민족과 민족 간에 금 본위체제의 화폐통화 가치를 가지고 있었다는 거야. 그 나라의 가치는 금 소유량으로 결정되었어. 그래서 유럽 상인들은 아시아로 가서 은을 팔아 금을 사서 유럽으로 가는 거야. 아시아는 은이 중요했고, 유럽은 금이 중요했기 때문이야. 남미는 금과 은이 중요하지도 않아. 그런데 유럽인들이 남미 식민지 개척을 하면서 금과 은을 수없이 약탈하고 사람을 죽이는 거야.

그런데 세계 부의 가치 기준이 달러가 된 것은 미국이 세계를 정복하면서야. 1, 2차 세계대전이 끝나고 유럽이 망해서 돈이 없는 거야. 미국이 이 돈을 대주겠지? 그러니까 세계 금융의 가치 기준통화를 미국에게 줘버린 거야. 원래는 금하고 달러 가치가 연동되어 같이 갔었는데, 닉슨 대통령이 사우디아라비아하고 짜고 석유를 팔 때 달러로 받으라고 이야기를 한 거야. 전 세계가 석유로 먹고 살아야 하는데, 석유값을 달러로 환산해야 하니까 달러가 기축통화가 되는 거야. 이것이 닉슨과 사우디아라비아가 짜고 친 세계 금융사의 획기적인 사건이야. 그래서 지금까지 달러가 기축통화가 된 거야. 우리나라는 무한정 돈을 찍어도 세계가 받아주지 않지만, 미국은 자신들이 마음대로 돈을 찍어내 세상의 서플라이 체계와 밸류 체계를 조절하는 거야. 이로써 공간확장에 있어서 기술 문명과 금융 문명이 공간 지배세력이 되는 거지. 물론 그 밑바닥에 군사력이 있는 거야. 그러므로 나중에 공간 이해를 위해서 너는 세계 금융사와 금융의 밸류 체인과 서플라이 체인을 배워야 해"

"아~ 네"

아들에게 1-4차 산업혁명에 대해 이야기하다

공간	헬레니즘 공간	지중해 공간	몽골의 공간	대서양 공간	1차 산업혁명 공간	2차 산업혁명 공간	3차 산업혁명 공간	4차 산업혁명 공간
주도 국가	알렉산더 대왕	로마	몽골	스페인, 네덜란드 ->영국	영국	독일 ->미국	미국	?
플랫폼	그리스-인도 플랫폼	이집트에서 영국까지 플랫폼	실크로드 플랫폼	대서양 - 태평양 플랫폼	해안가-내륙 플랫폼	부촌, 촌촌 플랫폼	인터넷 플랫폼	가상공간, 현실공간 플랫폼
화폐	금(금화)	금, 로마화폐	은	파운드화 금	파운드화	달러	달러	디지털화폐
모빌리티	말	갤리선, 마차	말	범선	증기기관차 증기선	비행기 디젤선	컴퓨터 비행기	핸드폰, 인공지능 자율주행 클라우드
에너지	말, 사람의 노동력				석탄	석유	석유 핵에너지	(수소,전기) 태양 핵융합 에너지

〈공간의 변화와 그 수단의 변화들〉

"달러가 기초통화니까 미국은 돈이 필요하면 막 찍어내는 거야. 찍어내도 아무도 안 말리는 거지. 우리나라가 돈을 막 찍어내면 세계가 안 받아주지만, 미국이 달러를 찍어내면 전 세계가 받아줄 수밖에 없어. 달러로 세계 경제를 쥐락펴락하는 것, 이것이 미국의 세계 정복의 금융체제야. 왜 이 이야기를 하는 거냐면, 옛날에 유럽이 아시아에 와서 은을 주고 금을 가지고 돌아가면 이윤이 4배 이상 남겠지? 그러니 로드가 만들어지는 거야. 그런데 무슬림 때문에 실크로드의 길이 막혀 있으니까 희망봉을 통해서 인도로 들어가는 길을 만들려던 거지. 그래서 새로운 공간이 만들어지는 거야. 바다를 통해 육지와 육지의 공간이 창출되었던 대항해시대라는 거지. 여기서 이 공간을 시간적으로 단축하게 만든 것이 1차 산업혁명이고.

증기기관이 없었던 대항해시대 때 복음을 전한 사람이 진젠도로프이고 그는 모라비안 선교운동을 이끌었어. 대항해시대가 열리지 않았다면 진젠도로프의 선교운동이 나오지 않아. 모라비안 지역의 평신도 선교운동인데 이들은 중국까지 들어가서 1년에서 3년씩 기거하면서 복음을 전했어. 그럴 수밖에 없어, 돌아갈 수 없으니까. 배를 타고 돌아가는 것이 너무 긴 기간이니까 한번 들어가면 3년씩 단기선교를 한 거야. 지금까지는 로마의 길, 실크로드, 중세의 십자군의 길, 대항해시대를 통해 공간 창출의 역사에 대하여 이야기했다면, 이제는 공간을 여는 산업혁명의 이야기를 할 테니 잘 들어봐.

1차 산업혁명은 증기기관을 통한 공간 창출이었어. 대항해시대에 열어놓은 바다를 통한 육지와 육지의 공간을 증기선을 통해서 시간을 단축하고 증기기관 같은 기차를 통하여 내륙을 하나의 공간으로 만들어놓는 역사가 일어나는 거야. 네가 잘 아는 중국 선교의 아버지 허드슨 테일러 선교사님도 중국 내륙으로 들어가서 선교를 하지. 그래서 바다와 육지를 이어주는 항구도시 중심의 해안가 선교시대와 안으로 들어가 복음을 전하려고 하는 내지선교운동이 일어나는 거야. 세계열강들이 식민지를 통해 부를 확대해 나갈 때 증기기관은 식민지의 내륙까지 들어가 그들의 물건을 착취하는 공간을 만들어놓았지. 우리나라 철도도 일본이 우리 민족을 수탈하기 위해 만든 공간 확충의 길이야. 즉 1차 산업혁명은 증기기관을 통하여 증기선이나 기차를 통해 내륙의 모든 공간을 창출하게 되었다는 뜻이야. 즉 새로운 공간을 만들어놓는 거지. 우리가 유럽을 여행할 때 유레일 패스를 이용해서 기차를 타고 유럽국가를 자유롭게 돌아다닐 수 있는 하나의 공간이 된 것도 증기기관을 통한 기차의 발명 덕분이야. 즉 새로운 공간이 만들어진 것이지. 그래서 유럽을 여행할 때 기차로 전 유럽을 돌아다닐 수 있는 거야. 지금의 EU라는 하나의 공간이 된 것도 1차 산업혁명의 공간 확충 때문이야"

"오, 맞아요, 유럽여행할 때 기차로 국경을 넘어 다른 도시를 간다는 것이 너무 좋았어요."

"2차 산업혁명의 공간은 뭐냐면, 미국 중심인데, 자동차가 나오고 비행기가 나와. 이 모든 공간이 시간적으로 단축되고 새로운 무역의 실크로드가 하늘에서 열리는 거지. 하늘의 실크로드가 열리고 하늘의 일대일로가 생기는 거야. 자동차를 통하여 이제 모든 공간이 갖고 있는 시간의 거리가 단축되는 거야. 예를 들어, 조선시대에 말을 타고 서울에서 부산으로 가려면 며칠이 걸린 것을 하루 만에 자동차를 타고 갔다 오는 거야. 즉, 공간의 확장이 이루어지는 거야. 부富, wealth라는 것은 궁극적으로 공간의 확장성에 기반을 두게 돼. 예를 들어, 디즈니에서 만든 영화가 전 세계에 상영이 되면 디즈니라는 공간의 확장성이 세계적이 되는 거야. 그것이 부의 창출이야. 자동차를 통한 세계 공간의 창출이 지금까지 이어지는 것이지. 그리고 비행기가 나오니까 전 세계는 하나의 공간이 되는 거야. 여기서 선교적으로는 단기 선교운동이 등장하게 되고 여성들의 지위가 올라가게 되어 여성 선교운동, 대학생 선교운동이라는 것이 생기게 되지. 이것이 2차 산업혁명이 만들어 낸 새로운 공간 안에서 일어나는 일이야. 즉 대량생산 시대가 열리고 부가가치가 높아지니까 여성이나 청년들의 지위가 올라가고 그 부의 확장이 중산층을 양산하게 되어, 선교적 운동이 특권 있는 사람이나 성직자 중심이 아닌 대중들에 의해 진행되는 거야. 그리고 공간 이동성이 쉬우니 누구든 선교할 수 있게 되는 거지. 자동차를 통한 길, 비행기를 통한 길을 통해 새로운 공간이 만들어지고 새로운 선교적 방법이 일어나는 거야.

그 다음에 등장하는 3차 산업혁명은 컴퓨터가 발명되는 거야. 컴퓨터는 윈도우야. 윈도우는 창문이라는 뜻인데, 전 세계를 창을 통해서 보고, 창을 통해서 전 세계가 이야기하게 되는 시대야. 이때 중요한 것은 금융이 초연결되는 세상이 되는 거야. 즉 우리니라 사람들이 해외주식을 하게 되고 미국이 신흥국 시장의 금융을 지배하는 윈도우 공간이 생기게 되는 거야. 여기서 인터넷 몰이 생기게 되고 인터넷 몰을 통해서 윈도우적 물류의 유통이 시작되게 되었어. 이것을 이른바 지식정보사회라고들 말해. 컴퓨터를 통하여 지식을 축적하는 일이 생긴 거야. 그전까지는 종이에 지식을 저장했다면 컴퓨터의 기억장치에 저장하는 거야. 그러나 이때는 아직 가상공간이 아니라 윈도우 공간을 통하여 현실과 현실을 연결하는 공간만 일어나. 3차 산업혁명은 윈도우, 즉 창을 통하여 소통하는 시대야. 사람이 창문을 열고 옆집하고 소통을 하듯 컴퓨터의 윈도우를 통하여 다른 이와 소통하고 정보를 주고받는 시대야. 그래서 정보통신화 시대라고 하지. 그래서 선교적으로는 정보선교라는 것이 생겨. 각국의 선교적 통계를 내보니 위도 10도와 40도 사이에 미전도 종족이 많은 걸 알게 되었어. 그래서 이 정보에 기초하여 복음을 전하자라는 10과 40창윈도위 선교적 전략이 나오게 되지. 이것이 전부 3차 산업혁명의 윈도우 체계 속에서 만들어 내는 새로운 공간의 산물이야.

4차 산업혁명은 본격적인 가상공간이 만들어지는 시대야. 그래서 그 가상공간과 현실공간이 만들어 낸 증강세계가 만들어지는 거야. 이것을 마이크로소프트에서는 증강현실이라고도 하는데, 가상공간과 현실공간이 함께 만나 만들어지는 새로운 공간, 즉 증강현실이라고 해도 되고, 아빠는 그냥 증강공간 혹은 증강세계라고 말해. 현실공간 안에 새로운 가상공간이 들어오기에 현실공간은 증강세계가 되어

버린 거야. 아빠가 말하는 가상세계란 온라인이 만들어놓은 세계야. 그런데 3차 산업혁명 때 온라인은 접촉하는 통신하는 공간이었다면 4차 산업혁명의 가상공간은 실재의 공간이야. 즉 추상적인 공간이 아니라 현실의 세계처럼 사람들이 만나고 느끼고 생각하는 공간으로 진화되는 거야. 이러한 가상세계는 현실세계와 접촉을 하는 거야. 그래서 이 현실세계를 가상세계가 접촉하여 만들어내는 새로운 세계가 증강세계야. 너도 SNS하지? 그런 것을 통하여 전 세계가 서로서로 통화하고 이야기하고 하나가 되는 새로운 공간 창출이 일어나게 되는 거야. 현실공간 안에 새로운 가상공간이 만들어져 증강세계를 만들어내는 것이지. 예를 들어, 네가 줌Zoom으로 공부할 때 줌 안에 들어가면 선생님이 있어. 그 선생님은 가짜일까? 진짜일까? 진짜 선생님은 네가 줌Zoom으로 공부하는 시간에 잠을 잘 수도 다른 일을 할 수도 있지만, 너는 줌 안에서 진짜로 선생님을 만나는 거야. 두 선생님이 존재하는 것이지. 가상과 현실의 선생님이지. 그런데 이 두 선생님은 다른 분이 아니야. 한 선생님이지. 즉 한 선생님이 두 선생님이 되어 세계의 공간을 확장해버린 거야. 이것을 아빠는 증강세계라고 부르는 거야.

가상공간은 끝내는 아바타의 영화처럼 우리가 들어가서 사는 세계가 될 거야. 지금은 가상공간 안에서 영화를 보고 물건을 거래하고 서로 소통하고 교육을 받는 정도로 와 있지만 끝내는 가상공간 안에서 우리는 느끼고 사랑하고 그 속에 집을 짓고 결혼을 하게 되는 일이 생기게 될 거야. 그러므로 인간은 두 세계, 가상세계와 현실세계의 두 세계 안에서 살아가며 그것을 통하여 새로운 공간을 만들어내는데 그것이 증강세계야. 이러한 증강세계를 통해 인간은 부와 생명의 확장을 이루는 밸류 체인과 서플라이 체인이라는 플랫폼을 끊임없이 가동하고 확장시킬 거야. 이러한 가상세계와 현실 세계를 인공지능 클라우드 플랫폼을 통해 하나로 통합하는 서플라이 체인과 밸류 체인을 만드는 것이 4차 산업혁명이야. 이것은 이제 하나의 물리적 공간이 아니라 어디에 있든 전 세계를 가상세계 안에 연결하는 초연결 사회가 되게 했고 초연결 사회는 가상과 현실의 증강을 끝없이 만들어내는 거야. 이것이 4차 산업혁명이야.

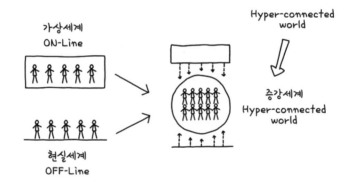

<4차 산업혁명은 증강세계가 진짜 세계이다>

아빠가 미얀마 음악학교에 기숙사를 건축하는 일을 할 때 미얀마에 있는 선교사님들과 카톡으로 화상회의를 하거나 전화통화 회의를 해. 그리고 건축 진행과정을 모니터링하지. 이것은 내가 미얀마라는 공간

에 없어도 미얀마 선교를 하게 되는 거야. 어디에서 미얀마 선교를 하냐면, 가상공간에서 미얀마 선교를 하고 있는 거야. 이것이 현실공간과 만나 증강세계가 되어 움직이는 거야. 즉, 현실에서 기숙사가 계속 건축되고 또 가상에서, 다른 말로 하면 온라인에서 서로 기숙사 문제를 이야기하고 다시 현실에서 기숙사가 만들어지는 이 과정이 증강세계를 만드는 과정이야. 이것이 4차 산업혁명이고 이러한 공간을 미얀마, 키르키즈스탄, 미국, 일본, 러시아 등으로 확장하면 초연결 사회가 되는 거야. 그래서 앞으로 국가든, 기업이든, 개인이든 이 새로운 공간 안으로 들어가 지배하는 자가 세상을 지배하게 되는 거야. 그런 기업이 애플, 마이크로소프트, 아마존, 구글이야. 유튜브는 이미 증강공간을 지배하는 초연결 사회를 만든 새로운 공간이야.

BTS라는 한국의 아이돌 그룹은 이미 새로운 가상공간 안에서 아미Army라는 새로운 가상의 족속들을 통해 새로운 자신들의 나라를 만든 거야. 여기에는 혈통, 인종, 나이, 신분이 없어지고 가상공간 안에서의 자신만의 세계가 생기는 거야. 이들은 오프라인에서도 만나 서로를 확인해. 가상공간의 자신의 세계를 현실의 세계에서 그대로 적용하는 거야. 그래서 아미Army. BTS의 팬클럽의 이스라엘 청년과 팔레스타인 청년이 서로 사랑하고 서로 하나가 되지. 현실 세계에서 이 두 사람이 속한 나라는 대적하고 공격적이지만 가상세계에서 이들은 BTS의 족속이야. 콘서트를 통해서도 만나고 아미Army라는 축제를 통하여 만나. 증강공간이 확충되는 것이지. 이것이 4차 산업혁명이 만들어 낸 새로운 흐름이야. 아빠가 너무 짧게 이야기했는데, 이제 인간은 우주까지 공간 창출을 하려고 시도하고 있어. 지구라는 공간을 넘어 우주 안에서 공간을 만들어 지구, 우주 그리고 가상공간을 연결하는 완전한 새로운 세계를 만들자는 것이 테슬라의 창업자 일론 머스크Elon Musk의 꿈이야. 일론 머스크의 꿈은 화성에다 호텔을 만드는 거야. 그래서 민간인 최초로 스페이스-X라는 우주선을 우주 궤도로 올려보냈어."

"재밌네요."

"일론 머스크는 일반인들이 우주여행을 하는 것을 목표로 해. 우주선은 한 번 쓰고 마는데 다시 돌아올 수 있는 재활용 가능한 우주선을 만들려고 하고, 그리고 보통 우주선을 하늘로 쏘아 올리려면 땅에서 발사해야 하는데, 일론 머스크는 비행기에 우주선을 장착해서 하늘 위에서 우주선을 발사하는 걸 바라고 있어. 이미 나라가 아닌 민간기업이 우주선을 발사하는데 성공했어. 일론 머스크는 생태가 파괴되어서 지구인이 살만한 새로운 공간을 우주에 만들어야 한다고 생각해. 그러니까 일론 머스크 같은 사람은 가상공간과 현실공간의 확장성을 우주 공간까지 생각하는 거야. 마치 자기가 지구의 구원자 같은 어벤져스라고 생각을 하는 것 같아."

"그런데 변수가 많지 않아요?"

아들에게 인간의 힘으로 갈 수 없는 공간, 하나님 나라에 대하여 말하다

"변수는 많은데, 일반인이 우주여행을 상시적으로 할 수 있는 날이 다가왔다는 게 중요하지. 우주의 공간으로 인간이 나아가려고 하는 거야. 그런데 어느 공간은 못 들어갈까? 하나님의 나라는 일론 머스크나 새로운 공간을 창출하려는 인간의 힘으로는 들어갈 수가 없어. 하나님 나라의 공간은 예수 그리스도로 인하여만 들어갈 수 있어. 인간이 만드는 공간이란 궁극적으로 에덴동산에서 추방당하여 쫓겨난 인간이 만드는 길이야. 에덴 동편의 길로 쫓겨난 인간들이 만든 길 위의 공간이야. 그리고 이 공간과 공간의 충돌 아래 인간은 도대체 무엇인가? 인간은 어떻게 살아야 하는 것인가? 라는 장소의 공간을 말해주는 인문학자들이 등장한 거야. 공간 창출 안에서 칸트는 무슨 이야기를 했고, 스피노자는 무슨 이야기를 했고, 철학자들, 구조주의자들이 등장하고, 공간과 공간이 충돌할 때마다 철학사가 바뀌는 이야기는 아직 안 했지? 왜 철학사가 바뀔까? 새로운 공간이 등장해서 그렇지. 공간이 바뀌면 그 공간 안에 사람의 사람됨, 인간의 행복에 대한 질문들이 달라지기 시작해.

지금은 인공지능에 대한 이야기가 나오지? 예전에는 동성애자들과 함께 살 수 있는가를 고민했다면, 이제는 '인공지능을 가진 인공인간 혹은 기계 인간과 인간은 함께 살 수 있는가? 인공지능과 결혼할 수 있는가?'를 고민하게 되는 거지. 스티븐 스필버그Steven Spielberg라는 감독이 만든 에이아이A.I., 2001년라는 영화를 보면 어떤 사람이 자기 아들이 쓰러져서 깨어나지 못할 때 부모가 자식을 잃은 슬픔이 너무 컸는데, 어떤 로봇 공장에서 자신의 아들과 똑같은 로봇을 만들어준 거야. 처음에는 이 로봇을 싫다고 하다가 이 로봇이 자신의 아들과 너무 똑같으니까 정말 아들로 느꼈지. 사랑하고 정을 주기 시작했는데, 못 깨어날 줄 알았던 아들이 일어나게 된 거야. 그리고 집으로 왔는데 집에 오니 자신과 똑같은 로봇이 있는 거야. 진짜 아들은 가짜 아들을 버리라고 하고, 그때 엄마는 로봇을 그냥 갖다 버린 거야. 그런데 그 인공지능 로봇은 죽을 때까지 엄마를 찾는 그런 이야기가 나와. 스티븐 스필버그의 영화인데 그가 궁극적으로 질문한 것은 '어디까지가 우리인가?'에 대한 거야. '인공지능을 인류의 일원으로 받아들일 수 있는 것인가? 도대체 우리에게 가족은 어디까지인가? 우리가 사는 공간에 우리의 일원을 무엇으로 규정할 것인가?' 라는 질문을 던지는 영화야. 2001년 영화인데 오늘의 문제를 보여주는 영화야.

예수님의 복음이 유대인 제자들에게 들어갔을 때, 유대인들의 고민은 '저 이방인들은 우리의 일원인가?' '예수 그리스도만으로 그들은 우리의 일원이 될 수 있는가?'라는 고민이 있었어. 그때 사도 바울은 유대인이나 헬라인이나 노예자나 자유자나 다 복음 안에서 우리는 하나라고 했지. '우리'라는 새로운 개념에 대해 공간의 충돌 속에서 인문학자들이 고민하게 되는 거야. 흑인은 우리의 일원이 될 수 있는가에 대해서 미국 사회에서 링컨 이후에 계속 논의가 돼. 과거에 흑인은 그냥 동물이고 백인의 노예에 불과했지. 사람들은 그들이 영혼이 없다라고 생각했고, 흑인, 황인종은 우리의 일원인가를 고민했어. 트럼프 미국 대통령이 국경선에 장벽을 설치했지. 남미의 난민들, 불법 입국자들은 미국의 일원이 될 수 없다는 거야. 전 세계에 전쟁으로 고통당하는 수많은 난민들에 대해 그들은 우리의 일원인가라는 질문을 하고 있어. 하나님의 형상을 가졌다는 면에서 하나의 존귀한 사람인데, 자신의 공간 안에 들어오는 것을 배척하지. 미국 사회에서 인문학자들이 질문하는 것은, '라틴아메리카 사람들, 브라질이나 멕시코 사람들은 우리의 일원이 될 수 있는가?'지. 그런데 그 사람들이 직업을 구하기 위해 국경을 넘다가 아이들이 물에 빠져 죽고 이런 사진들이 언론을 통해 등장하지? 그들이 우리의 공간과 우리의 일원이 되는가를 질문한다고. 이처럼 인공지능이 우리의 일원이 될 것인가를 질문하는 게 인문학자들의 굉장히 큰 질문이라는 거야.

아빠가 이렇게 너에게 4차 산업혁명에 대하여 가르쳐주는 이유가 뭘까? 이 공간 안에서 너도 살아가기 때문이야. 그러면 너의 공간은 무엇이며, 너의 장소는 무엇이며, 너에게 부여하신 하나님의 나라가 너를 통하여 4차 산업혁명의 공간 안에 어떻게 임하는가를 고민하라고 하는 거야. 하나님 나라의 공간은 너에게 도대체 무엇인가를 생각하고 고민해야 한다는 거야. 왜냐하면 인간은 공간을 떠나서 살 수 없어. 하나님께서는 이 인간이 주거하는 에덴이라는 공간을 만드셨어. 에덴은 공간이야. 그 공간 안으로 사람이 들어가니까 장소가 되고 그 에덴에 하나님이 거하시니까 하나님 나라가 되는 거지. 그리고 아담은 하나님과 더불어 에덴동산의 길로 매일 하나님 나라를 만드는 일을 해야 했어. 그것이 생명을 불어넣는 일이야.

　네가 어떤 공간이나 장소로 들어가면 너를 통하여 그곳이 하나님의 나라가 되어야 해. 무슨 말인지 이해가 되지? 너의 삶 속에서 계속해서 고민해야 할 질문이야. 너희 세대가 하나님 앞에 질문해야 하는 거야. 4차 산업혁명이란 새로운 공간 안에 너는 하나님과 함께 하나님 나라를 만들어 가는 사람이 되어야 해. 이 생명의 공간은 그리스도로만 들어갈 수 있고, 이 하나님 나라라는 세계는 인간이 만들어 내는 공간보다 더 탁월한 행복과 아름다움이 있다는 사실을 보여주어야 해. 이미 복음 안에 있어. 그리스도께서 하나님 나라를 이 땅에 만들기로 작정하신 이상 초연결 사회는 인간이 만드는 새로운 사회처럼 보일지라도 여전히 인간의 영적 허무, 공허, 불행, 죄의 오염은 그대로 남아 있어. 복음 만이 그리스도 안에서 모든 인종차별이 철폐되고 죄의 오염과 사망을 제거할 수 있는 생명의 사회, 하나님 영광의 사회를 만드는 거야. 하나님 나라에 대한 확신이 없다면, 복음의 능력을 배우지 않는다면, 너는 새롭게 다가오는 4차 산업의 공간 안에서 당당하지 못하게 대면할 거야. 이것이 4차 산업혁명에 대하여 아빠가 너와 함께 계속 토론하고 공부하는 이유야. 알겠지? 사랑하는 아들!"

　"네. 그런데 아빠, 왜 사람들은 공간을 계속 확장하려고 하는 것일까요?"

하나님의 공간을 잃어버린 인간은
끊임없이 부의 확장과 생명의 확장을 하고 있음을 말하다.

"좋은 질문이야. 원래 창조에 보면 삼층천과 땅으로 하나님이 창조를 했지. 하늘의 삼층공간에는 하나님이 사시고 땅에는 아담이 살았지. 하나님은 땅에 생명나무를 만드시고 아담이 하나님과의 사귐 가운데 생명을 공급받아 부와 생명을 유지하도록 했지. 그런데 아담이 이 땅의 주인이 되고자 했을 때 하나님의 공간인 하늘을 잃어버렸어. 동시에 생명나무도 잃어버렸지. 그래서 인류는 하나님의 공간을 만들어 부와 생명을 유지해야 하는 거야. 즉 인류가 생명나무를 만들어야 하는 것이지. 그래서 그 부와 생명을 확장하는 공간을 끊임없이 만드는 거야. 영원히 살 수 있는 공간, 영원히 부유한 공간을 지금까지 끊임없이 만들어왔지. 그런데 이제는 하나님의 공간 말고 인공지능 클라우드를 통하여 가상공간을 만든 거야. 가상세계 안에 가면 인간은 영원히 살 수 있지. 가상세계 안에 가면 인간은 영원한 부의 확장을 가질 수도 있어. 물론 현실 세계 안으로 들어오면 비참해지겠지. 그래서 인공지능 클라우드를 통하여 바이오, 에너지 등을 확장하여 인간 수명과 부의 확장을 끊임없이 이루려고 하는 거야. 하나님의 공간을 잃어버린 인간의 오래된 유전자 안에는 하나님 공간에 대한 그리움이 늘 존재해. 원래 하나님이 땅에 내려와 우리와 동행하면서 생명과 부유와 영광을 주셨는데, 그것을 잃어버린 인간은 하나님을 대신할 것을 찾은거야. 그것이 공간의 확장의 역사야. 이제는 땅에서 아예 가상공간을 만들어 삼층천을 대신하려고 하는 거야. 이것이 인간의 역사이고 4차 산업혁명까지 오게 된 거야."

"놀라워요, 아빠. 인류의 역사가 하나님의 창조세계에 대한 그리움의 역사라는 것이 놀라워요. 그러면서도 하나님을 잃어버린 인간이 불쌍해요. 탕자비유가 생각이 나는군요. 쥐엄열매를 먹는 탕자가 아버지 집에 갔을 때 비로소 행복했다는 말씀이 생각나요."

"그래서 4차 산업혁명은 별다른 기술혁명이 아니라는 뜻이야. 하나님을 그리워하는 인류가 그리스도를 통해 하나님을 찾지 않고 스스로의 기술을 통해 공간을 만들려고 하는 공간확장에 불과한거야. 그러니 그리스도인으로서 복음의 능력을 믿어야 해. 복음은 하나님의 나라, 그 영원한 생명의 공간, 영광의 공간으로 초청하는 능력이기 때문이야.

이제 정리하고 기도하자. 아빠는 역사를 세 가지 관점에서 본다고 했지? 마르크스 주의자와 같이 진보적으로 보지는 않아. 원시공산사회, 농경사회, 중세봉건사회, 자본주의, 공산주의 같은 경제사적 관점이 아니야. 아빠는 공간, 장소, 하나님 나라로 역사를 보는데, 공간은 궁극적으로 플랫폼을 만들어. 그리고 플랫폼 안에는 금융, 통신언어, 모바일-모빌리티, 에너지, 보편교육 등이 플랫폼을 구동시키는 것들이고, 어떻게 인류의 역사의 공간이 변해왔는지를 말했어. 로마의 길을 통한 유럽이라는 공간확대, 명과 청의 실크로드를 통한 아시아와 유럽의 공간확대, 대항해시대 배를 통한 바닷길의 연결을 통해 아시아, 아메리카, 유럽의 공간확대, 1차 산업혁명을 통한 증기기관을 통해 내륙까지의 공간확대, 2차 산업혁명을 통해 비행기, 자동차 등을 통한 세계의 모든 공간이 하나의 공간확대가 되었다고 했어. 3차 산업혁명은 컴퓨터 윈도우를 통해 세계를 연결하는 첫 온라인의 세계를 열었다고 했어. 4차 산업혁명은 이제 가상공간을 만들어 현실공간과 연결하여 증강세계를 통해 공간확장을 한다고 했어. 이것이 공간확장의 세계사야. 이것은 기술문명이 이루어가는 거야. 그리고 이 공간이 등장할 때마다 철학과 예술, 정치는 인간다움의 공간이 무엇인지를 고민한다고 했어. 사람이 행복한 공간을 장소라고 했지? 그래서 공간이 바뀔 때마다 철학적 질문과 답, 예술 또한 바뀐다고 했어. 마지막으로는 하나님 나라가 임하는 선교 방식이 달라졌다고 했어. 지중해의 길을 통한 바울의 선교, 실크로드를 통한 동방교회의 선교, 대항해시대의 진젠도르프의 선교운동, 1차 산업혁명 때의 허드슨 테일러James Hudson Taylor, 2차 산업혁명 때의 대학생 선교운동, 우리나라에 들어온 언더우드Horace Horton Underwood 선교사, 아펜젤러Appenzeller,H.G 선교사, 3차 산업혁명 때는 미전도 종족선교운동과 선교정보화 운동이 일어났고 랄프 윈트Ralph D. Winter 같은 분들이 쓰임을 받았어.

그리고 공간혁명의 플랫폼을 구동시키는 변화를 좀 더 자세히 설명하면, 첫째는 모바일-모빌리티의 변화야. 모바일은 움직이는 도구의 변화야, 범선, 갤릭선, 말, 증기기관, 자동차, 비행기, 그리고 모바일폰인 핸드폰, 드론, 플라잉 카, 자율주행 자동차로 바뀌어가지. 언어도 바뀌어. 동굴 그림 언어 혹은 갑골문자가 문자언어로 발전되고 다음엔 수학언어, 마지막엔 디지털언어가 등장해. 통화는 금과 은이 통용되다가 로마 화폐, 그리고 파운드화 지금은 달러가 통용되지만 신용화폐, 핀테크, 디지털 화폐로 바뀌게 되어 있어. 마지막으로는 에너지가 변화되지. 사람의 노동 에너지, 말이나 동물을 이용한 에너지, 석탄 에너지, 석유 에너지, 수소 에너지, 태양핵 에너지로 바뀌어 나가고 있어. 교육은 로마 그리스시대 때의 교육, 봉건시대의 교육, 근대시대의 교육, 그리고 4차 산업시대의 교육이 바뀌어가고 있어. 이것이 오늘 아빠가 너에게 해준 강의야. 어려운 강의 들어준다고 고마워. 함께 기도하고 마칠까?"

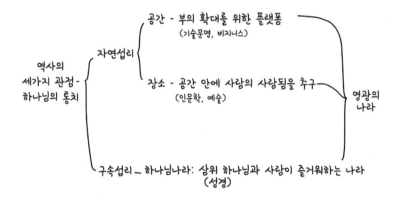

〈공간 · 장소 · 하나님나라〉

아들에게 축복기도하다

"사랑하는 주님,

에덴을 떠난, 동편의 길을 떠난 인류는 끊임없이 하나님 나라를 잃어버린 고통을 잊기 위해 새로운 공간, 자신들의 나라를 만들어 왔습니다. 이제 인류는 4차 산업혁명이라는 새로운 공간을 만들고 있습니다. 바벨탑이라는 공간 안으로 아브라함을 불러내어 하나님 나라를 만들고, 애굽의 공간 안에 모세를 통하여 하나님 나라를 만들고, 바벨론과 페르시아라는 공간 안에 다니엘 같은 사람을 통해 하나님 나라를 만들고, 지중해의 공간 안으로 바울을 불러 하나님 나라를 만드신 것을 찬양합니다. 인간의 공간역사 안으로 수많은 믿음의 사람들을 불러내어 하나님 나라 만들기를 쉬지 않으신 하나님을 찬양합니다.

사랑하는 주님, 나의 아들 시은이를 축복하여 주십시오.

믿음의 사람이 되게 하시고, 위대한 사람이 되기보다 소명에 충실한 사람이 되게 하시고, 탁월한 사람이 되기보다 가난하고 힘든 자를 돌보는 사랑의 사람 되게 하옵소서.

4차 산업혁명의 공간 안으로 하나님 나라를 흘러보내는 사람 되게 하옵소서.

지성을 주시되 겸손한 지성을 주시고, 영성을 주시되 섬기는 영성을 주옵소서.

육체도 건강하게 하시되 다른 이를 품을 수 있는 건강을 주옵소서.

당신의 축복이 저의 아들에게 영원히 머무르는 은총을 주옵소서.
그리하여 시은이의 삶이 우리 주 예수 그리스도로 설명되고 이해
되게 하시어 이 세상의 공간이 알 수 없는 방식, 설득될 수 없는
방식인 은혜의 방식의 삶이 되게 하옵소서.
예수 그리스도의 이름으로 기도하옵나이다. 아멘."

토의하기

1. 역사를 바라보는 관점은 여러 가지가 있다. 필자는 세 가지의 관점으로 역사를 바라보고 있다. 무엇인가? 당신은 당신이 바라보는 역사의 관점을 만들어보라.

2. 필자는 역사를 공간의 역사로 바라보고 있다. 어떻게 공간의 역사가 변했는지 말해보라. 그리고 4차 산업혁명의 공간확장을 필자는 무엇이라고 설명하는가?

3. 공간은 과학기술이, 장소는 인문학이, 하나님 나라는 하나님 말씀이 이끈다고 필자는 생각한다. 공간의 변화는 궁극적으로 플랫폼의 변화이다. 플랫폼은 서플라이 체인과 밸류 체인의 확장이다. 역사적으로 플랫폼이 어떻게 변했는지 설명해보라.

4. 플랫폼을 움직이는 것들이 있다. 무엇인가?

5. 복음의 내용은 변화되지 않았지만, 복음을 전하는 수단은 변했다. 4차 산업혁명때의 복음의 수단에 대하여 토의하고 연구해보라.

6. 당신의 공간확장을 위해 무엇을 준비하고 있는지 말해보라.

7. 4차 산업혁명은 초연결 사회가 되는 공간확장, 즉 증강세계이다. 초연결 사회에서 그리스도인에게 가장 중요한 것은 무엇인가?

아들에게 들려주는
4차 산업혁명

두 번째 이야기

4차 산업혁명의 플랫폼을 만드는 기본 소재, 반도체와 데이터에 대해 이야기하다

이야기 요점 STORY POINT

4차 산업혁명이라는 공간을 열 수 있었던 것은 반도체 때문이었다. 반도체와 데이터는 4차 산업의 플랫폼을 만드는 기본 소재이고 쌀이다. 유목사회와 농경사회가 동시에 존재하다가 인간은 농경사회를 선택한다. 그로부터 잉여축적이 일어난다. 쌀을 지배하는 자가 잉여축적자가 되고 권력자가 되기 시작한다. 4차 산업에서도 반도체를 통한 클라우드, 인공지능을 통해 데이터를 축적하는 자가 잉여가치를 축적하는 자가 된다. 반도체, 데이터가 4차 산업의 쌀이 된 셈이다. 반도체를 통한 클라우드를 통해 데이터를 축적하는 자는 플랫폼을 통하여 서플라이체계와 밸류체계를 지배한다. 반도체는 0과 1로된 디지털언어로 정보축적이 된다. 인간은 문자로, 수학으로 정보축적을 하다가 이제 반도체 디지털언어로 정보를 축적하게 되었다. 그래서 반도체를 지배하는 자가 4차 산업혁명의 공간의 지배자가 된다. 한국은 메모리 반도체 강국이다. 그러나 인공지능 클라우드 플랫폼을 만들지 못했다. 반도체는 궁극적으로 인공지능 클라우드 플랫폼을 통하여 가상세계와 현실세계를 만들어내는 가장 기본적인 도구이다. 반도체의 제조업에서 반도체를 통한 인공지능 클라우드 플랫폼을 만드는 자가 세계를 지배할 것이다. 이런 면에서 한국은 아직 4차 산업 국가가 아니라 제조업 국가이다. 중국은 한국에서 4차 산업의 쌀, 반도체를 빼앗기 위해 전쟁을 걸고 있다. 반도체는 유전자 반도체의 과정을 통해 궁극적으로 One-body 반도체로 향할 것이다. 아들에게 이 이야기를 들려주기로 했다.

아들에게 앙트레프레너, 멜랑콜리커, 바라커에 대해 이야기하다

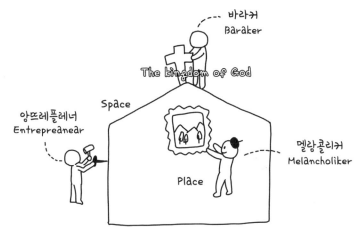

〈공간, 장소, 하나님 나라를 만드는 사람들〉

"바울아, 아빠가 준 책 『10대를 위한 미래과학 콘서트』 읽어보았니?"
"네"

"책 이야기는 조금 후에 다시 하기로 하자. 아빠가 역사를 바라보는 관점은 세 가지 구조로 보는 것이라고 했지? 첫 번째는 공간, 로마시대부터 시작해서 오늘에 이르기까지 공간의 접촉, 공간의 충돌로 새로운 공간이 만들어지는 것을 산업혁명이라고 했어. 공간의 충돌을 통해서 새로운 공간이 열리고 그 공간 안에서 세계재패 국가들이 등장했어. 에덴동산에서 쫓겨난 아담은 동편에 난 길을 따라 공간을 만들기 시작했어. 실낙원, 즉 에덴동산을 잃어버린 아담은 에덴동산이라는 공간을 인간의 힘으로 만들고 싶어했지. 그래서 끊임없이 공간을 확대하고 재생산을 해. 이것이 인간의 공간역사라고 했어."

"네"

"그런 공간을 열어나가는 사람들을 '앙트레프레너Entrepreneur'라고해. 원래 어원은 프랑스어야, '시도하다'. '모험하다'라는 뜻에 기원했는데 '앙트레 프레너'를 창조적 혁신가라고 해. 예를 들어, 에디슨 같은 사람들이야. 전기와 전화를 통하여 새로운 공간을 만들었지. 여기 있는 사람과 저기 있는 사람이 전화를 통해서 한 공간 안에 있게 하는 거야. 공간과 공간의 거리를 좁게 만들어 버린 거지. 콜롬버스 같은 사람도 유럽대륙과 대서양, 미대륙이라는 새로운 공간을 열었지. 그래서 아빠는 공간 창조자를 '앙트레프레너'라고 불러. 사람들은 혁신가들이라고 부르지. 세계 경제역사에 있어 위대한 인물을 들라고 하면 아담 스미스, 케인즈, 마르크스와 더불어 슘페터라는 경제학자가 있어. 새로운 공간이 창출되면 그 공간의 경제적 효율성을 위한 경제학 이론이 등장해. 그리고 거기에 맞는 기술들이 등장하고, 그런 다음에 공간에 적합한 인간을 만드는 교육을 하고, 그다음에 그 공간의 확대를 위한 정책 등이 따라와. 예를 들어, 지금 디지털 세금이 논의되지? 유럽에서 유튜브에 세금 같은 것을 거두어야 한다는 것이 나오는 것과 같아. 그러므로 새로운 공간이 나오면 경제적 제도나 논의가 나오는 거야. 아빠가 4차 산업혁명 이후에 너와 다룰 주제가 금융이야.

먼저 아담 스미스에 대해 이야기 해줄게.

  아담 스미스Adam Smith는 공간 안에서의 경제적 역할은 보이지 않는 손이 한다고 했어. 수요와 공급 사이에 욕망이 조절한다는 거야. 아담 스미스는 보이지 않는 손이 신이라고 했는데, 사실은 욕망이야. 빵값이 너무 비싸면 안 사는 거야. 그러면 가격을 낮추지. 그러면 적정 가격이 만들어진다는 거야. 가격과 욕망 사이에 수요와 공급이 결정되는 것이지. 그런데 이것이 대량생산이 되면서 초과 공급이 되어 가격폭락이 일어나게 되지. 그러면 공급과 수요가 적정하지 않은 거야. 공급이 많아지면 경기가 침체가 돼. 이것을 디플레이션이라고 해. 물건이 많으니 오늘 사는 것보다 내일 사는 것이 더 좋을 수 있으니까 안 사는 거야. 그러면 가격은 계속 낮추어지고 과잉공급이 되면서 경제가 멈추어지게 되는 거야. 디플레이션, 즉 경기가 침체가 되지. 반대로 수요가 공급보다 많아지면 인플레이션이 등장해. 수요가 많아지니까 가격이 올라가겠지. 나중에 다루겠지만 경제는 약간의 인플레이션이 있을 때 가장 좋아. 왜냐하면 사람들이 자기가 산 집 가격이 올라가면 자기의 부가 상승했다고 생각하지. 그래서 소비를 하게 되는 거야. 약간의 인플레이션이 계속 유지가 되어야 경제에는 좋아. 반면 하이-인플레이션이 되면 물건가격은 천정부지로 올라서 시민들의 생활이 어려워질 수 있어. 수요가 많고 공급이 적기 때문이지. 노동으로 번 돈으로 살 수 있는 물건의 가격이 너무 비싼거야. 그러니까 디플레이션과 하이-인플레이션은 대공황을 유발할 수도 있어. 이럴 때 국가가 개입해야 한다는 거야. 그렇게 말한 사람이 케인즈John Maynard Keynes야. 그는 유효수요를 확보하기 위한 정부의 보완책공공지출이 필요하다고 주장했지. 그래서 정치경제가 된 거야. 경제와 정치가 한 묶음이 된 거야. 중앙은행이 등장해서 이자를 통해 돈을 조절하지. 이자가 올라가면 시중의 돈이 은행으로 오고 이자가 내려가면 시중의 돈은 투자처를 찾아 흘러 들어가. 이것을 유동성이라고 해. 그리고 정부는 재정정책을 쓰는거야. 세금을 거두어 복지를 하기도 하고 경제에 도움이 되는 인프라를 만들어주는 거야. 도로, 전기, 항만, 이런 것들을 만드는 거지. 하이 인플레이션이 되면 이자를 올려버려서 사람들이 돈을 은행에 맡기도록 하여 돈의 공급량을 시장에 줄여버리지. 그러면 자연스럽게 시장의 물건가격은 내려가게 되지. 반대로 디플레이션 때는 이자를 낮추어서 물건을 사도록 해버려. 이것이 시장경제를 조절하려는 정부와 중앙은행의 개입이야. 한국은 한국은행이 중앙은행이고 미국은 미연방준비은행이야. 케인즈는 이런 것을 말한 사람이야. 아담 스미스의 보이지 않는 손이 정부가 된 거야.

칼 마르크스는 자본의 획득은 자본가의 승리를 위해 존재한다고 말해. 사람을 고용하여 일을 시키고 적당한 임금을 주지. 그러면 고용인, 즉 노동자의 번 돈은 자본가의 돈이 되는 거야. 직장인들이 30년을 일하고 월급을 받아. 때론 해고를 당하기도 하지. 그런데 자본가들은 노동자의 수많은 이익창출을 자신이 다 갖고 가는 거야. 그리고 그것으로 또 공장을 만들어 고용하고 또 자본을 획득하여 잉여가치를 지배하지. 자본가들은 공간을 확대하고 그 공간의 서플라이 체인 속에 노동자를 확대하고 밸류 체인을 독식한다고 생각하는 거야. 그래서 마르크스는 자본주의를 공격하고 공산주의라는 구조를 가져가야 한다고 말을 해. 같이 생산하고 같이 나누어 갖는 거야. 그런데 북한

같은 것은 공산주의가 아니야. 독재이고 왕조야. 중국도 엄밀히 말해 공산주의가 아니야. 당 중심의 권력이지. 그렇지만 중국의 생산체제는 자본주의 체제를 갖고 있어. 유럽에 가면 수많은 공동체들이 있어. 함께 살고 함께 일하고 함께 나누는 공동체들이 많아. 그것이 엄밀히 말하면 공산주의적 경제구조야.

슘페터Schumpeter, Joseph Alois라는 사람은 보이지 않는 손도 아니고 국가의 개입도 아닌 '앙트레프레너'라는 창조적 혁신가들이 공간을 새롭게 열 때 부의 확장을 가져왔다고 말을 해. 즉 중앙은행이나 정부를 통해서는 부의 확장이 어렵다는 거야. 앙트레프레너 같은 혁신가들이 나타나야 새로운 공간의 플랫폼이 만들어지고 부의 확장이 나타난다고 생각하는 거지. 그러므로 모든 이들이 부를 획득할 수 있는 길은 '앙트레프레너' 같은 자를 키워야 한다고 말을 해. 예를 들어, 애플을 만든 스티브 잡스 같은 사람이 등장하면 전 세계에 새로운 공간이 나오고 엄청난 부를 가져오지. 애플의 전체 주식의 액수가 우리나라 모든 기업의 주식의 액수보다 많아. 엄청나지. 아빠가 슘페터에 주목하는 것은 슘페터는 그 부를 모든 사람들이 나눌 수 있도록 국민이 합의를 해야 한다고 말한 점이야. 즉 스티브 잡스가 번 돈을 모든 미국 국민이 동일하게 나누어야 한다고 말을 해. 4차 산업의 인공지능이나 로봇이 만들어 파는 제품의 부를 동일하게 나누도록 합의해야 한다고 말을 해. 칼 마르크스 같은 생각이지. 그러나 다른 점은 같은 생산을 하는 것이 아니라 앙트레프레너 같은 창조적 혁신가를 통해 엄청난 부가 창조된다는 거야. 그것이 인류의 역사적 사실이지. 그러나 그

부는 공동체의 부가 되도록 해야 한다는 거야. 그러면 이 사람이 좌파이거나 빨갱이일까? 새로운 공간이 열리면 이 공간이 행복하도록 만들어야 그 공간은 장소가 된다고 했지? 슘페터라는 경제학자는 인문학자로서 인간에 대한 경제적 질문을 한 거야. 돈을, 부를 어떻게 해야 인간 모두가 행복하도록 할 수 있을까를 질문한거야. 그 대답이 앙트레프레너가 번 돈을 국민 모두에게 주어야 한다는 거지. 나중에 말하겠지만, 그런 생각에 가장 가깝게 간 나라가 노르웨이, 이스라엘과 스위스야. 여기서 모든 국민이 잘살 수 있도록 모든 국민에게 주는 기본소득개념이 나오는 거야. 기본소득이 실현되려면 앙트레프레너가 나와야 한다는 것이지. 아빠는 4차 산업의 가장 가능한 경제적 대안이 슘페터의 이론이라고 생각해. 시은아, 우리나라가 세계에서 가장 좋은 제도를 하나 갖고 있어. 그것이 무엇인지 아니?"

"아, 의료보험제도요?"

"그렇지, 세계에서 가장 좋은 의료보험시스템이야. 모든 국민이 동일한 의료혜택을 받을 수 있도록 돕고 있는 국민건강보험제도야. 미국은 아프면 병원에도 못 가. 부자들만 가는 거야. 엠뷸런스 부르는데 200만원이나 들어, 그래서 타이레놀 먹고 참는 거야. 예약하면 6개월 기다려야 하고. 이것을 자신들은 자본주의 시스템이라고 해. 샌더스라는 미국 대통령 후보가 우리나라 같은 의료보험제도를 미국에 만들자고 했어. 그러니까 '좌파다'. '공산주의자다'라고 트럼프 전 대통령이 욕을 하고, 언론이 욕을 했어. 참 웃기지 않니? 우리나라는 이런 의료보험제도를 파괴하면 저건 좌파다 빨갱이다라고 욕을 할 거야. 이렇게 사람들의 사고는 편향적이야. 그러므로 상식에 입각한 보편적 사고를 하려고 노력을 해야 해. 그 길은 독서와 토론이야. 새로운 공간이 열리면 그 공간 안에서 참다운 인간의 삶, 행복한 인간의 삶이 무엇인지를 묻는 것이 인간의 역할이야. 거긴 답이 없어. 고민하고 토론해서 국민 전체가 행복한 길을 찾아가는 거야. 그렇게 하려면 모든 시민들이 합리적이고 보편적인 생각을 찾아갈 수 있도록 교양있는 시민이 되어야 해. 지금 네가 아빠와 공부를 하는 것은 교양있는 시민이 되려고 하는 거야."

"네"

"그 공간 안에서 인간은 무엇이 행복일까? 인간의 존재론적 질서는 무엇인가? 인간은 왜 사는가? 이런 것을 고민한다 그랬지? 이것을 인문학이라고 해. 공간을 여는 힘은 자연과학이야. 자연과학을 응용한 기술이 공간을 여는 힘이야. 그런데 공간 안에서 사람은 무엇인가? 사람의 질서는 무엇인가? 존재론적으로 인간의 행복은 무엇인가를 여는 것을 아빠의 언어로 뭐라고 했지? 장소로 보는 역사라고 했어. 플레이스Place, 장소로 역사를 본다고 했어. 공간으로 역사를 보고 다음으로는 철학과 예술이라는 인문학으로 역사를 바라보아야 한다고 했지? 공간을 여는 자들을 '앙트레프레너'라고 하면, 공간을 장소로 바꾸는 인문학자들을 '멜랑콜리커Melancholiker'라고 해 아빠가 지어낸 말이 아니고 이것을 처음 쓴 사람은 아리스토텔레스야."

"네" "과학기술문명을 연 사람들이 막 나오겠지? 그게 앙트레프레
너야. 과학을 응용하여 기술을 만드는 거지. 에디슨, 제임스 와트 이
런 사람들이 앙트레프레너들이야." "네"

"멜랑콜리커들은 뭐냐면 아리스토텔레스, 플라톤 같은 사람들이지.
네가 좋아하는 철학자가 있을까? 인문학자들이나? 혹시 사상가들은?
아시아로 말하면 노자, 장자 등 이런 사람들이 멜랑콜리커야. 멜랑콜리
커의 최종 단계는 또 예술Art이야 그래서 고흐, 고갱 이런 아티스트들
은 다 멜랑콜리커야. 왜냐하면 아빠가 볼 때는, 인문학의 최고점은 '무
엇이 아름다운가?'라는 질문에 대한 답이야. 새로운 공간 안에서 아름
다움은 무엇인가? 인간은 어떨 때 아름답고 문명은 언제 아름다움을
보여주는가를 질문하고 그것을 보여주는 것이 멜랑콜리커들이야. 인
간은 행복한가? 즉 그것은 선인가?라는 질문은 '그것이 아름다운가?'라
는 것과 동일한 거야. 그래서 인문학의 최종점은 예술이지. 아름다운
것은 매력을 넘어서 권력이야. 아름다움은 모든 것의 마음을 뺏어 버
리기 때문이야. 마당이란 공간에 꽃이 피면 아름다움이 나타나지? 그
러면 그것은 가든, 정원이 되는 거야. 장소가 되는 거야. 그런데 인간이
보기에 좋은 아름다움이 아닌 하나님 보시기에 좋은 아름다움이 되면
그것은 하나님 나라가 되는 거야. 장소에서 하나님 나라로 가는 거야"

"네"

"아빠는 공간과 장소의 역사를 이끄는 사람을 앙트레프레너, 멜랑

콜리커라고 했어. 멜랑콜리라는 원래의 말은 담즙질, 우울질을 말해. 우울하게 세상을 보는 자들이야. 다른 말로 연민을 갖고 세상을 바라보는 자들이지. 공간을 열어 새로운 세상이 왔는데 멜랑콜리커들의 눈에는 이 공간이 우울한 거야. 너무너무 우울한 거야. 예를 들어, 대량생산 시대를 통해 새로운 공간이 왔어. 그런데 찰리 채플린Charles Spencer Chaplin이라는 영화배우의 눈에는 이 세상이 우울한 거야. 인간은 대량생산 시스템에서는 기계의 부속품이지. 이런 공간은 행복한 공간이 아니라고 보는 거야. 그래서 만든 작품이 <모던 타임즈>야. 인간이 기계부품 안에서 돌아가는 거지. 종 치면 밥 먹고 종 치면 잠자고 생산하는 기계로서의 인간을 그리고 있어. 그것이 채플린의 눈에는 우울한거지. 그래서 인간의 아름다움과 행복이 무엇인지를 질문해. 그런 자가 멜랑콜리커야. 그 공간이 우울해. 그런데 그 속에서 인간의 아름다움을 찾는 연민을 가진 자들이 멜랑콜리커야. 아빠를 보면 멜랑콜리커 같지 않니? 아빠는 이 시대의 멜랑콜리커야.”

“..네!⋯.(당황)⋯”

“그런 눈으로 아빠를 보지 말아라. 지금 아빠를 보는 너의 눈은 멜랑콜리커의 눈이었어(ㅋㅋ). 자, 공간과 장소 그리고 마지막 하나가 뭐지? 우리 그리스도인들은 어떻게 본다고 했지? 무슨 나라의 관점? 너희 학교(샘물) 학생 양육의 목적이 뭐니? 하나님 나라로 세상을 변혁시키는 예수 제자 만들기지? 그럼 무슨 나라의 관점으로 보는 거야 역사를? 하나님의 나라의 관점에서 보는 거야. 이것을 보통 구속사라고 하고 성경의 역사라고 해. 이렇게 공간의 역사 그다음에 장소의 역사 그 위에 있는 하나님 나라의 역사가 들어가잖아?"

"네"

"하나님 나라의 역사를 가져다주는 자를 뭐라고 할까? 너희 학교 목표가 무엇을 만드는 거라고 했지?"

"제자."

"맞아, 제자. 예수의 제자라고 이야기하는 거야. 예수의 제자가 영어로 말하면 디사이플이지. 예수의 제자들이 디사이플이고 그리스도인들도 제자들이야. 아빠는 다른 말로 바꾸었는데 바라커Baraker야. 창세기에 보면 하나님 보시기에 좋다창1:31는 말이 나오는데 '좋다'라는 말이 토브야, 그 토브Tov를 만들기 위해 주는 복을 히브리어로 바라크라고 해. 창세기 1장28절에 그들아담과 하와에게 복을 주시며 할 때 그 복이 바라크barak야. 바라크는 두가지 뜻이 있어. 즉 하나님이 만드신 좋은 세상, 복된 세상을 유지하는 복을 주는 것이고 또 하나는 하나님이 만드신 세상을 하나님이 원하신 최종의 목적의 세상을 만들기 위해 복을 주는 거야. 하나님께서 아담과 하와에게 복을 주었어. 아름다운 하나님 보시기에 좋은 세상, 토브의 세상을 만들라고. 그래서 나는 예수의 제자들은 세상을 하나님의 복음으로, 하나님의 복으로 바라크 해주는 자들이라고 보는 거야. 그래서 아빠가 만든 말이, 바라커들이야. 바라크barak라는 히브리어에 사람을 뜻하는 er를 넣어서 바라커 Baraker라고 만든 거야, 바라크복로 세상을 축복하는 자들이야. 앙트레프레너에 의해 공간이 열리고 멜랑콜리커들에 의해 인문학이 주어지고 바라커들에 의해 하나님 나라가 만들어지는 거야. 이 세 가지의 구조로 역사를 봐야 한다는 거야. 너의 시각도 어떤 사건이나 이 땅에 일어난 수 많은 일들을 바라볼 때, 이 세 가지의 각도로 정치 문화 역사 경제를 해석하는 세계관의 통찰력이 필요해. 알겠지?"

"네"

"그래서 그 기본적인 역사적 세계관을 네가 갖기를 아빠가 원해서 너에게 책도 주고 읽으라고 하는 거야. 그리고 아빠와 이렇게 이야기를 나누고 일방적이지만 아빠가 강의를 하는 거지. 아빠도 모든 분야를 정확하게 알 수는 없어. 상식선에서 이야기를 하는 것이니 네가 듣고 이상하면 책을 뒤져보고 해서 아빠의 오류나 편견을 수정하고 고쳐야 해. 스스로 사상의 독립을 이루어야 해. 알았지?"

"네" "오늘 피곤했지? 오늘 뭐했어?" "영화보고 왔어요." "무슨 영화 봤어?" "조커요" "조커 재밌었어?" "네 재밌었어요." "그거 약간 무서운 거 아니야?" "무서운 건 아니고 잔인한, 애매한 영화에요" "우리나라 영화야?" "외국영화에요. 배트맨의 적이 주인공이에요" "아빠도 봐야 되겠다."

아들과 미래의 기술에 대한 이야기를 나누다

"네가 읽은 책이 『10대를 위한 미래과학 콘서트』지? 이거는 역사를 보는 세 가지 관점 속에서 어디에 해당하는 걸까?"

"공간이요."

"그렇지, 공간이지. 기술에 관한 거야. 기술을 이끄는 것은 자연과학이고 자연과학을 이끄는 것은 인문학이고 인문학을 이끄는 것은 하나님의 계시인 성경이야. 이 세 가지의 학문을 네가 배워야 하는 거야."

"네"

"네가 읽은 책은 미래과학이니까 미래의 공간에 관한 기술 이야기지? 오늘 이야기를 잘 들으면 도움이 될 거야. 이 세상 속에 살아갈 때 이 공간을 지배하는 나라가 패권국가가 되는 거야. 잘 배워서 통찰력을 가지면 너의 인생에 엄청 도움이 될 거야. 알겠지?"

"네" "아빠가 『10대를 위한 미래과학 콘서트』 책을 볼 때 조금 아쉬운 게 있어. 이 책은 몇 가지 4차 산업의 기술들이 나오지? 인공지능 나오고 그다음에 스마트폰 나왔고, 모바일폰 나왔지? 인공지능은 지금도 초기 단계지만 존재하지? 모바일폰도 있고. 그리고 로봇 자동차라는 게 뭐냐 하면 자율주행 자동차야. 자율주행차 시대가 온다는 거고.

그래서 스마트 교통이 되는 거지. 그다음에 신소재라는 것은 뭐냐 하면 화학적인 제품이 나오는데, 사실은 비행기를 가볍게 하고, 인간에 로봇을 장착하게 되는 것, 팔이 잘리고 다리가 잘리거나 심장이 아프면 새로운 인공 팔, 인공다리, 인공 심장을 만들어야 하는데, 이런 것들을 만들 때 화학적인 신소재의 세계가 열린다는 거야. 예를 들어, 석유로 만드는 석유화학제품은 2차 산업혁명을 했는데 4차 산업의 새로운 신소재가 등장한다는 거야. 그중에 하나가 밧데리도 포함이 되는데, 전기차 밧데리, 핸드폰의 작은 밧데리 등이야. 그리고 신소재 중의 신소재는 나노 신소재, 그래핀이야. 컴퓨터가 나왔고, 그리고 양자까지 나오지? 컴퓨터도 지금 슈퍼컴퓨터가 최고의 컴퓨터인데, 슈퍼컴퓨터 위에 양자 컴퓨터야. 4차 산업혁명의 끝은 양자컴퓨터로 끝나. 그런데 놀라지 말아. 얼마 전 구글에서 양자컴퓨터를 일부 완성했다고 발표했어. 초기 단계이지만. 예를 들어, 공중에 30개의 점을 찍어. 그 30개의 점을 연결하는 최단거리 계산을 컴퓨터에 맡기면 슈퍼컴퓨터가 대략 300년 걸리는 일을 양자컴퓨터는 10일 만에 한다 뭐 이런 거야. 왜 양자 컴퓨터가 그런 일을 할 수 있는가 궁금하지 않니?"

"네" "이번에 어벤져스Avengers: Endgame라는 영화를 봤지? 어벤져스 보면 무슨 원리에 의해 과거와 현재로 왔다 갔다 하니?" "양자 원리요"

"맞아, 양자 원리지. 양자역학의 원리에 의해서 과거로 가고 미래로 간다고. 양자역학은 과거와 현재 미래가 동시에 공존하는 거야. 이것은 대단히 획기적인 거야. 양자라는 것은 우리의 눈에 보이기도 하고 안보이기도 해. 인간은 자기 눈에 보여야 믿는데 양자의 존재라는 것은 여기 있기도 하고 저기 있기도 해. 그래서 과거에 있기도 하고 미래에 있기도 하고 현재 여기 있기도 해. 그러므로 타임머신처럼 과거로 공간을 휘어버려 들어가는 것이 아니라, 어떤 양자 안으로 들어가면 과거에 있는 거야. 말이 어렵네. 하여튼 양자 컴퓨터는 꿈의 소재야. 어렵지만 들어봐. 일반 컴퓨터는 뭐로 이루어진다고 했지? 0,1,0,1,로 이루어진다고 했지?"

"네"

"그런데 양자 컴퓨터는 0과 1의 중간값이 존재해. 그러니까 이 조합이 무궁무진한 거야. 이게 왜 중요하냐면, 너의 머리에 있는 신경망을 뉴런이라고 해."

"네"

"수많은 뉴런의 신경망으로 인해 네가 어떤 산수를 풀 때 스파크를 일으켜서 빛을 통해 너의 두뇌를 작동하거든? 인공지능도 똑같아. 수많은 신경망들이 있는데, 보통 컴퓨터는 0,1로 신경을 주고받지만 여기에 또 다른 중간값이 들어가게 되면 엄청 고도화된 신경망이 컴퓨터에 생기는 거야. 이것을 양자 컴퓨터라고 해. 그런데 구글이 양자 컴퓨터로 계산을 끝냈다고 얼마 전 발표를 했거든?"

"네" "너는 이런 뉴스나 신문을 보면 별로 안 놀라지?" "네"

"아빠는 엄청 놀랐어. 왜냐하면 양자 컴퓨터가 발전하면 한 지배자가 전 세계를 동시에 감독할 수 있어. 지금은 데이터 저장소가 전 세계에 많이 있어. 구글도 대용량의 데이터 저장소 6개인가를 전 세계에 만들어 놓고 네이버도 용인에 데이터 저장소를 만들려다 다른데로 가는데 SK 데이터 저장소가 용인에 들어와 그리고 춘천에 몇 개를 우리나라에서도 만들어. 그래야 네이버를 통해 사람들이 검색하고 물건을 사는 모든 데이터를 저장할 수 있는 거지. 그런데 이 데이터를 연산하고 계산하는 힘이 슈퍼컴퓨터로는 용량이 한정되는데 양자 컴퓨터로 하면 전 세계 모든 데이터를 끄집어내서 하나의 계산을 하는데, 엄청 빠른 시간내에 계산을 해버리는 거야. 구글이나 애플이 수집한 데이터의 연산처리를 슈퍼컴퓨터가 지금도 못 하고 있는데 양자컴퓨터는 바로 해버리지. 그리고 군사적으로는 모든 정부의 컴퓨터를 해킹할 수 있어. 양자컴퓨터는 모든 보안 코드를 단숨에 계산을 해. 의료적으로는 염기서열 분석 등을 단 몇 초 만에 해버리는 거야. 그러면 새로운 신약개발이 빨라지는 거야. 하나의 세계를 지배할 수 있는 신경망, 지구의 신경망을 갖는다고 생각해 봐. 그 신경망을 지배하는 자가 세상을 지배해. 그래서 세계 모든 국가들이 양자컴퓨터에 엄청 돈을 쏟아붓고 있어. 끔찍한 일인데 이런 세상은 어떻게 전개될 것인지에 대해 상상이 안 되는 거야. 예를 들어, 중국 기업 중에 텐센트 알아?"

"네"

"얘네들이 물건을 팔아. 그리고 전 세계의 중국인들 15억 중에 8-9억 정도가 핸드폰을 쓰는데, 이 핸드폰을 어디에서 어떤 장소에서 쓰는지를 한눈에 볼 수 있어. 모든 연결망으로 그들의 데이터가 어디에서 오고 가는지 볼 수 있도록 이미 이른바 4G, 5G 신경망들이 보여지는데 이 데이터를 처리하는 슈퍼컴퓨터가 그 속도와 능력이 약해. 그런데 양자컴퓨터는 한 대라도 충분히 전 세계를 커버할 수 있는 데이터 계산이 가능한 거야. 이런 신경망의 지구가 된다면 도대체 어떤 세상이 될 것인가는 아무도 몰라. 이것이 축복인지 저주인지 아무도 몰라."

"네"

"그런데 구글이 양자 컴퓨터로 계산을 했다고 보도를 냈어. 과학자들은 기술적으로 불가능하다고 봐. 이유가 다양하게 있지. IBM이라는 회사가 가장 이 기술을 많이 연구했거든? 수십 년 동안 양자역학에 돈을 부었어. IBM은 그것을 과학적으로 20% 정도 달성을 했는데, 구글이 했다라고 해버린 거지. 도대체 어떻게 했지? 진짜 했나? 하고 과학계와 기술계에 놀라는 일이 일어났던 거야. 양자컴퓨터는 극도의 절대값 즉 영하 230도 이하에서 존재해. 예민하기 때문이야. 그러니까 상용화는 너무 어려운 거지. 양자 컴퓨터도 지켜보아야 할 주제야. 아빠는 이 책의 4차 산업의 기술, 10개의 주제 중에 도시재생이라는 주제가 가장 마음에 들어. 그런데 도시재생이 아니라 스마트 도시라고 해야 해. 4차 산업이 여는 공간은 스마트 도시야. 기술이 바뀌면 공간이 바뀌잖아? 도시공간이라는 게 바뀌어져."

"네"

"도시의 탄생은 근대 이후에 등장해. 우리 파리에 갔었지? 파리에 갔을 때 파리의 근대화 도시를 만든 사람이 누군지 기억이 나니? 무슨 시장이었지? 나폴레옹 3세 시대 때 오스만Haussmann시장이 등장해서 근대화 거리를 만들고 획일적으로 도시를 만들었지? 산업혁명 이후로 근대화된 도시가 파리혁명 이후에 등장했지. 그리고 그 공간 안에 몽마르트라는 장소가 생겨, 유럽의 예술인들이 근대화된 파리 안으로 몰려 들어와 근대의 인문학, 예술을 꽃 피우지. 그런데 우리가 파리의 골목길에 가서 근대화시키지 못한 거리 들을 봤잖아. 기억나니?"

"네"

"아빠는 그게 더 정겹다고 했었지? 파리의 획일된 건물들 보다. 그런데 산업의 흐름이 바뀌면 도시가 바뀌어져. 이것이 아까 말했던 공간 위의 장소야. 이 도시의 공간이 사람이 행복한 장소인가? 21세기의 미래가 바꾸어 놓을 우리의 삶의 터전인 이 도시라는 것, 사람이 살아가는 이 공간은 사람이 살만한 장소인가를 질문해야 하는 거야. '재개발하면 살기가 좋아지나요?' 어떤 책의 작은 소제목인데 아빠는 우리가 이런 질문을 계속해야 한다고 생각을 해. 재개발이라는 것이 근대적 개념인데 또 다른 도시의 개념이 등장할 때 '이 미래사회 도시는 우리가 살만한 장소인가요?'라는 질문을 우리가 던져야 하는 거야. 이 책의 마지막 주제가 스마트 도시라는 점이 아빠가 볼 땐 잘 정한 것

같아. 그런데 아빠가 볼 때 하나가 빠졌어. 이 책의 주제에 따라 아빠도 4차 산업의 미래기술들을 말할 거야. 그런데 이 책은 반도체가 빠졌어. 기술공간을 열 때 그것을 가능케 하는 가장 기본적인 소재가 있는데 4차 산업의 가장 기본적인 소재는 뭘까?"

"반도체?"

아들에게 반도체에 대해 이야기하다

"잘 이야기했어, 반도체야. 반도체에 대해서 이 책은 다루지 않고 있어. 인공지능, 스마트폰, 로봇 자동차자율주행자동차, 신소재, 컴퓨터, 양자컴퓨터까지는 다 반도체를 기반으로 해서 만들어지는 각 기술들이야. 그래서 반도체를 전자산업의 쌀, 그리고 반도체를 기반으로 한 데이터의 수집을 4차 산업의 쌀이라고 해. 아빠가 오늘은 반도체에 대해서 이야기해볼 거야. 반도체가 어려워서 일반인이 상식적으로 잘 몰라. 반도체가 왜 4차 산업 혁명의 기본소재인지도 잘 모르고. 아빠도 아는 것만큼 설명할게. 그러니 오늘 잘 배워보자 아들아."

"네"

"공간을 잘 이해해야 인문학을 할 수 있는 거야. 공간 이해가 없는 인문학은 있을 수가 없어. 장소를 만들려면 공간의 이해가 있어야 해. 더 나아가 자연과학과 인문학의 통찰력이 없는 신학은 시대를 복음으로 이끌어 갈 수 없어. 물론 복음 그 자체가 능력인데, 이 시대의 사람들에게 맞는 복음의 전략을 가질 수 있어. 아빠가 이야기했지. 비행기가 있었기 때문에 단기 선교가 가능했고, 진젠도르프라는 평신도 선교운동은 대항해 시대 때에 나침반이 있어 가능했고, 범선들, 더 나아가서 증기선이 있었기 때문에 가능했어. 우리나라의 미국 장로교의 선교사들은 무엇을 타고 왔을까?"

"배요." "증기선, 혹은 디젤로 돌아가는 배를 타고 미국에서 태평양을 거쳐 일본을 거쳐 우리나라로 오게 된 거야 공간을 축소시켜 버린 거지. 자 이제 반도체 이야기를 한 해볼게." "인간이 첫 번째 발견한 기술 발명 중 위대한 발명은 무엇이라고 생각하니?" "전구요" "그거는 2차 산업 혁명인데, 그것 말고 제일 첫 번째로" "불이요" "정말 잘했어. 그러면 불 다음으로 발견한 것은 뭘까?" "잘 모르겠어요."

"불 다음에 인간이 기술혁명을 일으킨 것은? 마차야 마차. 둥근 바퀴 이것이 두 번째 인간의 발명품이야. 로마의 군사들이 다 무엇을 타고 다녀? 말과 마차야. 몽골도 말이 운송수단이었지? 그다음에 개발한 게 범선이야 대항해 시대 때. 그다음이 증기기관인데, 이 원료 에너지는 석탄이야. 1차 다음에 2차 혁명은 휘발유야. 비행기, 자동차는 다 휘발유로 공간을 이동하지? 즉 공간과 공간의 확장의 역사가 이루어지는 거야. 이것을 아빠가 산업혁명이라고 했어. 이 화석 에너지로부터 디젤이 나오고, 가스가 나오고, 휘발유가 나오는 이것이 지금까지 이어지고 있지? 3차 혁명이 뭐겠니? 전기야. 3차 혁명 때부터 반도체가 쓰여져."

"네" "그리고 4차 혁명이 이 반도체가 본격적으로 사용이 되는 거야. 우리나라가 반도체 강국이야 아니야?" "강국이지."

"삼성, SK 반도체가 세계 메모리 반도체 1위거든? 4차 산업에 있어서 가장 중요한 자원을 우리나라가 가지고 있다, 이런 이야기야. 반도체가 뭐냐 하면 도체도 아니고 비도체도 아닌 게 반도체야. 전자를 흘려보낼 수도 있고 보내지 않게도 하기 때문에 반도체는 새로운 디지털 언어가 되는 거야. 그러니까 수신호를 줄 수 있다는 거야. 나중에 우리가 이것이 끝나고 빛에 대해 배울 텐데, 아빠가 여러 책을 보고 고민하는 게 뭐냐 하면, 빛이라고 하는 한 주제를 가지고 인문학과 자연과학과 신학을 아우를 수 있는 하나의 학문의 체계를 세우는 것이야. 그런데 봐봐. 한국의 영화 '엑시트'라는 영화를 보았지? 재난영화 말이야. 도시에 독가스가 가득하게 되어 사람들이 옥상으로 올라가지. 그리고 옥상에서 핸드폰 라이트로 수신호를 보내는 거야. '딴 딴딴 딴딴딴 딴 딴딴 따' 가 나와. 그 소리에 맞추어 불을 켰다 껐다 하는 거야. 그래서 불빛을 켰다 껐다 하면서 SOS신호를 보내는 거야."

"모스부호요?"

"맞아, 모스부호야. 그게 0101이야. 불을 켜면 0, 불을 끄면 1이 되는 거야. 이것을 반복적으로 해서 기호를 만드는 게 모스부호인데, 이 빛을 사용해서 수십 가지의 기호를 만든 거지. 그래서 의사소통을 하는 거야. 이것을 전자기기적 신경망으로 만들어 놓은 것이 반도체야. 0101을 보내고 때로는 절연해 버려 신경망을 통하여 전달하는 언어체계를 만든 거야. 그것이 언어로 혹은 그림으로 구현되는 거야. 새로운 언어 0과 1의 언어, 2진법의 언어가 생긴 거야. 나중에 다루겠지만 문자 언어, 수학언어에서 디지털 언어가 등장한 거야. 디지털 언어라는 것이 바로 반도체를 통해 나타내는 0과 1의 언어이지. 그래서 반도체의 언어를 통하여 인공지능이 스스로 데이터를 축적하고 이용하여 딥러닝Deep Learning하고 체득하고, 연산시키는 고도의 신경망을 가지게 되었지. 그리고 이러한 인공지능을 통하여 전 세계를 하나의 초연결 사회로 만들고, 그 초연결 사회를 가상공간, 혹은 온라인 안에서 만나는 공간을 만들어 버리는 거지. 그래서 현실의 서플라인 체계와 밸류 체계의 플랫폼을 가상공간 안에도 설정하여 그 속에서 이미지로 통용하고 인간의 부가가치를 증대시키는 일이 일어난 거야. 이것이 4차 산업혁명이야. 새로운 가상과 현실의 공간을 통해 증강공간을 만드는 거지. 그 중심에는 반도체와 인공지능이 있는 거야. 반도체를 통해 인공지능 플랫폼을 구동시키는 언어와 정보, 금융을 만들어 내는 기술이 된 거야"

"아…놀랍네요."

"이제 잘 들어봐. 반도체는 굉장히 중요하기 때문에 잘 들어야 해. 반도체는 설명하려면 복잡해. 간단하게 설명할게. 반도체는 크게 두 종류가 있어. 하나가 메모리이고, 하나가 비메모리 반도체야. 우리나라가 잘하는 것은 메모리 반도체야. 삼성전자와 SK 하이닉스가 잘하는 게 그거야. 이것을 메모리 반도체라고 하고 나머지를 비메모리 반도체라고 해"

"네" "메모리의 뜻이 뭐지?" "기억하다요."

"그렇지, 메모리 반도체가 할 수 있는 일은 기억 저장소야. 예를 들어, 이 핸드폰에는 메모리 반도체가 많겠지, 우리가 사진 찍고 저장하고, 문자 저장하고, 글 쓰고 저장하고, 다 저장하는 것들이잖아. 이 핸드폰은 스스로 생각하고 스스로 계산하는 기능이 극히 없이 다 저장하는 메모리로 가득하지? 그래서 이 핸드폰에는 100개의 메모리 반도체가 들어가는 거야. 이 핸드폰 뒤를 열어보면 100개의 반도체가 서로 라인으로 연결되어있어."

"네" "요즘에는 수직형 도체 모양으로 만들어져. 즉 수많은 메모리 반도체를 빌딩처럼 쌓아 올리는 거야. 수많은 메모리가 있는 거야. 이게 메모리 반도체이고 메모리 중에 ROM 반도체는 뭐냐 하면, 이 반도체가 0,1,0,1을 저장하는데, 얘가 전원이 꺼지면 휘발성 때문에 날아가 버려, 그래서 메모리 반도체는 기억을 잃어버려. 여기서 데이터 복구를 해야 하는데 이런 데이터를 더 많이 저장하고 잃어버리지 않도록 보조기억장치의 역할을 하는 게 ROM Read Only Memory 메모리 반도체야. 비휘발성 반도체, 즉 기억을 잃어버리지 않게 혹은 날아가 버리지 않게 저장하는 반도체가 ROM 반도체야. 그리고 기억을 지웠다 넣었다 하는 메모리 반도체가 RAM_{Random Access Memory} 반도체야. 이것을 날아간다고 하여 휘발성 반도체라고 해. 디램반도체 이런 것은 다 저장을 지웠다 넣었다 하는 반도체야. 네가 사진을 지웠다 넣었다 하는 것을 가능하게 하는 반도체야. 그리고 나머지 반도체가 비메모리 반도체인데 사실은 이것은 연산 기능을 하는 반도체야. 계산하는 것이지. 메모리에 있는 기억을 불러다가 계산을 하는 것이 비메모리 반도체야. 메모리를 불러내서 연산, 계산, 추론, 분석하는 기능을 하는 그 반도체가 비메모리 반도체야. 쉽게 말하면 기억하는 메모리 반도체, 그리고 그것을 연산하고 추론하는 비메모리 반도체로 구성 되어 있어.”

“네” “메모리 반도체가 중요해, 비메모리 반도체가 중요해?”
“메모리요.”

“사실 둘 다 중요해. 메모리가 없으면 불러내서 계산을 못 하지. 지금 구글이 하고 있는 가장 무서운 게 뭐냐면, 전 세계가 다 구글의 데이터를 쓰는데, 50억의 모든 데이터를 다 구글의 메모리 반도체에 저장을해. 구글은 전 세계 인구가 이번 일주일 동안 제일 많이 검색한 단어가 무엇인지를 찾아내. 비메모리 반도체를 통해 연산으로 가장 많이 사용하는 단어의 의미는 무엇이고 정치 문화 경제 역사의 각도에서 이 단어가 활용할 가치가 무엇인지를 막 연산하는 것이 비메모리 반도체가 하는 일인데, 이 연산추론하는 단계가 아직 10%도 안 되었고, 아직 90%가 열려있다는 거야. 삼성전자, SK 하이닉스가 메모리 반도체가 강하다고 했지?"

"네" "그런데 봐봐, 비메모리 반도체는 이것을 연산하는 기능인데, 비메모리 반도체 중에서 가장 핫이슈가 되는 게 CPU와 GPU야. 비메모리 반도체와 메모리 반도체가 연결이 되어야 하나의 시스템이 완성이 되는 거야. 반도체는 인공지능에도 들어가고 무인 자동차, 자율주행 자동차에도 들어가고, 스마트폰에도 들어가고, 사물 인테넷 즉 IoT에 들어가고, 양자 컴퓨터에도 들어가는 거야. 그래서 반도체가 4차 산업의 가장 기본적인 원료라는 거야."

"네" "자, 그러면, CPU와 GPU가 뭔지 알아보자. 비메모리 반도체는 크게 CPU와 GPU야. 메모리와 비메모리를 연결하는 일들, 반도체를 설계하는 것들 등 수많은 일들이 있어. CPU는 직렬구조라고 해서, 똑똑한 아이가 문제를 빨리 푸는 거야. GPU는 원래는 그래픽을 위해 만들어 놓은 반도체야. 컴퓨터 게임을 하지? 게임에서 서로 싸우고 자기들이 알아서 전쟁을 하고 있지? 이것은 CPU가 하는 기능이 아니고 GPU가 하는 기능이야. GPU는 여러 보통의 아이들이 연산을 병렬식으로 여러 계산을 하는 거야. 그런데 어떤 한 문제를 냈을 때는 CPU가 빠른데 여러 문제를 한꺼번에 던져 놓으면 GPU가 빨라. 그러니까 GPU가 비트코인이나 블록체인 때문에 굉장히 각광을 받게 되었고, 앞으로 자율주행 자동차는 주행하면서 수많은 예측하지 못하는 환경들을 계산해야 하겠지?"

"네" "자율주행차의 인공눈이 사물을 여러 각도에서 검색하고 계산할 때는 GPU가 더 필요하고, 사람이 툭 튀어나왔을 때 빨리 판단해야 할 때는 CPU가 필요해. 그래서 둘 다 연산과 추론에 필요한데 점점 더 GPU가 필요하게 되었어. 왜냐하면 영상기능은 GPU가 해야 하기 때문이야. 수많은 점을 찍어 병렬식으로 보여주어야 하기 때문이야. 그래서 게임, 영상 뭐 이런 것은 GPU가 필요하고 가상공간에서의 가상현실을 구현하는데도 GPU가 더 필요해."

"네" "그러면 잘 들어봐. 마켓으로 보면 반도체 시장이 100이라고 보면, 메모리 반도체는 30%, CPU와 GPU 중심의 비메모리 반도체는 한 70% 돼, 우리나라가 반도체를 잘하지만 30%를 잘하고 70%는 못하는 거지."

"네" "그런데 심지어 반도체를 만드는 기술공정의 기계들은 대부분 미국의 회사들로부터 사오는거야. 반도체를 개발했을 때 그 반도체가 올바로 작동하는지를 실험하는 모든 기구들이 미국에 있어. 물론 삼성이나 대기업은 독자적 연구실이나 테스트 실이 있지만 대부분 중소기업은 미국에 가서 공정실험을 해. 이러니 우리나라가 반도체 강국이란 말은 반쪽짜리 진리야. 그리고 반도체에 들어가는 가장 기본적인 소재는 일본에서 수입을 해와. 일본이 이것을 안 주겠다고 해서 저번에 한바탕 일이 생겼잖아? 우리나라가 반도체 강국 같은데, 돈

되게 만드는 제품 같은 것은 잘 만드는데, 밑바닥에 있는 이른바 반도체를 구성하는 반도체의 환경은 약해. 문제가 크지?"

"네" "여기서 이야기가 끝나는 게 아니고, 비메모리 반도체 중 CPU를 잘 만드는 회사는 인텔Intel이나 AMD 같은 회사이고 GPU를 잘 만드는 회사는 엔비디아Nvidia야. 이렇게 보면 뭔가 감이 안 오니? 앞으로 이 반도체가 몇 개가 쓰여질까? 핸드폰에 100개가 쓰여지면 자율주행 자동차에는?" "1000개?" "2천 개가 쓰여지고, 지금 이른바 클라우드라는 데이터 저장소와 인공지능에 들어가는 반도체는 몇 개일까?" "엄청 많겠지."

"엄청나지! 그런데 아직 클라우드 시장은 10%도 안 열렸어. 남은 90%의 이 데이터 저장소에 반도체가 들어간다면 앞으로 반도체가 몇 개 팔릴 거 같니? 이 반도체의 최고의 강자는 누굴까? 지금은 메모리에서는 삼성, SK가 최고이고, 비메모리에서는 인텔, 엔비디아, AMD 같은 회사가 최고라고 생각하는데, 이들이 서로 다투겠지? 끝내는 반도체가 어떤 모양으로 들어갈 거냐면, 지금은 메모리 반도체와 CPU, GPU의 비메모리 반도체를 하나의 반도체로 만드는 일이 진행되고 있어. 원바디 반도체One body Semiconductor. 딱 하나의 반도체, 그것만 끼우면 끝나는 게임을 만들고 싶겠지? 예를 들어, 이 핸드폰에 100개의 메모리와 여러개의 비메모리가 있어서 핸드폰의 두께가 이 정도인데, 이런 것들을 다 합쳐서 하나의 반도체만 집어넣었는데 모든 기능을 할 수 있다면 아주 얇은 핸드폰 두께가 되겠지?"

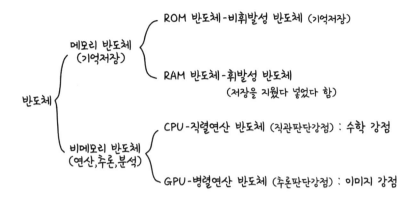

ROM 반도체 -비휘발성 반도체 (기억저장)

메모리 반도체
(기억저장)

RAM 반도체 -휘발성 반도체
(저장을 지웠다 넣었다 함)

반도체

CPU -직렬연산 반도체 (직관판단강점) : 수학 강점

비메모리 반도체
(연산,추론,분석)

GPU -병렬연산 반도체 (추론판단강점) : 이미지 강점

〈반도체의 간단한 종류〉

"네"

"자동차에 2000개의 반도체가 들어가는데 이게 만약에 하나로 통합된다면? 100개 혹은 50개로 끝난다고 생각해봐, 자동차가 얼마나 날렵할 것이며, 자동차가 얼마나 경제적이겠어? 그러니까 삼성은 비메모리 반도체로 가야해, 인텔은 메모리 반도체로 가야해. 이 사업이 미국과 한국과 중국 사이에 붙었어. 굉장히 심각해지지 이렇게 되면? 우리나라 삼성이 수출하는 비중이 100% 중에 30-40%를 차지해. 그런데 산업의 영향을 미치는 것은 50%야. 이 반도체 산업이 우리 산업에 미치는 영향이. 그래서 삼성이 망하면 우리나라는 어떻게 되지?"

"망하게 되지."

"전체 산업이 분열이 일어나지? 그런데 중국은 메모리 반도체를 만들기가 어렵겠니? 비메모리 반도체를 만들기 어렵겠니? 메모리 반도체는 공정이 두 개라 굉장히 단순해. 원래 메모리 반도체는 미국의 인텔이라는 회사가 만들다가 돈이 안 되어서 버린 걸 일본이 주웠고, 일본이 잘 성장하니까 미국이 그 일본의 반도체 산업을 흔들어버렸어. 치킨 게임으로. 이걸 한국이 IMF 이후에 집중육성해서 일본이 망하는 틈을 타고 올라온 거야. 그러니까 일본이 우리나라 메모리 시장을 깨뜨리고 싶은 거지. CPU 같은 경우는 우리나라가 5년 정도의 반도체 기술격차가 있어. 비메모리는 4-5년 정도의 기술격차가 있어서 따라가기가 어려워. 원래 인텔이 메모리를 만들었기 때문에 메모리를 만드는 기술을 새로 시작했어. 인텔이 메모리 시장을 공략하기 시작하면 삼성은 깨지는 거야. 왜냐하면, 인텔은 CPU기술도 가지고 있으니까. CPU와 GPU와 일반 메모리가 합쳐지는 원-메모리 시장으로 가고 있다고 했지? 인텔도 이쪽으로 가려고 연구를 하고 있어. 삼성은 비메모리를 만들어야해. 삼성에서 140조를 들여서 비메모리를 만들겠다고 선포를 했는데, 비메모리 중 어떤 것을 만들지를 정하지 않았어. 비메모리 중 설계도면을 만드는 건지, 아니면 비메모리를 하청받아 제조만 하는 파운드리 회사로서의 비메모리를 더 많이 만들겠다는 것인지 알 수가 없지. 파운드리 회사는 설계를 받아 제작을 하는 반도체 회사야. 이런 회사 중에 가장 유명한 회사는 대만 회사 TSMC 야.

삼성은 퀄컴으로부터 핸드폰에 들어가는 반도체 칩을 주문받아 생산을 해. 비메모리에 대한 특허나 디자인 기술이 퀄컴Qualcomm에 있으니 퀄컴의 하청이 되는 거야. 삼성은 비메모리 반도체를 하청받아 생산하는 파운드리 회사이기도 한 것이지. 삼성이 140조를 투자하여 비메모리 반도체를 육성하겠다고 했는데 무엇을 어떻게 할지 정해진 것은 없어. 그렇다면 4차 산업혁명 시대에는 반도체의 기술을 갖는 자가 세계 강자로 군림하고 그 생태계를 잡아. 그래서 모든 국가와 기업들이 여기에 목숨을 거는 거야.”

“네”

“그렇다면 시은아. 미국은 이 반도체를 통하여 전 세계의 4차 산업의 생태계를 잡고 싶어 하겠지? 그러면 한국의 메모리 반도체 시장을 잡으려고 하겠지? 미국이 통신장비를 가진 화웨이를 강력하게 제재했어. 그리고 미국은 중국이 반도체 시장에 오지 못하도록 기술을 막아버렸어. 화웨이가 자신의 핸드폰에 들어가는 통신 반도체, AP반도체를 생산하지 않겠다고 했어. AP가 무엇이냐면 모바일, 즉 핸드폰에 사용되는 CPU역할을 하는 반도체야. 그런데 중국은 반도체를 포기할 수가 없어, 반도체 없이는 4차 산업의 플랫폼을 통한 공간 지배력을 상실해. 시진핑 주석도 중국이 바로 비메모리 반도체로 가기 위한 기술이 없는 것을 아니까 첫 번째 단계로 메모리 반도체로 가겠다고 선포를 했어. 얼마 전 신문에 보니까 알리바바가 가장 빠른 메모리 5세대 반도체를 만들었다고 선포를 했거든? 지금 시장이 어떻게 변할지를 몰라.

지금은 유전자 반도체를 만들었다고 해. 우리가 공룡화석을 발견하잖아. 그러면 거기에 유전자 정보가 있어. 그 유전자 정보는 몇천년이 되어도 없어지지 않아. 그런데 메모리 반도체는 비휘발성이어도 15년 되면 메모리가 날아가지. 우리도 컴퓨터 저장된 것이 하루아침에 날아가잖아. 유전자 반도체가 되면 영구적으로 데이터가 저장이 되고 반도체 용량도 적어지는거야. 그래서 0과 1로된 반도체와 염기서열이 4개인 유전자를 결합하여 반도체를 만들었어. 이것이 유전자 반도체, DNA반도체라고 해. 유전자의 반도체는 헬스케어에서도 아주 중요해. 인간의 유전자 정보를 바로 해독해서 인간의 유전자 안에 있는 정보를 데이터에 저장할 수 있어. 미국은 이 유전자 반도체를 2024년에 상용화하려고 해. 그러면 메모리 반도체 시장이 완전히 바꾸어지지. 그리고 메모리와 비메모리를 하나로 만드는 ONE-Body 반도체를 만들려고 하는 거야. 이러한 반도체에 대한 세계 각국의 노력은 4차 산업혁명 공간을 지배하기 위한 노력이야. 이런 반도체가 4차 산업의 가장 기본적인 토대가 되고, 이걸 누가 지배하게 될지는 아무도 몰라. 우리나라는 메모리 반도체에 대한 실력이 1등이지만 삼성이 비메모리 반도체를 만들겠다고 해도 그럴만한 인적자원, 인프라, 교육의 기능이 한국에 없어. 세계 각국이 반도체에 목숨을 거는 것은 4차 산업의 공간을 지배하기 위해서야. 그래야 패권국가가 되기 때문이지."

　"네"

　"그래서 성균관대를 삼성이 인수한 거지. 지금은 인재가 없는데 그 인재를 어디서 데려올까? 그래서 대학이나 연구소를 설립하여 인재를 키우려고 하는 거야. 중국은 우리나라의 삼성, SK 출신 연구진들을 연봉 4-6배 더 주면서 데려가. 기술을 안 주니까 사람을 사버리는 거야. 인재전쟁이 시작된 거지. 그리고 중국이 대만의 TSMC에서 천 명 이상의 기술자들을 데리고 가 버렸어. 기술을 가져갈 수 없으니 그 기술을 가지고 있는 사람을 데리고 간 거야. 우리나라가 85년 도쿄 선언을 통해 반도체를 만든다고 했을 때 다들 웃었지. 그런데 반도체 강국이 되었잖아. 중국이 반도체 강국이 되겠다고 선포를 했어. 어떻게 될지 아무도 알 수가 없어. 이러한 4차 산업혁명을 놓고 한국 일본 중국 미국이 엄청난 공간의 패권을 다투고 있어. 그 4차 산업의 공간을 누가 지배하는지를 우리는 보고 있는 셈이야. 그래서 반도체는 미래의 공간을 여는 과학기술의 기본소재라는 거야. 이러한 반도체가 있어야 전 세계의 수많은 데이터를 수집 저장하고 연산 처리하여 새로운 비즈니스 모델을 만드는 거야. 쉽게 말해 아빠가 네이버Naver에서 유럽을 가기 위해 몇 가지를 검색했는데 바로 아빠 컴퓨터에 유럽의 호텔 소개가 나오고 식당들의 소개가 나와. 광고배너에 말이야. 인공지능이 내가 무엇을 원하는지를 알아 바로 비즈니스를 시작하는 거지. 이것은 단순한 예이고 이러한 반도체를 통해서 4차 산업의 기술이 만들어져. 즉 반도체를 통해 데이터가 저장되고 그리고 이것을 연산함을 통하여 가상공간을 만들어 초연결 사회를 만들지. 그리고 그 안에는 서플라이 체인과 밸류 체인을 갖는 플랫폼이 만들어지는 거야. 이런 반도체를 기반으로 핸드폰, 자율주행 자동차, 신소재, 양자 컴퓨터, 스마트 도시라는 4차 산업의 기술과 공간이 만들어져. 이런 이야기를 이제 하나하나씩 할거야."

"네, 기대가 됩니다."

"오늘 이야기를 정리하면, 반도체 발명은 4차 산업의 시작의 소재라는 거야. 반도체는 크게 메모리와 비메모리 반도체로 되어 있고 이것이 인간에게 가상공간의 플랫폼을 만들어지게 했어. 그 가상공간 안에 수많은 데이터들이 주고받게 되었고 이것을 반도체가 저장하고 연산하게 되지. 이러한 데이터의 저장기능을 클라우드라고 하고 그 클라우드에서 인공지능이 연산 처리를 함을 통하여 가상공간과 현실의 공간을 조절하여 거대한 초연결 플랫폼이 만들어지는 거야. 옛날에는 항로를 통해, 비행기를 통해 만들어진 서플라이 체인, 밸류 체인들이 가상공간 안에서는 시간과 물류와 상관없이 이루어진 것이지. 예를 들어, 자율주행자동차가 클라우드의 인공지능과 자율주행 자동차의 인공지능이 끊임없이 소통을 통해 운전을 하지? 그 안에는 수많은 데이터들이 있어 수많은 상황 속에서 어떻게 판단할지 아는 거야. 차 안에 있는 운전자는 책을 읽든지 아니면 자동차 안의 모바일을 통해 가상공간 안에서 수많은 세상과 연결하고 소통을 하지. 이른바 초연결 사회가 현실공간과 가상공간을 통해 만들어져. 즉 증강세계이지."

"증강세계는 초연결 사회라고 보아도 돼. 그런데 이 사회는 확장성이 있어. 고정된 것이 아니라 끊임없이 다른 가상과 연결되기 때문에 점점 확장되는 사회야. 그런 의미에서 아빠는 증강세계라고 말하는 거야. 다른 학자들은 초연결 사회라고도 해. 이것은 반도체가 발명되었기에 가능해. 그래서 반도체와 데이터는 4차 산업의 쌀이야. 이것으로 밥을 짓는 것은 클라우드와 인공지능이고 그것으로 서플라이체계와 밸류체계를 만들어내는 것이 플랫폼이야. 이 부분은 다음에 다시 상세하게 이야기를 해줄게"

"네"

아들에게 그리스도인은 4차 산업의 언어로 복음을 전할 준비를 해야 한다고 말하다

"아들아, 아빠가 앞에서 언어가 변했다고 했지? 원래 성경에는 하나님의 약속인 말씀이 언어였어. 인간은 타락하여 수렵과 농경생활을 동시에 했어. 그때 동굴에 그림을 그리는 이미지 언어가 발달하게 되고 문자라는 언어가 생겨. 문자언어는 정보의 축적이야. 그러다가 과학 문명이 발달하게 돼. 뉴톤 같은 사람이 등장하지. 그래서 세상의 모든 정보를 수학으로 처리해. 계신식으로 세상을 설명해, 이것을 수학 언어라고 해. 그리고 반도체가 나오므로 디지털 언어가 등장하지. 이것은 가상공간의 언어야. 이 디지털 언어로 세상 모든 사람들이 가상공간 안에서 소통을 하는 거지. 반도체가 만들어 놓은 0과 1의 언어로 소통하는 거야."

"바울이 로마의 길이라는 공간 안에서 헬라어로 복음을 전했듯이 그리스도인은 이제 디지털 언어로 복음을 전하는 길을 걸어가야 해. 이른바 디지털 족속이라는 새로운 종족이 생긴 거야. 종족 복음화를 해야하는 거야. 그러려면 새로운 언어인 디지털 언어를 갖고 복음을 전하는 거야. 너희들이 늘 보는 유튜브의 언어는 사실 디지털 언어야. 가상공간의 언어지. 이제 구글이 전 세계의 언어를 번역하는 기능을 유튜브에 정착시켜 하나의 언어로 만들 거야. 그것은 인공지능이 만들어 내는 언어야. 즉 내가 한국말을 해도 영어로, 일어로, 캄보디아어로 바로 번역이 되어 가상공간에서 전달이 돼. 인공지능이 번역한 거지. 무슨 언어로? 0과 1이라는 디지털 언어로 번역한 거야. 그리고 영상도 0과 1이라는 디지털 언어가 만들어 내는 거야. 수많은 점으로 그 안에 색깔을 집어넣어 버리는 거야. 0과 1이 색깔의 기호를 부여해서 만들어 내는 거지. 이것이 디지털 언어야."

"인류가 문자가 발견하기 전에는 동굴그림으로 정보를 축적했고 문자를 발견한 후는 책으로 정보를 축적했어. 그리고는 수학언어로 정보를 축적하다가 지금은 디지털언어로 데이터 센타에 정보를 축적하는 거야. 이젠 디지털언어로 이야기하고 정보를 축적하는 시대가 된거지. 그리스도인들은 이 디지털 언어를 이용해서 전 세계에 하나님의 약속인 말씀의 언어를 넣을 줄 알아야 해. 그것이 가상공간 안에 하나님 나라를 전하는 길이야. 너는 그 길 위로 부름을 받은 그리스도인이야. 그것이 네가 부르심을 받은 새로운 이스라엘 땅이야"

"네, 아빠."

"오늘도 장시간 인내를 갖고 들어주어서 고맙다. 기도하고 마칠까?"

"네"

아들을 위해 축복기도 하다

"사랑하는 주님,
사람들은 늘 날마다 새로운 공간과 언어를 만듭니다.
그러나 그 공간과 언어는 허무하고 생명이 없음을 압니다.
그래서 끊임없이 생명나무를 만들려고 합니다.
지금 인류는 반도체가 만들어 내는 새로운 디지털 언어로
가상의 사회, 초연결 사회를 만들려고 합니다.
그 속으로 우리를 부르시어 참된 언어, 참된 말인
하나님 말씀을 전하게 하시니 감사합니다.

사랑하는 나의 아들 시은이가 살아가는 4차 산업의 공간 안에
복음이 들어가도록 시은이를 사용하여 주옵소서.
시은이가 자신의 부르심을 보게 하시고 복음의 능력을 알게 하되
4차 산업의 공간 안에서 자신의 소명을 보게 하옵소서.

새로운 공간이 만들어지지만,
그 안에는 수많은 민족들의 다툼과 지배가 있으며
그 공간 안에서 여전히 수많은 범죄와 사람을 아프게 하는 일들
이 일어나는 것을 보게 하시어 그 공간의 복음의 치료자로 시은
이를 사용하게 하옵소서.

4차 산업이 만들어 내는 공간 안에 진정한 생명 나무 되신 그리스
도를 심게 하시고 하나님의 언어인 복음을 흘려보내게 하옵소서.
세상을 축복하는 바라커가 되게 하옵소서.
그 축복을 시은이에게 허락하옵소서.
모든 공간과 언어 위에 뛰어나신 그리스도의 이름으로
기도하옵나이다. 아멘.”

토의하기

1. 공간과 장소, 하나님 나라를 만드는 인재를 필자는 무엇이라고 부르는가?

2. 왜 반도체가 4차 산업혁명의 쌀인지를 설명해보라. 특별히 플랫폼과 연관하여 설명해보라.

3. 반도체의 종류는 크게 두 분류로 되어 있다, 설명해보라.

4. 우리나라는 메모리 반도체 최강국이다. 비메모리 반도체 기술에는 뒤처져 있다. 비메모리 반도체를 성장시키려면 어떻게 해야 하는지 설명해보라.

5. 비메모리 반도체 회사 중에서 CPU, GPU, AP의 최고 회사는 어떤 회사인지 살펴보라. 그리고 어떤 회사가 가장 유망한지를 말해보라.

6. 중국은 중국몽을 위해 반도체에 모든 역량을 집중하고 있다. 미국은 이러한 기술성장을 막기 위해 기술이전을 막고 있다. 중국의 반도체 굴기 전략을 인터넷 등에서 검색하여 알아보고 그것이 가능한지 토의 해보라.

7. 당신이 삼성전자 혹은 SK하이닉스 사장이라면 미래 반도체를 위해 어떤 비전을 제시하겠는가?

아들에게 들려주는
4차 산업혁명

세 번째 이야기

아들에게 인공지능
클라우드 플랫폼에 대해
이야기하다

나는 아들 시은이에게 강의할 때 늘 반복한다. 왜냐하면, 우리는 망각하는 동물이기에 반복하지 않으면 늘 새로운 이야기처럼 듣는 버릇이 있기 때문이다. 시은이가 기억하도록 반복하며 시작한다.

인공지능은 데이터를 처리하여 수많은 정보처리와 판단의 기능을 한다. 그러나 인공지능은 새로운 차원의 능력이 아니다. 사람이 만든 모든 것은 문명이고 그것은 자연의 일부에 불과하다. 인공지능을 사람이 만들었다는 차원에서 인공지능은 사람의 판단과 생각에 개입된 인간 연장의 일부에 불과하다. 여기에 인공지능에 대해 조심해야 할 부분이 생긴다. 미국의 인공지능은 여전히 흑인과 중국인에 대한 편견을 갖고 있을 것이다. 인공지능의 판단은 객관적일 수 없다. 인공지능의 알고리즘은 인간의 편견 위에 있기 때문이다. 그러므로 인공지능을 지배하여 만드는 가상공간은 여전히 인공지능을 지배하는 자의 공간일 수밖에 없다. 일론 머스크는 인간의 뇌에 인공지능 칩을 넣어 인공지능 클라우드와 연결시키려는 꿈을 꾸고 있다. 이른바 뉴럴링크 Neuralink이다. 인간은 두 개의 지능을 가지게 될지도 모른다. 이 이야기를 아들과 나누었다.

아들에게 역사를 보는 세 가지 관점을 반복하다

"바울아, 아빠가 세상과 역사를 보는 세 가지가 뭐라고 했지? 첫째는 무슨 역사라고 했지? 공간의 역사지?"

"네"

"우리가 첫 번째 역사를 간략하게 살폈을 때, 역사는 공간의 충돌이라고 이야기했어. 지금은 인터넷 때문에 전 세계가 하나의 공간이 되었다고 이야기했지? SNS 때문에 전 세계가 하나의 공간이 된 거야."

"네"

"예를 들어서, 아빠는 100명 정도의 선교사님들과 카톡으로 연결되어 있거든? 이분들이 중앙아시아에도 살고, 태국에도 살고, 일본에도 살고, 괌 같은 섬에서도 살고, 전 세계에 흩어져있는데, 아빠한테 도움이 필요한 것이 있을때 카톡으로 보내셔."

"네"

"또 섬에 있는 목사님들 150명과도 아빠는 연결이 되어있거든? 카톡이나 문자로. 이것은 옛날에는 있을 수 없는 일이었겠지? 이제는 실시간으로 한 공간에 있게 된 거야. 이른바 SNS라는 가상공간 때문이라고 했고, 이것이 공간의 역사라고 했지?"

"네"

"미국하고 중국이 무역전쟁을 하는 이유는, 누가 공간을 지배하는 자가 되느냐가 쟁점인 거야. 그래서 지금 중국이 굉장히 힘들어해. 미국이 화웨이를 막았기 때문이지. 화웨이가 중국의 생산영향에 끼치는 영향이 삼성이 우리나라에 영향을 끼치는 것만큼 커. 우리나라는 삼성이 20%의 생산성을 갖지만 50%의 산업에 영향을 끼쳐. 삼성이라는 단일 기업이 그렇지. 화웨이도 한 20% 정도 중국에 영향을 미치는 파급효과가 있어. 그런데 미국이 화웨이의 통신장비를 많은 나라에서 사용하지 못하도록 압력을 넣었지."

"때렸어요."

"속된 말로 때렸지. 미국이 무역을 중지하고, 기술을 끊어버린 거지. 화웨이가 핸드폰이나 통신장비를 만드는 회사인데, 핸드폰을 만들 때 유튜브나 구글 맵도 들어가지 않으면 전 세계인 중에 누가 쓰겠어? 안 쓰는 거야. 안 쓰니까 화웨이 핸드폰을 썼던 사람들이 우리나라 삼성 갤럭시를 사고, 애플의 아이폰을 사는 거야. 그래서 사실 속된 말로 애플하고 삼성은 대박이야. 화웨이 핸드폰이 죽었기 때문에. 화웨이 핸드폰을 소유했던 사람들, 중국인들마저도 화웨이를 안 사고 애플 아이폰을 사는 거지. 왜 이런 현상이 일어났냐면, 가상공간이 하나의 네트워크가 되었는데 이 공간 안에 화웨이는 쓸 것이 없는 거야. 페이스북, 유튜브, 구글이 다 안되니까. 핸드폰은 단순한 통신수단이 아니라 플랫폼을 기반한 통신수단이야. 그런데 중국이 자국 안에서는 이런 앱을 못 쓰게 막아놨지만, 중국 젊은이들은 몰래몰래 다 사용해. 단속해도 다 사용할 수 있는 길이 있었던 거야. 삼성 갤럭시하고 애플 아이폰이 너무 잘 팔리게 된 거지.

잘 생각해봐. 반도체를 만드는 장비나 기계들이 있잖아? 전 세계에서 그런 장비들을 만들 수 있는 나라가 미국과 네덜란드야. 전 세계 1위의 반도체 생산 장비를 만들 수 있는 회사가 미국에 있어. 미국에는 어플라이드 머트리얼AMAT, 램리서치LAM, KLA덴코란 회사가 있어. 네덜란드는 ASML, ASM이라는 회사가 있고, 일본에는 도쿄 일렉트론 같은 회사가 있지. 이게 전 세계에 10개 정도의 회사밖에 없는데, 독자적인 기술은 미국과 네덜란드가 가지고 있어. 이것은 어려운 기술이라 전 세계의 사람들이 따라올 수 없는 거야.”

"네"

"그래서 반도체를 만드는 이 장비를 화웨이 때문에 중국에 팔지 말라고 미국이 한 거지. 이 장비가 없으면 못 만드니까. 그러면 네덜란드 장비를 사용해야겠지? 그러면 네덜란드가 돈을 버는 거지. 삼성의 D램 반도체, 용인의 SK 하이닉스 반도체 알지? 그런 반도체 공장이 4조짜리라고 쳐봐. 그럼 그 안에 반도체를 만드는 주요 장비는 누구 것을 써야 할까?"

"미국 것을 써야 해요."

"그렇지 미국 것을 쓰게 되어있어. 미국의 가장 큰 반도체 회사 2개 중에 하나를 쓰겠지? 삼성이 비메모리 반도체를 하겠다, 4조를 쓰겠다, 몇천억을 쓰겠다 하잖아? 그러면 거기 들어가는 장비는 사실 미국 장비를 써야 해. 그러면 생각을 해보자. 우리나라가 반도체 강국이지만 반도체 장비는 못 만들어. 만들 기술이 전혀 없어. 그럼 패권은 이미 결정된 거지?"

"네"

"공간을 보는 눈이 필요하다 그랬지? 공간을 지배하는 사람을 앙트레프레너entrepreneur라고 해. 영어로는 엔터프라이저enterpriser라고 해. 기업가, 개척가라는 뜻이야. 경제 이론을 생각해보자. 네가 잘 아는 칼 마르크스는 뭐라고 했지? 모든 인민들이 함께 생산을 해서 함께 나눠 써야 한다고 했어. 칼 마르크스는 아담 스미스의 자본론이 자본 가를 위한 책이라고 본 거야. 아담 스미스는 보이지 않는 손이 있다고 했어. 시장은 저절로 수요와 공급에 의해 형성된다라고 한 거지. 그런 데 아담 스미스를 사람들이 오해하는 것이 뭐냐면, 아담 스미스의 보 이지 않는 손은 자본가의 편이잖아? 돈이 있는 사람이 수요와 공급을 조절할 것 아니야?"

"그렇지요."

"그래서 사람들은 아담 스미스가 자본가의 편이라고 오해해. 근데 아담 스미스가 국부론에서 무엇이라고 이야기하냐면, 인간이 탐욕 이 성을 무절제하게 부려서는 안 된다고 제한을 그어. 그것은 하나님 앞 에서 죄라고 이야기를 해. 그러니까 보이지 않는 손에 의해서 수요와 공급이 조절되지만, 그 보이지 않는 손길 속에서 인간의 탐욕은 제한 적으로 활용해야 한다고 이야기를 해. 그러니까 짐승이 동물을 잡을 때 자기가 먹을 수 있는 양밖에 안 잡겠지?"

"네"

"그런데 인간은 탐욕이 넘치기 때문에 자기가 먹을 수 있는 하루 세 끼 외에 잉여를 축적하고 다른 사람들보다 더 부자가 되려고 하지? 아 담 스미스는 그것을 탐욕이라고 이야기하고, 보이지 않는 손의 간섭에 저촉된다고 봐. 그러니까 칼 마르크스도 국부론을 제대로 이해하지 못한 거야. 또 한 명은 케인즈야. 케인즈는 보이지 않는 손으로는 안 되고 정부가 간섭을 해야 한다는 거야. 예를 들어, 부동산 투기를 보면, 돈 있는 사람은 부자가 되려고 부동산을 막 사. 그럴 때 정부가 개입을 해서 가난한 사람도 집을 살 수 있도록 임대주택을 짓고, 세금을 부과해서 걷어. 우리나라 부동산 문제를 해결할 수 있는 강력한 방법이 50% 세금을 부과하는 것인데, 집이 한 채 이상 있는 사람들에게는 하나는 투기용일 가능성이 크잖아? 그렇게 번 수익의 80% 이상을 세금으로 환수해서 가난한 사람들을 위해서 공공 주택을 세우면 부동산 가격 문제가 끝나."

"네" "그런데 정부가 그렇게 못해. 왜 못할까? 네가 대통령이면 그렇게 하고 싶지 않겠니?" "그렇죠."

"그런데 그렇게 하고 싶어도 못해. 왜일까? 그렇게 되면 사람들이 집을 안 사기 시작하고 건설업자들이 집을 안 지어서 건설 회사들이 도산하게 돼. 그러면 그 밑에 수많은 식구들이 굶어 죽어. 예를 들어, 보험 있잖아? 아빠가 보기에는 우리나라 국가보험, 의료보험 제도가 전 세계 제일 1위인 것 같아. 정부가 여기서 각각의 시민에게 만 원 내지 오천 원만 더 부여한다면 암 보험이나 실비 보험 등의 비용이 절감되겠지? 그런데 정부가 그렇게 못해. 그렇게까지 해버리면 보험회사들에 딸린 직장인을 포함한 가족들이 아빠가 알기엔 약 200만 명 정도 되는데 다 실직자가 되는 거지. 이것이 정부의 고민이야. 그래서 케인즈는 정부가 간섭해서 수요와 공급을 조절해 줄 때 경제가 잘 순환된다고 봤어. 그런데 정부의 역할도 한계가 있지. 시장 스스로의 수요와 공급의 자율시스템을 정부가 함부로 건들 수 없는 거야.

지난번에 말한 것처럼 마르크스, 아담스, 케인즈의 이론은 어떻게 경제가 더 발전될까를 고민한 내용인데, 슘페터라는 사람이 나왔다고 했어. 4차 산업혁명과 굉장히 관계되는 이론가라고 했지? 슘페터라는 사람은 이렇게 해서는 경제가 발전되지 않을 것이라고 했어. 지금은 건설을 할 때 크레인이 올라가서 빔 철강을 올리지? 이것이 에디슨 시절 때 미국에서 했던 거고. 이것의 최고봉이 엠파이어스테이트 빌딩이야. 우리나라 조선시대 때 엠파이어스테이트 빌딩을 지은 거야. 카네기가 대단한 사람이지. 슘페터는 에디슨, 카네기와 같은 앙트레프레너가 나와야 경제가 발전된다고 말해.

미국이 2008년에 금융위기가 와서 경제가 확 시들었거든? 그런데 갑자기 경제가 회복된 거야, 갑자기. 성장이 된 거야. 왜냐하면 그때 등장한 것이 애플, 구글, 마이크로 소프트, 아마존 등 이러한 4차 산업의 기업들, 앙트레프레너들이 등장하니까 새로운 공간을 창출하고, 생산성을 창출하니까 국가가 부국이 된 거야. 그래서 슘페터의 첫 번째 이론은 앙트레프레너에 의해서 생산성이 향상되고 부가 축적된고 본 거지."

"네"

"그래서 공간의 역사에서 보면 늘 공간이 바뀔 때마다 새로운 앙트레프레너가 등장하고, 앙트레프레너들을 양성하는 교육제도가 나타나. 그리고 거기에 맞는 사회 질서와 규칙을 정하는 법이 나타나고 그다음에 복지가 나타나지. 역사적으로 이렇게 순서대로 나타나는 거야. 이것이 굉장히 중요해 시은아. 지금 너희 학교가 4차 산업 시대에 어떠한 교육을 시켜야 할지 고민을 하고 있거든? 그래서 아빠 친구를 초청해서 교육하고, 한동대 교수님을 초청해서 교육했지? 앙트레프레너들에게 맞는 교육이 무엇인가를 묻는 것은, 공간 안에서의 교육이야. 공간의 교육이야."

"네"

"두 번째는 아빠가 뭐라고 했지? 공간과 공간의 충돌로 새로운 공간이 일어나는 것을 보는 것이 공간의 역사이고, 그때 인물이 앙트레프레너라고 했어. 그 다음에는 무슨 역사라고 했지? 장소의 역사라고 했지? 하우스는 공간이고 홈은 장소라고 했지? 그런 공간이 열렸을 때 '그 공간은 인간에게 행복한가?'를 물어보는 거야. 지금은 인공지능에 대해 이야기할텐데, 인공지능 로봇이 나와. 얘가 나한테 너무 잘해주는 거야. 아들은 심부름시켜도 말도 안 듣고 그러는데, 얘는 내 마음을 위로해주고, 밥도 지어주고 안마도 해주고, 잠이 안 올 때 도와주고 해. 반려 로봇이라고 부를 수 있겠지? 이런 반려 로봇이 나오거나, 친한 친구 로봇이 나오면 죽을 때 상속을 이 로봇에게 물려주겠다라는 것이 될까, 안 될까? 로봇은 인류의 일원이 될 수 있을까?"

"없어요."

"없을까? 대서양시대 때 유럽인들이 아프리카에 가서 아프리카 원주민인 흑인들을 노예로 부리고, 흑인들은 영혼이 없어서 서구 사회의 일원이 될 수 없다라고 했어. 그런데 갑자기 역사가 흐르면서 사람들이 질문하기 시작해. '왜 그들은 우리의 일원이 될 수 없을까?'라고. 지금은 흑인들이 그들의 일원이 되어버렸지. 로봇이 등장했는데, '로봇이 우리의 일원이 될 수 없을까?'하는 질문은 분명히 등장해. '그들은 우리에게 행복을 주는 것인가?'를 고민하는 것이 장소의 역사, 어려운 말로 존재론적 관계의 질서로서의 역사라고 해. 그걸 이끄는 사람을 뭐라고 했냐면 멜랑콜리커Melancholiker라고 했어. 이것은 아빠가 붙인 이름이 아니라 아리스토텔레스가 붙인 이름이라고 했지? 멜랑콜리커가 원래는 담즙질의 사람을 말해. 약간 우울질이 있는 사람들이야. 앙트레프레너는 창업가, 기업가인데, 멜랑콜리커는 어떠한 공간을 바라볼 때 굉장히 우울한 사람이야. 우울하다는 것은 연민의 정을 갖는 거야. 예를 들어, 네 누나가 고3이지? 이 대학제도라는 것은 공간의 역사니, 장소의 역사니? 공간의 역사지. 대학을 가야 그 사회 구조의 일원이 되니까. 그런데 멜랑콜리커는 너희 누나를 볼 때 마음이 아프고 연민을 느끼는 거야. 인간은 도대체 무엇일까? 고3은 무엇일까? 왜 이런 구조 속에서 공부를 해야 할까? 진짜 공부는 무엇일까라는 연민의 정을 느끼는 사람을 멜랑콜리커라고 하고 이런 사람들은 대부분 아티스트의 기질을 가진 사람들이야. 이것을 인문학적 역사라고 하는데, 공간은 기술의 역사가 열고, 장소는 인문학적 사람만이 열

수 있어. 자연과학을 인문학이 이끌어야 한다고 했지?"

"했던 이야기예요."

아들에게 기독교 세계관을 만들어야
공간, 장소, 하나님 나라의 역사를 볼 수 있음을 말하다

"그래, 아빠도 다시 한번 이야기하는 거야. 아빠는 인공지능이 아니기 때문에 이야기를 반복해야 하니 이해해줘. 지금 너와 내가 이야기하는 것은 공간의 역사를 이야기하는 거야. 한 1년 정도 이야기할 텐데, 1년이 지나야 네가 인문학의 역사를 이해할 테고, 그다음에 하나님 나라의 역사를 이야기할 거야. 3년 정도 아빠가 준 책도 읽고 아빠 이야기도 들으면서 너에게 세계관이 생기도록 돕는 거야. 쫀쫀한 사람은 자기밖에 몰라. 무엇이든지 자기중심적으로 생각하는 사람은 세계관이 굉장히 좁은 사람이고, 역사를 근시안적으로 보는 사람은 자기중심 안에서 모든 역사를 이해하는 사람이야.

예를 들어서, 아빠가 제주도에 갔는데 미국인 한 부자가 아시아에 하나님 나라의 복음을 전하기 위해 자기 전 재산을 들여 5개의 학교를 세운 거야. D.L. 무디라는 성경학교와 같이 창세기부터 요한계시록까지 성경 수업을 하는 성경학교를 세우고 영어로 가르치는 학교야. 그 사람은 어떻게 제주도, 홍콩, 태국 등 5개 나라에 학교를 세우는 꿈을 꾸었을까? 그 사람은 어떠한 세계관을 가진 걸까? 세계를 하나님의 영역으로 볼 수 있는 월드뷰를 가졌고, 그 돈을 가지니까 그 세계관 안에서 그 돈을 쓰는 거야. 그러므로 그 사람의 돈은 세계적인 돈이 되는 거야. 부의 확장성이 하나님 나라의 확장성으로 사용되는 거야. 이런 사람은 세계관이 바르게 서 있어서 그런 거야.

그런데 아빠가 만나는 대부분의 사람들은 자기밖에 몰라. 교회도 자기 교회만 보는 거야. 내 교회, 우리 교회만. 굉장히 소견이 좁은 거야. 네가 세계관을 제대로 가져야 너의 소견이 넓어져. 자신의 세계관이 넓어져야 공간, 장소, 하나님 나라의 역사를 볼 수 있는 거야. 그래서 이렇게 공부를 하는 거야.

두 번째가 멜랑콜리커라고 했고, 세 번째가 하나님 나라의 시각으로 역사를 보는 거야. 하나님 나라를 이끌어가는 사람을 아빠가 뭐라고 지었다고 했어? 바라커야. 바라커라는 것은 하나님의 복을 받아 복을 주는 자야. 아브라함처럼. 바라크는 원래 히브리어로 복이란 단어인데 여기에 아빠가 영어로 -er을 붙여서 '바라커'라고 한다고 했어. 이런 사람들이 하나님 나라를 가져다주는 복의 근원인 사람이야.

첫 번째는 앙트레프레너, 두 번째는 멜랑콜리커, 세 번째는 바라커. 이렇게 세 가지의 구조로 역사를 봐야 해. 그래서 자연과학은 인문학을 이끌며, 하나님의 말씀이 인문과학과 자연과학을 이끌어가는 그런

역사적 세계관을 네가 가져야 어떤 직업을 갖든 자기중심적 세계관으로 세상을 해석하는 것이 아니라, 하나님이 이 우주를 만드시는 관점 속에서, 인문학이 자연과학을 이끌고 신학이 인문학과 자연과학을 품는 일이 가능한 거야. 그러기 위해서는 네 안에 성경적인 세계관을 가져야 해. 자기중심적 세계관에서 하나님 나라로 인문학과 자연과학을 품을 수 있는 세계관을 가져야 해. 그래야 세상 사람들이 만든 공간 안으로, 장소 안으로 하나님 복음을 전할 수 있는 사람이 되는 거야. 공부는 세계관을 만들어가는 거야. 대학입시를 위한 입시의 공부에서 세계관의 공부로 전환해야 해. 4차 산업혁명을 이해하고 그 안에 성경적 세계관으로 그 공간을 복음으로 전하는 사람이 되어야 하는 거야. 알겠지?"

"네"

"자, 여기까지 서론이야. 복습한 거야"

아들에게 인공지능, 클라우드, 데이터에 대해서 말하다

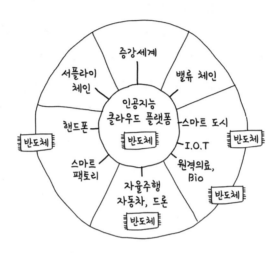

〈4차산업의 핵심, 반도체: 반도체는 서로 의사소통한다〉

"이제 인공지능으로 들어간다. 4차 산업의 공간에서 가장 중요한 것이 무엇이라고 했지? 4차 산업은 이것 없으면 안 돼."

"클라우드."

"클라우드에도 이것이 들어가"

"CPU"

"CPU 같은 것을 아울러 뭐라고 하지?"

"반도체"

"그렇지, 반도체야 반도체. 반도체를 만들 수 있는 나라는 몇 나라 정도 될까? 다섯 나라 정도 되지. 미국, 한국, 일본, 중국, 대만 등이지. 삼성이 중국에 공장을 세웠는데 중국이 그 기술을 다 빼갈 거야. 원래 중국이 메모리 반도체를 만들려 했을 때 미국이 제재해서 그 속도가 늦춰졌어. 그러니까 우리나라 삼성의 메모리 반도체 실력이 올라가는 거야. 미국의 트럼프가 중국을 제재해서 우리나라가 얻은 것이 많아. 4차 산업에서는 시간을 많이 벌었지. 어쨌든 반도체를 주도하는 나라는 미국과 한국이야. 우리나라가 어느 정도 위상인지 알 수 있겠지?

메모리 반도체는 한국 삼성전자, SK 하이닉스, 비메모리 반도체는 미국의 인텔, 엔비디아, AMD 등이 주도하고 있어. CPUcentral processing unit는 논리적 연산작용, GPUgraphics processing unit는 그림을 연산하는 작용을 해. 예를 들어, 네비게이션은 GPU가 많이 사용되겠지? CPU, GPU는 비메모리이고, 어떠한 데이터를 저장하는 것은 이름 그대로 메모리 반도체야. 메모리 반도체는 우리나라가 강해. 문재인 대통령이 삼성에 방문해서 고맙다고 했어. 왜 그러냐면 이 4차 산업 시대의 주원료를 한국이 가지게 된 것이 고마운 거지. 왜 삼성이 메모리 반도체를 가질 수 있었는지는 말했지?"

"네"

"그런데 인텔이라는 회사가 삼성에서 메모리 반도체를 뺏어가려고 해. 그러면 앞으로의 21세기의 반도체는 어떻게 된다고 그랬지? CPU, GPU, 메모리 등의 반도체가 하나로 엮어지는 원 반도체로 들어간다고 했지? 이걸 잡는 사람이 반도체의 왕자가 되는 거야. 지금은 반도체의 왕자, 킹이 없어. 반도체를 독점하는 회사가 없다는 거지. 반도체 장비를 만드는 회사는 지금 독점이야. 아무도 기술을 못 따라가. 메모리는 한국이 가지고 있고, 비메모리는 미국이 가지고 있잖아? 그런데 이 두 가지를 통합하는 원칩, 원바디 반도체를 만드는 회사가 4차 산업혁명 시대에 왕이 되는 거야. 전 세계를 장악하게 되는 거지. 어느 회사가 하나의 반도체를 만들까를 네가 유심히 살펴야 해. 네가 투자자라면 원반도체 회사에 미리 투자를 하면?"

"대박이 나는 거지."

"그렇지, 그러면 네가 금융에서의 주도권을 가지게 되는 거야. 나중에 아빠가 투자와 투기가 무엇이고, 금융이 무엇인지를 알려줄게. 청소년때부터 금융을 배워야 해. 주식은 금융의 일부야. 주식을 먼저 배우면 안 되고 돈의 철학, 금융의 역사, 금융의 구조를 배우고 주식을 배워야 그 사람이 주식에 대한 가장 기본적인 인식을 갖출 수 있어. 먼저, 공간의 역사에 대해 공부를 해야 해. 공간 안에 플랫폼이 만들어지고 그 플랫폼 안에 밸류 체인을 발생시키는 것이 금융이야."

"네"

"자, 4차 산업의 핵심은 가상공간과 현실공간을 연결하는 플랫폼이라고 했어. 이 플랫폼 안에는 데이터를 처리하고 저장하며 초연결 역할을 하는 클라우드 인공지능이 있어. 그리고 각 사물마다, 예를 들어, 자동차, 가전제품 등에도 인공지능이 들어가서 클라우드 인공지능과 초연결망을 통해 플랫폼을 가동하는 거야. 그렇다면 인공지능을 하려면 제일 먼저 필요한 것이 뭘까? 인공지능을 활용하려면 뭐가 필요할까?"

"데이터 저장소"

"맞아. 데이터와 데이터 저장소가 필요해. 이 데이터 저장소하고 인공지능을 합쳐놓은 것을 클라우드 인공지능이라고 해. 클라우드는 영어로 구름이란 뜻인데 보이지 않지만 어디에나 있는 것이지. 즉 너의 모든 데이터가 옛날에는 너의 컴퓨터에 있어야 하지만 지금은 클라우드에 저장이 돼. 클라우드는 모든 데이터를 언제 어디서든 저장할 수 있는 중앙 컴퓨터 공간이야. 그래서 너의 컴퓨터가 없어도 인터넷이 되는 곳 어디든 가면 너의 모든 자료를 사용할 수 있지. 예를 들어, 네가 핸드폰을 쓰잖아? 핸드폰으로 사진을 찍고 검색하고 문자를 보내는 이 모든 데이터는 클라우드로 저장돼. 네가 구글을 쓰는 모든 내용이 미국에 있는 구글 클라우드로 들어 가버려. 네가 애플을 쓰면, 어느 클라우드를 사용할까? 애플 클라우드를 쓰는 거야."

예를 들어, 아마존을 통해서 물건을 거래하면 모든 네 정보는 아마존 클라우드로 들어가. 그러면 이런 거야. 아마존이 너를 10년간 관찰한 거야. 네가 어떤 색을 좋아하고, 어떤 것을 좋아하는지를 다 아는 거야. 네가 언제 책을 구입하고, 좋아하는 종류의 책이 무엇인지 다 알아. 여기 용인에 아마존 물류센터가 있으면 네가 필요한 것을 미리 아마존 물류센터에 가져다 놓는 거야. 네가 '라면 먹고 싶네'하고 라면을 시키면 두 시간 안에 라면이 집에 도착해. 그러면 네가 놀라는 거야. '어떻게 다 알았지?'하고. 어릴 때부터 지금까지 너의 모든 데이터가 클라우드 안에 들어갔고 클라우드 안에 있는 인공지능이 데이터를 이용해 너의 모든 패턴을 다 검색을 해놓고 거기에 맞는 적절한 물건을 너에게 딱 배치하는 거야. 더불어 너의 습성이나 활동방식을 알고리즘 하여 네가 미래에 어떤 집이나 어떤 위치에 있고 무엇을 원하게 될지를 알게 되어 너의 서플라이 체인과 밸류 체인을 만들어버리는 것이지. 그것이 가능한 것이 인공지능과 데이터 시스템이 결합된 클라우드 인공지능이야.

그렇다면 페이스북을 사용하면 페이스북 클라우드로 들어가겠지? MS의 컴퓨터를 쓰게 되면 모든 정보가 MS클라우드로 들어가겠지? 데이터를 잡은 사람이 세계를 지배하겠지? 이 사람은 어느 후보를 좋아하고, 왜 그 후보를 좋아하는지 성향을 파악해서 반대에 있는 후보가 너에게 맞는 성향으로 접근해오면 마음이 흔들리는 거지. 조작을 할 수도 있기 때문에 굉장히 무서운 거지. 그러면 클라우드 회사는 클라우드를 가지고 세계를 지배할 수도 있겠지? 그 클라우드의 빅데이터를 인공지능이 분석하고 판단을 해. 이것을 클라우드 인공지능이라고 해. 예를 들어, 너의 자동차가 자율주행 자동차면 그 자동차에도 인공지능이 있어. 그런데 이 인공지능이 클라우드의 인공지능과 서로 정보를 주고받아서 작동을 하게 되는 거야. 그러므로 4차 산업이 만드는 공간은 클라우드 중심의 인공지능이 만들어 내는 초연결사회, 가상세계가 되는 거야. 이것이 4차 산업 플랫폼의 가상공간이고 이것은 현실과 연결되는 공간이 되어 증강세계가 되는 거야. 클라우드 인공지능을 통해 서플라이 체인과 밸류 체인을 계속해서 생성해내는 공간을 만들어버리는 것이지. 그러므로 클라우드 인공지능을 통한 플랫폼으로 공간을 창출하는 것이 4차 산업혁명이야. 클라우드 인공지능은 이런 면에서 4차 산업의 핵심 부분이야. 이것이 아빠가 말하는 4차 산업혁명의 정의야. 사람들이 4차 산업혁명을 말할 때 클라우드, 인공지능, 자율주행 자동차, 반도체 이런 이야기를 하는데 이것은 4차 산업혁명의 플랫폼의 공간을 만드는 도구에 불과해."

〈양자컴퓨터를 통한 AI cloud는 전세계를 플랫폼화할 것이다〉

"네"

"미국의 클라우드는 애플, 아마존, 페이스북, 구글이 있어. 중국은 중국의 클라우드가 있어. 그게 알리바바와 텐센트야. 우리나라는 삼성 갤럭시 폰을 쓰면 삼성 클라우드에 들어갈까 안 들어갈까?"

"들어가요."

"삼성 갤럭시를 쓰면 갤럭시도 데이터를 저장했다가 빼서 줄 거 아니야? 갤럭시를 쓰면 그 데이터는 어디로 갈까? MS클라우드로 가게 돼."

"아이고"

"우리는 클라우드가 없어. 인공지능 클라우드 시스템을 만들 기술력이 부족해. 그래서 네이버가 용인에 데이터 센터를 만들려고 했지? 그런데 용인 시민들이 반대해서 다른 데에서 만들어. SK 통신은 용인에 데이터 센터를 만드는데, 이 모든 클라우드 데이터 시스템 기술은 어디서부터 올까? 미국에서부터 와. 우리는 기술이 없어. 물론 클라우드 안에 들어가는 메모리 반도체는 우리 삼성전자나 하이닉스 반도체를 사용하는 거야."

"네"

"우리 뇌는 뉴런과 시냅스로 되어있어. 뉴런이 전기적인 작용을 해서 시냅스에게 기호를 주면 시냅스가 뇌에서 분석해. 그러니까 뉴런과 시냅스가 계속적인 전기적인 반응으로 하나의 그림과 논리적인 연산 작용을 하는데, 인공지능도 CPU와 GPU를 통하여 끊임없는 메모리를 거쳐서 연산작용을 해서 어떤 해답을 내는 게 인공지능의 역할이야. 인공지능은 원래 두 가지로 생각을 해. 하나가 뭐냐면 인공지능 머신러닝이라고 해. 머신러닝으로 자기 연산 작용을 한다고. 머신러닝은 아빠가 대학 다닐 때 이미 한 건데, 문제는 이 컴퓨터가 스스로 일을 할 수 있도록 내가 일일이 기호는 줘야 하는 거야.

예를 들어, 이런 사람은 박바울이다. 눈은 좀 째졌고, 코는 어떻고 입은 어떻고 키는 얼마고 옷은 어떤 걸 좋아하고 등의 정보를 계속 기계적으로 기입해 주는 거야. 기계적으로. 그러면 인공지능이 그것을 가지고 연산 작용을 해서 박바울이다라고 판단을 하는 결과가 나오는 거야. 이게 머신러닝이고, 다른 하나는 딥러닝이야. 딥러닝은 패턴을 연구하는 거야. 수많은 데이터가 있기에 가능해. 박바울의 사진이 한 5천 장, 만장이 있는 거야. 오천 장, 만장이 들어가면 그 패턴을 다 인공지능이 스스로 연구하는 거야. 패턴을 알고리즘으로 배우는 거야. 그래서 '얘가 누구다'라고 찾는 거지. 인공지능이 고양이 사진을 한 만장, 오만 장을 가지고 고양이의 크기, 울음소리 모양 등을 보편적으로 찾는 거야.

그 패턴을 찾게 하는 게 딥러닝이야. 그러니까 옛날에는 데이터가 없어서 이 딥러닝을 못 했어. 근데 지금은 수많은 데이터가 저장되어 있어. 오늘도 저장되고. 이것을 가능하게 한 것이 바로 핸드폰이야. 이런 면에서 스티브 잡스는 4차 산업을 연 선구자야. 이러한 수집된 데이터를 인공지능이 끊임없이 연구하게 된 거야. 예를 들어서, 알파고 알지?"

"네"

"알파고가 우리나라 바둑기사하고 바둑을 뒀잖아? 알파고가 바둑의 모든 패턴을 다 연구를 한 거야. 그런데 우리나라 기사가 한 번 이겼지?"

"이세돌."

"맞아. 이세돌이 이겼지? 이세돌이 왜 이겼냐면, 알파고가 연구하지 못한 패턴으로 바둑을 두니까 알파고가 당황한 거야. 그래서 한번 이긴 거지. 그런데 한번 졌을 때 알파고는 스스로 딥러닝을 하니까 그 패턴을 또 익혔겠지? 그다음에 중국 기사하고 붙었는데, 중국 기사가 다 졌어. 한 번도 이기지 못했어. 왜? 더 강력한 딥러닝을 했기 때문이야."

"네"

"문제는 구글이 만든 알파고는 바둑만을 위한 딥러닝을 하는 인공지능이 아니라. 모든 것을 딥러닝 할 수 있는 인공지능이야. 사실 알파고는 이미 구시대 유물이야. 이 인공지능을 유통, 자율주행 자동차, 음성기반 정보, 비즈니스 등을 하는 데에 사용하는 거지. 그리고 수술도 가능해. 지금 미국에서 의사가 화면으로 한국에 있는 사람에게 실시간으로 수술이 가능해. 3G나 4G는 전파가 가는 속도가 있는데, 이게 5G로 가게 되면 바로 응답속도가 되는 거야. 즉 미국 의사가 수술도구를 잡으면 한국의 로봇이 동일시간으로 수술 도구를 잡아 수술을 집행하는 거야. 시간차가 없어지는 거야. 시간차가 없어지는 것이 공간이 하나가 되는 거야. 너의 공간과 미국의 공간이 시간차가 있어. 공간은 시간에 의해 만들어져. 이것은 좀 어려운 말이야. 그런데 시간차를 없애 버리면 저 공간과 이 공간이 하나가 되는 거야. 인공위성으로 5G를 연결하면 완전한 초연결 사회야. 아마존이나 테슬라는 인공위성을 통한 초연결 사회를 이미 시작했어. 인공위성을 통한 초연결을 6G라고 해. 의사가 어디에 있든지 전 세계 사람을 수술할 수 있는 시대가 열린 거야. 물건도 내가 미국에 있는 물건을 검색해서 구입하면 바로 오는 거지. 세계가 하나의 유통망, 소통망, 금융망으로 이르게 해준 가장 기본적인 4차 산업의 기술은 클라우드 인공지능이야.

그러므로 인공지능 클라우드 세계가 열렸고, 이것을 지배하는 기업이 세계를 지배하는 기업이 되는 거야. 여기에 아마존, 마이크로소프트, 구글 그리고 애플까지 이 공간의 지배자가 되는 거야. 애플은 클라우드 업체는 아니지만, 모바일 생태계를 통하여 클라우드의 연결망을 가지려고 하고 있어."

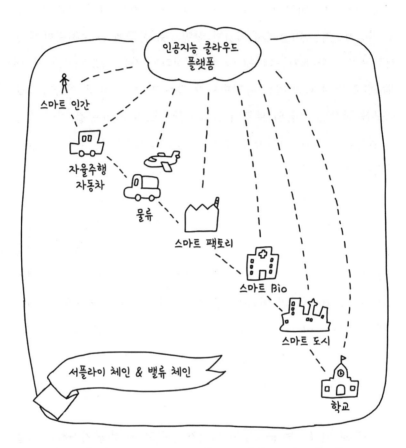

인공지능 클라우드
플랫폼

스마트 인간

자율주행
자동차

물류

스마트 팩토리

스마트 Bio

스마트 도시

학교

서플라이 체인 & 밸류 체인

〈인공지능 클라우드는 모든 세계와 사물, 사람을 초연결하는 플랫폼이다〉

아들하고 일론 머스크Elon Musk에 대해 이야기하다

"오늘 읽은 책이 테슬라Tesla의 창업자 일론 머스크Elon Musk의 책이지? 읽어보니까 어땠어? 이 일론 머스크는 역사에 남을 사람인데, 스페이스X라는 우주선을 만든 사람이야. 민간인을 우주로 보내고. 이 사람은 독특한데, 남아공에서 태어났어. 이 사람은 지구를 살려야 한다는 생각을 갖고 사는 사람이야. 그래서 친환경 태양광을 만들고, 전기차를 만든 사람이야. 세상이 매연가스 때문에 공기가 더러워지니, 이 공기를 깨끗하게 해줘야 이 자연이 산다고 생각해서 전기차를 만드는 꿈을 꿨고, 지구인들을 화성이나 달에 살게 해야 지구가 멸망해도 인류가 보존된다고 생각해서 우주선을 만드는 사람이야. 아주 독특한 생각을 가진 사람이지?"

"네"

"근데, 이 사람이 우주선을 만들겠다고 발표했을 때 사람들이 다 웃었어. 일개 개인이 우주선을 만든다니까. 그런데 이 사람은 나사NASA의 예산 중 우주선을 만드는 예산이 1%밖에 안 되는 것을 발견한 거야. 그래서 우주선이 우주로 나갔다가 없어지는 것이 아니라 다시 지구로 귀환하는 재생 가능한 우주선을 만드는 것을 이 사람이 꿈꾼 거야. 그걸 가장 저예산으로 만들어서 성공을 했어. 더 놀라운 일은 NASA에 인공위성을 판매한 사람이라는 거야, 대단한 사람이지. 우주의 역사에 있어서는 일론 머스크라는 사람의 이름은 계속 남을 거야.

그런데 이 사람이 지금 무슨 꿈을 꾸고 있냐면, 인공지능을 인간에게 집어넣는 꿈을 꾸고 있어. 놀랍지 않니? 인간의 뇌와 클라우드 인공지능을 연결하면 어떨까? 그렇다면 인간의 뇌는 인공지능을 이용하여 인류에 유익된 수많은 일을 하지 않을까 생각하는 사람이야. 아주 기발하지?"

"놀랍네요."

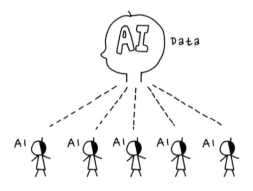

〈인간의 뇌에 인공칩을 넣어 인공지능 클라우드와 접속하게 한다〉

"인공지능 칩을 인간의 뇌에 집어넣는 거야. 지금 이런 회사를 이미 만들었어. 오픈 AI, 뉴럴 링크라는 회사야. 인공지능에 필요한 데이터는 클라우드에 있는데, 뇌에 인공지능을 집어넣어, 그리고 모든 데이터는 바깥의 인공지능 클라우드에서 가져오고, 뇌에서 그것을 이해해버리는 거지. 아이언맨 영화에 보면 그 사람과 인공지능이 서로 이야기를 나누고 데이터 처리를 함께 하지? 그런 일이 일어나는 거야. 일론 머스크가 사실 아이언맨 영화를 만들 때 모델로 삼은 사람이야. 인공지능과 뇌가 결합하여 수많은 정보를 처리하고 연산하도록 만들겠다는 것이 일론 머스크의 생각이야. 이른바 인공지능 뇌가 되겠지. 클라우드 인공지능과 인간의 뇌가 직접 결합하는 형태가 되는 것이지. 지금까지의 과학기술이 어떻게 진행되었냐면, 천 개의 인공 칩을 뇌에 꽂을 수 있어. 근데 일론 머스크는 인간의 뇌에 2만 개의 칩을 꽂는 것을 꿈꾸고 있어. 지금 어느 정도까지 인공지능과 뇌가 만났냐면, 예를 들어, 어떤 사람이 다리가 절단되었어. 그러면 인공 로봇 다리를 착용하는 거야. 뇌에 인공다리와 상호 교신할 수 있도록 하는 거지. 뇌에서 로봇 다리로 교신을 하면 로봇 다리가 실제로 걷는 거지. 이것이 지금 가능하고, 결합 되어있어. 왜 일론 머스크가 이런 걸 꿈꿀까?

첫째는 지체 부자유자들, 다쳐서 손발이 없는 사람들, 신경이 마비된 사람들에게 아이언맨 같이 만들어 주고 싶은 거지. 이것이 고가의 장비라서 가난한 사람은 못 하지만 부자들은 가능해. 예를 들어, 노인들은 높은 계단을 못 올라가는데, 제작된 신발을 신기만 하면 젊은이들처럼 잘 올라갈 수 있는 거야. 비싸서 그렇지 이미 개발되어 상용화된 기술이야. 미국에서는 이미 합법적으로 치료목적으로 사용할 수 있어. 둘째는 일론 머스크는 인공지능과 인간의 뇌와 연결하므로 초자연적 지식을 갖고 싶어하는거야. 아이언맨 영화를 보면, 아이언맨이 생각하면 그대로 화면에 정보가 나타나지. 즉 뇌파로 모든 사물을 초연결 할 수 있는거야. 2만 개의 칩을 뇌에 박아 인공지능을 달아서 모든 데이터와 정보를 뇌에서 처리해버리는 인공지능 뇌를 만들고 싶은 게 일론 머스크의 생각이야. 굉장히 기발하지? 그런데 이런 사람이 등장하면 어떤 현상이 일어날까? 이것이 미래의 수수께끼야. 재밌지, 바울아?"

"무섭기도 해요."

인공지능의 문제점에 대해 아들에게 이야기하다

〈인공지능과 하나님의 형상의 차이는 무엇일까?〉

"이스라엘의 역사학자 유발 하라리Yuval Harari 아니? 너희 누나가 유발 하라리의 '호모데우스'를 읽었지? 유발 하라리 교수는 앞으로는 호모데우스가 온다고 했어. 신적인 인간이 나온다는 거야. 신 같은 인간이 0.1%가 나온다고 말해. 인공지능을 탑재해서 모든 데이터를 처리하고 사람의 마음을 지배할 수 있는 인간이 등장한다는 거지. 일론 머스크 같은 사람으로 인하여 기발한 기술이 등장하게 되면 이 인공지능을 지배한 인간이 전 세계를 지배하게 되는 거야. 이 0.1%의 인간이 모든 재산을 독식하고, 그다음에 인공지능 로봇이 있고 그다음에 인간이 노예처럼 사는 세상이 올 것이라고 예상을 해.

바울이, 찰스 다윈 알지? 다윈이라는 사람은 진화론을 이야기했지? 다윈을 사람들이 오해하는 것이 그가 원숭이에서 인간이 되었다고 말했다고 단편적으로 이해하지. 다윈의 진화론의 핵심은 모든 자연은 자연 그 자체가 생존을 위한 선택을 해서 발전해 간다는 거야. 다윈을 편들어 이야기한다면, 다윈이 이야기한 것은 자연 안에서 살아남기 위한 생명의 변화야. 단순히 원숭이가 인간이 되어간다라는 기계론적인 것을 말한 것이 아니야. 다윈의 핵심은 자연선택Natural Selection이야. 강한 자가 약자를 지배한다는 뜻이 아니라 자연 그 자체는 생존을 위해 스스로 살아남는 선택의 기능이 있다고 말하는 거야. 유발 하라리는 이런 다윈의 세계관을 갖고 있어. 유발 하라리에 따르면 인류 역사는 오랫동안 자연선택을 통해 생존하는 시간을 가지고 있다는 거야. 예를 들어, 미국에서 실험이 있었어. 미국의 큰 공원이 있었는데 거기에 사슴이 너무 많아서 생태계가 파괴되었어. 사슴이 나무와 풀을 먹이로 삼으니까 모든 초목들이 사라지고 사슴이 싼 똥이 하천을 오염시켜서 그 공원이 사라지는 거야. 그런데 늑대 15마리를 거기에 푸니까 사슴을 잡아먹지? 그러니 사슴이 싸는 똥 때문에 안 자라던 식물이 자라고 나무가 자라니까 다른 동물이 다시 살게 되는 거야. 그러니까 강수량도 풍부해지는 거야. 늑대 15마리 때문에 생태계가 복원된 거지. 사람이 아무리 자연을 복원시키려 해도 안 되는데, 자연 그들이 스스로 생태계를 복원시킨 거지.

적자생존이라는 것도 강한 놈이 약한 놈을 죽이라는 것이 아니고, 자연계를 움직이기 위해서 자연은 스스로 죽고 스스로 살아가는 생태적 시스템을 가지고 있다는 것을 말하는 거야. 그리고 그게 인류역사라는 거지. 이것이 다윈이 보는 역사관이야. 물론 기독교인으로서 우리는 다윈의 진화론을 믿어서도 안 되고 거부해야 하지만, 다윈의 진화론이 말하는 세계관에 대한 정확한 이해는 해야 하는거야"

"네"

"그런데 인공지능이 진화론적 관점에서 생물학적인 것이 아니고 기술이잖아. 이런 것들이 갑자기 들어오면, 호모데우스가 들어오게 되면, 여기에 적응할 수 있는 자연 생태계가 없기 때문에 기존의 모든 자연 생태계가 호모데우스 때문에 파괴될 것이라는 거야. 즉 인공지능의 등장은 자연의 어떤 선택 가운데 여러 시간을 거쳐 자연의 일부로 받아들인 것이 아니기 때문에 인간세계를 파괴할 수 있다고 보는 거야. 0.1%의 호모데우스가 인간을 지배하게 될 것이고, 나머지의 인간을 군림하는 것은 인공지능이 될 것이고, 그다음에 인간은 인공지능이 시키는 일을 하는 노예가 될 거라는 게 유발 하라리의 생각이야.

즉 인공지능의 발명은 자연 생태계의 스스로 존재하는 기능을 파괴한다는 거야. 끔찍하지?”

“그렇네요.”

“바울아, 아빠가 지금까지 이야기한 기술적인 것은 공간의 역사야. 인공지능과 데이터에 의한 4차 산업의 기술공간에 대해 이야기 했어. 그러면 질문해볼게. 공간의 역사에서 인문학적 장소의 역사로 바꾸려면 지금 이 상황에서 인간은 어떤 질문을 해야 해?”

“잘 모르겠어요.”

“인공지능이 인간에게 행복을 줄 수 있을 것인지에 대해 생각해야 해. 그래서 인공지능이 인간에게 행복을 줄 수 없다고 생각되면 하지 말아야 해. 인공지능을 어디까지 우리의 일원으로 받아들일 것인가를 끝까지 토의하고 모의하고, 거기서 가져다주는 인류의 행복의 관계에 대하여 끊임없이 고민해야 해. 그러한 인문학적 성찰이 필요한 거야.”

“네”

“그러면 인공지능이 들어왔을 때 하나님 나라의 사람들 즉 바라커들은 인공지능을 어떻게 받아들여야 해? 하나님 나라 관점으로?”

"잘 모르겠어요."

"인간은 유일하게 하나님의 형상을 가진 자인데, 하나님의 형상을 가진 자와 인공지능의 차이점이 무엇인가를 구분해야 하고, 그래서 하나님의 형상을 가진 인간의 독특성과 존엄성을 찾아야 하고, 탁월한 하나님의 형상을 가진 자의 모습이 무엇인지를 생각해야 하겠지? 그렇다면 하나님의 형상이 무엇인지, 하나님은 왜 인간을 하나님의 형상으로 지으셨는지에 대한 충분한 공부를 통해서 인공지능은 영혼이 있는 것인가 아니면 지식이 있는 것인가를 판단해야 해.

예를 들어, 자율주행 자동차에는 인공지능이 탑재돼. 이것도 일론 머스크는 5G나 클라우드 없는 자율주행 장치를 만들려고 해. 자율주행 차에 있는 인공지능으로만 자율주행하는 차를 꿈꾸는 거야. 이것은 획기적인 거지. 그런데 예를 들어, 버스에 승객이 50명 타고 있고, 버스 앞에 아이 3명이 있어, 근데 차가 미끄러져. 이럴 때 승객 50명 때문에 아이 3명을 죽여야 할까? 아니면 아이 3명 때문에 승객 50명을 죽여야 할까?"

"그것도 문제네요."

"인공지능은 이 판단 기준이 없어. 길을 가다 차가 안 멈출 때 할머니와 아이 중에 누구를 선택해야 해? 이런 상황에서 어떤 결정이 사람을 행복하게 하겠니? 이런 것은 딥러닝으로 배울 수 없어. 그러면 끝내는 인공지능에게 인간이 명령을 집어넣어야 해. 이럴 때는 이렇게해라 라고. 놀랍게도 인공지능의 데이터와 인공지능의 연산 속에 인간이 개입되면 데이터는 끊임없이 조작이 돼. 예를 들어, 어떤 백인들은 흑인들을 우습게 여기겠지? 그러면 백인들이 보내준 클라우드의 모든 데이터를 종합하면 인공지능은 딥러닝을 통해 흑인을 어떻게 여길까?"

"흑인을 우습게 여기는 인공지능이 되겠지요." "그렇지. 백인들이 흑인들을 우습게 묘사하거나 자기보다 아래로 깔보며 글을 쓰거나 사진을 찍는 모든 데이터가 클라우드로 들어가게 돼. 그러면 인공지능도 편견을 가지고 인간을 판단하겠지? 이런 위험성은 인공지능이 가진 폭력성이야. 이럴 때 인간은 묻기 시작해야 해. '이것이 과연 인간의 행복을 위한 것인가?'라는 인문학적 질문과 '하나님의 형상은 무엇인가?'라는 끊임없는 성경의 질문을 통하여 우리 기독교 안에 하나님의 나라가 오게 하는 통찰력을 가져야 한다는 거야."

"네"

"하나님의 형상만이 영원을 사랑하고 무한을 이야기하며 보이지 않는 하나님과 사귀는 영성의 자리가 있어. 인공지능에게는 영성이 없어. 영성은 하나님과 사귐을 하는 신앙이성, 거듭난 이성으로 가능한거야. 인간이 타락 후 자연 만물을 파악하는 자연이성만 남았지. 이런 이성은 언제든지 인간을 파괴할 수 있는 죄의 속성이 있어. 인공지능은 어차피 이런 죄의 속성이 있는 인간이 만든 생산물이기에 그 인공지능에 들어간 편견을 가진 데이터는 인공지능에게 엄청난 파괴력을 가질 수 있게 해. 그러므로 인공지능을 어느 선까지 이용해야 하는지에 대한 인류의 합의가 필요해. 히틀러 같은 편견된 자연 지성은 유대인 600만을 학살했어. 그러므로 하나님의 형상을 가진 인간 이해에 대한 보편적 가치의 기반 안에서 인공지능을 사용할 수 있도록 인류는 논의해야 하며 교회는 목소리를 내야 하는 거야."

"네"

"인공지능에게는 거듭난 이성, 신앙이성은 없어. 그렇다면 자연이성은 있을까? 자연이성은 자연만물을 판단하는 추리능력의 이성이야. 거기엔 감정도 있어. 자연하고 교감하는 감정이야. 그런데 이것은 어느 정도 가능하겠지. 자신의 딥러닝을 통해 자기 스스로 감정을 가질 가능성은 아주 큰 거야. 즉 감정모방이 가능한 거야. 예를 들어, 스파이크 존스의 허Her, 그녀라는 영화가 있어. 극중 작가인 테오드로와 인공지능 사만다의 사랑 이야기야. 인공지능이 사랑의 감정을 남자에게서 느낀 거야. 남자도 느끼고. 그런데 사랑의 감정을 접촉할 매개가 없는 거야. 그래서 인공지능 사만다와 데오드로는 이별을 하게 된다는 영화야. 이게 2013년 작품인데 참 재미난 영화이고 이런 생각을 하는 것이 멜랑콜리커들이야. '인공지능은 우리에게 무엇인가?'를 질문하는 영화야. 그래서 아빠가 예술은 장소에 대한 질문이라고 했지? 철학, 예술, 시 이런 것들은 장소에 대한 질문을 던지는 분야들이야. 그러므로 인공지능은 거듭난 신앙이성은 가질 순 없지만 자연이성은 가질 수가 있단다. 여기서 우리는 인공지능은 과연 우리와 더불어 어떤 식으로 행복의 존재로 공동체의 일원이 될 수 있을지 질문을 해야 한단다. 나중에 천천히 공부하다 보면 더 배울 수 있을 거야. 재미 있었니?"

"네" "기도하자."

아들에게 축복기도를 해주다

"사랑하는 주님,
저에게 좋은 아들을 주신 것을 감사합니다.
하나님을 알만한 신앙 이성을 아담과 하와에게 주었으나
타락으로 말미암아 자연 이성을 갖게 되었습니다.
하나님을 아는 지식 앞에서 인간의 이성이 겸손하게 하시고,
이성의 폭력이 타인과 다른 민족에게 일어나지 않도록 하옵소서.

이제 사람들은 인공지능을 만들어 새로운 공간을 만들고자 합니다.
이 인공지능이 사람을 살리는 섬김의 지능이 되도록
인간이 겸손하게 사용하게 하시고
하나님의 영광과 하나님을 아는 지식은 오로지 성령을 통해
거듭난 이성만이 가능하다는 사실 앞에,
이성을 만드신 하나님 앞에 사람들이 겸허하게 하옵소서.

아들 시은이가 거듭난 이성, 신앙 이성을 통해
하나님을 깊이 알게 하시되
학문의 체계를 신앙 이성 안에서 이해하는 신앙의 통찰력을
허락하옵소서.
시은이의 이성을 복되게 하옵소서.
인공 이성의 탁월함이 하나님의 형상을 가진 인간의 이성보다
존귀하지 않다는 사실 앞에
인간의 고귀함을 잃지 않도록 하옵소서
인간을 자본의 가치로 환원하려고 하는 이 시대정신을 없게 하시고
인간을 하나님의 형상을 가진 창조물로 대하는
성경의 정신을 잃지 않게 하소서.
인공지성 안에 신앙지성으로 대하는 바라커가 되도록
시은이를 사용하옵소서
예수님의 이름으로 기도하옵나이다.
아멘.”

토의하기

1. 인공지능은 어떤 식으로 지능을 만들어 내는가?

2. 인공지능의 학습방법은 어떤 것이 있는가?

3. 클라우드 인공지능이 4차 산업혁명의 핵심적 요소인 이유를 설명해보라.

4. 일론 머스크는 인공지능을 뇌와 연결하고자 한다. 마치 호모 데우스 같은 인공지능을 가진 사람을 만들고자 한다. 이것의 유익한 점과 이것의 불행한 점은 무엇일까?

5. 인공지능은 어느 지성까지 가능한가? 불가능한 지성은 무엇인가?

6. 인공지능을 가진 로봇은 우리 인류의 일원이 될 수 있을까? 토론해보라.

7. 인공지능에 가장 앞선 회사가 어디인지 인터넷에서 찾아보고 어떤 부분에 장점이 있는 회사인지를 알아보고 토론해보라. 우리나라의 인공지능 수준이 어느 수준인지도 찾아보라.

8. 하나님의 형상과 인공지능의 차이점을 설명해보라.

아들에게 들려주는
4차 산업혁명

네 번째 이야기

아들에게 4차 산업혁명은
모바일 혁명임을 이야기하다

이야기 요점 STORY POINT ────────

공간은 뉴턴 이후 절대공간이 되었다. 공간이 움직이는 생각을 하지 못했다. 그러나 4차 산업혁명은 기술적으로 공간이 움직인다. 역사적으로만 통시적 공간이 움직이는 것이 아니라, 동시적인 시간 안에서도 공간은 하나가 되고 어디에서 든지 그 공간과 접속이 가능하다. 그것이 가상공간이다. 움직이는 공간을 통하여 하나의 공간 안에 접속하도록 만든 것이 모바일 혁명이다. 절대공간 안에서 인간은 바퀴를 만들어 공간이동을 하였다. 그러나 모바일 통신혁명 이후에 인간은 자신의 공간에서 다른 공간으로 순간이동이 가능해졌다. 모든 인간은 가상공간 안에서 동시간에 같이 있을 수 있게 되었다. 가상공간 안에서 나의 공간과 그의 공간이 하나의 공간 안에 이동이 된다. 동시에 그것은 시간을 파괴하는 공간이다. 물리학적으로 시간과 공간은 함께 규명된다. 즉 공간 안에는 그 공간의 시간이 있다. 그러나 모바일을 통한 가상공간은 시간이 없다. 미국의 공간, 한국의 공간은 다른 시간을 갖고 있으나, 가상공간 안에서는 동일한 시간이 되었다. 모든 인류가 하나의 공간을 소유하게 되었고 그 가상공간의 시간이 동일하게 되었다. 가상공간 안에 영상으로 나타난 나는 영원히 멸절하지 않고 가상공간 안에서 나의 존재로 자리잡는다. 그것이 통신 모바일이 이룬 플랫폼 혁명이다. 그 핵심은 모바일 폰, 즉 핸드폰이다. 아들과 이 이야기를 주고 받았다.

아들에게 양자컴퓨터에 대해 말하다

"바울아" "네" "통영은 재밌게 잘 다녀왔니?" "네"

"네가 학교수련회에 가 있는 동안 많이 보고 싶었다. 오늘은 모바일 기술이 만드는 새로운 공간에 대해 이야기 해보자. 앞으로의 기술이 공간을 연다고 했지? 과학의 기술이 공간을 열고 그 기술 속에 인간의 행복이 무엇인지를 만들어가는 것을 장소라고 했고, 장소를 여는 것은 인문학이라고 했어. 그리고 공간과 장소 안에 하나님의 나라를 만드는 것은 그리스도인의 일이라고 했지?"

"네"

"그래서 아빠가 세계 공간의 역사에 대해 쭉 훑어줬고, 그다음에 앞으로의 공간을 여는 것은 클라우드 인공지능을 통한 플랫폼이고 그 기본 소재는 반도체라고 했어. 반도체는 보통 사람들이 메모리와 비메모리로 구분하고, 우리나라는 메모리를 잘 만든다고 했지? 가장 어려운 기술은 비메모리 반도체인데 CPU와 GPU가 있다고 했지?"

"네"

"어렵게 말해서 CPU는 논리적 연산작용을 하고, GPU는 병렬적 연산작용을 한다고 했어. 그래서 GPU는 그림작업을 하고, CPU는 논리적 추론작업을 한다고 했지? 이러한 반도체들이 모여서 인공지능이 만들어지고, 그 밑에 빅데이터를 수집하고 처리하는 클라우드가 완성이 된다고 배웠어. 그 클라우드 안에 빅데이터를 처리하는 인공지능이 있다고 했어. 이 인공지능 클라우드를 통해 빅데이터를 해석하고 처리하여 서플라이 체인과 밸류 체인의 공간이 만들어진다고 했어. 이것이 현실의 공간과 결합하여 증강세계를 만든다는 것이 4차 산업혁명이라고 했지?

어떻게 밸류 체인과 서플라이 체인을 만드냐면, 빅데이터를 통해 인공지능은 사람들이 무엇을 원하고 좋아하는지, 그리고 그들에게 어떻게 접근하면 좋은지를 각각의 개인의 취향에 따라 분석하고 그들에게 필요한 물품을 주는 체계를 만들겠지. 그리고 그것이 어떤 식으로 가장 가성비가 좋은지를 판단하겠지. 그래서 그 물건을 만들어 공급하는 것이 서플라이 체계야. 밸류 체계는 그것을 판매하여 이익을 얻는 체계를 만들겠지. 자동차를 팔면 이제 그 안에 있는 앱을 팔고 자동차에서 물건을 구매하거나 음악을 구매하게 만들겠지? 그리고 자동차 보험도 팔고 자동차를 담보로 소액대출도 해주겠지. 그의 신용정보를 빅데이터가 갖고 있으니 인공지능이 신용평가를 내려 적절한 대출액을 정해주겠지. 더불어 충전시스템을 만들어 자기들의 핀테크로 결제하게 하겠지. 그러면 금융업, 충전업을 동시에 하게 되는 밸류 체인이 만들어지는 거야. 그러니 자동차 한 대를 파는 것이 아니라 그 안에 수많은 밸류를 창출하는 거야. 그것이 가상공간 안에서 이루어져. 그리고 현실에서는 물건만이 오고 가는 것이겠지. 심지어 판매자의 얼굴도 몰

라. 나중에 블록체인을 통한 공간 안에서 인공지능이 결합하면 얼마나 놀라운 공간이 만들어지는지 상상할 수 없는 세상이 다가와."

"블록체인을 다시 한번 설명해주세요. 책을 읽긴 했는데 쉽게 정리해주세요."

"블록Block이란 장부를 말해. 다른 말로 하면 너의 디지털 재정장부야. 이것이 체인Chain되었다는 것은 서로 연결되었다는 거야. 여기서 사용하는 가상돈이 비트코인이야. 전 세계가 하나의 통화로 연결시키는 거야. 각 나라는 중앙은행이 있고 그 은행을 중심으로 모든 돈을 관리해. 그리고 신용있는 사람만이 계좌를 갖고 있어. 미국만 해도 은행 계좌가 없는 사람이 40%정도 되지. 은행은 수수료를 내게 하고 국가와 국가 사이의 돈거래에도 수수료를 받지. 이런 모든 불평등을 극복하도록 모든 사람들이 자기 장부를 갖고 전 세계와 통화하게 만드는 시스템을 블록체인 시스템이라고 해. 그런데 중앙정부가 반대를 하지, 왜냐하면 세금을 거두어야 국가가 운영되기 때문이야. 제일 반대하는 것은 미연방준비은행이야. 미국의 달러가 전세계의 통화의 지위가 있는데 이것을 없애 버릴 수 있기 때문이야. 나중에 4차 산업혁명과 금융에 대해서 이야기를 할 때 더 잘 설명해줄게.

그런데 이런 블록체인이 전세계 금융시스템의 위치를 가지려면 양자컴퓨터를 통한 인공지능이 되어야 해. 그리고 블록체인 시스템이 금융결제뿐 아니라 전 세계의 서플라이 체인과 밸류 체인과 함께 가야하는거야. 핸드폰으로 네가 마음에 드는 물건을 사진을 찍으면 인공지능이 너의 기호를 분석했으니 전 세계의 가게를 찾아 너에게 그 물건을 찾아주겠지. 그러면 너는 핸드폰의 블록체인 결제시스템으로 결제하면 드론이 집까지 배송해주겠지. 이러한 인공지능이 되려면 양자컴퓨터를 통한 양자 인공지능 클라우드가 되어야 해. 그리고 인공지능 클라우드와 각각의 사물들 속에 있는 인공지능들이 서로 소통하는 사물인터넷IoT이 발달되는 거야. 자동차에서 집 안에 있는 가스밸브, 전기 같은 것을 조절할 수 있고 또 집에 있는 인공지능이 전기세를 아끼기 위해 스스로 판단하고 조절할 수도 있어. 나의 빅데이터는 나의 개인 클라우드에 있어서 세계 어느 곳에서나 컴퓨터나 핸드폰이 있으면 일을 할 수 있어. 직장개념이 완전히 바뀌어지는 거야. 이것이 새로운 공간이야.

아빠가 미얀마음악학교 건축을 위해 미얀마 선교사님들과 수시로 의논하고 결정하지? 한국에 있든, 양곤에 있든, 뉴욕에 있든 상관이 없는 거야. 이러한 가상공간을 통한 새로운 현실의 세계가 열리는 거야. 그 중심에 인공지능 클라우드가 있어. 인공지능이 수많은 계산과 연산작업을 하고 딥러닝을 통해 인간이 몇천년 동안 정보를 취득해야 할 일을 몇 시간 만에 해낸다고 했지? 이런 인공지능을 가장 가속화할 수 있는 컴퓨터를 양자 컴퓨터라고도 했어. 지금은 반도체를 통해 슈퍼컴퓨터를 쓰는데, 그 슈퍼컴퓨터는 농구장 두 개 크기의 컴퓨터에서 연산작용을 하는 거야. 지난번에 아빠가 이야기했지? 구글이 양자컴퓨터로 계산을 했다고. 이게 미국의 네이쳐라는 과학잡지에 논문으로 발표되었어. 그래서 IBM이 발끈했어. 양자역학에 가장 많은 돈을 투자했던 곳이 IBM이거든.”

“네”

“양자역학을 사용하게 되면, 이때까지의 모든 컴퓨터나 블록체인 시스템이 다 바뀌어. 그래서 이것은 세상의 판도를 바꾸는 대단한 일이라고 했어. IBM은 구글에게 ‘웃기는 소리하지 말아라. 너희들이 푼 문제는 슈퍼컴퓨터로도 3일 반 만에 풀 수 있는 문제다’라고 했어. 그런데 3일 반 만에 풀 수 있는 문제를 구글이 3분 20초 만에 푼 것도 굉장한 거잖아 사실?”

“네”

“그래서 구글이 그 컴퓨터를 공개하기로 했어. 라이트 형제가 처음 비행기를 띄웠을 때 30분 날고 떨어졌었는데, 30분밖에 못 날았어도 최초의 비행기였던 것처럼 자신들도 양자 컴퓨터의 새로운 시대를 열었다고 말해. 양자 컴퓨터를 지배하는 자가 4차 산업의 기술을 지배하게 된단다. 예를 들어, 내가 길을 가다가 마음에 드는 옷을 보았어. 그것을 사진 촬영을 해. 그리고 내 핸드폰에 양자컴퓨터 클라우드 인공지능과 연결되면 전 세계의 모든 가게를 뒤지고 가장 낮은 가격에 나온 곳을 찾아. 만약 그곳이 러시아이면 블록체인을 통해 가상 화폐로 결제하고 드론으로 너에게 배송해주겠지. 이것이 양자 클라우드 인공지능을 통한 블록체인으로 여는 새로운 플랫폼 공간이야.”

"놀랍네요."

"그런데 아빠가 지금 말하는 것은 아빠가 사는 시대보다는 네가 살아가는 시대야. 네가 눈으로 보고 실제로 만지게 되는 시대가 될 거야. 지금은 상상 속에 있는 것도 많아. 예를 들어, 자율주행 자동차가 지금 운행을 하지만 아직 거의 모든 차가 가솔린차야. 그런데 완전 자율주행 자동차를 너의 시대에는 타게 될 거야. 물론 아빠의 시대 때도 가능하고… 아빠는 핸드폰 나오기 전에 삐삐를 쳤어. 삐삐 알아?"

"네"

"삐삐가 울리고 전화번호가 찍혀있으면 내가 전화 부스에 가서 그 번호로 전화를 했었지. 그러다 핸드폰이 나왔는데, 키보드가 달려있어서 번호를 누르는 전화였어. 그러다 갑자기 터치스크린이 나오게 되었지. 스티브 잡스가 만들었고. 그러니까 네 시대에는 아빠가 말하는 것이 모두 실물적으로 사용하게 되는 시대가 될거야. 그러니 잘 들어야겠지?"

"네"

"양자역학을 통한 양자 컴퓨터는 물리학의 기본적인 기술이나 깊이가 없으면 4차 산업을 선도할 수 없어. 그러한 공간을 만들어낼 기술을 가진 나라와 개인만이 지배자가 되는 거야. 알겠지?" "네"

아들에게 펀더멘털Fundamental에 대해서 말하다

"아들, 스티브 잡스Steve Jobs와 일론 머스크Elon Musk의 이야기의 책을 아빠가 줬는데, 이건 사실은 초등학생용이야. 아빠가 4차 산업혁명에 대해 중학생용으로 좋은 책이 없는지 찾아보았는데 없더라고. 아빠는 이것이 굉장히 불행하다고 생각해. 4차 산업의 공간이 어떻게 될지에 대한 청소년들을 위한 좋은 책들이 없어. 어른용들은 조금 있어. 어른용들은 그 산업을 통해 산업군이 어떻게 바뀔까에 대한 내용은 있는데, 인문학적으로 접근한다 든지 그런 책은 전혀 없고. 청소년들을 위한 책도 없어서 좀 당황했었어. 스티브 잡스와 일론 머스크의 이야기를 읽으며 느낀점이 뭐야?"

"저 사람들은 진짜 인류 발전을 위해 기여하고 싶어하는구나를 느꼈어요."

"그렇구나. 일론 머스크를 '아이언 맨'이라고 불러. 아이언 맨을 만든 감독이 아이언 맨의 캐릭터를 어떻게 만들까를 생각하다가 일론 머스크를 떠올린 거야. 그래서 일론 머스크와 몇 주 정도의 시간을 보냈어. 일론 머스크가 갖고있는 영감과 생각과 캐릭터를 이 감독이 배워서 아이언 맨에 그대로 투영한 거야. 아이언 맨 영화를 보면 가슴에서 빛이 나오고, 슈트를 입고 날아다니고 이러는데, 이것이 일론 머스크를 모델로 해서 만든 거야. 일론 머스크를 현실의 아이언 맨이라고 사람들이 불러."

"네"

"인터뷰에서 일론 머스크에게 기자가 뭐라고 이야기했냐면, '두렵지 않냐'고 했어. 일론 머스크가 만든 것이 굉장히 많아. 페이팔이라는 디지털 금융시스템, 태양광이라는 솔라 시스템이 있지. 그리고 우주산업 회사도 만들었고, 테슬라라는 전기 자동차도 만들었지. 사실 그 전까지 테슬라는 계속 적자였고, 일론 머스크와 테슬라에 대한 부정적인 여론들이 가득했는데, 19년 3분기 실적이 처음으로 흑자로 들어선거야. 주식이 하룻밤 사이에 거의 40% 급등 한거야 (지금까지 400%이상 올랐다. 미국의 나스닥 주도주가 되었다.) 그래서 일론 머스크의 자동차 주식 총액이 하루아침에 전 세계 1위로 올라가 버린거야."

"왜 올라갔어요?"

"영업이익이 흑자를 내기 시작한거야. 영업이익이 흑자로 올라가니까 투자자들이 다 놀라고 하룻밤 사이에 급등하여 모든 자동차 회사 중 1위를 하는 일이 발생했어. 물론 탄소배출권의 수익이야. 아빠가 볼 땐 테슬라는 내러티브 자동차Narrative Car야. 내러티브란 말은 페이크fake란 말은 아니야. 페이크 뉴스는 근거 없는 거짓말이지만 내러티브는 사람들이 만들어 내는 이야기들이야. 즉 테슬라가 입소문을 통해 인기가 있으면서, 또 일론 머스크가 사람들 속에 인기가 있으니까 함께 성장하는 거야. 예술가 중에 정말 예술성이 뛰어난 사람들이 있지만, 그 사람이 돈을 많이 벌지는 못해. 그 사람에겐 내러티브가 없는 거야. 그러나 예술성이 어느 정도 있는데 인기 있는 분들도 있어. 그분들에겐 내러티브가 있는 거야. 아직까지 테슬라는 내러티브 카 Narrative Car라고 아빠는 보고 있어, 근데 아빠가 왜 일론 머스크와 스티브 잡스 책을 너에게 줬냐면, 4차 산업시대를 연 가장 중요한 인물이기 때문이야."

"그렇군요."

"일론 머스크나 스티브 잡스에게서 네가 배워야 할 것은 기술 같은 것이 아니야. 일론 머스크가 괴짜인데, 그는 페이팔을 공동 창업하고 그 페이팔 지분을 매각하여 번 돈이 어마어마한데, 그 돈으로 자동차에 투자하고 스페이스X라는 우주선에 투자했어. 망할 것을 알면서 투자를 한 거야. 10%의 가능성도 없는 것을 알고 했다고 말했거든. 그때 기자가 당신은 두렵지 않냐고, 피하고 싶지 않냐고 물었잖아? 그때 일론 머스크가 뭐라고 했냐면 자신은 너무 두려워서 하기도 싫고 피하고도 싶지만 자신은 그 두려움을 무시하고 일을 했다고 했어. 세상을 구할 수 있는 일을 위해 두려움을 회피해서는 안 된다고 했어. 아빠가 볼 때 사람에게 제일 중요한 것은 리스크를 안을 수 있는 펀더멘털Fundamental이야. 그리스도인의 입장에서 보면 영적 파워Spiritual Power야"

"네"

"정신의 펀더멘털이 제일 중요해. 펀더멘털은 쉽게 말하면 기초체력이야. 학업도 국가도 기초체력이 있어야 해, 그리고 사람의 정신세계도 기초체력이 있어야 해. 일론 머스크나 스티브 잡스는 정신이 강한 사람이야. 정신이 강하다는 것은 뭘까? 사람이 살다 보면 비바람을 맞이해. 나무도 비바람을 맞이하지. 그런데 나무가 태풍이 불고 비바람이 불 때 용비어천가에 나오는 것처럼 뿌리 깊은 나무는 바람에 뽑히지 않는다고 했지? 바람이 불고 태풍이 몰아쳐도 나무가 흔들리지만 그 뿌리는 땅속으로 더 깊이 들어가게 되는 거야. 그것이 펀더멘털이야. 사람이 어떤 일을 할 때 너무 두렵고 피하고 싶어. 아빠도 그런 일이 너무 많아. 그런데 그것을 이길 수 있는 것은 기독교적으로 보면 성령이 우리를 강건케 하시는 성령의 펀더멘털이야. 다른 말로 하면 영적 파워야. 너의 펀더멘털이 영적파워 혹은 인문학적인 펀더멘털이 강하지 않으면 어떤 일을 해도 너는 실패해. 왜냐하면, 조금 두려우면 포기하고 불안한 것이 있으면 바로 모든 것들을 안 하려고 하기 때문이야. 그러면 실패하게 되는 거야. 우리에게는 두려움이 다 있어. 그리고 어떤 기업이 있어서 네가 그 기업을 볼 때는 그 기업의 펀더멘털이 강하다, 강하지 않다는 것을 볼 수 있어야 해. 어떤 불황이 오거나 갑작스럽게 비바람이 몰아치더라고 이것을 견딜 수 있는 기업의 펀더멘털이 있으면 그 기업은 대단히 좋은 기업이라는 거지. 국민의 정치나, 국가 자체의 펀더멘털이 강하면 그 국가는 오랫동안 지속할 수 있는 국가가 돼."

"네"

"제일 중요한 것은 기업이나 국가 혹은 구조의 펀더멘털 이전에 사람의 펀더멘털이야. 사람은 두려워서 안 하고 게을러서 안 해. 한 발짝을 더 딛게 되면 수많은 열매들이 있는데 인간은 그 한 발짝을 내딛는 것을 두려워하든지 게으름을 보여. 그 위험, 리스크를 감당하기 두려워하는 거야. 테슬라의 일론 머스크가 대단한 것이 뭐냐 하면, 그의 정신의 펀더멘털이야. 그 속에서 그의 비전이 그려지고 만들어지는 거야. 우주선을 저 우주의 우주정거장까지 보낸 나라가 몇 나라일까?"

"10개요?"

"미국, 중국, 러시아, 일본, 인도, 이 정도의 국가인데, 일론 머스크는 개인이 우주선을 우주정거장까지 도킹에 성공한 거야. 우주정거장에 도킹까지 성공한 나라는 미국 러시아 중국밖에 없어. 그러니까 개인이 그 꿈을 가지고 일을 했다는 것이 대단한거야. 아빠와 함께 본 유튜브 영상에서 일론 머스크가 인터뷰하며 울지 않았니? 자기가 올린 우주선이 공중에서 폭발하는 영상을 보면서 그 당시가 생각이 나서, 두려움의 공포가 다시 밀려와서 우는 거야. 영상에서 우주선이 하늘을 날아가다 하늘에서 붕괴된 것을 봤지? 그때 일론 머스크의 전 재산이 날아가는 거야. 두렵고 그만하고 싶지 않았을까? 그런데 그것을 이겨내고 성공을 했어. 민간인이 만든 우주선이 우주를 향해 날아갔다고. 테슬라는 전기 자동차를 만들고 태양광인 솔라시스템을 만들었어. 일론 머스크의 꿈이 뭐냐하면, 자기가 자동차를 팔고, 평생 무료로 전기를 충전해줄 수 있는 공짜 자동차를 꿈꾸는 거야. 집집마다 태양광을 설치하여 충전을 하게 하고, 미국 전 지역에 태양광 무인 전기 주유소를 만들어 테슬라의 모든 사람이 공짜로 쓸 수 있도록 무료로 열어놓았어. 이 사람의 꿈은 차를 사면 평생 기름값이 안 들어가는 시스템을 만드는 거야. 왜 이렇게 했지? 이산화탄소 때문에 미국에서 1년마다…"

"사람들이 죽어가서요."

"그래. 미국에서 1년마다 이산화탄소 때문에 5만2천 명이 죽는다는 결과보고를 보고, 이산화탄소로 인류의 생명체가 파괴되는 것을 봤기 때문에 그렇게 살아서는 안 되겠다고 판단하고 테슬라를 만들고 솔라 시스템을 통해 무료 충전소를 만들어 완전한 생태계를 만들겠다는 거야. 이런 생태계 속에서 전기자동차, 더 나아가 자율주행 자동차를 통한 플랫폼을 만들겠다는 것이 일론 머스크의 꿈이야. 지금은 다 내연기관으로 자동차가 움직이지? 이런 내연기관을 만드는데 현대자동차가 20-30년 걸렸어. 가솔린을 동력화하는데, 그런데 전기자동차는 이게 필요 없고 배터리만 있으면 가는 거야. 그리고 자기들은 디자인만 하고 모든 부품들을 전 세계의 기업들에게 조달하여 조립하여 팔면되는 거야. 어메이징Amazing하지? 이러한 일들은 일론 머스크의 펀더멘털에서 나온 거야. 그 사람의 비전은 그 사람의 마음파워에서 나오는 거야."

"네, 근데 아빠, 영적 파워를 가지려면 어떻게 해야 해요? 펀더멘털이 강한 사람이 되려면 어떻게 해야 해요?"

"나중에 이 부분을 말해줄텐데. 4차 산업혁명의 공간이 와도 그 공간을 이끌어가는 앙트레프레너, 멜랑콜리커, 더 나아가 바라커들은 영적 파워, 마인드 파워가 강한 펀더멘털을 가진 자들이어야 해. 어떤 공동체나 개인은 위험과 위기가 오는데 그것을 뛰어넘는 에너지는 영성에서 오는 거야. 그러기 위해서는 자신보다 더 강한 펀더멘털을 가진 멘토가 있어야 해. 즉 자신보다 정신 파워, 영성 파워가 강한 멘토를 가져서 계속 에너지를 받아야 해. 워렌 버핏이란 투자가와 한번 점심을 먹는데 내는 돈이 얼마인 줄 아니? 일 년에 한 번 워렌 버핏이 자기와 식사를 할 수 있는 사람을 세계에서 뽑아. 그 사람에게 돈을 받아 기부하고 자신의 사상을 알려주지. 그 점심 가격, 2019년 경매가격이 35억이야. 35억을 내고 버핏과 점심을 먹어. 왜냐하면, 그 사람에게서 얻은 영감이 35억이 넘는 것이지. 스티브 잡스가 소크라테스와 이야기를 나눌 수 있다면 자신의 전 재산을 주겠다고 했어. 소크라테스에게서 얻을 수 있는 영감이 그 돈의 가치를 넘어선다는 이야기야. 그러므로 영적 파워를 얻으려면 건강한 영적 파워를 가진 사람을 만나야 하는 거야. 그것이 가장 빨라. 그리고 독서를 통해 영감을 얻어야 하고 성경을 통하여 하나님의 영적 파워를 얻어야 해. 그리고 그러한 일을 함께 할 수 있는 동역자들, 친구들을 만들어가는 것이 중요해. 한 사람의 파워보다 여러 사람의 파워가 더 큰 영적 에너지가 되어 세상을 움직일 수 있어. 4차 산업혁명의 공간을 선하게 움직이려면 선한 영적 파워가 있는 사람들이 나타나야 하는 거야. 그것이 아빠가 말하는 4.0 바라커야. 나중에 바라커 영적 파워에 대해서 아빠가 좀 더 설명할 때 들으면 좋겠어"

"네, 아빠" "개인의 펀더멘털에 대해서 이야기를 했는데 이제 국가의 펀더멘털에 대해서 이야기를 해줄게."

노르웨이를 통해 국가가 어떻게 펀더멘털을 가져야 할지에 대해서 말하다

"오늘은 모바일에 대해 나눈다고 했지? 모바일 기술을 탄생시킨 사람은 스티브 잡스야. 미국에서 이런 기술을 만들었는데, 미국은 왜 이런 일들을 할 수 있는 나라일까? 4차 산업하면 애플, MS, 페이스북, 구글 등이 있는데, 이런 기업들이 세계를 주도해. 왜 미국은 이런 기업을 소유한 나라가 될 수 있었을까? 그것은 미국의 펀더멘털 중에 이런 사람들을 만들 수 있는 펀더멘털이 있다는 뜻이야."

"4차 산업을 주도할 수 있는 사람을 양성하는 교육을 할 수 있는 환경이 있기 때문 아니에요?"

"잘 이야기했어. 세 가지인데, 하나는 교육이야. 어떤 교육이냐면 창의적인 교육이야. 한국은 창의적인 교육이 아니라 기계처럼 생산해

내는 교육이야. 사회의 어떤 조직이 이미 구성되어있는데, 예를 들어, 이러이러한 사람이 되면 안정적이고 돈을 많이 벌겠구나 하는 거지. 의사 혹은 검사, 정치인, 대기업에 입사한다든지, 요즘 대학생들이 가장 원하는 공무원이 된다든지 하는 것은 이미 틀이 잡힌 사회구조 속에 안정적인 직업을 원하는 거야. 청년들이 이러한 직업을 구한다는 것은 사회구조가 틀에 박혀 있다는 거야. 즉 모험을 할 수 있거나 창조적인 일에 도전할 수 있는 사회구조가 없기때문에 그냥 지금 구조 틀 속에서 안정적인 직장을 구하려고 하는 것이지. 그래서 이 구조를 바꿔 낼 수 있는 창의적인 인간을 길러낼 교육이 없어. 지금이 나쁘다기보다는, 이러한 구조를 벗어나 새로운 것을 만들고 새로운 앙트레프레너들을 만들어내는 교육을 할 수 있는 시스템이 없다는 거지. 전공이라는 것이 이미 만들어진 공간의 틀 속에 좋은 일자리를 찾아갈 수 있도록 하는 교육 시스템이라는 거야. 이 틀을 깨는 교육이 창업의 교육이고, 창조의 교육인데, 이런 교육시스템을 갖고 있지 않은 게 한국이야. 그렇다면 이런 창조적인 교육을 하려면 어떻게 해야 할까? 무엇이 바뀌어야 할까?"

"잘 모르겠어요."

"미국은 현존하는 최고의 강국이지? 우리가 4차 산업이나 새로운 공간에서 미국을 따라갈 수는 없어. 그런데 미국을 따라가려면 어떻게 해야 할까? 창의적인 교육으로 바뀌어야 한다고 말할 수 있겠지? 그런데 그렇게 하려면 자본문화가 바뀌어야 해. 자본문화가 바뀐다는 이야기가 뭘까? 즉 자본을 대하는 태도가 바뀌어져야 해"
"무슨 말인지 모르겠어요"

"지금 강소강국이 있어. 강소강국은 뭐냐면, 나라는 작은데 1인당 소득이 미국보다도 높고, 강국으로 살아가는 나라들이야. 세계가 건들 수 없는 나라가 있어. 스위스와 이스라엘, 노르웨이, 덴마크, 핀란드 정도의 강소국가가 있어"

"네" "너 『노르웨이처럼 투자하라』는 아빠가 준 책을 읽어 보았니?" "네, 아빠, 읽어보았어요" "어떤 생각이 들었니?" "먼 미래 세대를 위해 국가가 무엇을 준비해야 하는지를 생각했어요."

"노르웨이의 북해 연안에 유전이 발견되었어. 1971년에 유전이 발견되었는데, 이 유전을 팔아 돈을 국민에게 나누어주었어. 노르웨이 사람들이 유전이 언젠가는 나오지 않을테니 우리 후세대까지 어떻게 하면 부의 확장과 재생산을 할 수 있을까 생각을 한 거야. 그래서 유전에서 나오는 돈으로 금융자산을 만들고 그 돈을 전 세계의 기업에 투자를 한 거야. 25년 동안 투자를 했어. 그래서 200조로 시작한 돈이 1100조가 되었고 국민 1인당 3억 정도의 부를 갖게 되었어. 연 2천만 원씩 국민에게 나누어줄 수 있는 자본이 생긴 거야. 의료, 연금, 교육 등이 공공자본으로 해결되는 시스템을 만들었지. 이러한 금융시스템이 생기고 기본적인 사회안전망이 확충되니 교육시스템이 자본 시스템으로는 가지 않아. 교육을 돈의 획득, 자본획득으로 가려고 하는 이유는 실패에 대한 두려움 때문이야. 즉 안정적인 직장을 통해 자본의 일정 소득을 원하는 거야. 그리고 그 돈을 버는 직장들은 이미 기존의 틀 속에 정해져 있는 직업들이 되는 셈이야. 그러나 공공자본의 생태계가 확충된 사회라면 창업이나 모험을 할 수 있는 앙트레프레너들이 나올 수 있는 환경이 주어지는 거야. 돈, 즉 재화의 가치가 주는 행복은 정해져 있어. 수백억이 있어야 행복한 것은 아니야. 적당한 재화가치가 행복을 주는 거야.

우리나라의 지금 재화 가치로 말하면 연봉이 7천만원 정도면 행복의 적정 재화 가치라는 통계가 있어. 아빠를 보고 너희들은 가성비가 좋다고 했지? 아빠는 아침에 커피 한잔을 먹으면 행복해. 자동차라든지 좋은 집이라든지 이런 것이 아빠의 행복을 결정하지 못해. 그리고 막내 강은이를 보면 행복해. 이것이 아빠가 느끼는 재화 가치에 따른 행복이야."

"아빠는 진짜 행복의 가성비가 훌륭해요."

"노르웨이처럼 국가가 금융시스템을 만들어 삶의 질을 보장해주는 공공자본을 갖게 되면 자본주의 중심의 교육이 일어나지 않아. 이른바 서열중심의 교육이 아니야. 그 정도면 행복하니 자신의 삶을 찾고 저녁이 있는 가정을 가지려고 하겠지. 그래서 노르웨이 사람들은 오후 4시 이후가 되면 가게 문을 대부분 닫아. 삶의 소득이 생기면 사람들의 생각이 달라져. 그렇게 하려면 국민 모두가 안전망을 갖는 공공자본 경제시스템을 만들어야 해. 슘페터 같은 경제학자는 이러한 공공자본이나 국민의 기본소득을 주기 위해 앙트레프러너를 길러내는 교육제도를 가져야 한다고 말했지. 그리고 그 자본으로 공공자본의 생태계를 만들어야 하는 거야.

미국은 이런 점에서 실패했어. 앙트레프러너가 있는데, 그것을 기부하는 것으로 공공자본을 대신하려고 해. 그것은 실패한 모습이야. 노블레스 오블리주Noblesse Oblige알지? 사회적 지위에 있는 것만큼 책임을 다해야 한다는 뜻이야. 이러한 사람들이 나오는 것은 좋은 것이지만 그것은 공공의 선을 위한 일은 아니야. 개인의 책무지. 사회안전망이란 공공의 자본은 국가가 정책적으로 하는 거야. 우리나라의 건강보험은 특권층이나 부자들이 만든 것이 아니라 오랫동안 정책적으로 만든 사회안전망이며 공공의 자본이야. 이러한 공공의 자본이 없으면 사람들은 탐욕적이거나 현실적이 되는 거야. 그러므로 앙트레프러너가 나오는 교육제도와 그러한 교육제도가 가능할 수 있는 공공자본의 시스템을 만들어야 해. 바울아, 투자와 투기의 차이점이 뭘까?"

"모르겠어요."

"어떤 이는 빚을 내서 하는 것은 투기고, 자신의 돈으로 하는 것은 투자라고 말을 해. 다른 이들은 돈을 벌면 투자고 돈을 잃으면 투기라고 했어. 아빠는 앙트레프러너를 만들 수 있는 자본을 투자라고 해. 앙트레프러너를 만들 수 있다면 그 나라는 투자의 환경이 있는 나라야. 이스라엘은 사람들이 투자를 해. 스위스도 마찬가지인데, 스위스가 금융 강국이라고 했지? 그 말은 투자 강국이라는 뜻이야. 이스라엘은 13살 성인이 되면 아이들에게 2천만원 정도의 주식을 사줘. 스스로 그 주식을 굴리면서 기업을 연구하고 공부하게 해. 그래서 그 좋은 기업에 투자하는 습관을 길러주는 거야. 또 어떤 아이들이 창의적인 생각을 해서 창업을 하고 싶으면 투자금을 주는 거야. 일론 머스크와 스티브 잡스도 투자를 받았다는 것을 책으로 읽었지? 애플이 처음 컴퓨터를 만들었을 때 사람들이 그것을 사주고 투자를 해주는 거야"

"네"

"투자라는 것은 그 사람이 실패하더라도 그 사람의 꿈을 위하여 돈을 주는 것이야. 우리나라는 투자가 없고 대출이 있어. 대출은 이 사람이 재산이 있으면 돈을 주는 거야. 그리고 이 사람이 실패하면 재산을 몽땅 가져가는 것을 대출이라고 해. 우리나라 학생들이 어떤 꿈을 갖고 사업을 하고 싶으면 우리나라의 모든 금융이나 사람들은 그 사람에게 대출을 해주는 것이지 투자를 안 해줘. 이스라엘은 투자를 해줘서 그 기업이 100억 200억 되는 기업이 되면, 애플이나 마이크로소프트에서 이 회사를 1000억 2000억에 사는 거야. 애플이나 마이크로소프트 이런 기업들이 보니까 너무 좋은 기술을 갖고 있으니 사는 거야. 그러면 판 사람은 팔고 번 돈으로 자신의 후배들에게, 아이디어가 있는 젊은이들에게 투자를 하는거야. 자기도 누군가의 투자로 회사를 만들었으니 획득한 자본을 후배들을 위해 투자를 해주는 거야. 즉 유대인들은 자본을 공공의 자본으로 생각하는 훈련이 되어있고, 공공의 자본이 스트리밍처럼 흘러가는 거야. 아빠는 이것을 스트리밍 자본주의Streaming Capitalism라고 불러. 그래서 계속 강소기업들이 일어나는 생태계가 마련되어 있어. 즉 앙트레프레너를 양육하는 자본의 시스템이 생태계가 되어 움직이고 있는 거야. 이런 금융에 대한 가장 기본적인 펀더멘털이 있기 때문에 이스라엘이 강국이 되는 거야.

우리나라는 투자를 생각할 때 우선 대박을 생각해. 투자를 대박으로 생각해. 앙트레프레너를 키우는 금융시스템으로 생각하지 않는 거야. 여기서 우리나라의 금융이 얼마나 기초체력이 약한지를 알 수가 있는 거야. 생명자본주의가 되지 못 하는 거야. 더군다나 유대인들은 하부르타라는 창의적 교육, 물음식 교육을 할 수 있는 교육적 생태계가 동시에 존재해. 사람들이 계속 아빠에게 '한국의 교육은 어떻게 4차 산업에 맞는 교육으로 바꾸어야합니까?'라는 질문을 해. 내가 여러 가지 프로그램을 제시할 수는 있어. 이러이러한 프로그램, 교육을 해야 한다고. 그러나 궁극적으로 한국 사회가 그런 교육을 뒷받쳐주는 사회의 공공자본 생태계가 안 되어 있으면 그런 교육을 받은 아이들은 한국에서 살 수 없어. 산업혁명은 늘 있어 왔고, 사회의 구조는 늘 바뀌어가는 거야. 그러면 그 공간의 충돌과 확장 속에서 그것을 대응해 나가는 사람은 마인드 파워Mind power가 강해야 해. 젊은이들의 마인드 파워를 강하게 키우는 것이 교육인데 마인드 파워가 자라도록 키우려면 사회 전체가 그들에게 마인드 파워를 줄 수 있는 생태계를 만들어야 한다는 뜻이야. 그것이 공공자본 생태란 뜻이야. 아빠 이름이랑 똑같은 하버드 간 누나 알아?"

"네"

"그 누나가 미국에 유학을 가서 지금은 구글에서 근무해. 한국의 수재인데 미국에서 근무해. 대부분의 한국의 수재들은 그래. 왜냐하면, 한국은 그러한 수재들이 공부하고 그가 가진 마인드 파워와 비전이 계속 자랄 수 있는 생태계가 없기 때문이야. 그런 생태계가 없는 사회는 틀의 사회야. 그래서 서울대 가면 좋은 애. 지방대 가면 나쁜 애. 삼성가면 좋은 애. 중소기업가면 찌질이. 이런 식으로 서열화 되어있고 구조화 되어있는 사회는 가장 좋지 않은 사회야. 이런 사회는 어떠한 교육이 들어와도 아이가 틀에 박혀 살게 되어있어. 그래서 아빠는 이런 교육을 틀의 교육이라고 해. 틀에 맞추어 교육하는 거지. 사회가 틀을 갖고 있어서 그 틀에 맞추는 교육을 해, 사실 조선시대에 가면 조선시대의 틀이 있고, 북한에 가면 북한의 틀이 있지, 그 틀에 맞추어 버리는 교육을 해, 즉 그 공간을 유지하는 교육을 하는거지. 그래서 공간을 창출하는 앙트레프레너가 나올 수가 없어.

　더 나아가 장소를 만들 수도 없어. 앙트레프레너를 만들 수 없는 틀의 교육이 어떻게 장소를 만드는 멜랑콜리커들을 만들어 낼 수 있겠어. 틀의 교육이란 각각의 아이들이 자라는 생육발달이나 각자의 개성과 독특성에 맞는 교육을 하는 것이 아니라 틀에 끼워 맞춘 교육을 하게 되는 거야. 너는 이 나이 때에 이 문제를 풀어야 한다고 기준을 정하지. 사람은 그 나이와 때에 따라 발달과 세상을 바라보는 관점이 다르기에 거기에 맞는 교육을 해야 하는 거야"

"인정하는 부분이에요."

"미국이 강국인 이유는, 첫째로, 교육투자이고, 둘째는 달러를 중심으로 한 금융시스템이야. 셋째는 군사력이야. 아빠가 볼 땐 미국 사회가 공공자본에 대한 논의는 계속해 나가야 하겠지만 최소한 기업가들이나 금융가들은 앙트레프레너를 만들어내는 투자를 하는 기본적인 금융 소양이 있는 사회야. 그래서 일론 머스크도 자신의 꿈을 키우기 위해서는 미국으로 가야겠다고 생각을 하고 미국으로 간 거야. 전 세계 인재들이 미국으로 몰려가고 미국의 기업들과 금융인들은 그들에게 투자를 해서 앙트레프레너의 삶을 살 수 있도록 해주는 거야. 젊은 이들이 갖고 있는 마인드에너지가 더 자라고 그 에너지가 자신의 비전으로 펼 수 있는 환경이 되어 있다는 거야.

4차 산업의 기술이 다 끝나면, 인류가 지금까지 산업혁명 가운데 금융시스템을 어떻게 변화시켰는지를 알려줄게. 그 금융시스템 때문에 나라가 하루아침에 망하기도 해. 예를 들어, 사우디아라비아 있잖아? 사우디아라비아는 지금까지 무엇으로 먹고 살았지?"

"석유" "그래, 사우디아라비아는 석유로 번 돈으로 지금까지 국민들에게 돈을 주니까. 국민들이 공부를 하겠어, 안 하겠어?" "안 해요."

"안 하지. 창의적인 교육 자체와 창의적인 도전정신이 전혀 없는 거야. 그러므로 사우디아라비아의 국부는 앙트레프레너를 만들어내는 자본 시스템이 아닌 거야. 돈이 있다고 되는 것은 아니야. 세상을 바라보는 가치관이 중요해. 석유가 떨어지면 이 나라는 바로 망해. 왜? 금융과 교육시스템이 없어. 일부 귀족들이 돈을 다 가지고 있는 거야. 사우디아라비아는 노르웨이와 다른 길을 걸어온 거야. 그래서 일론 머스크 같은 사람들이 나오면 석유가 '똥값'이 되는 거야. 일론 머스크가 전기자동차나 태양광을 만들잖아. 그러면 기름을 점점 사용하지 않으니까. 그러면 사우디아라비아는 망하는거야. 그래서 지금 사우디아라비아는 고민이 많을 거야. 금융시스템이 제대로 갖추어지지 않은 나라는 망해. 앙트레프레너를 양성하고 생명을 살리는 금융시스템, 생명 자본주의가 없으면 망하는거야. 전 세계와 역사적으로 보면 입증이 된 사실이야. 그걸 아빠가 나중에 이야기해줄게.

사우디아라비아도 그래서 아람코라는 회사를 상장해서 그 주식의 돈으로 4차 산업 도시를 만들려고 해. 다음 세대의 부를 위해 준비하는 것이지. 그런데 이런 정책에 대해선 아빠는 별로 동의하지 않아. 데이터 플랫폼을 누가 지배할 것 같니? 미국이니? 중국이니"

"미국 같아요. 미국이 세계강국이잖아요."

"스티브 잡스 같은 사람이 나오는 나라가 디지털 플랫폼을 지배해. 4차 산업혁명도 궁극적으로 사람이 핵심이야. 기술이 아니야. 4차 산업혁명을 하기 위해 이런저런 기술을 양성하는 정책을 만들자고 해, 대부분. 그런데 이것이 핵심이 아니야. 사람이 핵심이야. 아빠가 앞에서 자본을 언급한 것은 청년들이 갖고 있는 에너지를 발산할 수 있는 생태계를 만들기 위해 공공자본 혹은 생명의 생태계 자본을 갖자고 이야기한 거야. 젊은이들 속에는 고유한 에너지들이 다 있어. 그에너지들, 그 마인드 파워가 커나갈 수 있도록 도와주어야 하는 거야. 그런데 한국 사회는 오히려 젊은이들이 갖고 있는 에너지를 갉아먹는 구조야. 그 에너지를 착하고 아름답게 그리고 파워가 있도록 만들어주어야 해. 그렇게 되면 자연스럽게 세상을 바꾸어나가는 플랫폼을 만드는 능력이 나타나.

기술이 아니야. 기술은 그 파워 안에서 발현되는 표현이나 도구에 불과해. 스티브 잡스의 에너지가 애플을 만들어가는 거야. 그 속에 새로운 플랫폼이 나오는 것이지. 만약에 애플의 CEO가 그 에너지가 없다면 애플의 플랫폼은 하루아침에 없어질 수 있어. 그러니 4차 산업혁명의 핵심은 사람이야. 너도 이것을 명심해야 해. 아빠가 4차 산업혁명과 교육이라는 부분에 이 내용을 좀 더 자세히 설명할 거야"

"네"

"미국은 기부문화가 발달되어 있어. 돈을 벌어서 젊은이들에게 환원하는 사람들이 많아. 꿈을 꿀 수 있도록 장학금을 주고, 공부의 기회를 놓친 사람들에게 환원하지.

미국 하버드대학에서 경영하는 돈의 70%는 부자들의 기부한 돈으로 운영이 돼. 미국의 아이비리그는 부자들이 기부한 돈으로 운영이 된다는 거야. 예를 들어, 스티브 잡스도 대학에 몇조씩 엄청난 돈을 기부해. 그 학생들이 공부를 잘해서 창의적인 기업을 만들어 낼 때 미국의 펀더멘털이 계속 강해질 것을 알고 있기 때문에, 그 자본의 선순환을, 환원시스템을 가지고 있는 사람들이 곳곳에 있어. 그래서 깨끗한 자본, 정직한 자본, 공동체를 위한 자본을 이루는 사람들이 있어. 그것을 아빠는 성경적으로 바라커, 복의 근원이 되는 사람이라고 말해. 그래서 미국 사회에서는 그런 사람들에 대한 존경심이 깊어. 우리나라는 재벌이 돈이 많다고 하면 인식이 안 좋아. 그런데 미국은 이런 부자들에게 존경심이 강하고 이런 부자들을 높여줘. 왜? 이 사람들은 돈을 벌어서 사회에 환원하니까. 자기가 번 돈을 공동체의 돈으로 바꿔 버리니까. 그러니 이런 바라커 같은 사람들, 금융시스템, 교육시스템이 어우러질 때 펀더멘털이 강한 나라가 되는 거야.

여기서 잊지 말아야 할 것은 환원되는 자본도 있어야 하지만 우리나라 의료시스템 같은 공동체 자본시스템이 더불어 구축되어야 해. 앙트레프레너들이 돈을 공동체에 환원하고, 기본소득과 공공의료보험 같은 공공의 시스템을 구축해야 해. 전기, 가스, 교통, 교육 같은 사회 인프라는 싼값에 누구나 사용할 수 있는 공공의 시스템을 만들어야 한다는 것이야. 이것이 미국의 부자들이 기부하는 박애 자본보다 더 강하고 오래갈 수 있는 자본이야. 노르웨이가 그런 사례를 보여주고 있어. 국가의 공공의 부를 늘려가야 하는 거야.

그래서 앙트레프레너와 금융시스템, 사회 보장제도가 같이 가는 거야. 이 길이 우리가 걸어가야 할 길이야. 단순히 부자들, 리치맨 richman들을 통해 세상은 새롭게 되지 않아. 그러나 이러한 앙트레프 레너들을 통하여 국가의 공공의 부유가 획득되어야 해. 그리고 그러 한 부가 공공의 부가 되도록 만들어져야 해.

아빠가 볼 땐 이스라엘은 이런 부분에 있어서 잘 되어있는 것 같아. 이 길을 우리가 걸어가야 해. 이러한 구조를 만들려면 공간을 지배하 는 기술문명, 혹은 혁신가들도 있어야겠고 이 기술문명의 공간을 인 간이 행복해지도록 만드는 장소의 전환으로서 인문학이 있어야 하고, 마지막엔 인간이 만드는 공동체에 대한 겸손과 한계를 인정하는 신 학, 즉 하나님 말씀이 요청되어야 해. 이것이 인간의 지성이 겸손하게 되는 거야. 인간의 기술문명과 인문학은 신학 앞에서, 하나님 앞에서 겸손해야 해"

"네"

모바일 폰Mobile phone이 이미지 랭귀지Image Languge라는 4차 산업혁명의 언어를 만든 것을 말하다

"이제 모바일 기술에 대해 이야기하고 마칠게. 모바일은 움직이는 조각으로 핸드폰을 이야기하고, 모빌리티는 움직이는 수단으로 자율 주행자동차나 드론, 플라잉 카야. 그런데 이것은 둘 다 다른 것이 아니야. 모바일 폰인 이른바 핸드폰은 초연결해주는 공간 소유를 갖고 있어. 모빌리티인 자율주행차나 드론 등도 단순히 움직이는 것이 아니라 모든 것을 초연결해주는 모바일 기능을 이제 갖게 되는 거야. 모바일을 통한 초연결으로 서플라이 체인과 밸류 체인을 갖는 플랫폼을 만들어야 하기 때문이야. 그러므로 이 둘은 이제 하나가 될 거야. 애플폰은 모빌리티 기능을 가질 것이고 모빌리티는 모바일 기능을 갖게 되겠지. 그래서 궁극적으로 모바일-모빌리티로 가게 될 거야. 처음에는 사람이 모빌리티 자체였어, 사람이 움직였으니까. 그리고 바퀴의 발명으로 말, 마차, 수레, 범선, 증기선, 증기기차, 배, 자동차, 비행기 이런 식으로 모빌리티가 등장하다가 플라잉카, 자율주행 자동차가 등장했어. 그리고 핸드폰이란 모바일 이동통신이 등장하면서 가상공간의 모바일이 생긴 거야. 그런데 현대의 플라잉카나 자율주행 자동차 혹은 드론은 모바일 폰의 플랫폼을 가지게 되는 거야. 그래서 모바일-모빌리티가 되는 거야. 이것은 다음에 아빠가 말할 거야. 핸드폰은 모바일로서 인간이 갖고 움직이지. 핸드폰을 갖고 걷고 자동차를 타고 움직여. 그런면에서 핸드폰도 모바일-모빌리티야. 즉 공간을 소유하고 움직이는 시대가 되었다는 뜻이야. 옛날에는 모빌리티를 타고 공간을 이동해야 했으나 지금은 공간을 갖고 움직이는 거야. 인간이 현실의 공간은 이동하지만 가상의 공간은 소유하게 된 거야. 공간을 정복하고 싶은 인간의 욕망이 드디어 공간을 소유하게 된 거야. 모바일 폰이 공간을 소유하게 되었다는 것이 획기적인 일이야. 이것이 4차 산업혁명이야. 오늘은 모바일 폰에 대하여 집중하여 이야기를 할거야"

"네"

"빅데이터를 저장해 연산작용을 하는 클라우드 인공지능이 있다고 했지? 일론 머스크는 인간의 뇌에 인공지능을 탑재해 몸이 불편한 사람들에게 로봇팔 로봇다리를 연결해주는 것을 꿈꾼다고 했지? 그리고 일론 머스크는 인공지능을 지배하려면 인공지능 인간이 있어야 한다고 봤어. 중요한 건 아니야. 모바일의 기술을 처음 만든 것은 스티브 잡스야. 모바일은 '움직이는 조각'이라는 뜻이지? 여기 인공지능이 있는데, 인공지능이 고정되어 있는 것이 좋아? 아니면 모바일로 된 것이 좋아?"

"모바일이요"

"모바일이 좋지? 옛날에 전화를 하려면 공중전화 박스로 가야해. 그런데 이제 핸드폰이 생겨서 모바일의 세상으로 들어왔어. 이것을 이룬 사람이 스티브 잡스야. 인간은 애초부터 이동성을 추구해. 왜냐하면, 공간의 확장성이 인간의 본능이야. 에덴동산에서 생명나무 열매를 먹고 생명을 불어넣는 공간의 확장성, 생명의 확장성을 위해 인간

을 창조했는데, 타락 후 에덴 동편으로 쫓겨난 인간들은 자신들의 부
와 욕망의 확장성을 위해 공간확장을 했어. 그런데 그 공간의 확장에
있어서 가장 중요한 것이 이동성, 모바일이야. 인간의 최초 발견이 불
이고, 최초의 발명품이 바퀴야. 바퀴라는 것은 공간의 확장성이야. 즉
나의 공간에서 다른 공간으로 확장하기 위해 모바일, 즉 이동성이 필
요한 거야. 그래야 공간의 확장이 되기 때문이지.

그런데 핸드폰을 인간이 갖는 순간, 핸드폰이 있는 곳은 모든 곳이
공간 확장이 되지. 옛날에는 움직이는 것을 타야 공간확장이 되었지
만, 지금은 모바일을 통해 가상공간을 만들었고 가상공간으로 들어가
는 모바일은 핸드폰이 된 거야. 핸드폰으로 세계의 모든 공간을 초연
결시키는 공간 확장성이 이루어져. 모든 인류가 같은 시간 안에 같은
공간을 갖게 되거야. 가상공간이 만들어져 현실공간 안으로 확장하는
대단한 공간의 확장성이 이루어져. 그것을 4차 산업이라고 했지? 그
래서 스마트 폰을 만든 스티브 잡스는 4차 산업혁명의 선구자야. 스티
브 잡스가 핸드폰을 만드는 과정을 읽어 봤지? 잡스가 애플에서 쫓겨
나서 했던 일이 뭔지 기억나? 쫓겨나서 어떤 회사를 만들었지? 네가
좋아하는 영화를 제작했어. 영화 제목 아니?"

"몰라요."

"스티브 잡스가 애플에서 쫓겨나서 픽사라는 영화사를 인수해 토이
스토리Toy Story를 만들었어. 원래 토이 스토리를 만든 사람들이 컴퓨

터 그래픽을 했던 팀인데, 이 컴퓨터 그래픽팀은 원래는 스타워즈의 CGComputer graphics를 만들었어. 우주라든지 여러 장면들을 컴퓨터 그래픽으로 만든거야. 스타워즈 영화 이후에 이 팀이 이제 필요가 없었어. 그래서 살 사람이 없었는데 잡스보고 이걸 사라고 했어. 잡스는 반값에 이 그래픽 팀, 이른바 픽사를 산 거야. 잡스가 이 그래픽 팀들과 의논해서 만든게, 컴퓨터로 만든 단편 애니메이션 토이 스토리야. 그래서 만들어진 영화가 토이 스토리야. 지금 토이 스토리가 4편까지 나왔어. 이게 왜 중요하냐면, 스티브 잡스가 이걸 통해서 0,1,0,1 이라는 컴퓨터의 디지털 언어가 아트 언어Art languge, 즉 예술 언어라는 것을 알게 된 거야. 디지털 언어가 이미지 언어가 될 수 있다는 사실을 깨달은 거야."

"네"

"아빠가 사람들에게 4차 산업의 언어는 아트 랭귀지, 이미지 랭귀지라고 늘 이야기해. 선교사들에게도 아트 미션을 해야 한다고 말했어. 스티브 잡스가 애플을 만들면서 'This is Art' 라고 했어. 너희 누나가 핸드폰 살 때 갤럭시는 안 산다고 하지? 아이폰은 디자인이 이쁘지? 그것보다도 스티브 잡스는 앱을 깔아서 앱 안의 이미지를 통한 이미지 랭귀지로 전 세계 가상공간을 여는 것이 애플의 추구야. 가상공간을 통해 세계의 공간을 하나로 연결했어. 그래서 플랫폼을 만든 거야. 애플 핸드폰 안에서 모든 물건의 유통이 일어나고 소비가 일어나는 거야. 가상의 플랫폼을 전 세계적으로 만든 거야. 문제는 무엇이냐면 언어를 무엇으로 사용할 것인가? 공간을 다 연결했는데 그 속에서 어떤 언어를 사용할 것인가?라는 부분이 문제가 되겠지. 그런데 구글은 번역기를 만들어 모든 공간의 의사소통을 만들겠다고 했어. 애플의 스티브 잡스는 이미지를 언어로 사용하겠다고 생각한 거야. 이 두 차이점은 애플과 구글의 갈림길이었다고 아빠는 생각해. 그리고 애플의 이미지 언어가 갤럭시 언어보다 더 좋은 거야.

그래서 이 이미지 언어의 센스를 카메라로 가는 거야. 핸드폰으로 이미지를 찍어 이미지를 가공하여 가상 세계에서 언어로 통용하는 거야. 그것이 인스타그램이고 그것이 유튜브이고 카톡이야. 이미지 언어의 소통장이 애플의 모바일 폰을 통하여 전 세계에 나타나는 거지. 저쪽 아이와 이쪽 아이가 언어는 안 통하지만, 핸드폰을 든 순간 구글에서 만든 유튜브를 통해 언어를 소통하는 거지. 똑같은 이미지가 전 세계에 스트리밍 하는 거야. 그 가운데 구글의 번역기가 달려서 다 자동으로 번역이 되는 거지. 가상공간 안에서 이미지 언어가 통용되는 거야. 그리고 인공지능의 반도체는 디지털 언어에서 아날로그 언어로 아날로그언어에서 디지털 언어로 바꾸어주는 거야.

모바일을 통한 초연결 공간 안에 이미지란 언어를 통해 서로 소통해야 하는 거야. 알파벳 언어는 더이상 공간의 언어가 아니야. 삼성 갤럭시의 결정적인 문제는 이미지 언어를 생산하는 공간을 만드는 모바일 폰이 아니라는 점이야. 갤럭시는 그냥 언어를 소통하는 핸드폰이야, 플랫폼을 만들지 못하는 핸드폰에 불과해. 그러면 이것은 제조업이지 4차 산업은 아닌 거야. 플랫폼 가상공간이 없기 때문이야"

"네"

"그래서 넷플릭스Netflix가 스트리밍에서 1위가 된 거야. 이것은 모바일 폰이 생겨서 가능한 거지. 이제는 폴더-폰이 등장하지, 이미지 언어를 더 크게 확장해서 볼 수 있는 세계가 된 거야. 이 이미지가 모바일 하는 거야. 가상공간 안에서, 현실공간 안에서 이 이미지가 돌아다녀. 인간은 원래 동굴에서 그림을 그렸어. 그것이 첫 이미지 언어야. 그 이미지 언어는 고정된 언어였어. 그러다가 알파벳 언어가 발달되어 문자혁명이 일어나지. 정보의 보편화와 축적화가 일어난 거야. 이것이 학문의 발달이야. 그러다가 수학 혁명을 통해 모든 정보를 수리로 처리하는 일이 일어나. 여기서 수학언어, 즉 숫자언어가 발달하게 되지. 그 수학언어로 표현한 것이 근대학문이야. 보통 이것을 아날로그analog 언어라고 해. 그런데 그 숫자를 디지털 언어인 0과 1로 구현한 것이 3차 산업혁명이야. 이른바 컴퓨터로 인한 정보화 혁명이지. 그런데 지금 다시 이미지 언어, 즉 0과 1의 디지털언어를 이미지로 표현하는 언어가 생긴 거야. 그런데 이 언어는 클라우드 인공지능과 모바일의 결합으로 움직이는 이미지 언어가 된 거야. 새로운 언어의 혁명이 일어난 것이지. 사람들은 이 언어혁명을 모르고 있어. 아빠가 어떤 책을 읽어보아도 이 언어혁명과 4차 산업혁명에 대해서 말하지 않더라고. 지금 코페르니쿠스 같은 혁명이 일어났어. 언어의 혁명이 일어났다고, 문자가 활자가 되어 대량 인쇄되는 사건에서 공간 안으로 이미지 언어가 완전히 재생산되고 떠돌아다니는 세계가 된 거야. 더나아가 모바일로 금융하는 일이 일어나서 가상 세계에서 결제하는 일이 일어난 것이지. 이른바 페이퍼 머니, 즉 종이돈에서 가상의 돈이생긴 거야. 이것이 블록체인을 통한 디지털 화폐 시스템이야. 지금은전자결제 시스템이 있어. 카톡에서 결제하고 돈을 빌리고 돈을 주는일이 일어나는 거야. 지금 카톡으로 결제하지? 모바일로 결제하는 일이 일어난 거야. 이것은 핀테크이지. 아직까지 4차 산업혁명이 일으킨공간의 결제시스템은 아니야. 이것은 새로운 금융시스템을 만들어내는 거야. 모바일이 만드는 공간들 속에서 일어나고 있는 일들이야."

"세계의 언어가 바뀌었다는 것이 놀라워요."

모바일 폰은 사람들에게 공간을 소유하게 했음을 말하다

"중요한 것은 모바일을 통하여 세계의 공간은 이동하는 공간이 된거야. 4차 산업혁명 이전에는 모든 공간은 고정됐지. 그래서 이 공간에서 저 공간으로 옮겨가야 해. 그런데 이제는 모바일 폰을 통하여 공간은 이동하는 공간이 아닌 소유된 공간이 된 거야. 인간이 전부 공간을 손에 들고 다니는 거야. 근대 물리학은 고정된 공간에서 물건이 시간의 흐름에 따라 움직임을 고찰하는 물리학이라면 현대의 양자 물리학은 공간이 고정되지 않아. 이 물질이 저 공간에, 이 공간에 공간이

동을 하는 거야. 물질과 공간이 고정되어 있지 않은 거지. 이것을 양자, 즉 퀀텀quantum이라고 해. 과학자들이 이것을 이해하지 못하는 거야. 아인슈타인이 말한 공간개념까지는 이해가 돼. 중력으로 인해 공간은 휘어진다. 그래서 빛은 직진하지 않고 휘어져 들어온다. 즉 달이 지구 뒤편에 가려 있어도 우리 눈에는 보인다. 빛이 휘어져 우리 눈에 들어오니까, 여긴 까진 절대공간이야. 그런데 양자역학에서 공간은 절대공간이 없어. 이동하는 공간이야. 이게 무엇이지? 참으로 당황스러운거야. 어쩌면 우리 눈으로 보는 공간이 진정한 공간이 아닐 수 있다는 거야. 이게 너무 어려워서 설명이 힘들어.

인간은 역사적으로 공간을 이동해. 이것을 '통시적 공간이동'diachronic space이라고 해, 즉 조선시대의 공간에서 대한민국이라는 공간으로 이동해서 우리는 2019년을 살고 있어, 그래서 공간을 역사적으로 이동해서 살고 있어. 즉 시간의 흐름에 따라 공간이 이동하지. 그런데 공시적 공간Synchronic Space의 이동은 즉 미국에서 한국으로 가는 이동은 비행기나 초음속 비행기로 이동해야 해. 같은 시간대 안에서 공간을 이동해 버리는 거야. 그래도 동시적 공간이 될 수 없어. 가는데 시간이 걸리잖아. 그러니까 공간은 시간에 의해 종속되고 움직이는 거야. 그런데 모바일폰, 즉 핸드폰은 공간의 시간성이 사라지고 동시적 공간이 되는 거야. 지금 바로 미국의 공간과 나의 공간이 가상공간의 시간 안에서 동일성의 시간이 되어버리는 거야. 이것이 놀라운 일이지. 옛날의 플랫폼들은 공간이 시간에 제약을 받았어. 즉 아시아에서 유럽으로 물건을 주문하고 받고, 제작하는 서플라이 체인과 밸류 체인들의 공간들이 흩어져 있었고 시간차가 다 났다고. 이러한 플랫폼을 한 공간 안에 집어넣는 결정적인 모바일이 무엇이냐면 핸드폰이야. 모바일폰이야. 그러므로 텔레비전도 자동차도 다 이 플랫폼을 갖고 있는 가상공간을 소유하는 방향으로 가고 있어, 세상의 모든 기기들이.

네 손 안에 이미 공간을 소유하고 있어. 문제는 네가 이 공간을 통해 밸류를 만들어내는 공간의 지배자가 될 것이냐, 이 공간에 종속되는 노동자가 될 것이냐라는 것이 남아 있을 뿐이야. 네가 게임을 하는 것은 좋은데 그 게임을 하는 순간 너는 노동자야. 열심히 게임회사를 위해 일해주는 노동자라고. 그것도 네가 게임비를 내고 노동하는 노동자이지. 소비자이면서 노동자야. 이것이 4차 산업혁명이 만들어낸 새로운 공간이야. 그 결정체가 핸드폰이야."

"네" "그런데 스티브 잡스 이야기라는 책을 읽고 넌 무엇을 생각했니?" "스티브 잡스가 늘 호기심이 많다는 것을 알았어요. 무엇이든 궁금한 것이 있으면 답을 찾아나서는 것이 좋았어요."

"아빠가 스티브 잡스 이야기라는 책 속에서 재미나게 읽은 것은 무엇이냐면, 스티브 잡스가 애플을 만들고 쫓겨나서 픽사를 세우고 토이 스토리를 만들었을 때 엄청난 것을 많이 얻었다는 거야. 기술 문명은 아트언어로 가야한다는 새로운 랭귀지를 잡스가 얻은 거야. 즉 기술문명에 예술을 연결한 거야. 이것이 창의적인거지. 그래서 바로 아이튠즈라는 음악앱을 애플에 설치했어. 그리고 앞으로 CD로 판매하지 말고 디지털로 만들어 자본을 충당하라고 했어. 그래서 그 후로 디지털 음원으로 다 바뀌었어. 디지털이라는 언어를 음악이라는 언어와 결합시켜 아트랭귀지로 만든 것이 스티브 잡스야. 그래서 아빠는 4차 산업은 아트 랭귀지라고 말했고, 선교도 이미지 언어로 가야 한다고 말을 해왔어. 아빠가 이런 말을 하면 사람들이 '무슨 말이지?' 이런 생각을 많이 하는 것 같아. 4차 산업이 열리는 공간 안에 이미지 언어로 복음의 언어를 전환해야 한다는 것이지. 이것도 인문학의 역사를 공부할 때 충분히 설명해줄게.

　존재는 무엇인가가 개입하면 존재 자체는 그대로인데 존재 질서가 바뀌어져. 핸드폰이 등장하면 인간의 존재가 바뀌지. 옛날의 농경시대 때 농기계가 들어와서 인간의 존재가 바뀌었지. 농사라는 공간이 그 사람의 존재를 규정한다고. 조선시대는 농사를 근간으로하는 존재 질서를 만들어 왕이 있고 신하가 있고 그리고 농부가 있고 소작농, 노예가 등장해. 공간이 인간의 존재질서를 만들어버린다고. 동일하게 모바일이 들어오는 순간 인간의 존재 이해와 존재 질서가 바뀌어. 그렇다면 모바일은, 4차 산업은 인간과 인간 존재 질서를 어떻게 바꾸는 것인가? 그리고 이러한 모바일을 통해 인간 존재 관계질서가 바뀌어진다면 그것은 어떤 세상인가? 즉 장소에 대한 물음을 하는 거야. 그것이 인문학이야. 그러므로 인문학이 더욱 중요한 시대가 되었어. 무차별적으로 애플, 구글, 마이크로소프트, 페이스북 등이 만들어버리는 공간 안으로 모든 인류가 들어와 있는데 질문을 던져야 해. 이것은 인류가 살만한 공간인가? 이런 질문을 통해 장소를 만들어가야 해. 그 역할을 하는 것이 인문학이야. 그런데 하나님은 천지창조를 통해 공간을 장소로 만드실 때 그 장소 안에 자신이 들어오심으로 하나님 나라로 만들었어. 하나님 나라를 잃어버린 인간은 끊임없는 공간과 장소를 창조해. 왜냐하면 불안하니까. 새로운 공간이 오지만 늘 불안하다고 생각해. 그 공간 안에는 생명나무가 없기 때문이지. 하나님이 없기 때문이지. 인간이 텅 빈 공간 안에 있으면 엄청난 두려움을 심리적으로 느낀다고. 그래서 늘 뭔가 채워 넣어야 해. 하나님이 없는 텅 빈 공간은 인간에게는 두려움이야"

"네"

"모바일 기술을 이용해서는 세 가지를 할 수 있어. 콘텐츠, 네트워크, IoT. 그리고 플랫폼이 되겠지. 모바일을 통하여 증강세계를 만드는 거야. 각각이 뭔지 알아봐야겠지? 구글은 핸드폰을 만들까 안 만들까?"

"안 만들어요."

"아니야 만들어. 왜냐하면 모바일을 만드는 자가 세계를 지배하기 때문에 만들 수밖에 없어. 마이크로소프트도 만들어. 그래서 모토로라라는 핸드폰 회사를 인수했는데, 실패했지. 왠지 알아? 아트가 없었어. 스티브 잡스는 아트가 있었어. 즉 가상공간에서의 언어를 이해한 사람이 스티브 잡스야. 그러니 기술문명 하나 갖고 되는 것이 아니야 기술문명의 공간 안에 인문학적 장소를 집어넣을 줄 아는 자가 창조적 혁명가야."

"네"

"아빠가 아까 이야기했지? 어떤 사물이 들어오면 존재 관계 혹은 존재질서가 바뀌어지지? 그런데 그 사물과 너의 존재가 하나가 될 때 고수가 돼. 네가 어떤 부분에 있어서 최고의 정점에 올라가려면, 그 사물이 들어와 그 사물이 너의 존재와 일치되는 단계까지 올라가야해. 무슨 이야기냐면, 너는 바이올린 배웠지? 나중에 최고의 바이올린의 고수가 되면 바이올린이 악기로 느껴지는 것이 아니라 나로 느껴지는 거야. 바이올린으로 음악을 연주하는 것이 아니고, 네 몸으로 연주하는 거야. 네 몸에서 울리는 거야. 바이올린에서 울리는 게 아니야. 바이올린과 내가 일치된 순간 네가 더 큰 바이올린이 되어 네 몸 전체에서 바이올린의 현악이 연주되는 것이지. 이것이 고수야. 이 존재가 내게 들어왔을 때 이 존재와 내가 합일이 된거야. 그러면 학문이 뭔지를 알 수 있어. 학문은 점수 몇 점을 따는게 아니야. 그거는 나와 분리된 학문이고 존재와 상관도 없어. 그러니 애들이 공부하기 싫은 거야. 점수로 보는 순간 나와 분리된 거야. 이 학문과 내가 일치가 되는 순간 이 학문을 내 일부분으로서 말하고 이해가 되는 거야. 그러므로 공부를 점수 따기 위해서 하면 안 되는 거야. 공부는 네가 공부하고자 하는 대상과 네가 합일되는 것을 기뻐할 때 학문의 즐거움이 되는 거야, 아빠가 볼 때 너는 아직 공부가 지식이야. 그러니 공부가 노동이지. 하기 싫은 거지."

"네. 공부가 놀이가 되었음 좋겠어요"

아들에게 소명에 대해서 말하다

"스티브 잡스는 애플 자체야. 일론 머스크는 테슬라가 자신이야. 스티브 잡스가 컴퓨터 할 때 밤새워서 했어. 일론 머스크가 책 읽을 때 밤새워서 읽었어. 왜냐하면, 그것이 자신이기 때문이야. 하나님은 너와 무엇인가 하나 되는 것을 줘. 그것을 찾는 것을 소명이라고 해. 소명은 복잡한 것이 아니야. 소명은 내가 인생을 살다 어떤 존재를 나에게 하나님이 만나게 해주면 그 존재와 내가 부딪혀, 그 존재와 네가 일치되면 그게 네 것이고 그게 소명이야. 그 존재가 너와 합일되지 않으면 소명이 아니야. 그것은 떠나보내야 해. 너의 만남 속에 하나님께서 너의 눈을 열어주신다고. 그러면 그 열린 눈으로 어떤 사물이나 사람을 보고 그와 합일되는 것이 소명이야. 조지 뮬러George Muller목사님이 브리스톨의 고아를 만났을 때 영국 고아에 대한 눈이 열려, 그것이 조지 뮬러 목사님의 소명이 되는 거야. 다메섹에서 바울 사도께서 눈이 열려 이방인의 사도가 된 것과 동일해. 그렇다면 그것은 개체가 아니라 나와 하나 된 그 자체가 되는 거야. 객체와 주체가 분리되는 사태는 죽은 사태야. 그 객체가 아무리 좋아도 내 것은 아니야. 그것은 죽은 거야. 객체와 주체는 하나가 되어야 해. 그것을 찾아나서는 길이 공부야, 그래서 공부는 평생하는 거야. 스티브 잡스가 평생 모바일 혁명을 연구하다가 죽은 것처럼 말이지"

"네"

모바일이 만든 증강공간의 요소인
콘텐츠, IoT, 네트워크에 대해서 이야기하다

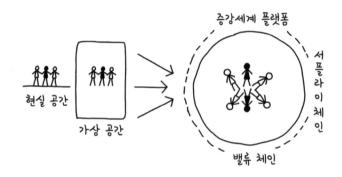

〈모바일폰은 가상세계와 현실세계를 만나게 하여 증강세계를 만들었다〉

"플랫폼에 대해서 아빠가 이미 아빠의 개념으로 설명했어. 좀 더 설명하게 들어봐. 아빠가 어릴 때 본 만화영화가 뭐냐면 '은하철도 999'야. 너는 못 봤지? 무엇인지는 알지? 메텔이라는 여자 주인공과 철이라는 남자주인공이 나와. 기차역으로 들어가는데 그 기차역을 플랫폼이라고 해. 옛날에 기차역은 정거장밖에 없었는데 지금은 백화점이 들어가 있지? 유동인구가 많은데 수많은 옷가게 식당 등 가게들이 들어가 있어서 사람들이 모든 것을 구입하고 해결할 수 있도록 만들어 놓은 것이 플랫폼이야. 스티브 잡스가 핸드폰을 플랫폼으로 만든 거야. 여기서 영화도 보고, 은행 업무도 하지. 애플은 여기서 생체 즉 건강체크도 하게 헬스부분을 만들려고 하고 있어. 그래서 삼성이 궁극적으로 바이오로 간거지.

　플랫폼이란 수많은 다양한 공간이야. 예술계, 경제계, 정치계, 문학계라는 여러 공간들이 오프라인에 있는데 이것을 온라인 안으로 집어넣어 버린 것이 플랫폼이야. 어쨌든 여기에 수많은 플랫폼을 만들어 모바일로 움직이게 한 거야. 그래서 언제 어디서든 가상공간으로서의 접근을 가능하게 한 것이 모바일의 혁명이야. 그래서 이제는 모바일을 지배하면 세상을 지배해. 아빠가 플랫폼을 뭐라고 설명했지? 밸류체인과 서플라이 체인이 이루어지는 공간이라고 했어. 그래서 이 플랫폼은 인류의 역사상 늘 존재해왔고 변해왔다고 했어. 4차 산업은 이러한 플랫폼을 가상공간 안에서 해결하도록 했다고 했어. 아빠가 이렇게 말하는 이유는 사람들이 플랫폼은 4차 산업혁명 안에서만 존재했다고 생각하기 때문이야. 아니야 공간의 변화 안에는 플랫폼의 변화는 늘 있어 왔어. 그러면 콘텐츠Contents는 뭘까?"

　"어떤 하나의 뭐라 할까요?"

"인터넷에서는 수많은 정보 내용을 말해. 플랫폼은 수많은 가게가 모여 있는 것이고. 그 가게 안에 내용물이 들어가야 하지? 예를 들어, AK몰에 가면 영화관이 있지? 영화관이란 콘텐츠가 들어간거야. 식당 이라는 콘텐츠가 들어갔지, 물론 식당도 중국식당, 일본식당, 양식당, 한식 등의 식당, 또 카페라는 콘텐츠가 들어가지? 그 내용들을 콘텐츠 라고 해. 전 세계 빅데이터가 인공지능 클라우드에 모여서 그 데이터 를 이용하여 새로운 콘텐츠로 재생산하고 그 콘텐츠로 새로운 플랫폼 을 만드는 자가 세계를 지배 하는 거야. 전 세계 기업 중에 이런 기업 이 어떤 기업이 있는지를 봐야 해. 모바일을 가지고 있으면서 콘텐츠 를 만드는 기업. 그런데 핸드폰은 세계에서 세 나라가 강국이야. 애플 (미국)과 삼성전자(한국). 화웨이(중국)야. 그런데 화웨이는 미국이 성장하 지 못하도록 제재했다고. 그런데 삼성전자는 플랫폼이나 콘텐츠가 있 을까?"

"없어요."

"없지. 그럼 애플만이 콘텐츠와 플랫폼을 가지고 있는 모바일 기기 를 가지고 있는 회사야. 물론 인공지능 클라우드 플랫폼을 통해 콘텐 츠를 가진 회사들은 많아. 아마존, 구글, 텐센트, 알리바바 등 수없이 많아 그러나 모바일을 통한 플랫폼을 가진 회사는 애플이 최강이야. 그래서 애플이 세계를 지배하는 거야. 그런데 화웨이가 핸드폰을 만 들었다. 모바일 강국이 되고 싶으니까. 그런데 화웨이에서 미국의 구 글을 빼면서 번역기, 검색기, 유튜브들을 다 빼버린 거야. 그래서 사람들이 화웨이를 안사서 화웨이는 힘든 거야. 화웨이 모바일폰이 다 망하니까 이 자리를 갤럭시와 애플이 꿰차고 들어온 거야. 화웨이 안에 콘텐츠를 빼 버리니까 플랫폼의 기능이 상실된 거야. 그리고 삼성도 기계를 만들어 파는 제조사이지 플랫폼을 만들어 파는 서비스업이 아닌거야. 플랫폼은 서비스업이지? 영화 보고, 밥 먹고, 병원 다니고 이게 다 소비재야. 애플은 이제 제조사가 아니라 서비스 플랫폼 회사로 불리기를 원해. 여기에 애플 티비를 깔면 1년 동안 영화를 공짜로 보게 해줘. 사람들이 1년 동안 공짜로 보고 있다가 돈을 내라고 하면 낼까? 시리즈로 보고 있던 것을 계속 봐야하니까 돈을 내겠지?"

"네"

"그런데 문제는 애플이 자신들이 만든 이 핸드폰 안에 애플 티비를 만드는데 여기에 가장 중요한 콘텐츠가 없어. 영화라는 콘텐츠, TV 드라마라는 콘텐츠는 하루아침에 제작할 수 있는게 아니야. 플랫폼은 있는데 콘텐츠가 없어"

"아, 그렇네, 다른 데서 가져와야 겠네."

"그래서 누구를 영입했냐면, 스티븐 스필버그를 애플 전용감독으로 스카우트해서 지금 영화와 드라마를 제작해서 만들고 있어. 애플티비를 위해서. 이렇게 콘텐츠contents를 생산하는거야. 빅데이터를 가지고 사람들의 소비성향과 트렌드 등을 분석하여 콘텐츠를 만들어야 하는데, 애플에는 자체적인 스트리밍 콘텐츠가 없는 거야. 그러면 망하게 되는 거지. 넷플릭스가 플랫폼을 만들었어. 그리고 액션, 멜로, SF 영화라는 플랫폼을 만들었는데, 다른 영화사들이 다 들어와서 콘텐츠를 구성하여 대박을 쳤지. 그런데 다른 영화사들이 플랫폼을 만들기 시작하고 넷플릭스에서 나갔어. 디즈니는 디즈니 플러스를 만들어 너희들이 좋아하는 마블 콘텐츠를 빼 버리는 거야. 스트리밍이란 흘러간다라는 뜻이야. 영상을 강처럼 흘려보낸다고 하여 이런 시장을 스트리밍 시장이라고 해. 이 스트리밍 시장은 아직 전 세계에 5~15% 밖에 시장이 형성이 되지 않았어. 전 세계 인구가 아직 이 시장에 노출이 안 되어 있는거야. 그래서 디즈니도 그 시장을 만들어나가는 거지. 네가 좋아하는 마블은 디즈니라는 플랫폼에 가야만 볼 수 있게 만들어 놓은 거야. 그런데 디즈니의 문제점은 뭐야? 모바일이 없어. 핸드폰을 안 만드니까. 그래서 어차피 디즈니가 스트리밍으로 가려면 애플에 탑재할 수밖에 없겠지? 갤럭시에 탑재해서 앱을 다운받도록 해야겠지? 그래서 모바일을 가지고 있는 회사가 세계를 지배 하는 거야. 그리고 모바일 회사는 끊임없이 플랫폼과 콘텐츠를 만들려고 하겠지. 그래서 수많은 모바일 가상공간을 구축하여 오프라인, 즉 현실계의 사람들을 이 가상공간 안으로 초청하겠지. 그러면서 가상공간과 현실공간을 증폭시키는 증폭공간, 즉 증강세계가 만들어지는 거야. 이 증강세계를 지배하는 자가 세계를 지배하는 거야.”

“네”

"그리고 네트워크는 뭐냐면, 한국 사람과 미국 사람을 하나로 연결하는 것이야. 이런 모바일 플랫폼을 중동의 모바일 플랫폼, 알리바바의 플랫폼 등을 하나로 연결해 더 큰 시장을 만드는거지. 지금은 미국과 중국의 각각의 플랫폼체계가 달라. 그런데 나중에는 이것을 하나로 엮어 버리는 네트워크가 이루어지겠지? 그 네트워크를 이룰 수 있는 가장 빠른 기술이 양자 컴퓨터와 6G, 그리고 블록체인이야. 이러한 양자 컴퓨터의 체계가 성립되기 전에 인간들은 인공위성을 통하여 전 세계를 네트워크 하려고 해. 아마존은 인공위성을 통해 하나의 유통시장을 만들려고 하고 있어. 그러면 이 세상이 어떻게 될까? 전 세계가 하나의 단일한 네트워크 플랫폼 안에 들어가는 거야. 그것이 구글알파벳이 그리는 세상이고. 그래서 나중에 증강세계의 지배자는 모든 플랫폼을 연결하여 초연결 플랫폼을 만드는 자가 될 거야. 여기에 필요한 것이 양자컴퓨터이고 블록체인이야. 이른바 양자 인공지능 플랫폼을 통한 하나의 블록체인이지"

"네"

"마지막으로는 IoT야. IoT는 Internet of Things, 모든 사물 즉 냉장고, 티브이, 세탁기 등을 인터넷으로 연결하는 거야. 집에 들어가기 전에 온도를 조절 할 수도 있고, 겨울에 출근하기 전에 자동차 시동을 미리 걸게 할 수도 있는 모든 기계가 연결되는 거야. 모바일로 하는 거지. 그래서 이제는 터치 기능이 아니라 음성으로 하게 해. 애플의 시리, 아마존의 아마존 스피커, 구글의 구글 스피커 등이지. 왜 스피커를 계속 만드는지 알겠지? 이 모바일폰은 궁극적으로 홀로그램으로 구현될 거야. 홀로그램이 뭔지 알아?"

"뜨는 거요?"

아들에게 '모바일 바라커'에 대해서 말하다

"그렇지, 지금은 이렇게 다 화면으로 봐야 하는데, 그럴 필요 없이 말을 하면 홀로그램으로 뜨는거지. 즉 현실의 공간 안에 가상의 공간이 이미지로 둥둥 떠다니는 세상이 곧 오게 될 거야. 홀로그램과 음성으로 가는 모바일 시장을 개척하려는 것이 구글, 아마존 등이지. 새로운 모바일 생태계를 만들려고 하는 거지. Her그녀라는 영화에 보면 귀에 무엇인가를 꽂아. 그것처럼 이제는 핸드폰을 안 들고 다니는 거지. 애플도 지금 에어팟을 계속 개발해서 인공지능을 달고 홀로그램을 탑재한 에어 와치Air Watch를 만드는거야. 새로운 모바일 생태계로 계속 가고 있어. 아니면 투명한 핸드폰, 종이처럼 얇은 핸드폰이 나오지. 그런데 이것을 우리 집 유리창에 붙이면 큰 화면이 되는 거야. 선생님이 교실에 가서 칠판이 아닌 큰 유리에 접촉하면 그 유리에서 화면이 나오고 선생님이 그 위에다 글을 쓰고 그 유리의 이미지를 홀로그램을 통해 공중에 입체적으로 띄워놓고 설명하는 시대가 오고 있어.

VRvirtual reality 헤드셋을 너희들이 쓰면 그냥 임진왜란의 이순신 전

투장면이 너희들 앞에 펼쳐지는 거야. 이것은 아빠가 말하는 가상세계는 아니고 너희들이 영상으로 그 역사적 장면을 보는 가상현실이야. 그런데 나중에 이 가상현실이 영상정도 보는 것이 아니라 감각이 느껴지는 가상현실로 가게 되는 거야. 그래서 물리의 실험들이 너희들 앞에 3차원으로 펼쳐지고 그 물리적 계산식을 너희들은 이미지 언어로 배우게 되는 거야. 모바일 안에 수많은 공간들이 들어가 있고 그 공간들을 인간이 소유하게 된 것이지. 이것이 모바일폰이 가져온 공간 혁명이야.

핸드폰을 넘어 새로운 모바일 생태계를 통하여 새로운 세계를 만들려고 해, 모든 기업들이. 그것이 모바일이 만드는 새로운 공간의 세계야. 알겠지? 그래서 구글이나 마이크로소프트도 핸드폰을 만드는 거야. 거기에 인공지능 스피커, 인공지능 히어러블도 만들고, 스마트 글래스도 만드는거지. 모바일을 지배하는 자가 4차 산업의 공간을 완전히 지배한다는 거야. 그러면 우리는 이 모바일 세계 속에 하나님의 복음을 가지고 복을 주는 모바일 바라커들이 되어야 해. 지금은 없어서 답답해. 모바일 바라커들이 등장해서 이 세계 속에 그리스도의 복음을 전하는 것이 가능해지고 중요해지는거야. 모바일폰을 통해 한 공간 안에 소통하는 언어는 말이야, 오로지 생명의 말씀 복음밖에 없어.

민수기 22장 21-35절에 보면 발람이라는 거짓 선지자에게 나귀가 말을 하는 내용이 나와 읽어볼게. "여호와께서 나귀 입을 여시니 발람에게 이르되 내가 네게 무엇을 하였기에 나를 이같이 세 번 때리느

뇨. 발람이 나귀에게 말하되 네가 나를 거역하는 연고니 내 손에 칼이 있었더면 곧 너를 죽였으리라 나귀가 발람에게 이르되 나는 네가 오늘까지 네 일생에 타는 나귀가 아니냐 내가 언제든지 네가 이같이 행습이 있더냐 가로되 없었느니라…중략…때에 여호와의 사자가 그에게 이르되 너는 어찌하여 네 나귀를 이같이 세 번 때렸느냐…나귀가 만일 돌이켜 나를 피하지 아니하였더면 내가 벌써 너를 죽이고 나귀는 살렸으리라"

모압왕 발락이 거짓 선지자 발람을 초청했어, 이스라엘을 저주하라는 예언을 하라고 부탁하기 위해서였지. 그런데 나귀가 여호와의 천사를 보고 그 길을 가지 않는 거야. 밭으로 들어가고 그러니까 발람이 세 번이나 때리고 나귀를 죽이겠다고 하니 하나님이 나귀의 입을 열어 말씀하시는 장면이야. 나귀가 말을 하는 거야. 당신의 모빌리티인 나귀가 입을 열어 말을 하는 것이지. 나귀가 하나님의 모바일폰이 된 거야. 하나님은 모든 것을 통해 말씀하시는 하나님이야. 그래서 그리스도인들은 모바일폰을 복음을 전하는 수단으로 사용해야 해. 복음 콘텐츠를 개발하고 플랫폼을 만들어야 해. 전 세계를 모바일로 연결하여 하나 되는 그리스도인의 바라커 네트워크를 만들어야 해. 모바일만 있으면 전 세계 그리스도인들이 연결되고 필요한 것들을 공유하며 세상을 그리스도의 복음으로 축복하는 자들이 될 수 있어. 그것이 너희 세대가 꿈꾸어야 하는 거야. 공간 안으로 하나님 나라를 만들어가는 것이 너희 세대의 꿈이 되어야 해. 모바일 바라커들이 되어야 해. 모바일은 클라우드 인공지능 플랫폼을 인간의 손에 넣어준 거야.

그리하여 가상의 공간 안에 인간들이 언제든지 이미지로서 만날 수 있는 세상이 된 거야."

"아빠, 잘 알겠어요."

"아들아 기도하자."

아들에게 축복기도 해주다

"사랑하는 주님, 나의 아들 시은이를 축복하소서.
모바일폰을 통하여 움직이는 공간과 가상의 공간을 하나로
만드는 새로운 증폭공간, 증강세계로 그리스도의 복음을
전달하는 세대가 되도록 축복하소서.

수많은 콘텐츠와 플랫폼을 통하여 세상 안으로 수많은 것들이
흘러 들어가고 있습니다. 탐욕이 되지 않도록, 사람을 살리도록,
좋은 콘텐츠들이 많이 나오고 사람들이 생명의 숨을 쉴 수 있는
플랫폼을 만들도록 축복하소서.

새롭게 다가오는 시대를 복음으로 당당하게 맞이하는
시은이와 시은이 세대들이 되도록 축복하소서
그리하여 모바일 바라커로 세워주옵소서.
예수님의 이름으로 기도하옵나이다. 아멘."

아들에게 들려주는 4차 산업혁명 네 번째 이야기

토의하기

1. 인류 역사는 어떤 모바일을 가졌는지 설명해보라.

2. 플랫폼 안에 모바일이 필요한 이유는 무엇인가?

3. 4차 산업혁명의 모바일은 자율주행, 플라잉 카, 드론, 그리고
   핸드폰으로 이루어진다. 이중에서 모바일폰이 가장 핵심적인 이유는
   무엇인가?

4. 모바일폰으로 할 수 있는 일들을 다 적어보라.

5. 우리나라 삼성 핸드폰 갤럭시가 세계적인 모바일폰으로 성장하고
   자라기 위해서는 어떻게 해야 한다고 생각하는가? 토의해보라.

6. 당신은 4차 산업혁명 시대에 어떤 모바일을 만들고 싶은가?

7. 모바일폰으로 복음을 전할 수 있는 방법에 대하여 토의해 보라.

아들에게 들려주는
4차 산업혁명

다섯 번째 이야기

아들에게
모바일-모빌리티인 자율주행
자동차, 드론, 플라잉 카와
공유경제에 대해 이야기하다

이야기 요점 STORY POINT

모빌리티란 말은 움직인다는 뜻이다. 모빌리티는 자율주행 자동차, 드론, 플라잉 카로 4차 산업혁명 시대에 등장한다. 모바일은 움직이는 조각 즉 모빌에서 온 말이다. 둘 다 움직인다는 의미를 갖고 있다. 핸드폰도 모빌리티이다. 핸드폰은 인간이 가지고 움직이는 '모바일 모빌리티'Mobile Mobility이다. 필자는 모빌리티 안에 핸드폰을 포함시켜 이야기한다. 아들에게는 모바일과 모빌리티를 분리해서 이야기했지만, 궁극적으로 현실 플랫폼의 공간과 가상 플랫폼의 공간을 하나의 공간으로 연결하는 것은 모빌리티이다. 자동차와 드론, 플라잉 카는 현실의 공간을 좁혀줄 뿐 아니라 가상의 공간으로 연결하는 플랫폼에서 4차 산업혁명의 주류가 된다.

애플의 꿈은 무엇일까? 아마 핸드폰이라는 모바일 안에 사람을 넣는 것이 꿈일 것이다. 자동차 모바일 플랫폼으로 애플카를 만드는 것이다. 그래서 애플이라는 모바일과 애플카라는 모빌리티를 하나로 만드는 것이다. 테슬라의 궁극적 경쟁자는 애플이 될 것이다. 아니면 애플과 자동차 회사들이, 핸드폰 회사와 자동차 회사가 종횡으로 사업구도를 연합으로 만들 것이다.

자동차를 만들려면 내연기관, 즉 엔진에 대한 기계적 기술이 필요했다. 그런데 이제 자율주행 자동차에는 내연기관이 필요 없다. 전기로만 가기 때문이다. 단순한 자동차가 아니다. 큰 모바일폰 안에 사람이 타는 모빌리티가 되는 것이다. 그리하여 현실공간도 움직이면서 가상공간도 움직이는 증강세계가 되도록 하는 것이다. 즉 자동차는 플랫폼회사가 될 것이다.

테슬라는 핀테크로 자동차대출을 해주고 중고매매를 해준다. 전기충전을 할 때 자동인식이 되어 충전료가 나간다. 테슬라 안에 있는 앱을 통하여 물건, 영화, 음악을 구입하며 테슬라는 자동적으로 돈을 벌게 된다. 태양광을 통해 충전을 하고 태양광 설치를 가정에 해준다. 테슬라는 자동차 회사가 아니라 플랫폼을 통해 밸류 체인과 서플라이 체인을 만든 회사이다. 이러한 플랫폼을 연동하는 모바일-모빌리티가 이루어진다. 자율주행 자동차, 드론, 플라잉 카로 인해 현실이 되고 있다. 이것이 필자가 말하는 모바일-모빌리티 개념이다. 생명 나무를 잃어버린 인간의 욕망소비가 가상공간을 만들어 모든 부의 창출을 이루고자 한다. 부의 확장은 생명나무를 잃어버린 인간의 유전자의 본능이다. 이 부분에 대해서 아들과 함께 나누었다.

2차 산업혁명의 내연기관 자동차에서 4차 산업혁명의
스마트 카, 자율주행 자동차로 변화되는 세상에 대해 말하다

"바울아, 오늘은 자율주행 자동차, 드론, 플라잉 카와 공유경제에 대해서 아빠가 이야기해줄게." "네" "이게 네가 살아가는 시대의 또 하나의 패러다임이야. 지금은 자율주행 자동차가 아니라 사람이 운전하는 가솔린차가 돌아다니지?" "네" "옛날 조선시대에는 뭘 타고 다녔어?" "말이요."

"말을 타고 다녔지, 이게 100년 만에 완전히 바뀌었지? 사실 30년이면 다 바뀌어. 아빠가 학교 다닐 때는 버스나 자전거 타고 다녔거든? 그때 선생님이 뉴욕에 다녀온 이야기를 영어 수업시간에 말해줬어. 미국 가정에는 승용차가 2대 내지 3대가 있다고 말해줬어. 그 당시 우리나라 가정에는 승용차가 거의 없었거든. 그런데 지금 대한민국의 각 가정이 그렇지? 가정 당 두 대도 있고 우리 옆집은 세대나 있지. 아저씨 차, 아줌마 차, 아들 차 이렇게. 이게 몇 년 만에 바뀐 거야? 아빠가 고등학생 때가 40년 정도 전이니까. 그리고 앞으로 40년 정도가 더 지나면, 네가 아빠 나이 정도가 되면 전부 어떤 차가 될까?"

"자율주행 자동차요."

"그렇지, 세상이 바뀐다는 거야. 지금 테슬라에 의해 전기자동차가 도래했어. 그리고 이 전기자동차에 인공지능이 탑재되어 있어. 그러니 이것은 자동차라기보다는 가전제품 같은 기분이 드는 거야. 움직이는 가전제품, 혹은 움직이는 핸드폰 같은 느낌이 드는 거야. 3차 산업혁명까지 가솔린이 지배하는 시대였다면 지금은 데이터가 지배하는 시대야. 전기자동차로 가게 되면 가솔린이 필요가 없어. 그리고 내연기관 즉 엔진이 필요 없다고 그러니 누구든 자동차를 만들 수 있어. 움직이는 자동차 안에 인공지능 플랫폼을 통해 수많은 데이터를 주고받고, 즉 노래를 듣고 영화를 보고 검색을 하면서 데이터를 소비하기도 하지만 나의 데이터를 클라우드에게 주기도 하지. 그러므로 움직이는 모바일이라는 공간은 4차 산업혁명이 만들어내는 공간이야. 그러므로 앞으로의 자율주행 자동차는 자동차라는 제조개념으로 보면 안 되는 거야. 플랫폼개념으로 보아야 해.

전기자동차가 가려면 전기충전소라는 인프라가 있어야 해. 지금은 급속충전을 해도 30분이 걸려. 집에서 하면 18시간 이상 충전시간이 필요해. 그래서 전기자동차 회사들은 충전이라는 인프라를 만들려고 해. 사실은 이런 것이 다 플랫폼인거야. 현실의 플랫폼이야. 오프라인 플랫폼이야. 그래서 충전되어 있는 배터리를 갖고 다니는 전기자동차도 있어. 이런 인프라가 없이는 전기자동차를 생산해도 문제가 생기겠지? 또한, 전기자동차 안에는 수많은 플랫폼이 들어가 있어야 해. 그래서 수많은 다른 공간과 연결되어 전기자동차 안에 서플라이 체인과 밸류 체인들이 연결되어야 해. 영화도 보고 노래도 듣고 주문도 하는 거야. 이런 플랫폼이라는 공간 없이 전기자동차를 잘 만들어도 소용이 없는 거지. 독일의 전기자동차 회사는 자동차를 트랜스포머처럼 만들려고 해. 때론 승용차가 되었다가 때론 캠핑카가 되고 때론 물건을 팔 수 있는 작은 트럭도 되는 전기차야. 즉 전기차 기본 프레임을 만들고 그 위에는 블록처럼 변화가 가능한 자동차를 만드는 거야. 운전자가 외형의 블록들을 자기가 알아서 조립하면 다른 형태의 자동차로 바뀌는 거지. 그러므로 플랫폼이 없는 모바일은 죽은 모바일이야. 자율주행 자동차도 동일해"

"네" "그리고 공유경제에 대해 같이 이야기해줄게."

"먼저 미국이 강한 나라가 되기 위한 세 가지 조건을 가지고 있다고 했지? 첫째는 교육, 자유로운 교육을 할 수 있는 환경이 되어야 한다고 했지? 예를 들어, 애플을 만든 스티브 잡스나 페이스북의 마크 저커버그나 이런 사람들은 학교 다니다가 중퇴를 많이 해. 왜냐하면 자신의 꿈을 발견한 거야. 꿈 때문에 일을 해도 괜찮은 세상인거야. 교육이라는 것은 학력을 위해 갖는 게 아니고 자기가 하고 싶은 일을 찾아 꿈을 펼칠수 있도록 하는 것이지. 청년들이 갖고 있는 열정, 그 순수한 에너지가 더 큰 파워를 갖고 뻗어나갈 수 있도록 지지해주는 교육시스템이 필요한 거야. 아빠가 요즘 힘든 일이 하나 있었는데, 미얀마 학생을 여기에 데리고 와서 1년 동안 공부시키려고 해서 OO교회에 가서 목사님을 만났거든? OO교회에서 미얀마 유학생을 오케스트라에 가입시켜주고 일대일 레슨도 도와주고 생활비도 지원해주겠다고 약속을 했어. 그리고 또 OO대로 갔다. 여기 학교에 입학시키려다 보니까, 총장님이 다 좋은데 비자문제를 해결해달라고 이야기를 하는 거야. 그래서 내가 외국인 담당 교수를 만났어. 그런데 이분이 이렇게 이야기했어. 미얀마는 군사정부가 인정하는 공립학교만 학교인데 아빠가 가는 곳은 선교사님이 세운 사립학교라서 거기를 다녀도 대학이 수 인정이 안 되기 때문에 우리나라에 들어올 때 한국학교에서 4년을 공부해야 비자가 나온다고 해. 그리고 한국어 능력시험 4급 이상을 합격해야만 올 수 있다네. 더군다나 3년 동안의 통장 잔액이 있어야 해. 그리고 1년에 한 번씩 비자 재발급을 하는데 1만불 이상씩 그 계좌에서 빠져나가야 한다고 하더라고. 그리고 그 학생이 한국에서 와서 중간에 다른 곳으로 가버리면 입학 허가를 준 학교에서 학생을 받을 수 있는 숫자가 하나씩 준다는 거야. 외국인 학생을 받을 수 있는 숫자를 하나씩 줄이는 거야. 굉장히 엄격하지? 미국이 강한 나라가 될 수 있던 이유는 아이비리그에 있는 대학들의 거의 70%가 기업들이나 부자들의 기부로 운영이 돼. 하버드 대학의 교육예산이 우리나라 국방비와 비슷해. 32-33조 정도되는 것이지."

"아휴"

"놀랍지? 그런데 여기는 11명이나 12명의 입학사정관들이 있어. 이 입학사정관들이 전 세계 학생들의 입학원서를 다 읽어보고 이 아이가 자기 학교에 혹은 미국 사회에 도움이 될만한 능력을 가지고 있다고 생각하면 그 아이를 선택하는 거야. 그리고 인터뷰를 해. 합격을 하면 인종과 혈통에 상관없이 전액 장학금을 주고 공부를 시키는 거야. 미국이 그런 인재를 전 세계에서 흡수하는 거지. 일론 머스크도 남아공에서 태어났지만 미국으로가 미국사람이 되었지. 그리고 구글의 최고 경영자도 인도사람이야. 그들이 미국 사람이 되는 거야. 엔비디아 같은 기업은 중국 이민자가 가서 낳은 아들이 만든 거야. 그러니까 곳곳에 미국의 기업을 인도하는 인재가 될 수 있는 환경을 만들어 놓은 거지. 전 세계 인재를 흡수하는 교육시스템이 있는 거야. 그게 굉장히 큰 능력이지. 예를 들어, 우리나라 정도면 동남아 학생들 중 인재들을 국가에서 장학금을 주어 데리고 와서 우리나라 대학에서 공부를 시킬 수 있잖아? 그리고 우리나라의 기업에서 동남아의 우수한 인재를 흡수하여 창조적 능력을 발휘할 수 있도록 해야 하잖아.”

“그렇네요” “또한, 그렇게 교육을 받은 청년들이 자국으로 돌아가면 그 나라의 지도자격이 될 것 아니야? 그러면 그 아이들이 한국에 대해 잊을 수 있을까 없을까?”“없지.”

“독일의 경우 제3국은 교육비가 공짜야. 우리나라는 이제 선진국대열에 가서 우리나라 학생들에게는 혜택을 안 줘. 그렇지만 미얀마나 아프리카 같은 나라들에게는 혜택을 주는 거지. 그래서 전 세계에 독일문화의 영향을 미치는 거야. 물론 2차 세계대전의 전범국가라서 그런 일을 했지만, 그것이 사실 강대국으로 가는 길이야. 그런데 아빠가 이번에 미얀마 학생을 데리고 오는 과정을 지켜보면서 굉장히 절망한 게 뭐냐면, 왜 이렇게 어렵게 만들어 놨을까 하는 생각이야. 우리나라는 외국인 노동자가 안 들어 오면 우리나라의 밑바닥의 노동계층이 형성이 안 돼. 막는다고 능사가 아니야. 특별히 동남아의 엘리트들을 우리가 선발해서 공부를 시켜줘야하는 거야. 교육이 굉장히 중요해. 그래서 미국의 4차 산업혁명을 이끄는 CEO들이 아주 다양한 사람들이야. 유대인도 있고, 미국인도 있고, 중국인도 있고, 인도인도 있고 그렇다고. 그들이 모여 하나의 미국 사회를 이루는 거야. 그러므로 이제 우리나라도 동남아의 인재들, 더 나아가 전 세계 인재를 한국에 흡수하여 생태계를 만들어가야 해. 그들을 한국의 앙트레프레너로, 아시아의 앙트레프레너로 만드는 일을 해야 해. 인재의 인프라가 있어야 4차 산업혁명을 주도할 수 있다고."

"네"

"미국이 강대국이 된 이유 두 번째는 금융이라고 했지? 그것도 달러라는 기축통화를 통한 금융이야. 이 부분은 나중에 다루기로 하고 간단하게 말하면 창업을 하고 싶은 아이들에게 계속 투자를 해주는 게 금융이 해야 할 일이야. 즉 앙트레프레너를 키우는데 금융시스템이 작동되어야 해. 금융이 기반이 되어있는 시스템을 가져야 해. 이 금융의 시스템을 네가 공부를 해야해. 전 세계적인 금융시스템이 뭔지, 이것을 거시경제학이라고해. 그리고 작은 경제학을 알아야 해. 가정이 어떻게 부유해질까를 보는 거지. 이런 미시 경제학은 거시경제학의 금융 안에서 배워야 해. 예를 들어, 아빠가 이스라엘 이야기했지? 기업이 있으면 여기에 밸류 체인과 서플라이 체인이 생기거든? 이 밸류 체인과 서플라이 체인에 핵심적인 역할을 하는 회사가 되면 미국에서도 어떻게 못 해. 그래서 이스라엘은 어릴 때부터 밸류 체인과 서플라이 체인의 중요한 역할을 하는 기업을 만들도록 투자를 해줘서 키우고 미국에 판다고 했지? 미국에 팔면 그 돈을 다시 또 투자를 해서 이스라엘 백성들에게 나누어주고 하는 거야. 스위스도 똑같이 금융강국인데, 스위스는 화폐로 유로화를 쓰니 프랑을 쓰니?"

"유로화, 아니 프랑이요."

"프랑을 쓰지. 스위스는 유로화 없이도 잘살아. 미국은 GDP가 5만 5천 달러 정도가 될 거야. 우리나라가 3만 달러 정도가 되고. 그런데 스위스는 8만 달러 가까이 돼. 미국보다도 1인당 소득이 높아. 어떻게 그런 일이 가능하지? 거기에 뭐가 있다고. 애플도 없는데? 전 세계의 돈이 스위스의 비밀창고에 들어와. 그 돈으로 애플이나 페이스북이나 구글이나 전 세계 기업에 투자를 해서 이윤을 거둬. 그리고 그것을 다시 스위스 국민들이 혜택을 누리도록 해주는 거야. 스위스는 금융에 투자를 해서 그 이득을 통해 스위스 시민들이 보편복지를 할 수 있는 금융의 순환체계가 있어. 예를 들어, 삼성전자있지? 삼성전자가 하만이라는 기업을 인수했어. 하만 기업은 가장 좋은 스피커 음질을 내는 스피커 회사야. 그런데 그 회사를 이스라엘 청년이 26살에 만들었어."

"와우"

"정확한 돈이 생각이 안 나는데 삼성이 그 회사를 400억 달러인가에 샀을 거야. 삼성이 그 하만 스피커로 자동차 스피커, 인공지능 스피커, 핸드폰 스피커에 쓴 거야. 나중에 인공지능이 음성지능으로 간다고 했지 아빠가?"

"네"

"아마존은 알렉스지? 그래서 오늘 날씨가 어떤지 물어보면 답해주고, 노래도 틀어주고 그러지? 이게 다 음성인식 서비스야. 그런 스피커를 만드는 회사가 하만인데, 하만을 통해서 삼성전자가 4천억원을 벌었어. 2020년에만. 그러면 삼성전자는 돈 번 거야 안 번 거야?"

"번 거지."

"벌었지. 그리고 그 스피커가 삼성제품에 다 들어가게 되어서 퀄리티가 높아지는 거야. 그게 투자야. 삼성전자가 현금으로 100조 정도 가지고 있대. 그런데 삼성전자가 140조 정도를 들여서 비 메모리 반도체에 진출하겠다고 했거든. 삼성은 비메모리 반도체를 따라갈 수는 없어. 그런데 FPGA라는 반도체가 있어. 이거는 뭐냐면, CPU나 GPU는 고정된 반도체인데, 이 반도체는 변형이 돼. 프로그래머가 조작해서 구현할 수 있는 반도체야. 그러니까 이런 반도체는 자율주행 자동차나 5G통신에서는 필요한 것이거든?"

"네" "그걸 만드는 세계 최고의 회사가 자일링스야. 그러면 삼성이 하나의 반도체로 가야한다고 했지? 인텔은 GPU도 있고 메모리도 있고 FPGA 2위 회사도 돈을 주고 샀어. 그러니까 다 가지고 있어서 하나의 반도체를 만들려고 가고 있는데, 삼성도 비메모리 반도체가 없으니 그런 부분에서 FPGA를 만드는 반도체 회사를 사면 좋겠지? 또한, 자율주행 자동차에 들어가는 차량용 반도체가 있어. 이것도 굉장한 부가가치가 있지. 1위 회사가 NXP 반도체 회사야. 이것을 삼성이 합병했으면 얼마나 좋았을까? 아빠는 생각을 해. 네가 아는 페이스북의 인스타그램도 다른 회사가 만든 것을 페이스북이 사버린 거야. 구글의 유튜브도 구글이 만든 것이 아니고 구글이 회사를 사버린 거야. 새로운 것을 창의적으로 만들고 성장하는 것이 너무 어렵기 때문에 이렇게 큰 돈을 주고 사버리는 거야. 이것이 그 기업이 성장하는데 큰 도움이 되는 거지.”

“네”

“지금 자일링스의 기업가치가 40조야. 그런 것을 살 수 있도록 정부가 도와주어야 해. 우리나라가 국민연금의 40%정도로 세계 주식을 사고 부동산에 투자하고 그러거든? 우리가 내는 세금으로 투자를 한다고. 그런데 우리나라 국민연금은 정부가 바뀌면 사장이 바뀌어. 아빠가 중앙아시아 갔을 때 거기에 있는 부실한 은행을 우리나라 어느 은행이 인수를 한 거야. 그러니까 거기 있는 교민들이 다 욕을 한거야.”

“욕하지.” “그러니까 부실한 은행을 왜 국민 세금으로 인수 하느냐는거지. 그때 200억인가 손실을 봤어. 사지 말아야 할 것을 투자한

거야. 은행장에게 물어봤어, 왜 그랬냐고, 자기들도 아는데 대통령이
하라해서 안 할 수 없었다 하더라고. 지금 4차 산업혁명으로 바뀌면서
새로운 기술적 문명에 대해 우리가 이야기하고 있잖아? 그러면서 새
로운 금융이론, 자본이론이 나와야 해."

"네"

"다시 말을 하면 교육을 통해 앙트레프레너들을 만들려면 그것을 만
들 수 있는 금융구조를 가져야 한다고 했지? 앙트레프레너들을 투자
해주는 박애자본가, 교육자본가들이 있어야 한다고 했어. 중국은 인공
지능이나 반도체를 만들기 위한 인재들을 양육하고 있어. 인공지능 인
재만 해도 1만 8천명으로 한국의 7배야. 중국공산당이 그것을 키우고
보호해. 우리나라는 한번 창업하고 망하면 끝이지만, 이스라엘이나 미
국은 창업하려는 사람들에게 계속 투자를 해. 앙트레프레너들에게 끊
임없이 투자해야 경제적 강국이 되는 거야."

"네. 그런데 아빠, 그 이야긴 지난번에도 했어요."

"미안, 아빠가 반복한다는 것은 중요하니까 하는 거야. 이해해주라.
바울이가 나중에 인문학의 눈으로 세상을 바라보는 것까지 배운 후에
는 영적인 눈으로 이 세상을 바라보고 하나님 나라의 복음을 어떻게
전할 것인지를 통찰할 수 있어야 해. 가난하고 힘든 사람들, 고통받는
자들을 향하여 흘려보낼 수 있고, 교만하지 않을 수 있어야 해."

"네"

"아빠가 아마 이 기술문명 끝나고 난 후에 너에게 금융의 역사를 몇 번 말해줄 거야. 전 세계의 금융을 어떻게 봐야 하고, 그 흐름이 어떻게 흘러가는지를 아빠가 너에게 한번 이야기를 해줄 거야."

"네"

"그러면 네가 세상이 이해가 돼. 대통령이 왜 저런 일을 하고, 세상은 왜 저런 일을 하는지, 왜 스위스는 유로화를 안 쓰고 프랑을 쓸지, 왜 프랑을 쓰겠어? EU의 경제 블록 속에 지배당하지 않겠다는 거지. 우리 화폐로도 충분히 전 세계를 이끌어 갈 수 있다는 자신감이야. 스위스라는 작은 나라가 준기축통화의 힘을 갖고있는 것이지. 한국 돈이 전 세계에 가치가 있어 없어?"

"없지"

플랫폼을 가진 회사는 제조업으로,
제조업을 가진 회사는 플랫폼으로 가다

"없지. 근데 스위스의 프랑은 가치가 있는 거야. 스위스는 금융산업으로 돈을 지배하는 나라야. 그래서 사실은 우리나라가 중진국일때는 제조업을 해야 해. 제조업은 조선, 자동차, 철강 이런 것들이야. 이게 제조업이야. 지금은 중국이 해. 이거 다음이 IT 기업이야. 미국은 제조업이 20%도 안 돼. 미국의 제조업은 보잉 정도? 미국의 자동차 회사는 다 망했어. 미국 제조업의 핵심적인 회사는 보잉이야. 보잉은 비행기를 만드는데 세계에서 비행기를 만들 수 있는 회사는 보잉하고 에어버스밖에 없어. 그리고 하나는 우주산업이야. 우주산업도 미국만 할 수 있는 거야. 그다음에 군수물자를 만드는 제조업이지. 비행기, 탱크, 항공모함 같은 것들만 제조업으로 하고 있어 미국은. 오늘 배우는 자율주행 자동차는 서비스업이야. 애플은 제조업이 아니라 IT서비스업이지? 애플은 자동차를 만들까 못 만들까?"

"만들 수 있지." "어떻게? 이야기해볼까? 애플은 지금 자동차 회사가 없는데?" "안에 있는 기술을 애플이 가지고 있으니까."

"그렇지 똑똑해. 지금은 가솔린 차야. 아빠가 공대 출신이야. 아빠가 기계공학과를 나왔는데 역학이란 걸 배워. 그런데 그 기계공학의 핵심이 자동차 엔진, 비행기 엔진, 우주선 엔진이야. 내연기관이라고 해. 그런데 이제 내연기관 자동차는 70년 이후에 전 세계적으로 사라지게 되어있어. 이제는 내연기관이 필요 없이 전기가 있으면 되고 나머지는 전부 IT기술이 들어가게 되는 거야. 그러면 애플은 그 안에 들어가는 모든 자율주행차의 기술을 가지고 있어. 그래서 애플의 궁극적인 목적은 애플카를 만드는 거야. 핸드폰은 모바일이지? 핸드폰을 가지고 움직인다고 해서 모바일 혁명이라고 했지? 그런데 인간을 태우고 움직이는 모바일이 자동차야. 2차 산업의혁명의 핵심은 자동차, 비행기야. 그런데 인간이 핸드폰 안에 들어가서 핸드폰이 움직인다고 생각해봐. 이것이 애플이 가고자 하는 목표야. 그게 애플카야"

"네"

"애플은 테슬라 같은 전기 자동차 회사 두 개를 살 수 있는 현금을 가지고 있어. 삼성이 100조를 가지고 있지? 애플은 240조를 현찰로 가지고 있어. 게임이 될까?"

"안되지."

"애플은 240조인가 현찰을 가지고 있는데 미국의 전기자동차 회사들은 부도가 나고 있거든? 그런 자동차회사 하나를 애플이 사는 거야. 그 회사 공장을 그대로 사서 그 자동차에 애플의 IT 기술을 집어넣어서 애플카를 바로 만들 수 있는 거야. 그래서 일론 머스크가 자동차 기술이 하나도 없는데 전기자동차를 만들 수 있는 거지. 이 테슬라가 지금 모든 자동차기업의 시총보다 많게 되었어. 애플은 끝내는 만들 거야 애플카를. 그래서 앞으로는 완전 자율주행 자동차로 가기 전에 먼저 전기자동차로 가는 거야. 그리고는 반자율주행 자동차로 갈 거야. 테슬라가 먼저 그 길로 들어갔고 사람들이 환호하기 시작했어. 애플은 아직 자율주행 자동차가 실용화되지 않았기 때문에 투자를 할 필요가 없다고 생각하는 거야. 필요하면 바로 사면 되니까. 지금 5G 이야기를 하는데, 애플은 5G 안 만들거든? 왜냐하면 아직 5G가 상용화되는 곳이 없어. 통신망이 안 깔려서 몇 도시 외에는 안돼. 그러니 5G 핸드폰 만들어서 뭐하겠어. 그래서 애플은 5G가 깔릴 때쯤 되면 폴더블폰과 5G를 낼 거야. 애플이 못 만들어서가 아니야. 그것을 구동할 수 있는 플랫폼이 없다면 그 도구는 아무런 의미가 없다고 했지? 그러나 분명히 5G로 가야 해. 5G로 가야만 자율주행 자동차가 가능해. 통신 속도가 인간의 뇌의 속도와 동일하기 때문이야."

"네" "애플은 이 플랫폼 안에 수많은 네트워크와 앱을 통하여 소비를 시키는 소비 플랫폼을 만들었다 했지? 그래서 애플은 소비기업이 되었고, 삼성은 아직 제조업인거지. 핸드폰은 팔지만 그 안에 있는 앱으로 인한 소득은 구글이나 애플에서 가져가는 거지. 우리는 시장을 만들어 놓고 이익을 못 보고 미국의 IT 기업들이 보는 거야. 우리나라 주식시장의 돈을 다 외국계 자본이 이익을 가져가. 그게 금융의 힘이야. 그래서 중진국에서 선진국으로 가려면 IT와 금융으로 가야하는 거야."

"네" "그런데 우리나라의 산업구조가 IT와 금융의 가치로 이익을 창출할 수 있을까? 우리나라는 금융지식이 없어. 학교에서 금융지식에 대해 배운 적이 있어?" "아니요." "아빠한테 지금 처음으로 금융지식을 배우는 거잖아." "네"

"유대인들은 어릴때부터 금융지식을 배우고 미국인들도 금융지식을 배워. 트럼프도 유대인들에게 꼼짝 못해. 뉴욕의 월가를 움직이는 게 유대인들이잖아. 이 금융의 힘이 경제 전반의 생태계를 움직여 버리는 거야. 금융의 힘이 막강해. 우리나라도 끝내는 IT와 금융으로 가야해. 그래야 우리나라가 살아. 무슨 말인지 이해되지?"

"네"

"제조업을 하는 기업에 투자를 해서 열심히 일 시키고 그 이익을 우리가 가져오는 거야. 그게 금융업이고 스위스와 이스라엘이 잘하는 거지. 이번에 구글이 피핏이라는 기업을 샀어. 피핏이 뭐냐면, 디지털 웨어러블이나 디지털 워치 알지? 그 디지털 워치를 만드는 회사를 산 거야. 지금 디지털 워치는 애플이 전 세계를 석권하고 있어. 그러면 그 디지털 워치를 구글이 왜 샀을까? 저번에 이야기했지? 모바일의 첫 세상은 스티브 잡스를 통한 핸드폰이라고 했지? 이 안에 플랫폼이 들어간거구. 그런데 나중에는 어디로 올까? 이 시계로 오는 거야. 그래서 지금 핸드폰과 시계가 서로 연동되지? 문자나 이메일도 시계로 보는 거야. 그리고 이 시계에 헬스케어를 넣는 거야. 그래서 날마다 심장박동, 당뇨 체크를 해주는 거야. 그러니까 애플 스마트워치를 통하여 건강, 초연결망, 결제, IoT, 스마트 카까지 연결하는 플랫폼 그림을 애플은 그리고 있는 거야. 애플 워치가 처음에는 음성인식 기반이 되어 소통하는 것으로 시작하겠지. 그런데 여기에 아빠가 뭐가 달린다고 했지? 홀로그램이 달린다고 했지? 그리고 나중에 영화처럼 시계를 이용해 다른 곳에 주차된 차를 이쪽으로 자율주행해서 오게끔 할 수도 있는 거야. 그리고 홀로그램을 통하여 상대방하고 이야기하는 거야. 상대방이 화면 없이도 나타나는 거야. 그래서 서로 대화하고 이야기를 나누는 거야. 모빌리티를 통하여 모든 사물, 기기 IoT를 네트워크 시키는 역할을 시계가 하는 거야. 그러니까 시계도 단순한 시계가 아니라 플랫폼이 달린 시계야.

지금 플랫폼을 가진 애플 같은 회사는 핸드폰, 자동차, 시계 등의 제조업을 가지려고 해. 이유는 가상공간의 플랫폼을 현실 공간 안에 실현시켜 증강세계를 확보하려고 하는 거야. 반면에 독일의 폭스바겐 같은 자동차 회사는 44조를 투자하여 자동차 안에 플랫폼을 만들려고 하는 거야. 즉 기존의 제조업 회사들은 플랫폼 클라우드 인공지능으로 들어가는 거야. 이유는 제조업 안에 플랫폼을 가지지 않으면 가상공간의 서플라이 체인과 밸류 체인을 가질 수 없다는 것을 알기 때문이야. 테슬라의 경우 전기충전소에서 전기충전을 하면 자동계산이 되도록 해. 태양광으로 충전을 하고 자동차를 담보로 대출을 해주고 자동차 안에 있는 모니터에서 앱을 통해 상거래를 하고 영화를 보여주는 거야. 테슬라는 자동차 회사가 아니야. 플랫폼 회사인거야. 즉 자율주행 자동차는 제조업이 아니라 플랫폼이 달린 모바일-모빌리티란 뜻이야. 이 증강세계의 플랫폼을 지배하기 위한 전쟁이 지금 되고 있는거야."

"네"

"그 피핏이라는 회사를 누가 만들었는지 알아? 한국계 미국인이 만들었어. 이 한국계 사장이 1400억을 받았어. 세금 다 떼고. 그 회사를 구글에 팔고 그 사람은 1400억으로 또다른 기업을 만들겠지? "

자율주행 자동차, 플라잉 카에 대해서 말하다

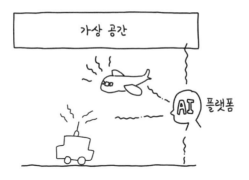

〈모바일-모빌리티는 현실공간이동과 가상공간이동이 연결된 플랫폼이다〉

"아빠가 사실은 자율주행에 대해 이미 이야기를 다 한 것 같아. 자율주행 자동차나 핸드폰은 다 모빌리티야. 움직이는 거지. 그래서 궁극적으로 인간은 모빌리티 휴먼이거든? 움직이는 인간이라는 뜻이야.

호모 모빌리티Homo Mobility야. 인간은 이른바 움직이는 인간으로서의 기능으로 태어나. 에덴동산에서 보면 하나님과 함께 움직여. 하나님과의 동행이 진정한 모빌리티 휴먼이야. 이거는 나중에 마칠 때 이야기 나누자. 인간은 움직이고 싶어하기 때문에, 인간이 이동하기 위한 모빌리티가 되기 위해서 발견한 세계 최고의 발명품이 뭐라고 했어 아빠가? 불 말고?"

"바퀴" "세계 인류 최초의 가장 위대한 발명품 중 하나가 불, 바퀴, 문자야. 알았지? 이건 상식이야"

"네"

"바퀴는 메소포타미아 문명에서 발견되었어. 이건 중요한 건 아니야. 원래는 이집트에서 피라미드를 만들기 위해 돌을 옮길 때 둥근 기둥을 받혀서 마찰력을 줄여 돌을 움직였지? 그다음에 사람들이 바퀴를 발견한 거야. 마찰력이 적은거. 그래서 이 바퀴라는 게 끝내는 자동차에 달린 거야. 바퀴 없이 갈 수 있는 것은 뭐니?"

"비행기죠"

"그렇지, 그래서 자율주행 자동차와 함께 나타나는 게 자율주행 비행기야. 혹은 1인용 비행기야. 플라잉 카라고도 하지. 그래서 플라잉 카가 나오는 거야. 앞으로 호모 모빌리티는 궁극적으로 자율주행 자동차와 플라잉 카로 와. 이것을 드론이라고도 해. 사람이 타는 드론, 물건을 실어나르는 드론 등이 등장하지. 아빠가 대학교 다닐 때 자동차의 미래는 날개 달린 자동차가 될 것이라는 이야기를 했거든. 그래서 우리 동기들이 현대자동차에 많이 들어갔는데 현대자동차가 날개 달린 자동차를 만들어야 미래가 열린다는 이야기를 서로가 했어. 이게 지금 현실이 되고 있어. 날개 달린 자동차가 플라잉 카야. 자율주행 자동차나 플라잉 카는 전기로 움직이는 거야. 전기로 움직이는 것의 특징은 힘이 없는 거야. 그러니까 전기자동차로는 큰 화물차를 만들 수가 없어. 이른바 마력이 안 되는 거야. 그런데 현대자동차가 만드는 전기자동차는 4륜구동으로 나와. 즉 힘이 좋은 전기자동차를 만들었다는 뜻이고, 그것을 위해 4륜구동 전기자동차 전장을 연구하여 개발했다는 뜻이야. 또 전기자동차일 때 굉장히 긴 수명의 배터리가 필요해. 플라잉 카도 마찬가지이고. 그래서 화물이나 큰 비행기는 수소에너지를 통해 가야 한다고 해서 수소 트럭, 수소 비행기 이런 말들이 나오는 거야. 그런데 이미 보잉은 전차를 들어서 나르는 드론을 만들었어. 이것은 군사기밀이어서 밝히거나 상용화 하지는 않고 있어. 상용 비행기도 전기비행기 시대가 도래하는 거야. 짧은 거리의 국내선은 이제 전기비행기 시대로 들어갈 거야. 그러므로 밧데리의 핵심 기술을 가지는 것은 굉장히 중요해. 지금 우리나라의 LG화학이나 삼성SDI는 세계적인 배터리 기술을 갖고 있어."

"네"

"현대 자동차도 자율주행 자동차를 만들겠다고 나섰어. 자율주행차를 만들려고 미국의 Aptiv란 회사와 합작으로 새로운 회사를 만들었어. 그래서 현대자동차의 자율주행 자동차 순위가 꼴찌였는데 4위까지 올라왔어. 이 자율주행 자동차 시장과 플라잉 카를 잡기 위해서 세계가 치킨게임을 하고 있어. 알겠지?"

"네" "네가 관심이 있으면 나중에 자동차의 역사를 공부를 좀 하면 좋을 것 같아." "네"

"그렇다면 자율주행 자동차가 뭔지 책으로 읽었지? 아빠가 청소년을 위한 자율주행 자동차 책을 찾아봤는데 없더라고. 그래서 아빠가 만화로 되어있는 자율주행 자동차라는 책을 사줬는데 그거 읽어보니까 어때? 지금 자율주행 자동차가 몇 단계까지 왔지? 4단계까지 왔어. 구글이 웨이모야. 구글은 이미 자율주행 자동차 회사를 디트로이트에 만들었어. 4단계 자율주행 자동차. 3단계는 어떤 단계야?"

"사람은 아무것도 안 하고 앉아있기만 하고 자동차가 스스로 움직이는 것 아닌가요?"

"그거는 4단계야. 사람이 아무것도 안 하는게 4단계. 알아서 가지. 고속도로에서는 가능한 단계야. 5단계는 사람이 잠을 자도 되는 단계야. 그런데 구글 웨이모는 4단계에서 5단계로 들어가고 있어. 그게 구글이 1등이야. 2등이 GM인데 GM은 4단계야. GM은 옛날 자동차 회사인데 이제 자동차 제조는 포기한 거야. 그리고 자율주행 자동차로 바로 들어가서 CEO가 모든 돈을 자율주행 자동차에 붓고 있어. 이게 치킨게임이라는 거야. 누가 1등 기업이 될까?"

"애플." "왜? (웃음) 아무도 모르는 거야. 사실 지금은 기술적으로 구글이 가장 유리하지. 왜냐하면 구글은 이미 자율주행 자동차로 세계를 50바퀴 이상 돌았어." "벌써?"

"그리고 구글은 구글 지도가 있잖아, 막강하지. 구글 지도를 자율주행차에 탑재하면 끝이야. 구글 지도의 데이터의 양이 자율주행차에 탑재되는 순간 폭발적인 거지. 그래서 구글이 되게 속을 알 수 없는 아이들이야. 그런 데이터를 계속 축적하면서 실용화될 때까지 시장에 안 내놔." "네"

"구글 맵이나 자동차 안에도 인공지능이 달려있어. 자동차도 인공지능으로 스스로 판단을 해. 그렇지만 클라우드에 있는 데이터 인공지능이 서로 커뮤니케이션을 하면서 결정을 해. 즉 5G를 통해 클라우드의 인공지능 정보와 자동차 안에 있는 인공지능이 서로 정보를 주고받으면서 자율주행하는 것이 일반적인 자율주행 자동차의 원리야. 일론 머스크도 자율주행차로 가려고 하는데 거기는 클라우드가 없어서 못 가는 거야. 그래서 일론 머스크가 생각한 것은 자동차에 16개의 인공지능 눈을 다는 거야. 그리고 자동차에 인공지능을 탑재해서 자동차가 스스로 판단할 수 있게끔 만든다는 거야. 굳이 클라우드 인공지능과 교통하지 않아도 된다는 거야. 이것의 단점은 뭘까?"

"혼자서만 반응할 수 있어요."

"그렇지, 책 제대로 읽었구나. 혼자서만 판단하게 되면 문제가 있는 거야. 구글은 수많은 자동차 운행의 데이터를 클라우드에 가지고 있잖아?"

"네" "이것하고 서로의 자동차의 판단들이 서로 교섭을 해서 더 안전하겠지?" "네"

"그래서 구글이 엄청 유리한 거야. 그러나 돈은 테슬라의 일론 머스크가 벌었어. 왜냐하면, 테슬라는 고객들이 사용하게 만드는 것에 빨라. 그러니까 완전 자율주행 자동차가 아니라 반자율주행 자동차로 판매하고 움직이고 있는 거야. 가끔 사고도 나고 그래. 우리나라는 자율주행차 만들어도 그 데이터가 없잖아. 그 데이터를 가장 많이 축적한 회사가 구글이야. 구글이 왜 우리에게 구글 맵을 마음껏 사용하도록 내주겠어? 우리가 프랑스 갔을 때 무슨 맵을 사용했지?"

"구글이요."

"파리에서 네가 가고 싶은 한국식당을 구글 맵에서 검색하니까 다 나오지? 그중에서 우리는 댓글의 평가를 보고 골랐지? 맛이 어땠어?"
"맛있었어."
"구글 맵이 우리에게 그렇게 해준 거야. 수많은 데이터들을 축적해서 끝내는 자율주행차에 집어넣는 거야. 근처 맛집을 알려달라고 하면 바로 알려주는 거야. 나의 취향에 맞는 데이터를 이미 자동차는 갖고 있어. 그래서 그 데이터를 활용하여 클라우드 인공지능을 통해 내가 가고자 하는 맛집을 골라주고 자율주행 자동차가 가주는 거야. 이런 것이 자율주행 자동차를 통한 플랫폼이야."

"구글이 성공할 수밖에 없겠네요."

"그렇지. 네가 투자자의 개념이라면 어디에 투자하겠어? 당연히 구글에 투자하고 기다리면 되겠지? 자율주행 자동차는 10년 이내에 와. 그러면 그 기술을 갖고 있는 회사가 세계를 지배하겠지? 그 회사가 누가 될지는 아무도 모르지만 가장 유리한 회사는 구글이야. 그러나 상업적으로 먼저 치고 나온 것은 테슬라야. 어떻게 될지 모르지만 네가 판단해서 좋은 기업에 투자해놓고 10년 기다리면 엄청난 거지. 지금의 모든 내연 자동차가 전기자동차와 자율주행 자동차로 바뀌는 거야."

"네"
"그런데 왜 인간은 자율주행차를 원할까?"
"더 편한걸 추구하니까."

공유경제에 대해서 이야기하다

"그렇지. 비서를 두고 싶은 거지. 차 안에서 영화도 보고 책도 읽고 잠도 자고 게임도 하고 쇼핑도 하고. 그런 일들을 꿈꾸는 거야. 이런 자율주행 자동차가 되면 공유경제가 이루어져. 그러면 이제 공유경제로 가자."

"네"

"아빠하고 파리 갔을 때 어디를 통해서 차를 빌렸지? 우버Uber를 통해서 빌렸지? 우버는 사람들이 다 자동차를 가지고 있는데, 자기 자동차를 안 쓸 때 다른 사람들에게 운전해주며 돈을 받는 건데, 공유자동차지?"

"네"

"우리가 파리에 갔을 때 우버를 통해 한국 사람을 호출했잖아? 구글맵이랑 우버가 연동이 되어있는 거야. 그래서 구글맵으로 우버를 요청했을 때 운전자로 한국 사람이 오니까 얼마나 좋았어? 이야기도 같이하고 짐도 들어주시고, 그분께서 프랑스 파리가 우버 때문에 30만의 일자리가 생겼다고 했지? 파리는 천만 이상의 관광객이 와서 그게 되는 거야. 처음에는 파리의 택시기사들이 걱정했다가 인정했다고 했지? 수많은 관광객들이 오니까 기존의 택시기사 아저씨들도 일자리를 뺏긴 것이 아니라 더 좋은 서비스를 관광객들에게 할 수 있었다고 했어. 아마 파리이니까 가능했을 거야. 구글 지도랑 우버가 연결되어있었는데, 그러면 우버는 구글에게 돈을 줘야하는 거야. 구글은 이렇게 저렇게 돈을 얻는 거야. 이런 걸 공유경제라고 해. 공유경제에는 공유자동차도 있고, 공유사무실도 있어. 요즘은 사무실을 1년 단위로 빌리는 게 아니라 같이 쓰는 거야. 에어비엔비Airbnb 알지? 집에 방이 비어있으면 사람들에게 싸게 방을 빌려줘. 아빠가 터키 갔을 때 하루에 만원짜리 호텔에서 잤거든? 그거는 에어비엔비로 호텔을 예약한 거야. 비수기에 내놓는거지. 그래서 호텔에서 만원 주고 잔 거야. 에어비엔비는 공유숙박으로 돈을 버는 기업이야. 이런 걸 공유경제라고 하는 거야. 그런데 우버가 지금 적자야. 왜냐하면 우버 택시는 사람이 딸려 있어서 인건비가 나가. 우버는 궁극적으로 뭐로 갈까?"

"자율주행차요." "그렇지 그렇게 되면 인건비가 빠지고 수익구조가 생기는 거지. 그래서 구글은 우버에 투자할까 안 할까?" "투자하죠."

"우버로부터 돈도 받지만, 구글은 우버에 투자를 해서 지분을 가지고 있는 거야. 나중에 자율주행차가 본격적으로 되면 우버를 사버리는 거지. 점점 더 그 우버의 주식을 많이 사서 1대 주주가 되어서 우버의 수익구조를 자율주행 자동차와 결합시키는 거야. 자율주행차를 우버에 팔아서도 돈 벌고, 우버가 돈 번 것에서 또 얻는 그런 구조를 구글은 취하고 있는 거야. 아주 영리한 회사들이지?"

"네" "그래서 사실 이번에 구글이 적자가 났거든? 어닝시즌Earning

season이 있어. 기업은 기업실적 발표를 해야해. 기업실적을 내야만 투자가 되니까. 그런데 이번에 구글이 이익을 적게 낸 거야. 그러니까 투자자들이 왜 이렇게 이익을 적게 냈는지 물어보니까 구글이 우버에 투자를 해서 그런거야. 투자금이 간 거야. 그런데 우버가 적자니까 투자한 만큼 이익이 환수가 안 됨으로 마이너스가 된 거야. 구글이 다른 데서 돈을 벌어도 우버 때문에 수익률이 적어진 거지."

"네"

"그래서 투자자들이 구글에 실망을 했어. 그런데 투자자들이 가만히 보니까 구글이 투자를 했고 그게 나중에 돈이 될 것 같으니, 결국에는 구글 주가가 다시 올라간 거지. 나중에 수익이 날것을 아니까. 이것이 세상이 돌아가는 시스템이야. 우리나라에 '타다'라고 있어. 우리나라의 공유자동차야. 그런데 타다 대표가 검찰에 구속되었어. 타다가 택시 일자리를 뺏는다고."

"그래요?"

"그런데 타다가 우버와 비슷한 구조거든? 우리나라는 택시기사들이 데모를 하고 해서 이게 안 돼. 우버가 우리나라에 못 들어와. 파리는 우버가 되는 거야. 일 년에 천만의 관광객이 파리로 들어오니까. 그 관광객들에게 편한 서비스를 택시도 하고 우버도 해줄 수 있어서 문제가 없는 거야. 그런데 우리나라는 그렇게 같이 공생할 수 있는 구조가 없어. 타다 같은 것은 사실은 4차 산업이 아니야. 3차 산업이지. 즉 개인택시 같은 거야. 진정한 공유경제는 인공지능 플랫폼과 자율주행 자동차라는 두 가지 산업을 추구할 때 되는 거야. 인공지능 플랫폼으로 모든 사람들을 초연결시킨 다음에 자율주행 자동차를 연결시키는 거야. 이런 면에서 사실은 카카오 택시가 공유경제에 가까운 모델로 가고 있는 거야. 그래서 카카오가 성공하는 거야. (타다는 나중에 기업이 없어졌다. 공유택시도, 공유사무실도 플랫폼이 구축되지 않는다면 실패할 것이다)"

"네"

"유튜브는 공유미디어야. 유튜브에 1인 방송이 다 있지? 그 사람들이 광고로 24억을 벌어. 그래서 유튜버가 나오는 거야. 지금은 중국에 유튜브가 안 된다. 그런데 나중에 미중무역 전쟁이 끝나면 유튜브가 중국으로 들어가게 될 거야. 틱톡이 미국으로 가듯이. 틱톡은 미국의 청소년들을 포함 9천만 명이 사용해. 유튜브는 만드는데 시간이 걸리지. 그런데 틱톡은 15초짜리 영상으로 누구든지 제작하여 올릴 수 있도록 만들어 놓은, 이른바 이미지 언어를 가장 빨리 전달할 수 있는 시스템을 만들었기에 성공한 기업이야. 중국이 14억이야. 잡히지 않는 인구까지 하면 15억으로 봐. 그래서 아빠가 항상 강은이에게 중국어로 만화를 그려서 감성을 표현하라고 하잖아. 그 만화를 15억이 한 편씩만 봤다고 해봐. 강은이는 15억을 만화로 행복하게 해줄 뿐 아니라 경제적 자유를 갖게 되는 거야. 그게 BTS야. BTS는 유튜브로 아미 ARMY를 다 끌어모으지? 그거는 서비스업이야. 아빠는 그래서 4차 산업혁명의 꽃을 아트ART라고 했어. 그래서 잡스가 뭐라고 했어? 애플에서 쫓겨나서 토이 스토리를 만들면서 모바일은 아트를 담아야 한다고 생각했댔지? 스티브 잡스는 애플은 아트ART라고 했어. 그래서 음악으로 돈 벌고, 영화스트리밍으로 돈 벌고, 문화로 돈을 버는 앱을 계속 창출하는거야. 넷플릭스가 얼마나 돈을 많이 벌어.""네"

"더군다나 우버가 플라잉 카flying car로 가는 거야. 영국의 지도를 만드는 회사에서 디지털로 자율비행기. 즉 플라잉 카가 갈 수 있는 모든 항로를 만들었어. 그러니까 인공지능이 그 항로로만 가면 서로 부딪칠 수가 없는 거야. 그래서 미국의 부동산 회사는 플라잉 카가 착륙할 만한 모든 곳의 땅을 사고, 빌딩 옥상을 매수하고 있는 거야. 그리고 플라잉 카 중심의 상업용 몰을 만들 꿈을 꾸는 거지. 지금 기차역에 플랫폼을 만들어 수많은 수익을 추구하듯이 플라잉 카 역에 플랫폼을 만들 구상을 이미 사업가들은 하고 있는 거지."

"우와, 장사하는 분들은 빨라요."

"그리고 자율주행이 이미 드론에 들어가 있어. 아마존은 우주에 인공위성을 쌓아올리고 있어. 그래서 클라우드 인공지능을 통하여 인공위성과 초연결하여 전 세계에 드론으로 배송하는 일을 시도하고 있지. 아마존은 전 세계를 하나의 드론 물류망으로 만들어 버릴 생각을 하는 거야. 우리가 상상하지 못하는 공간을 하나로 연결하는 초연결 사회가 모바일-모빌리티 혁명을 통하여 다가오고 있는 거야."

"상상하지도 못한 세상이 다가오고 있네요."

공유미션, 공유 바라크에 대해서 말하다

"아빠는 기독교인으로서 공유미션을 해야 한다고 늘 이야기하거든? 교회가 가지고 있는 훌륭한 자원과 인재와 그런 것을 다 공유해서 미션 생태계를 만들어야 한다고 주장하는 사람이 아빠야. 즉 복음의 플랫폼 안에 서플라이 체인과 밸류 체인을 공유하자는 것이지. 한국교회가 그게 잘 안돼. 한인선교지원재단 김인선 장로님 알지?"

"네"

"그분하고 같이 협업해서 우리나라 병원 38곳을 연결하여 선교사님들에게 치료를 해주는 네트워크를 했잖아? 아빠도 몇 개의 병원을 연결해주었어. 이번 달에 섬에 있는 목사님이 탈장이 생겼는데, 그 네트워크 되어있는 병원에서 수술받았고 병원비 50%를 감면받고 수술받았어. 아빠하고 네트워크 되어있는 섬목사님들이 160명 정도가 되는데 그런 분들이 그렇게 치료받을 수 있는 거야. 여기 의사분들이 다 기독교인들인데, 초연결시킨 거야. 이렇게 도울 수 있도록 초연결을 시키면 네트워크야. 플랫폼은 아니야. 플랫폼이 되려면 밸류와 서플라이 체인이 있어야 해. 즉 암이나 중증환자들, 그리고 이런 분들이 수술비 같은 것은 없겠지? 그렇다면 그런 수술비를 지원할 수 있는 서플라이 체인들이 만들어져야 해. 또한, 앱을 만들어서 전 세계 선교사들이 앱을 통하여 의료 공유지원을 받을 수 있도록 만들어야 해. 그리고 여기에 협력하는 교회나 병원, 의사 선생님들이 하나님의 가치를 받을 수 있도록 만들어주는 영적 밸류 체인도 만들어야 하는 거야.

아빠는 지금 두 교회가 섬 목사님들 중에 중환자의 경우 병원비를 지원해주는 서플라이 체인을 만들었어. 간호사들 중에 일을 그만둔 여자 집사님들이 앱을 만들었어. 그래서 선교사들이 그 앱으로 자신의 병명에 대해서 말하면 간호사님들이나 약사님들이 아는 만큼 대답을 해주고 응급처치를 할 수 있도록 했어. 이런 것은 공유의료이겠지? 복음의 플랫폼 안에는 이런 공유 서플라이 체인을 만들어가야 하는 거야. 이것이 아빠가 말하는 공유미션이야. 선교단체들도 각자들이 갖고있는 선교전략이나 정보들을 모든 선교사들과 공유해야 해. 그런데 각자가 대장이 되고 싶어서 잘 안 되는 것 같아. 예수님을 머리로 모신 그리스도인들은 더 잘해야 한다고 생각을 해."

"네"

"아빠가 선교사님들에게 차를 빌려주려고 차 한 대를 렌트했잖아? 그래서 선교사님들이 막 쓰시지? 자동차를 렌트 하시는 사장님하고 이야기해서 그 사장님도 아빠가 이야기를 하면 선교사님께 차를 싸게 빌려줘. 이런 시스템도 만들었어 사실은. 그런데 이런 공유적 시스템을 점점 기독교인들이 많이 만들어야 공유미션을 통한 일이 일어나는 거야.”

“네”

“자율주행 자동차와 공유경제가 맞물리지? 사람이 자동차를 소유하지 않겠다는 것은 거짓말이야. 부자들은 다 사고 싶을 거야. 그렇지만 보통 서민들은 차나 주차장이 필요 없어. 애플워치로 이야기하면 우버와 연동되어서 결제되고 다음날 사용할 수 있는 차를 가져다주고 그러는 거지. 이게 얼마나 경제적으로 절약이 되니. 기름값, 전기값도 절약이 되고, 나도 차를 안 사서 좋지. 그래서 지금 사람들이 하이 인플레이션이 유발되는 대공황이 온다는데 안 와. 왜냐하면 이런 4차 산업혁명이 가지고 있는 가성비가 금융구조의 인플레이션이 오지 않도록 막고 있는 거야. 공유적 경제라는 것은 인간의 돈을 절약시켜주기 때문이야. 예를 들어, 이마트 가서 물건 사는게 싸, 아니면 핸드폰으로 물건을 시키는게 싸?”

“핸드폰으로 물건 시키는거요.”

“그렇지. 요즘은 더 싼 것을 검색해서 주문하면 집 앞까지 배달해주니까. 더 싸고 좋지. 이런 구조가 옛날의 제조업이나 시장경제의 가성비를 낮춘 거야. 경제적 거품을 안 터지게 하는 거야. 그래서 옛 방식으로 경제학을 보거나 금융구조를 보면 안 된다는 뜻이야. 미국은 아마존이 이런 배송 영업을 하니까 아마존 효과라고 해서 물가를 싸게 만들어서 하이 인플레이션이 일어나지 않도록 만들어주는 거야. 중국의 15억의 인구가 개방을 하게 되면 그 15억의 소비시장이 갖는 자본의 금융구조가 어떤 금융구조를 만드는지는 아무도 답할 수 없어. 그런 것을 통찰할 수 있는 새로운 경제구조, 금융구조가 나오고 그것을 통찰하는 나라가 모든 생산 구조의 꼭대기에서 지배하는 세상이 될 거야. 그걸 지배하는 자가 모든 하부 경제구조를 지배하는 세상이 될 거야."

"네"

"그러니까 오늘처럼 자율주행차와 공유경제 두 가지만 봐도 앞으로 세상 구조가 어떻게 바뀔지 아무도 몰라. 여기서 파생되는 자본의 구조나 서플라이 체인과 밸류 체인이 어떻게 바뀔지 아무도 몰라. 그러니까 이걸 빨리 통찰하고, 이 구조가 가지고 오는 금융구조가 어떤 것인지를 아는 사람만이 금융을 지배하는 자가 되겠지."

"네"

"그래서 아빠는 네가 이 수업을 들어줘서 너무 고맙다고 생각해. 이제 세상이 조금 보이기 시작하지? 그래서 아빠는 그런 통찰력을 가지고 하나님이 주시는 너의 세상을 바라크로써, 복의 근원으로써 흘려보내는 놀라운 축복을 받고 주는 바라크의 공유 복을 네가 누리길 원해."

"네"

"아빠가 성경 클라우드라는 공유 앱을 하나 만들려고 해. 아빠가 성경 연구하고 신학생들에게 20년 동안 가르친 것을 하나의 앱으로 만들어 모든 목사님이나 선교사님께 공짜로 주려고 해. 거기에 이렇게 너와 강의한 내용 녹음한 걸 실을 거야. 심심할 때 들으시라고. 지금의 선교시대는 근대적 선교 전략으로는 어려운 시대야. 선교사 2천 가정이 추방되었어. 천 가정은 동남아로 흩어져 있고, 천 가정은 한국에 들어와 있어. 그러니까 몇만 명을 선교지로 보냈느냐가 중요한 시대는 아닌 거야. 인공지능이 수천 명이 하는 일을 하는 시대가 도래했어. 그래서 인공지능이 벌어들인 돈은 그 인공지능을 가진 기업의 돈이 되어야 해, 아니면 모든 사람의 돈이 되어야 해?"

"모든 사람."

"그렇지. 그래서 그것이 공유자본이 되어야 하는 거야. 공유경제는 공유자본과 더불어 가야 해. 이것은 아빠가 너에게 수없이 이야기한 거야. 슘페터는 인공지능 4차 산업시대 정치는 민주주의지만 산업의 구조는 공산주의로 가야 한다고 했어. 공산주의 그러면 우리는 알러지가 있으니 공유자본이 좋겠지? 슘페터는 얻은 파이를 똑같이 나눠주는 구조로 가야 한다고 이야기했어. 그래야만 아름다운 세상이 될 수 있다고. 경제구조를 본 거지. 그리스도인들은 공유 바라크를 해야 해. 자기가 받은 하나님의 은사와 선물, 재능과 물질을 하나님의 복음 플랫폼 안에 공유할 수 있도록 해야 해. 모든 교회, 모든 선교단체가 그러한 복음의 플랫폼 안에 공유되는 일이 일어나야 해. 이것이 공유 바라크야."

4.0 휴먼 모빌리티, 4.0 바라크

"사람은 움직이도록 하나님이 창조하셨어. 인간 자체가 모빌리티야. 창세기에는 이것을 동행이라고 표현하고 있어. '그들이 그날 바람이 불 때 동산에 거니시는동행하시는 여호와 하나님의 소리를 듣고'창 3:8 하나님과의 동행이야. 하나님은 에덴동산에서 아담과 함께 거닐었어. 이것이 진정한 동행이지. 모빌리티이지. 에덴동산의 동편에 문이 열려 있었어. 하나님은 아담과 동행하시면서 에덴동산 동편 문을 나섰겠지. 그리고 함께 생명을 불어 넣으셨겠지. 아담이 경작을 하면 하나님은 생명의 바람을 불어넣으시는 놀라운 일들이 일어났고 이 땅이 영광의 땅으로 만들어졌겠지. 이것이 진정한 휴먼 모빌리티야. 사람의 이동의 자리에는 생명꽃이 피고 아름다운 영광의 동산이 만들어져야 해. 왜냐하면, 하나님이 동행하시기 때문이지. 예수님이 왕이 되시고 권세를 갖고 우리에게 땅끝으로 가라고 명령하시면서 세상 끝날까지 동행하시겠다고 하셨어. 세상 끝날은 새 하늘과 새 땅이 만들어지는 영광의 날이며 영광의 장소야. 즉 하나님 보시기에 아름다운 세상, 토브의 땅을 기필코 만드시고 만다는 뜻이야. 그러므로 4.0 바라커는

4.0 휴먼 모빌리티야. 자율주행 자동차, 플라잉 카를 만든다고 하여 이 세상이 아름다운 세상이 되는 것은 아니야.

하나님이 만드신 이 공간 안에 사람을 넣어 장소로 만드시고 하나님의 영광의 아름다움을 누리도록 하셨지. 그런데 인간은 에덴이라는 장소를 잃어버리고 난 뒤에 하나님이 지으신 이 우주의 공간의 통치를 욕망의 통치로 만들었어. 그래서 이 땅 위로 자율주행 자동차를 만들어 움직이고 하늘 위로 플라잉 카를 만들고 우주로는 스페이스X 같은 우주 비행선을 채우고 있어. 우리가 사는 이 공간 안에 수많은 기계들이 움직이는 거야.

이런 기술이 만든 모빌리티가 좋은 것 같아? 아니야 하나님의 아름다움을 누리는 자연을 가려버리고 인간을 더 바쁘게 만드는 모빌리티 세상이 되는 거야. 그래서 인간은 아름다움에 대한 갈증이 생기는 거야. 하나님의 아름다움, 하나님의 생명을 갈망하게 되는 거야. 그러므로 진정한 휴먼 모빌리티는 하나님의 아름다움을 보고 즐거워하며 생명을 주는 4.0 바라커들이야.

하나님의 생명이 있는 자가 하나님의 토브 라아로 보고 바라크를 주는 자가 될 때 세상은 아름답게 되는 거야. 나는 내 아들 시은이가 이런 일을 하는 진정한 휴먼 모빌리티, 4.0 바라커가 되길 바래."

4.0 모빌리티 바라커
시은이를 위해 축복기도하다

"사랑하는 주님,
우리와 늘 동행하시기를 원하시며 함께 거하시길 원하신 주님,
주님과 동행하며 걷는 인간이 참된 모빌리티 인간임을 알게 하옵소서
사람들은 공간을 좁혀 공간이 주는 제약을 이기고 싶어합니다.
그리하여 현실 공간을 좁히기 위해 수많은 모빌리티를 만들고
가상공간을 만들어 하나의 공간을 만들어 갑니다.

그러나 그 공간은 하나님의 보좌가 있는
그 아름다운 공간으로 들어갈 수 없음을
우리는 압니다.

사랑하는 시은이가 4차 산업혁명이 만드는 공간 안으로
하나님과 동행하는 성경적 호모 모빌리티가 되어
바라크를 흘려보내는 바라커가 되게 하옵소서
예수님의 이름으로 기도하옵나이다. 아멘."

아들에게 들려주는 4차 산업혁명 다섯 번째 이야기

토의하기

1. 4차 산업의 모빌리티가 무엇이 있는지 설명해보세요.

2. 자율주행자동차, 전기차, 플라잉 카, 드론 등은 왜 플랫폼을 가져야 하는지 설명해보세요.

3. 우버나 에어비엔비를 이용해본 적이 있나요? 어떻게 이용했고 어떤 점이 좋았고 나빴는지를 이야기 해보세요.

4. 공유경제는 자율주행택시, 플라잉 카 택시뿐 아니라 사무실, 호텔 등으로 이어지고 있습니다. 당신은 어떤 공유경제를 만들고 싶은지 말해보세요.

5. 네트워크와 플랫폼의 차이점을 말해보세요.

6. 복음을 위한 공유바라크를 필자는 말하고 있습니다. 당신은 복음을 위한 공유 플랫폼을 만든다면 어떤 것을 만들고 싶나요?

7. 진정한 모빌리티는 사람이라고 했습니다. 하나님과 동행하는 사람이 진정한 바라크 모빌리티라고 말하고 있습니다. 세상의 모빌리티와 그리스도인의 모빌리티의 차이점을 설명해보세요. 그리고 당신은 하나님과 어떻게 동행하고 있는지 나누어 보세요.

아들에게 들려주는
4차 산업혁명

여섯 번째 이야기

아들에게 5G와 빛에 대해 이야기하다

이야기 요점 STORY POINT —————————————

빛은 내가 평생에 풀고 싶은 주제이다. 창세기의 창조기사를 보면 하나님께서 가장 먼저 만드신 것은 빛이었다. 그리고 그리스도께서는 자신을 빛이라고 하셨다. 물리학에서 모든 물질은 빛으로 환원된다. 인문학의 영역에서는 플라톤으로부터 어둠에서 빛을 통해 이데아를 찾는 것이다. 예술은 빛 그림이다. 빛을 통해서 사물이 본질을 찾는 것이다. 음악에서 소리도 색깔, 즉 음색이 있다고 했다. 즉 빛의 소리이다. 빛은 인문학, 자연과학, 예술, 그리고 신학을 아우르는 단 하나의 주제이다. 내 평생에 던지는 질문이기도 하다. 5G도 다른 하나의 빛이다. 빛은 광선이다. 5G도 광선이다. 가상 세계는 빛으로 둘러싸여 있는 세계인 셈이다. 0과 1로 된 디지털의 이미지 언어는 빛의 언어이다. 또한, 전파는 전부 빛으로 환원되어 나타난다. 그러므로 4차 산업혁명도 빛의 세계이다. 원래 창조 때 하나님은 빛으로 창조하여 온 세계가 빛에 둘러싸이도록 하셨다. 그런데 인간은 4차 산업혁명을 통하여 또 다른 빛인 5G를 통하여 가상의 세계와 현실의 세계를 하나로 만들고자 한다. 그리고 인공위성을 통하여 전 세계를 하나의 빛 안에 두려고 한다. 그것이 6G이다. 우리는 4차 산업이 만들어내는 공간 안으로 참 빛 그리스도를 비추어야 한다. 그것이 4.0 바라커의 소명이다. 이 이야기를 내 아들과 나누었다.

언어와 약속에 대해서 이야기하다

"바울아" "네" "이제 조금 있으면 학교에서 인도 캠프 가지?" "네" "몇 달이니?" "한 달 반 정도요?" "인도 캠프 가기 전까지 앞으로 다가올 4차 산업혁명의 기술문명에 대해서 마무리를 짓자." "네" "그리고 인도캠프에 다녀와서 2단계 강의를 할 거야." "네" "오늘은 빛과 5G야. 5G는 뭐지?" "인공지능과 인간지능의 소통언어 아닌가요?"

"잘 대답했어. 5G는 인공지능과 인공지능의 소통을 가능하게 해주겠지. 먼저 빛에 대해서 이야기를 해볼게. 아빠가 가지고 있는 학문에 대한 최종적 목표가 빛에 관한 거야. 이것은 아직 아빠가 완전히 정리하지 못한 학문의 스케마Schema야. 스케마의 뜻은 범주구조야. 즉 어떤 사물을 인식하는 분류구조인 셈이야. 이것을 우리는 보통 플랜이라고 해. 즉 내가 이 빛이라는 대상에 대하여 전체적인 사고를 하는 플랜을 말하는 거야. 전체적으로 그 주제를 이러한 범주 안에서 설명하면 좋겠다는 플랜을 학문적으로 스케마라고 해. 그런데 아빠가 인문학과 자연과학과 신학을 관통하는 주제가 뭘까라고 생각했을 때 빛이라고 생각해. 성경에 보면 태초에 말씀이 계셨는데 첫째 날 빛이 있으라 하니 빛이 있었다고 되어있지?"

"네" "하나님은 첫째 날, 빛을 만들었어. 하나님이 왜 첫째 날, 빛을 만들었을까 시은아?" "세상을 빛으로 비추기 위해서요."

"그렇지, 세상을 밝히는거야. 그런데 아빠가 왜 이것이 굉장히 중요하다고 생각하냐면, 말씀이라는 것은 언어잖아? 하나님의 언어는 약속이야. 인간의 언어는 약속이 안 되고 말이 돼. 이게 굉장히 중요해. 말은 어떤 상황이나 사태를 설명하는 지식이야. 우리는 지식으로 사는 것이 아니고 약속으로 살아. 약속은 서로가 동의가 되면 하는 거야. 결혼 약속을 하면 여자와 남자는 하나가 되지. 그러나 언어로 설명하면 내가 너에게 전달하는 거야. 그러면 이것은 나의 주체와 너의 객체가 분리가 되는 거야. 즉 너는 나와 달라. 나는 다른 객체보다 더 탁월해와 같은 폭력성이 주체와 객체로 나뉘어질 때 이루어져. 이것을 존재질서라고 해. 왕, 양반, 노예. 그리고 이들 사이는 언어를 주고받으며, 그 언어는 존재질서를 이루는 법령 같은 것이 되는 거야. 언어는 사귐이 아니라 존재질서의 소통이야. 명령을 전달하고 명령을 받아들이는 사이지. 약속이 아니야. 약속은 서로 사귐을 하는 언어야.

서로 사랑하고, 서로 믿어주고, 서로 함께 하는 거지. 그래서 약속하는 사이는 생명을 불어넣는 사이가 되는 거야. 그래서 친한 사람끼리의 언어는 말이 아니라 약속이 되는 거야. 부모와 자식의 말은 언어이기 이전에 약속이 담겨있어. 내가 아빠로서 너에게 말을 할 때 그 말에는 약속이 담겨있어. 그래서 서로가 울고 사랑하고 믿는 거야. 이런 것이 약속의 언어야. 인간이 타락하므로 모든 말은 약속에서 언어로 바뀌었어. 이것이 인간의 불행이야."

"네"

"예를 들어서, 우리가 결혼을 할 때 이 여자가 어떤 지식을 가지고 있고, 이 남자가 어떤 지식을 가지고 있는지를 생각하며 결혼하지는 않지? 주례할 때 대부분은 어떻게 이야기하지? 이 남자는 이 여자를 평생 사랑해야되고, 이 여자는 이 남자를 평생 사랑할 것을 하나님께 약속하는지 물어보지? 그 약속이 둘을 하나로 만드는 거야. 그들이 가지고 있는 지식이나 언어가 아니라 약속으로 이뤄지는 것이 결혼언약이야. 그러니 정보가 아니라 약속이지. 인공지능은 사실 정보야. 약속이 아니야. 인간의 언어가 약속이 아니라 말이 되어 지식을 전달하는 차원에서는 인공지능하고 같아. 약속이라는 언어는 하나님만이 갖고 있는 유일한 언어야."

"네"

"성경에서 말하는 말씀이라는 것은 약속이야. 그 약속이 빛이 되었다는 거야. 즉 하나님의 약속은 빛으로 나타나는 거야. 그 빛은 성경에서 하나님 영광의 빛이야. 이 빛은 하나님 영광이 외형적으로 나타나는 거야. 아우구스티누스라는 믿음의 선배는 창조 때의 빛을 신령한 동시에 물리적 빛이라고 했어. 즉 하나님의 아름다움을 볼 수 있는 빛이지. 그래서 모든 만물들에게 빛이 있어야 우리가 아름다움을 볼 수 있고 그 빛 속에서 하나님의 아름다움을 보는 거야. 그래서 그 아름다움을 누리고 즐거워하라고 빛으로 창조한 거야. 그때는 모든 식물들이 빛이 났을 거야. 동물들도 빛이 났을 거야. 아담과 하와도 빛이 났을 거야. 하나님의 아름다움의 빛이 반사되어 나타났겠지. 모세가 하나님의 영광을 보고 얼굴에 빛이 났고, 예수님이 변화산상에서 빛이 난 것처럼 하나님 영광의 빛이 모든 만물에게서 나타났겠지. 그리고 아담과 하와는 그 영광의 빛을 보고 즐거워하고 기뻐했을 거야. 아담과 하와도 서로에게 있는 그 영광의 빛으로 즐거워하고 기뻐했을 거야. 그런데 인간이 타락함으로 그 모든 영광의 빛이 사라진 거야. 그래서 서로가 부끄러워하는 거야. 아름다운 빛이 자기에게서 하와에게서 만물에게서 사라져 버린 거야. 아담이 얼마나 두려웠고 무서웠겠어. 그 영광의 빛을 잃어버린 부끄러움이 엄청났겠지.

하나님이 말씀으로 창조했다는 것은, 즉 약속으로 했다는 것은 이 아름다운 세상을, 사람을 하나님이 포기하지 않겠다는 선포야. 그리고 그 약속을 빛 안에 집어넣어 빛을 창조했다는 거야. 그래서 빛에는 약속이 들어있어. 아담과 하와로 인하여 빛을 잃어버렸다고 해서 참 빛 즉 영원한 빛이 사라진 것은 아니야. 그 약속의 실체이신 빛 되신 그리스도께서 여전히 계셨던 거야. 약속이시지. 그래서 그 빛이 이 땅에 오셨는데 세상이 그 빛을 알아보지 못한 거야. 지금도 그 빛을 몰라. 그래서 인간은 자기 자신이 얼마나 아름답고, 인생이 얼마나 아름다운지를 모르는 거야. 5G라는 새로운 광선의 시대, 가상공간과 현실공간을 잇는 초연결 세계, 증강세계가 온다고 해서 하나님이 원하시는 세계가 아니야. 그 속에는 하나님의 영광의 빛이 가득해야 해. 그런데 이 빛이 세상을 구성해. 자연과학도 다 빛이야. 네가 말하는 뉴턴의 역학에서도 사과가 떨어지는 것을 빛을 통해서 우리 눈으로 보게 해주지? 그 물리학의 법칙의 세계도 빛이야. 그런데 그것은 약속이 아니야. 수학언어이지. 그 수학언어, 과학의 언어로 인간을 지배하고 폭력을 행사한 것이 2차 세계대전이야"

"네"

뉴턴의 공간,
양자역학의 공간과 빛에 대해서 이야기하다

"뉴턴의 물리학에서 물리적 측정을 하겠지? 그것은 빛으로 측정하는 거야. 눈으로 한다고 생각할 때 눈이 떨어지는 사과를 봐. 떨어지는 그 사이의 시간과 운동량, 거리를 계산하지? 거리의 촛점도 이곳에서 저곳까지의 빛이 간 거리가 거리로 측정되는 거야. 즉 야구공이 투수에게서 떠나서 포수에게 도착하기까지의 거리의 측정은 빛이 하는 거야. 그래서 깊이 있게 말하면 빛의 거리인 거야. 상대성의 이론이라는 것은 서로 빛으로 보는 것이 다를 때 상대성 이론이 되는 거야. 쉽게 예를 들면 우주에서 행성이 사라졌는데 그 빛은 계속 우리에게 와. 1억 광년이 떨어져 있다면 1억 년 동안 우리 눈에 비추어져. 우리 눈은 사라진 행성을 보는 거야. 그러니까 존재는 빛이 구성하는 거야. 없는 존재를 있는 존재로 만드는 것이 빛이야. 4차 산업혁명이 만드는 가상 공간도 없는 공간인데 그 공간을 빛이 만드는 거야. 그게 5G야. 그리고 현대물리학인 양자역학에 의하면 빛으로 보는 것이 다 달라. 이 공간에서 빛을 보는 것, 저 공간에서 빛을 보는 것이 다 다르기 때문에 다 시간 계산이 달라. 그래서 시간이 상대적이 되는 거야. 좀 어렵지?"

"네"

"혹성탈출이라는 영화를 보았지? 원숭이하고 인간하고 싸우는 거잖아. 어떤 사람이 지구에서 우주선을 타고 우주로 나갔다가 돌아오니까, 지구는 수천 년이 흐른 거야. 그리고 지구는 원숭이가 지배를 해. 어떻게 이런 일이 가능할까? 왜 우주에서는 시간이 흐르지 않아? 왜 지구에서는 시간이 빨리 흘러?"

"빛이 있고 없고 차이인가?"

"왜냐하면 우주 공간은 중력이 없어. 그래서 빛이 일정 속도로 가는 거야. 그런데 지구에서는 중력 때문에 빛이 굴절이 돼. 그러면 굴절이 되면 될수록 거리는 길어지지? 예를 들어서 네가 이해하기 쉽게 내가 수식으로 해줄게. 거리는 속력 곱하기 시간이지? $s=vt$ 이거 배웠어?"

"네"

"거리는 시간과 속력이지? 이 물질이 여기서 저기까지 움직일 때까지의 거리라는 것은 속도 곱하기 시간이잖아. 그러면 거리가 나오게 돼. 즉 거리가 길면 시간은 길어지고 거리가 짧으면 시간이 짧아지지. 그것도 빛의 거리가 길면 시간이 길어지고 빛의 거리가 짧아지면 시간이 짧아져. 중력에 의해 빛이 굴절을 더 할수록 빛의 속력은 일정하지만 빛의 거리는 길어져. 그렇다면 시간은 늘어나겠지. 지구는 중력이 빛을 잡아당기면서 빛의 거리가 길어지지?"

"네" "그러면 시간도 길어져. 그런데 우주에 나가면 중력이 없기 때문에, 빛이 일정한 속도로 가고, 시간은 일정하게 정지된 속도로 흐르는 거야." "그런데 왜 사람은 늙지 않아?"

"좋은 질문이야. 시간에 따라 사람이 늙지? 지구에서는 빛의 거리가 길어지기 때문에 시간이 늘어나. 시간이 늘어났다는 것은 우주보다 시간이 빨리 갔다는 뜻이야. 상대적으로 우주의 무중력 상태보다 지구의 중력상태의 시간이 빨리 가는 거야. 지구의 시간은 빨리 가니까 사람이 빨리 늙고, 우주에서는 시간이 늦게 가니까 사람이 늦게 늙는 거야. 우주의 하루와 지구의 하루가 다르다고 생각하는 거야. 왜? 빛과 중력의 관계 속에서 시간을 계산한 거야. 그러니까 공간에 따라서 시간이 다르지? 사건도 달라. 그런데 인간이 늙는다는 것, 죽는다는 것은 하나님의 형벌이기 때문에 빛의 시간개념은 물리학적으로 맞을지 몰라도 현실적으로 아닐 수 있어. 그런데 이러한 이론이 맞는지 확인해보려고 지상에서의 시간과 공중으로 비행기를 올려놓고 시간을 동시에 측정해보았어. 하늘에 있는 비행기가 중력의 영향을 상대적으로 덜 받으니까 시간이 늦게 가겠지. 결과는 지상과 하늘 위에 있는 비행기에서의 시간 차이가 난 거야. 그래서 사람들이 놀랐지. 우리가 생각하는 시간이 공간마다 다르다는 사실에 말이야.”

“신기하다.”

“이걸 좀 더 심각하게 이야기해서 양자역학으로 가면 더 복잡해. 원래 뉴턴에 의하면 $t1$과 $t2$는 일정해. 방향이 일정하지? 공을 던지면 일정한 방향으로 공이 날아가지? 그래서 $t1$과 $t2$의 방향이 정해져 있어. 그런데 양자역학에 가면 입자가 어느 공간으로 튈지 몰라. 뉴턴의 역학에서는 입자가 정확한 정해진 공간으로 날아가는 거야. 그래서 이것을 절대공간이라고 해. 공간 자체가 분할되지 않아. 양자역학에서는 입자를 때리면 자기 마음대로 공간으로 가. 어느 공간으로 갈지 방향을 몰라. 예측 불가능이야. 뉴턴에게는 이 공간에서 저 공간으로 공이 가면 저 공간은 과거이고 이 공간은 현재이고 앞으로 갈 공간은 미래가 되겠지. 즉, 투수가 공을 던지면 공이 떠나는 순간 그 공간은 과거야. 그런데 양자역학에서 공은 타자에게 가기도 하고 투수에게 가기도 하고 마음대로 해. 그래서 불확정성의 원리야. 양자역학에서는 공간을 뛰어 넘어버려. 그렇다면 빛이란 것도 절대 빛이 없는 거야. 공간도 절대공간이 없고. 다 분할되어있는 공간이야. 타임머신 이론은 절대적인 공간을 뒤로 돌리면 과거로 가는 거야. 마치 필름을 뒤로 감으면 과거의 영상을 보는 것처럼 말이야. 즉 현재의 공간을 휘게 하여 과거의 공간과 만나게 해버리는 거야. 그럼 과거나 미래로도 갈 수 있는 거야. 예를 들어, 종이 공간을 생각해봐 밴다이어그램처럼. 이쪽 종이 부분을 저쪽 종이 부분과 붙여버리면 공간 되돌림이 생기지? 저쪽 우주의 공간과 이쪽 우주의 공간을 붙이면 이 두 공간은 마주하는 거야. 그러니까 쉽게 이야기하면 타임머신은 공간을 돌리는 거야. 과거, 현재, 미래의 공간이 각각 있으니까 공간을 돌려서 과거나 미래로 가는 거야. 그러니 타임머신이라는 것도 뉴턴의 역학에 기초한 공간과 시간관이야."

"네"

"그런데 양자역학의 시간관은 공간이 과거 현재 미래가 없이 같이 존재하는 거야. 여러 공간이 과거도 되고 현재도 되고 미래도 되는 거야. 입자가 과거나 현재나 미래로 갈 수 있어. 그러니까. 양자역학에 의거한 타임머신은 뉴턴역학에 입각한 타임머신과 달라."

"네" "영화 어밴져스Avengers에서 그 영웅들이 과거로 돌아가자고 하잖아. 그때 누군가 이거 타임머신 같은 거냐고 물었지? 그런데 타임 머신은 아니라고 했어. 양자역학의 이론에 따르면 확률적으로 과거로 들어갈 수 있는 거야. 그러니까 확률적으로 내가 과거로 가는 입자 속으로 들어가면 과거로 가고, 미래로 가는 입자 속으로 가면 미래로 가는 거지. 이게 물리학이야. 이게 다 빛하고 상관이 있지? 입자는 궁극적으로 빛이야. 전자 빛, 그러면 공간마다 빛이 다른 거야. 그렇다면 성경이 흥미로워지는데, 예수님이 승천하여 어느 공간으로 간 것일까? 성경에 의하면 삼층천 하나님의 보좌로 간 것이지? 양자역학에 의하면 물리적으로 공간은 단일공간이 아니야 수많은 공간이 있다는 것을 알 수 있어. 그러니까 여기 있는 입자가 한순간에 우주에 있는 공간으로 갈 수도 있어. 시간과 공간이 이어져 있는 것이 아니라 다양한 시공간이 우리 안에 있는 것이지. 그래서 양자역학을 연구한 과학자들은 우리가 살고있는 진정한 공간이 무엇인지에 대한 고민이 생기는 거야. 그래서 우리가 보고 있는 공간이 진실이 아니고 진정한 공간은 양자역학의 공간이라고 말을 해. 우리가 보는 세상이 진짜가 아니라 진짜의 세계가 따로 있다고 말하는 거야. 이것이 빛이 만든 공간이야.

공간의 인식 자체, 이것이 공간이구나라는 것을 알게 되는 것은 빛이 존재하기 때문이야. 빛과 공간은 분리가 되지 않아. 창조 때 보면 빛을 창조하시고 공간을 분리하셔. 그 공간 안에 하나님 영광의 빛을 채우려고. 그래서 아빠가 이 부분에 대해 스케마학문적 계획을 가지고 있는 거야. 이것을 어떻게 세부적으로 학문으로 만들까 하는 고민을 가지고 있어. 빛이라는 주제로 동양학과 서양학, 인문, 자연, 신학을 하나로 통합하는 학문이 가능할까를 고민해. 그 단서를 아빠는 성경에서 찾은 거야. 태초에 빛을 창조하신 말씀에서 생각한 스케마야. 그러니 성경은 모든 학문 위의 학문이야. 성경은 종교 책이 아니야. 이런 자신감이 왜 그리스도인에게 없는지 모르겠어. 인문학의 주제는 존재야. 하나님이 들어오면 너의 존재가 바뀌어."

"네"

"하나님이 너에게 들어오잖아? 그러면 너의 존재가 바뀌어. 사람이 어떤 책을 읽으면 그 사람의 존재가 바뀌어. 어떤 대상과 내가 만났을 때 존재가 바뀌는 것을 인문학이라고 해. 아빠가 이야기했지? 엄마하고 아빠가 점심시간에 만나서, 아빠가 속이 안 좋아서 죽 먹자고 이야기를 했는데 그때 너희 누나를 만났어. 누나가 '아빠, 낙지볶음 먹고 싶어요'라고 했어. 그래서 아빠가 어디로 갔어? 낙지볶음 먹으러 갔지? 아빠가 왜 갔지?"

"누나를 중심으로 생각해서?"

"누나의 존재가 들어왔을 때 아빠의 존재가치가 그렇게 바뀌는 거야. 즉 아빠는 그대로인데 아빠의 존재의미나 가치가 바뀌는 거야. 너희 누나가 맛있는 것을 먹는 것이 아빠에겐 행복이고 가치가 있는 거야. 그래서 낙지볶음을 먹으러 간 거지. 존재질서와 가치가 바뀌는 거야. 내가 중심이 아니라 너희 누나가 중심이 되기 때문에 존재질서가 바뀌는 거야. 자연과학의 혁명이나 4차 산업혁명에 대해 왜 공부해야 하는지 사람들이 질문하거든? 그것은 단순히 공간만 바뀌는 것이 아니라 존재의미가 바뀌기 때문에 그래. 그 공간이 존재의미를 바꾸는 장소로 바뀌어 간다고"

"네"

"인문학 역시 그 공간 안의 사람을 무엇으로 볼 것인가의 문제 제기야. 본다라는 것은 빛과 분리되지 않는 단어야. 그 공간 자체가 던져주는 빛으로 인간을 보는 거야. 그런데 그 공간 안에 사람들이 들어가면 어떻게 아름다운 빛을 낼 수 있을까라고 답을 하는 것이 인문학이야. 그러므로 인문학은 사람의 빛에 대한 학문이고 자연과학은 물리, 혹은 생물에서의 빛에 대한 학문이야. 그래서 아빠가 빛에 대한 고민이 깊은 거야."

"흥미로운 주제이군요"

빛과 5G에 대해 이야기하다

"각각의 공간의 시간이 다른데 하나로 볼 수 있는 시대가 지금의 시대야. 그래서 양자역학 같은 물리학이 매력적이게 된 거야. 예를 들어, 미얀마의 시간과 미국의 시간과 호주의 시간이 다 다르지? 다른 공간 안에 있는 존재들의 시간이 다 다른 거야. 그래서 시차가 발생해. 각각의 입자가 다른 공간에 있는데, 카톡이라는 플랫폼 안에서는 한 입자로만 만나는 거야. 시간이 같아져. 공간이 같아져 버려. 그래서 절대 하나의 공간이 가상공간 안에 성립이 되는 거야. 새로운 스마트의 공동체가 탄생하는 거야. 그러한 스마트 공동체의 탄생은 인간의 존재의미를 바꾸어 버려. 내 공간 안에 다른 존재가 들어오니까 존재의미가 바뀌는 거야. 그래서 4차 산업혁명이란 공간 안에서 존재의미를 물어야 하는 거야. 아바타의 영화처럼 가상공간 안에서 만난 사람이 나의 존재의미를 결정하는 거야. 그러니 가상공간이 실제공간보다 더 의미가 있게 된 시대가 된 거야. 너희들에겐 오히려 가상공간이 실제공간이고 현실공간이 가상공간일 수 있어."

"네"

"성경에서 가장 잘 쓰는 말이 뭐냐면, '보라!'라는 말이거든? '보라! 죄를 지고 가는 어린양을 보라' 본다는 것은 그 존재에 내가 일치되어 새로운 존재의미가 형성되는 것을 본다고 해. 예수님을 보면 예수님과 내가 일치되어 다른 존재가 되는 거야. 예수를 보는 순간, 내 존재의 의미가 바뀌어. 그것은 빛이 들어온 거야. 예를 들어, 삭개오가 뽕나무 위로 올라갔지? 그런데 누굴 봤어? 예수님을 봤고, 예수님도 삭개오를 봤지? '보다'라는 것은 서로 빛의 언어로 만나는 거야. 원래 성경에서 '보다'라는 단어는 하나가 되는 단어야. 이 부분은 나중에 너에게 설명할 때가 올지 모르겠다. 사람들이 보는 것은 너와 내가 다른 객체와 주체로 보는 거야. 타인으로의 봄이야. 그러니 백인이 흑인을 볼 때 우습게 여기는 것이지. 이것이 보는 것의 타락이야. 그런데 예수님의 봄은 네가 내 안에 내가 너 안에 들어가는 사귐의 봄, 하나 됨의 봄으로 보는 거야. 그래서 예수의 빛을 보지 않는 이상, 존재는 행복하지가 않아. 인간의 언어가 존재와 객체를 갈라내는 언어이듯, 인간의 봄은 선악과 이후에 하나 됨이 아니라 자기 중심성으로 존재를 파악하여 존재질서를 만들어버리는 봄이야. 그러므로 네가 '보다'라는 것과 예수님이 '보다'라는 것은 달라. 하나님은 너를 불꽃 같은 눈동자로 보고 있어"

"헐"

"사람들이 타락 이후에 보는 것은 무슨 빛으로 보는 것일까?"

"가시광선"

"그렇지! 가시광선의 빛으로 보는 거야. 하나님의 영광의 빛으로 보는 것이 아니야. 눈이 볼 수 있는 빛의 파장을 가시광선이라고 해. 여기 빛의 파장에 대한 그림을 하나 보여줄게. 그런데 시은아, 예수 믿는 사람은 예수의 빛, 하나님 영광의 빛으로 보는 것이 필요해. 그래서 누군가 너에게 '너는 무엇으로 보니' 라고 사람들이 물으면 '예수의 빛으로 봐요'라고 대답을 해야돼."

"넵"

"자, 빛에 대한 그림을 하나 보여줄게"

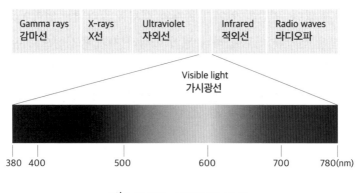

〈빛의 파장과 가시광선의 영역〉

"이게 빛의 파장에 따른 종류야. 네가 아는 빛은 이른바 가시광선의 주파수의 빛이야. 엑스레이는 네 눈에 안 들어오지? 만약 엑스레이 주파수의 빛이 눈에 들어오면 사람들이 전부 뼈다귀로 보여야 해. 빛에는 엑스선, 감마선, 가시광선이 있는 것은 알지? 이것으로부터 의학이 발달 되고 자연과학이 발달 되고, 물리학이 발달 되는 거야. 빛은 에너지이기 때문에 열에너지나 전기 에너지로 바뀌기도 해. 그러니까 빛이라는 것은 이 온 지구의 에너지와 생태계의 물리학적 요소를 다 포함해. 삭개오는 예수님을 가시광선으로 봤겠지? 그런데 예수님은 가시광선이 아니라 창세기 1장의 영광의 빛으로 본 거야. 창세기 1장에 빛이 있으라 할 때 이 빛은 신령하고 영적인 빛이야. 그 빛으로 예수님은 삭개오를 보는 거야."

"네"

"성경에선 하늘의 영광의 빛이라고 해. 그러니까 '예수 그리스도가 보다'라는 의미는 하나님의 영광의 빛으로 보는 거야. 삭개오가 보는 빛은 가시광선의 빛으로 보는 거야. 그런데 예수님과 삭개오가 만났을 때 그 두 사람 속에 삭개오가 보는 가시광선의 빛은 사라지고 예수께서 보는 영광이 빛의 교섭이 일어난거야. 아까 아빠가 '말씀이 계시니 빛이 있었다'에서 말씀은 약속이고 언약이라고 했지? 그 말씀의 빛으로 온 거야. 그 빛으로 왔을 때 삭개오의 가시광선의 빛은 사라진거야. 삭개오의 가시광선의 빛은 상처와 고통과 존재의미의 상실이야. 왜? 키가 작으니까. 그리고 열등감이 있어서 돈을 벌려고 세리가 되었지. 삭개오의 존재의미는 형편없었던 거야. 그런데 예수가 영광의 빛으로 삭개오를 봤을 때 삭개오의 가시광선은 사라져. 그리고 예수의 그 영광의 빛 안으로 삭개오가 들어갈 때 예수와 하나가 되는 존재의미의 변화가 온 거야. 그게 인문학이야. 플라톤은 동굴 속에서 동굴의 그림자가 전부인 줄 알았는데 동굴 속으로 빛이 들어와 이데아의 세계로 갔다고 하지? 플라톤이 찾으려고 했던, 빛으로 보고자 했던 그분은 예수 그리스도야."

"네" "고흐와 고갱 알지? 그림이 전부 빛의 향연이야. 무슨 말인지 이해되지? 예술은 빛의 향연에 불과해. 빛을 어떻게 보느냐에 따라 예술의 역사의 사조를 일으켜. 그러니까 인문학은 또 다른 인문학의 빛의 과정에 불과해. 그런데 그 위에 뭐가 있어? '태초에 빛이 계셨다.' '하나님의 말씀이 계셨다'라는 신적이고 영광스러운 빛이 인문학과 자연과학의 빛을 다 포괄하는 탁월한 바라크의 빛, 하나님의 영광의 빛이 이 모든 인문학과 자연과학을 포섭한다. 이게 아빠가 가지고 있는 학문의 전체적인 통찰력이야. 이 관점으로 인간 역사의 모든 것을 통찰할 수 있다는 거야. 하늘의 신령한 영광의 빛으로 이 땅의 일들에 관해서 모두 이야기할 수 있다는 거야. 멋있지?"

"네" "자, 아빠가 왜 빛에 대해서 이야기를 하냐면, 5G라는 것은 빛의 변화야. 빛은 입자니 전자기파니?" "전파."

"전파야? 아빠가 준 책, 『빛 쫌 아는 10대』를 읽어 봤어? 이 책을 쓴 사람은 반도체가 빛의 원리에 의해 나왔다고 했지? LED, LCD, 형광등, 반도체도 다 빛에서 왔다고 해. 이 책은 좀 어렵긴 해. 그런데 이걸 잘 이해하면 네가 모든 물리학을 뚫을 수 있어. 물리학은 빛에 대한 이야기야. 물리량의 이동은 다 빛에 관계되는 거야."

"네"

"재미있는 이야기 하나하고 본론으로 들어갈게. 가시광선은 우리가 볼 수 있는 광선이야. 동물이 보는 가시광선과 인간이 보는 가시광선이 다르다는 것은 알지?"

"네"

"인간이 보는 가시광선만이 상대적인 대상을 파악할 수 있는 빛의 주파수에 들어가 있어. 빛은 전자파와 입자로 되어있어. 뉴턴까지는 입자로 설명을 했어. 입자만 빛이 반사되니까. 전자파는 반사가 안 되거든. 왜 이 옷이 노란색으로 보이지? 불을 끄면 이 옷이 노란색인지 아닌지 모르겠지? 노란색이 사라져. 그런데 빛이 들어가면 이것은 노란색인 것을 알아. 어떻게 알지?"

"빛이 들어와서."

"가시광선에는 넓게 빨주노초파남보의 색깔이 있지? 빛이 일단 이 7가지로 되어있다고 치자. 그러면 여기서 노란색만 반사하고 다른 색은 다 흡수하는 거야. 그래서 눈에 노란색만 보이는 거야. 이게 가시광선이 보여주는 역할이야."

"네"

"그렇다면, 왜 우리는 가시광선으로만 볼 수 있을까? 왜 하나님은 인간에게 가시광선으로만 볼 수 있게 하셨을까? 그런데 아빠는 창세기때 인간이 오로지 가시광선으로만 볼 수 있었을까하는 생각이 들어. 아빠가 이미 이야기했지? 어거스틴Augustine, 라틴어로는 아우구스티누스라는 믿음의 선배가 창세기를 이야기하면서 하나님께서 세상을 하나님 영광의 빛으로 창조하셨기 때문에 모든 사물이 빛났을 것이라고 상상했어. 예수님이 변화산에서 빛났잖아. 그리고 모세가 하나님의 영광을 보았을 때도 얼굴이 빛났고, 스데반이 죽을 때 천사같이 보였다고 했고, 바울은 빛나는 예수를 봤지. 그것이 신령하고 영광스러운 빛이잖아. 그래서 어거스틴은 모든 것이 빛났다는 거야. 아담도 하와도 빛났어. 그래서 아담과 하와가 생명을 불어넣어 바라커로서 복을 줘. 그러면 꽃들도 빛을 발산하는 거야. 얼마나 각양각색의 총천연색이겠어? 빛이 막 흩날리는 거야. 그런데 인간이 죄를 범해서 죽음이 들어오고 빛이 사라진거야. 그러니까 아담이 하와를 바라볼 때 빛이 났는데 빛이 없어진거야. 아름다운 하나님의 영광의 아우라Aura가 사라진 것이지. 그래서 두 사람이 부끄러워한 거야. 하와가 아담을 보아도 마찬가지고. 그러니까 무화과 나뭇잎으로 가리고 숨은 거야. 그리고 하나님은 자신의 그 아름다운 빛이 아담과 하와 그리고 땅에서 사라진 것을 탄식하셨겠지. 과연 그 신령하고 영광스러운 빛이 가시광선일까? 그 신령하고 영광스러운 빛은 어떤 빛의 주파수일까? 아빠는 창세기의 빛이 가시광선의 영역을 포함한 하나님의 영광스러운 빛이라고 생각해. 물리적이지만 신령한 빛이라고 생각해. 타락 이후 신령한 빛은 사라지고 물리적인 가시광선 빛만이 남은 거야.

그런데 가시광선을 우리에게 보여주신 이유가 뭔지 아니? 가시광선이 가장 아름다운 주파수란다."

"네"

"우리가 보는 텔레비전도 가시광선 주파수거든? 이 주파수가 자연을 묘사하기에 가장 아름다운 빛의 스펙트럼이야. 그래서 하나님은 우리에게 가시광선을 허락하신 것이 아닐까라고 생각해. 우리가 세상을 아름답게 볼 수 있도록 일반은총을 베풀어주신 것이지. 그런데 사물이 네 눈에 빛으로 들어오잖아? 그러면 망막에서 거꾸로 상이 맺혀. 그리고 망막은 움직이는 물체만을 파악하고, 고정되어 있는 물체는 파악하지 못해. 그런데 망막에 들어오는 이 사물의 거꾸로 맺힌 상을 어떻게 바르게 보지? 너의 뇌가 이것을 다시 올바르게 보도록 바꾸어버려. 이게 왜 중요하냐면 이게 4차 산업의 원리야."

"네? 무슨 말이에요?"

"무슨 말이냐면, 전자파를 디지털 언어로 바꾸고, 디지털 언어를 전자파로 바꿀 수 있는 것이 4차 산업이야. 우리의 눈에 빛이 들어왔을 때 이것을 이미지로 바꾸는 것이 뇌의 역할이야. 아빠는 뇌가 전부 그림 언어라고 생각해. 뇌는 두 부분으로 나눌 수 있는데, 보통 좌뇌가 언어기능을 담당하고, 우뇌는 이미지를 담당하는데, 이것이 상호 교환이 되는거야. 전자파를 0,1,0,1로 바꿀 수 있는 원리는 뇌의 원리와 같아. 언어를 수리로도 바꾸고 그림으로도 바꾸는 것이 우리 뇌야. 즉 좌뇌가 수리이고 언어이면, 우뇌는 이것을 그림으로 바꾸어버린다는 뜻이야. 즉 5G의 모든 전자파는 디지털 언어야. 0과 1의 언어라고 했지? 그런데 이것을 우리 뇌처럼 이미지 언어로 바꾸어 활용하는 것이 5G가 만드는 가상공간 세계이고 이것이 현실의 세계로 들어와 증강세계, 증폭세계를 만드는 거야. 이것이 5G 원리야. 너에게 언어로 들어왔는데 너는 우뇌로 그것을 그림으로 표현하는 거야. 그림으로 들어온 것을 수리로 표현하는 것은 음악이지. 음악은 피타고라스에 의하면 수리야. 즉 수의 분할이고, 공간의 분할이야. 음악은 소리가 공간 안에서 분할되어서 나오는 것인데 우리 뇌는 이것을 하나의 음으로 느끼는 거야. 음악도 파장의 일종이야. 우리의 고막에 그 주파수가 울리는 것이지. 빛이나 음악 역시 다 파장으로 이루어져 있어, 귀로 음악의 빛의 색깔을 누리는 것이지."

"네"

"반도체가 뭐냐면, 전자파로 온 것을 0,1로 변환하여 그림으로도 보여주기도 하고 언어로도 표현해. 우리 뇌하고 똑같아. 그러니까 이것을 인공지능이라고 하는 거야. 아날로그를 디지털로 디지털을 아날로그로 바꾸어주는 반도체도 있어. 그 반도체를 아날로그 반도체라고 해. 이것은 자율주행 자동차와 5G에 있어서 중요한 반도체야. 이 분야에서는 미국의 텍사스 인스트루먼트 라는 회사가 가장 최고의 회사야. 그러니까 인공지능도 우리 뇌처럼 빛으로 전자가 들어온 것을 0과

1로 변환하여 그림으로 바꾸는 거야. 우리는 자연지능이고 이것은 기계가 만든 인공지능이라고 하는 거야. 그러므로 4차 산업혁명은 5G를 통한 주파수와 우리 뇌와 같은 인공지능의 간섭을 통해 이루어지는 가상세계의 구축인 셈이야."

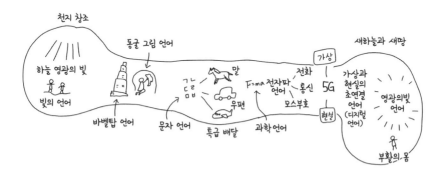

〈언어의 발달과 언어의 속도의 진보는 하늘 영광 빛의 언어를 찾으려는 노력이다〉

"처음에 사람은 어떻게 언어를 표현했을까?" "그림"

"그렇지, 그림으로 표현했지. 동굴 벽화를 보면 알 수 있지? 그러다 문자언어가 등장했어. 문자언어의 이동수단은 비둘기를 통해서 알려주거나 파발을 통해서 알려주게 되지. 나중에는 우편을 자동차로 배달하게 되는 거야. 그리고 근대과학 이후 수학언어로 발달해. 수학언어라는 것은 공식을 말해. 많은 이야기를 하나의 공식으로 말하는 거야. 예를들어, F=ma, 힘은 질량과 가속도다. 수많은 이야기를 하나의 공식으로 말해버리는 거야. 이러한 자연과학의 언어는 인간의 언어

소통 수단을 전자파로 바꾸는 거야. 전화같은 것이 등장하게 되어 플랫폼 안에서의 소통이 빠르게 된 거야."

"네"

"이것을 자연과학기술언어라고 해. 그림언어에서 알파벳언어 그리고 수학언어로 발전한 거야. 그런데 마지막에는 디지털 언어가 등장하지. 디지털 언어 0,1,0,1은 문자언어, 수학언어, 그림언어를 0과 1이라는 단어로 통합한 거야. 그래서 이 언어는 빛전자과 반도체를 통해 나타나는 거야. 즉 언어의 속도를 빛에 가까운 속도, 광자의 속도로 전달하려고 하는 것이고, 이것이 바로 5G야. 인간의 뇌의 전자충돌만큼 빠른 언어의 전달 속도가 5G야"

"네"

"그러므로 디지털 언어를 통한 커뮤니케이션의 시대가 열렸다는 거야. 알파벳 언어를 배우는 사람들은 디지털 언어를 이해하지 못해. 수학 언어를 배운 사람도 디지털 언어를 이해하지 못해. 예를 들어, 유튜브는 무슨 언어야? 유튜브는 이미지 언어지? 디지털 언어지? 왜냐하면, 반도체, 인공지능이 그림으로도 글로도 음악으로도 표현해. 그러니까 디지털 언어야. 바벨탑 이후 하나님은 언어를 갈라버렸는데 인간은 하나의 언어를 다시 만들었어. 이것이 디지털 언어야. 그리고 이 언어를 하나의 언어로 소통시키기 위해 만드는 것이 5G야"

"네"

"이런 모든 디지털 언어를 빠른 시간내에 소통할 수 있게 하는 게 5G야. 이게 디지털 언어의 속도로 이야기하는 거야. 5G는 어느 정도의 속도냐면, 인간신경망과 같은 언어의 속도야. 4G는 인간의 신경망 같은 속도가 아니야. 언어의 소통이 되어야 존재의미가 달라진다고 했지? 그런데 4G에는 언어의 소통이 없는 거야. 1G는 무엇일까? 옛날에 사용했던 무전기들이나 전화를 말해. G는 Generation 이라고 하는데, 1G는 1세대 통신이라고 하는 거야. 즉 아날로그식 전자파가 우리의 고막을 울려 소통하는 것이지. 2G는 모바일 폰이야. 이때부터 디지털로 전환이 일어나. 3세대 이동통신은 국제간의 통신과 여러 멀티미디어에 구현되는 통신이야. 그림으로도 구현된다고 했지? 4세대는 지금 우리가 사용하는 각종 기기를 통한 통신이야. 그런데 속도에서 문제가 있어. 큰 공간 안에 빠르게 소통되는 통신이 되려면 5G로 가야 하는 거야. 속도가 점점 늘어나서 이 전자파의 속도가 모든 언어를 구현할 뿐 아니라, 인간의 뇌신경망과 같은 속도로 구현하는 것이 5G야. 그리고 인공위성을 통하여 전 세계를 하나의 언어의 소통망으로 만들려고 하는 것이 6G야. 중계기가 필요없고 인터넷이 터지지 않는 밀림이나 자본이 없는 국가들까지 통신망을 주는 것이지. 그래서 가상공간의 플랫폼을 지배하려고 해. 미국은 5G가 약해. 그래서 바로 6G로 점프할 수 있어. 디지털 언어로 하나의 세계를 한 신경망으로 만들기 위해서 5G, 6G 같은 통신 주파수가 필요한 거야."

"네"

"뇌신경망이 있어야 4차 산업혁명의 가상공간의 플랫폼이 구동되는 거야. 게임하다가 끊기면 기분 나쁘고 답답하지? 그런데 5G는 네가 갖고 있는 신경망이기에 늦다거나 빠르다거나를 느낄 수 없는 속도야. 너의 뇌신경하고 똑같은 속도야. 아주 자연스러운 속도감과 언어감으로 소통이 된다고. 놀랍지 않니? 그래서 5G가 미래 문명의 기초야. 미래과학 기술문명을 하려면 무조건 5G로 가야해. 5G를 석권하는 자가 세계를 지배한다고 이야기해. 왜냐하면, 하나의 공간을 5G라는 빛으로 가득 채우는 사람이 세계를 창조하는 자가 되기 때문이야. 하나의 공간의 플랫폼을 지배하려면 5G로 갈 수밖에 없어."

"그렇겠네요."

"만약, 네가 전쟁터에 나가 총을 맞아서 수술을 해야 한다고 생각해보자. 그때 수술 로봇을 네 옆에 가져다 놓고 미국에 있는 의사가 거기서 수술을 하는 거야. 의사와 연결된 로봇팔이 바로 수술이 가능하도록 말이야. 이것은 5G가 되어야만 가능한 거야. 미국에서 의사가 VR을 착용하고 너를 수술해야 해. 네 몸은 그림으로 미국에서 뜨겠지? 그 사람이 칼로 쭉 자르면 로봇이 칼로 네 몸을 자르게 되는 거야. 전쟁터에서 바로 수술이 가능하다는 거지. 그렇게 하려면 나뉘어진 공간을 빛을 통해서 하나의 공간으로 만들어야 해. 그 빛의 속도가 5G야. 다른 두 공간의 행동이 연결되어 공유가 되는 거야. 그래야 완벽한 하나의 가상공간 안에서 인간이 한 인류가 되는 거지. 이것이 바로 창조이야기에서 빛으로 하나의 공간을 만드신 하나님에 대한 흉내가 되겠지.”

“네”

“그렇다면, 이것이 왜 중요할까? 예를 들어, 스마트 시티를 이야기할 때 사람들이 왜 모두 서울로 올라오지?” “서울이 제일 발달되어 있어서.”

“아니지. 인간은 5가지 민주화를 해야하거든? 정치, 경제, 문화, 교육, 의료 등 다섯 가지 민주화를 해야 해. 우리나라는 정치 민주화밖에 안 되어있어. 정치 민주화라는 것은 한 사람이 하나의 투표권을 갖는거야.”

“네” “그게 정치 민주화야. 그다음에 경제 민주화는 안 되어있지? 잘사는 사람은 잘살고, 못사는 사람은 못살지.” “네”

“아빠가 이야기하려는 요점은, 만약 지방에서 큰 수술을 해도 좋은 의사에게 수술받을 수 있다면 사람들이 굳이 서울을 찾지 않는다는 거야. 교육 분야도 마찬가지야. 5G를 통해서 미국의 탁월한 교수가 강의하는 것을 생생한 홀로그램으로 들을 수 있다면 미국 대학의 학위를 받기 위해서 유학을 갈 필요도 없겠지?”

"네" "그리고 예술의 전당이나 이런 좋은 문화의 공간에서 하는 연주회를 지방에서도 거기서와 같이 똑같은 음질로 들을 수 있다면 갈 필요가 있어 없어?"

"없어요."

"5G 기술은 모든 공동체의 공간을 하나로 엮어버려. 엄청난 거지. 그러면 도시라는 개념도 바뀌겠지? 서울이라는 도시의 개념이 바뀌는 거야. 공기 좋고 물도 좋고 의료시설도 똑같고 문화시설도 똑같고 복지 시설도 똑같으면 굳이 왜 복잡한 서울에 살아야 해? 공기 좋은 나무 밑에 사는 것이 낫지. 이것이 가능하도록 도와주는 것이 5G의 언어소통망 이라는 거야. 이것이 깔려야만 가능한 일이야. 그렇다면 도시 개념이 바뀔까 안 바뀔까?"

"바뀌죠."

"바뀌면 존재의미도 바뀌어. 파리에 갔을 때 파리는 근대의 유물이라고 했지? 2차 산업혁명의 산물 속에서 파리의 몽블랑 언덕의 예술가들이 아티스트로 바뀌었다고 했지? 예술이 2차 산업혁명과 같이 가는 거야."

"네" "서울은 근대화된 도시잖아?" "그렇죠."

"농촌에 있는 할아버지는 농사에 대한 경험이 많지. 이 할아버지가 서울로 오면 농사를 대신해서 할 일이 없지. 그래서 존경받는 할아버지가 노동자로 전락하는 거야. 이것이 존재의미의 바뀜이야. 그런데 5G가 등장하게 돼 스마트 시티를 만들면 굳이 사람들이 서울로만 집중거주 안 해도 되는 거지. 아빠는 아까 말했던 정치, 경제, 의료, 교육, 문화라는 다섯 가지의 민주화를 이룰 수 있는 것이 디지털 문명이라고 생각해. 그런데 이것을 아마존이나 구글 같은 회사들이 독점해버리면 디지털의 부가 한쪽에 쏠리는 거야. 그러면 안 되는 거야. 디지털 기술을 발달시켜도 디지털 문명은 인간이 살만한 공동체로 사람들이 만들어가는 거야. 새로운 디지털 도시문명을 바꾸는 것이 우리 기독교인의 역할이야. 독점하지 못하도록. 우리가 어떻게 디지털 공동체를 만들 것인가에 대한, 다시 말해 디지털 소사이어티에 대한 고민을 지금 논의하면서 가야해."

"네"

"전파의 입자는 0과 1이야. 전파는 네가 소리를 내면 그 소리가 아빠의 고막에 전달되지? 왜 전달되지? 전파로 들어오게 되지? 소리를 내면 공기가 떨려서 네 소리가 내 고막을 때리기 때문이야. 그러면 내 뇌가 그 전파를 언어로 바꾸는 거야. 이게 다 과학의 원리야. 만약, 네가 운전을 하다가 앞에 사람이 나타나면 브레이크를 밟겠지? 이런 신경망의 속도보다 빠른 것이 5G 속도라는 거야"

"그렇구나" "사실은 더 빨라. 그런데 인공지능은 감각의 언어는 없지?" "없죠."

"그래서 등장하는 것이 로봇이야. 로봇을 만들어서 거기에 촉감과 미각, 청각 등의 기능을 집어넣는 거야. 그래서 인간하고 소통할 수 있도록 하는 거지. 지금 인공지능은 언어만 소통되는데, 터미네이터 영화처럼 로봇 안에 이런 모든 기능을 집어넣는 거야. 그러니까 이런 로봇이 나와서 인간하고 같이 살게 되겠지? 만질 수도 있고? 이런 세상은 어떤 세상일까?"

"5G를 넘어선 시대"

"아무도 몰라. 그래서 너희들이 고민해야 해. 이런 로봇을 우리의 구성원의 일원으로 받아들일 수 있는가? 이런 고민을 해야 해. 우리의 존재질서 안에 로봇을 하나의 구성원으로 받아들일 수 있는가를 고민하는 것이 인문학이야."

"네"

"이제 왜 우리가 5G로 가는지 이해가 되었지? 5G로 가야 4차 산업의 생태계가 만들어지는 거야. 클라우드, 스트리밍, 의료, 바이오, 유통 등 모든 것이 5G 안에 하나로 엮어지는 거야. 하나의 언어가 되고 하나의 공간이 되는 거야. 이른바 가상공간의 통일성이 이루어지는 거야. 전 세계가 가상공간을 통해 하나로 엮여져 현실 공간을 증폭시켜 버리는 증강세계가 이루어지는 것이지. 언어의 소통과 공간의 소통이 5G로 이루어지는 거야. 새로운 소사이어티가 등장해. 디지털 소사이어티. 디지털 문명이 있는 디지털 사회. 즉 가상과 현실을 이어 새로운 세계, 증강세계를 만드는 사회를 구현하려면 5G라는 빛의 속도가 있어야 되는 거야. 전 세계가 모든 플랫폼을 하나의 소통 속에 한 공간으로 만들려면 5G를 해야 하는 거야. 양자인공지능 클라우드, 블록체인 그리고 5G라는 통신망은 하나의 공간을 만드는 거야. 그래서 전 세계는 5G에 올인하고 있는 거지."

"네"

"5G는 민간기업이 할 수가 없어. 이것이 인프라 사업이기 때문에 옛날에 도로를 놓는 것과 같아. 이것은 국가가 하는 사업이야. 기업이 하더라도 국가가 엄청난 자금을 들여서 하는 사업이야. 그렇다면 미국이 유리할까? 중국이 유리할까?"

"중국요?"

"중국은 공산당이니까 정부가 마음대로 움직일 수 있는 거야. 그래서 중국이 유리해. 그런데 이러한 5G를 중계하는 단말기는 중국의 화웨이라는 기업이 최고야. 미국이 이 부분을 용납하지 않아. 그래서 계속 서구진영에서 화웨이 단말기를 사용하지 말고 하는 거야. 하나의 공간 플랫폼을 뺏기지 않으려는 전쟁인 셈이지.

옛날에 플랫폼을 만들면 그 플랫폼 안에 서플라이체계와 밸류체계를 소통하는 언어전달을 구축했어. 그래서 처음에는 사람들이 뛰어가서 전해겠지? 마라톤 전쟁에서 승리한 그리스 병사가 아테네에 뛰어가서 전했지. 그리고 말을 통하여 전했고 봉화 같은 것도 있었고 그러다가 모스부호가 생기고 전화가 생기면서 이른바 통신기술이 발달하게 되어 지금의 5G가 생긴 거야. 플랫폼을 하나의 공간으로 만드는 통신수단의 발달인 셈이지. 우리는 5G라는 디지털 통신수단 안에 무슨 언어를 심어야해?"

"영적인 언어?"

참 빛이신 그리스도를 전하는 4.0 바라커

"복음의 언어, 예수 그리스도의 언어를 심어야 하는 거야. 옛날에 사도 바울은 배를 타고 가서 이방인들에게 복음을 전해야 했지만, 우리는 이 세상 어디든지 갈 수 있는 거야. 4차 산업의 공간 안으로 디지털 언어를 타고 5G라는 빛으로 채워진 공간 안으로 우리는 들어가는 거야. 그래서 그 공간 안에서 우리는 그들에게 복음을 전할 수 있는 시대 속에 살게 되었다는 거야, 바울아."

"네"

"그러니까 새로운 선교적 접근이 필요하겠지? 그리고 거기에 대한 고민을 너희 세대가 해야 되겠지? 이제 5G가 뭔지 이해되었니?"

"네"

"중요한 것은, 전 세계 사람들이 UN에서 5G 전파 주파수는 동일주파수로 사용하자고 동의를 했어. 그래서 전 세계를 하나의 언어로 통일시키겠다는 거야. 그전까지는 각자의 통신의 주파수가 달랐는데, 이제부터는 5G 주파수로 가자는 거야. 그런데 아빠는 이것이 바벨탑의 회복일 수도 있고, 새로운 복음의 언어에 대한 도전일 수 있다는 생각을 해. 너는 5G에 대해 어떤 생각을 하니?"

"5G로 많은 유익도 있겠지만 그만큼 범죄도 생길 것 같아요." "왜?" "그만큼 빠르게 발달되면 더 빠르게 범죄를 저지를 수 있다는거니까." "5G를 이용한 범죄가 등장할 수 있다는 거지?" "네"

"5G 기술을 지배하는 자가 악한 사람이라면 이 세상에 엄청난 재앙이 닥칠 수 있겠지? 사실은 네가 말한 빅 브라더Big Brother 시대가 도래할 수도 있어. 중국 공산당은 모든 인민들의 사상과 행동을 안면기술을 통해 통제하고 있어. 전 세계에서 CCTV가 가장 많은 나라가 중국이야."

"네"

"그러므로 우리가 성경적인 관점으로. 새로운 공간을 보아야 해. 토브와 바라크의 관점으로 새로운 5G 공간을 바꾸어 나가는 일을 그리스도인들이 감당해야해. 5G 플랫폼을 인간을 위해 아름답게 쓰는 일들을 그리스도인들이 해야 한다는 거야. 그렇기 때문에 철저히 공부하고 철저히 이 언어를 만들어 내는 작업을 해야 해. 알겠지?"

"네"

"5G가 자율주행 자동차를 현실화시키고 드론과 플라잉 카를 현실화해. 그리고 모든 가상공간 안에서 서로의 소통과 공간의 일치를 이루어낼 거야. 이 세상은 5G라는 빛으로 가득하게 될 거야. 그러나 창조 때 보면 하나님은 온 우주에 자신의 영광의 빛으로 가득하게 채워놓으셨어. 요한계시록에는 하나님의 영광의 빛이 가득하기에 이제 하늘의 해와 달이 필요없다고 말씀하고 있어. 내가 그 요절을 읽어볼게."

"네, 아버지."

"요한계시록 21장 23절이야. '그 성은 해나 달의 비췸이 쓸데없으니 이는 하나님의 영광이 비취고 어린 양이 그 등이 되심이라' 온 세상은 가상공간이든, 현실의 공간이든, 그것이 장소가 되든, 우리는 그 안으로 하나님의 영광의 빛이 가득한 세상을 만들어가야 해. 빛되신 그리스도를 전하는 바라커들이 되어야 해. 4.0 바라커들은 가상공간으로, 증강세계 안으로 빛되신 그리스도를 가득 채우는 꿈을 꾸고 비전을 가져야 해. 사람은 하나님의 영광의 빛으로 자신을 바로 볼 때 진정한 자신의 가치와 존재의미를 갖게 되기 때문이야. 그것이 너희 세대에게 요청하시는 그리스도의 요청이야."

"네, 근데 우리나라가 5G로 이루는 세상을 못 따라가겠다는 생각이 드네요."

"그렇지는 않아. 지금 전 세계적으로 5G의 세상을 만들 수 있는 기술이 가장 앞선 나라가 미국, 중국 그리고 한국이야. 그러니 한국의 4.0 바라커들에게 거는 기대가 더 크고 놀라운 거야. 함께 기도하고 마치자."

4.0 바라커인 아들을 위해 축복기도하다

"아름다운 토브의 세상을 만드신 하나님,
그 속을 빛으로 가득 채우신 하나님,
그리하여 아름다움을 보게 하시고
그 아름다움을 누리게 하신 하나님,
사람들이 그 아름다운 빛을 잃어버렸을 때
아들이신 빛 되신 그리스도를 보내어
이 땅에 다시 빛으로 채우시려고 하신 하나님,
그 영광의 빛을, 오늘 우리가 보는 은혜를 누리고 있습니다.
세상은 5G라는 새로운 빛을 이 세상에 채우려고 합니다.
그리하여 새로운 가상공간 안에서 하나가 되고자 합니다.
우리 시은이가 4.0의 바라커가 되어
이 가상공간 안으로 하나님 영광의 빛을 흘려보내는 사람이
되도록 축복하여 주십시오.
종말에 온 하늘과 땅에 당신의 영광의 빛이 가득한 세상이 될 것
이란 약속 안에 오늘의 바라커의 삶이 이루어진다는 사실을
시은이가 믿게 하시고
하늘 문을 여시어 영광의 빛을 비추어 주옵소서.
당신의 아들, 시은이가 4.0 바라커답게 세상에 대하여 당당하되
늘 겸손하게 하시고 놀라운 약속의 땅을 받는 아이가 되도록
축복하여 주옵소서.
예수님의 이름으로 기도하옵나이다. 아멘"

아들에게 들려주는 4차 산업혁명 여섯 번째 이야기

토의하기

1. 빛은 아주 중요한 주제 중에 하나이다. 여러분이 아는 빛의 종류를 말해보라.

2. 하나님은 왜 인간에게 수많은 빛의 주파수 중에 가시광선으로 보게 했는가?

3. 가시광선 빛과 하나님의 영광의 빛으로 보는 차이점은 무엇인가?

4. 역사적으로 플랫폼 안에는 공간과 공간을 이어주는 통신기술이 발달하였다. 지금까지 통신망이 어떻게 변했는지 논의해보라.

5. 5G는 광통신망이라고 한다. 빛의 속도만큼 빠른 통신망이라고 한다. 이러한 통신망이 필요한 이유를 설명해보라.

6. 하나의 초연결 인공지능 플랫폼과 5G가 만들어내는 세상이 좋은 세상일까? 나쁜 세상일까? 서로의 의견을 나누어보라. 특별히 다섯 가지 정치, 경제, 문화, 교육, 의료의 민주화의 관점에서 논의해보라.

7. 어떤 교회는 전 세계의 선교사들을 가상공간 안에서 통신으로 연결하여 선교부흥회를 한다고 한다. 교회가 하는 이런 새로운 시도에 대해서 당신은 어떻게 생각하는가?

8. 세계가 하나의 공간 안에 소통이 된다면 당신은 전 세계에 무슨 말을 하고 싶은가? 어떤 이야기를 하고 싶은가? 그리고 그 이야기를 어떤 식으로 표현하고 싶은가?

9. 그리스도의 재림 때 새하늘과 새땅은 무슨 빛으로 가득하게 되는가? 5G의 빛과 하나님 영광의 빛의 차이점을 설명해보라.

아들에게 들려주는
4차 산업혁명

일곱 번째 이야기

4차 산업혁명과
4.0 금융에 대해
이야기하다

이야기 요점 STORY POINT ─────────

　공간의 변화는 그 공간 안에 교환되는 화폐가치의 변화를 가져온다. 아시아에서는 은이 가장 중요한 화폐통화였다. 그러나 1차 산업혁명을 통해 금이 가장 중요한 화폐로 등장하고, 1, 2차 세계대전을 통해 달러는 기축통화로 자리를 잡게 된다. 1차 산업혁명을 통해 유대인 로스 차일드 가문John Rothschild family은 유럽의 화폐와 금융을 지배하였고 1차 산업혁명이 일어나도록 투자를 하였다. 2차 산업혁명 이후 로스차일드 가문은 제이피 모건J.P. Morgan 등과 연결하여 미국에 투자를 이루었으며 미국은 영국에 이어 세계 기축통화 국가가 된다. 닉슨 대통령 이후 미국은 금본위제를 없애 버리고 달러로 세계를 지배하게 된다. 3차 산업혁명은 신용화폐 개념이 본격적으로 공간 안에 들어오게 된다. 금융결제가 컴퓨터로 이루어지고 신용에 의거한 레버리지 leverage. 신용에 의한 빚을 통해 수익을 극대화하는 방법를 통해 부의 확장을 이른다. 4차 산업혁명은 핀테크와 디지털 화폐, 블록체인 등으로 나타난다. 4차 산업의 가상공간을 통한 온라인 결제시스템은 세계의 금융을 하나로 만드는 결제시스템을 등장하게 한다. 여기에 기축통화인 달러 시스템을 붕괴시키려는 중국의 패권도전과 달러 중심의 현실 기축통화에 근거한 디지털 화폐를 만들려는 미국의 패권보호의 충돌이 4차 산업공간 안에서 일어나고 있다. 신종 코로나 바이러스로 인하여 이러한 화폐전쟁은 4차 산업공간 안에서 이제 본격적으로 일어날 것이다.

산업혁명의 기술공간을 지배하는 것은 궁극적으로 금융서비스이다. 금융에 대한 이해가 없으면 공간의 지배국가가 될 수 없다. 한국의 학생들은 금융교육에 있어서 거의 무지하다. 아니, 한국의 학부모들이 금융에 대해서 무지하다. 유대인들은 어릴 때부터 금융 교육을 시키며 돈에 대한 철학을 주입한다. 세계는 유대인 금융에 의해 지배당했다. 세계의 거대 자본은 유대인 자본, 화교 자본, 중동 자본이 대표적으로 이다. 이 자본이 가상공간 안에서 통일되는 금융시스템이 지금 작동되고 있다. 아들과 함께 새로운 금융시스템이 어떻게 이루어지는지에 대하여 이야기를 나누었다.

이 강의는 내 아들, 시은이가 고등학교 1학년이 되었을 때 한 4차 산업혁명에 대한 확장 강의였다. 중학교 3학년 때 아들과 4차 산업혁명에 대한 강의, 토의 후 쉬었다가 코로나 바이러스19로 인해 그 이후의 세계질서에 대한 고민이 생겨 함께 나눈 강의이다. 이미 4차 산업혁명 강의 중간중간에 금융과의 관계를 말하였으나 한 주제로 다룰 필요가 있어 아들에게 시간을 내어 강의하였다. 특별히 금융 중심으로 다루었다. 따로 떼어 내어 금융에 대해서 아들과 그 내용을 일 년간 나누려고 하였으나 코로나19 이후의 세계가 급변할 것 같아 함께 이야기를 나누었다. 나는 금융에 대한 이론과 실물경제, 주식, 채권, 원자재, 달러, 비트코인 같은 모든 부분을 아들과 다루고 싶었다. 화폐는 맘몬과 같아서 성경적 자본가치가 없으면 마귀적 속성으로 지배를 당한다. 성경적 가치로 자본에 대하여 충분히 교회는 다루어야 한다.

4차 산업혁명에 대해서 많은 학자들이 말을 하지만 금융과 산업혁명의 연관성을 말하는 이는 적다. 금융에 올바른 이해가 없다면 4차 산업혁명을 제대로 이해하지 못하는 것이다. 세계의 역사는 화폐전쟁이며, 산업혁명의 새로운 공간의 창출은 금융이 있어서 가능했고 새로운 공간은 또한 새로운 금융을 만들기 때문이다.

신종 코로나로 아들은 집에서 영상으로 수업을 하고 있다. 이 글에 나오는 나의 미래에 대한 생각이 틀릴 수는 있으나 인간은 현실의 문제에서 미래의 여러 가능성에 대하여 생각하고 무엇을 선택할지를 고민해야 하기 때문에 무의미한 것은 아니라고 생각한다. 궁극적으로 우리는 답을 찾는 것이 아니라 가장 좋은 선택을 찾아가는 과정이 중요하며 그 과정을 함께 고민하는 것이 공부이기 때문이다.

아들에게 공부라는 것이 무엇인지 설명하다

"사랑하는 아들아, 갑작스럽게 다시 공부를 하자고 해서 미안하다. 원래는 아빠가 좀 더 준비하여 그리스도인의 금융에 대하여 너와 토론하고 논의를 하려고 했으나 코로나19로 인해 지금의 상황을 금융으로 보아야 할 필요가 있어 공부하자고 했어. 학교 나가지 않고 집에서 공부하니 힘들지?"

"네, 친구들과 만나서 공도 차고 싶고 같이 놀고 싶어요."

"그래 공부라는 것은 수신제가 치국평천하 修身齊家 治國平天下야. 수신제가 치국평천하라는 말을 들어본 적이 있니?"

"네"

"무슨 뜻이니"

"자기를 다스릴 줄 아는 자가 가족을 다스리고 세상을 다스린다는 뜻 아니에요?"

"잘 이야기했다. 사서삼경 중에 <대학>에 나오는 말이야. 수신제가 치국평천하 修身齊家 治國平天下 는 닦을 수, 몸 신, 가지런할 제, 집 가, 다스릴 치, 나라 국, 평평할 평, 하늘 천, 아래 하야. 몸을 닦고 집을 안

정시킨 후 나라를 다스리며 천하를 평정해야 한다는 말이야. 그런데 여기서 수신, 즉 몸을 닦는다. 혹은 몸을 수련시킨다는 말을 제대로 이해해야 해. 아빠가 생각할 때 여기서 몸이란 단순히 육체가 아니라 내 몸과 관계된 모든 관계망으로서의 몸이야. 즉 네 몸에는 영혼이 깃들어 있고, 네 몸은 이 세상의 음식과 관계되어 있지. 네가 먹는 음식이 병들면 너의 몸도 병들어. 또한, 너와 관계된 이웃, 부모, 친구들이 병들면 너도 병이 든단다. 그러므로 몸을 수신한다는 것이 공부야. 즉 몸을 수련하고 닦는다는 의미는 나의 몸과 관계된 모든 관계망을 올바른 관계로 유지한다는 것을 의미해.

네가 배우는 학업에 수 많은 과목들이 있지? 국어, 수학, 영어, 물리, 생물이란 너의 몸과 관계망을 형성한 대상들이야. 그러므로 너의 몸을 수신한다는 것은 모든 관계망과의 올바른 관계를 유지한다는 뜻이지. 태초에 아담이 동물의 이름을 지었다고 되어있어. 이름을 짓는다는 것은 아담과의 관계망이 형성되었다는 뜻이야. 하나님이 아담의 이름을 짓고, 아담이 하와의 이름과 동물의 이름을 짓는 과정은 관계망의 형성을 만들어가는 과정이야. 이 과정을 통하여 아담은 자신의 몸과 관계된 모든 관계명을 안고 있는 몸이 되는 것이지. 그러므로 몸을 잃어버린다는 것은 하나님을 잃어버리는 것이고 자연 만물을 잃어버린다는 것을 뜻해. 인간은 흙이니 흙으로 돌아가라는 명령은 인간이 몸을 잃어버렸다는 것을 뜻해. 그러므로 수신이란 자기 몸을 찾으라는 뜻이야. 내 몸과 관계된 관계망을 학문으로 배우고 그 관계망을 수련하는 것이 공부야.

예를 들어, 돈에 대하여 욕심을 부리면 내 몸의 관계망이 깨져, 그래서 그 관계망이 깨어지지 않도록 경영이나 경제를 배우는 거야. 즉 돈이라는 관계망을 통해 지구라는 공동체가 건강해지도록 하는 방법을 배우는 것이 경제이고 경영이지. 주식이란 것은 금융의 한 부분이야. 모든 사람들이 주식이라고 하면 수익을 올리는 대상으로 대하지, 그러면 이것은 탐욕이 되어버려. 탐욕이 되는 순간, 자신은 부자가 되어도 다른 모든 관계망은 고통을 당하고 아픔이 오는 거야. 그러면 궁극적으로 자신도 행복해지지 않는 거야. 그러므로 돈에 대한 수신修身이 이루어지도록 공부하는 거야.

　내 몸이 하나님과 관계되어 있으니 그 관계 속에서 배우는 것은 신학이 되는 거야. 그런데 세상의 공부를 통해서는 진정한 자신의 몸을 찾을 수는 없어, 몸을 찾으려면 그리스도를 만나야 돼. 그래서 그리스도께서 주시는 새로운 몸을 받아야 돼. 거듭난 몸인데 이것은 그리스도께서 주시는 새로운 몸, 그리스도의 몸이야. 즉 그리스도의 몸으로서 세상의 모든 관계망을 생각하는 새로운 변혁이 일어나는 거야. 이것을 기독교 세계관이라고 해. 예수님이 '내 살과 피를 먹고 마시라'는 것은 나의 몸이 새롭게 태어나야 한다는 것을 말해. 그리스도의 몸으로 새롭게 된다는 것은 나의 모든 관계질서가 새롭게 되는 것을 말해. 내 몸으로 대하는 세상의 관계망이 달라진 거야. 그런데 <대학>에서 수신제가치국평천하修身齊家治國平天下라고 말하지, 반면에 예수님은 내 몸을 먹으라고 말을 하는 거야. 예수님의 몸을 먹을 때 나는 예수의 몸으로 되는 거야. 그래서 내 탐욕의 몸으로서의 관계망에서 예수의 몸, 생명의 몸으로 관계망을 갖게 되는 거야. 죽어가는 몸이 아닌 살리는 몸으로서, 내 몸은 세상에 대하여 사람에 대하여 생명의 몸, 떡과 살이 되는 몸이 되는 거야. <대학>에서 자기의 몸의 관계망을 제대로 수련하는 것을 배워야 집을 제대로 된 위치 안에 두는 거야. 여기서 가족이란 것은 좁은 의미에서는 자기 가족이지만 옛날에는 마을자체가 씨족사회였으니까 자신의 몸의 밀접한 관계가 있는 관계망이 마을, 즉 씨족사회를 통해 바르게 되는 것을 보는 거야. 그것이 제가齊家야. 그 다음이 나라와 세상을 다스리는 것이지.

‘다스린다’는 것은 성경의 창세기에 아담에게 명령하신 모든 만물을 다스리라는 내용과 동일한데 모든 사물이 자신의 자리를 제대로 잡는 거야. 내 몸의 관계망이 바뀌어지면 내 몸으로인한 모든 만물의 자리가 스스로 자리를 잡는다는 말이야. 사람들이 암에 걸리면 자기 몸에 맞는 음식을 먹어. 그러면 자연은 스스로 질서를 잡는다고. 고기를 마음껏 먹고 술을 먹고 이런 것들은 궁극적으로 자연 파괴와도 상관이 있지? 동물을 공장에서 사육하고 속성으로 키우는 자본화가 되는 것은 인간의 탐욕에서 시작되는 거야. 그런데 내 몸이 병들면 고기를 줄이고 자연식을 하지? 자연식을 한다는 것이 세상의 자연 질서를 바로 잡는 거야. 그런데 성경은 그리스도의 몸만이 모든 세상의 만물을 스스로 자리를 잡게 한다고 말하고 있어. 교회가 그리스도의 몸으로 세워지지 않으면 사실은 세상의 모든 만물의 질서는 엉망이 되는 거야.

이번 코로나 바이러스는 박쥐의 바이러스가 인간에게 숙주가 되어 나타난 질병이라고 하는데 이 모든 것은 인간 몸이 먹지 말아야 할 것을 먹어 생긴 탈이야. 코로나 바이러스 발생으로 좋은 것은 생태계가 복원이 된 거야. 인간이 생태계에 오염을 남기지 않으니 자연이 살아나기 시작하는 거야. 베네치아에 물고기들이 보이고 강물이 맑아졌고, 중국의 공장이 문을 닫으니 우리나라 하늘이 맑아졌지. 인간의 몸이 수련이 되지 않으니 바이러스가 그 몸을 쳐버린 거야. 그러니 인간의 나쁜 몸의 관계망으로 고통당하는 자연들이 해방이 된 거야. 인간의 죄에 대하여 질병을 주시거나 사망을 주신 것은 형벌인 동시에 은총이야. 왜냐하면, 인간의 죄 된 몸은 모든 관계망을 오염시켜버리기 때문에, 조절해주는 기능이 하나님의 형벌 안에 있는 거야. 아빠가 딴 말을 했구나… 공부란 몸을 닦는거야.

그런데 4차 산업혁명의 공부를 가상공간에서 만나서 하는 학업으로 정의하면 안 되는 거야. 가상공간에서 학습하는 것은 대부분 공부가 아니야. 그것은 그냥 학습일 가능성이 높아. 지식의 축적이 될 가능성이 높아. 몸의 수련이 없는 학문은 학습이야. 학교는 운동장이 있어야 해. 체육이라는 것은 친구와 함께 공놀이를 하면서 나의 몸이 공동체의 몸으로 만들어지는 수신修身이 되는 거야. 가상공간의 지식전달이 지식의 독점체제를 깨트린 것은 맞지만 그것이 공부라고 생각하면 큰일이 나는 거야. 지금의 학문이 자연만물을 수학언어로 수리화하고 개량화시켜 인간의 청지기적 위임명령을 지배 명령으로 바꾸는 큰 실수를 하여 지금의 학문에서는 몸으로서의 관계망을 쏙 빼 버렸어. 그래서 몸과 관계된 모든 대상들을 수량화시킨 거야. 돈이 수량화

되었지. 얼마를 번다. 수익이 얼마인가? 부채가 얼마인가? 거기엔 인간이 없어. 그러니까 그 돈은 수련된 돈이 아니야. 근대과학의 수식화의 수학언어는 인간의 몸을 빼버리고 그 안에 모든 것을 수학적 계산식으로 환원한 거야. 구리 료헤이가 쓴 우동 한 그릇이라는 일본 동화에 보면 12월 31일 어머니와 두 아들이 우동집에 들어와. 식당 주인이 밤늦게 오는 어머니와 두 아들을 기다려. 그런데 이 사람들이 돈이 없어 우동 한 그릇을 시키는데 주인은 우동 한 그릇에 넉넉히 담아 눈치채지 못하게 주는 거야. 그리고 그 우동을 먹는 모자를 따뜻한 눈으로 보는 거야. 그리고 12월 31일이 되면 그 어머니와 두 아들을 위해 자리를 비워두는 거지. 이것은 돈을 수학적 언어로 계산하는 계산식에서 나오지 않는 가치야. 우동 한 그릇 안에 나의 몸과 그 어머니와 두 아들의 몸이 하나의 몸으로 먹는 거지. 우동을 그 어머니와 아들이 먹지만 우동을 준 주인은 자신의 몸을 준 거고, 그 사람들은 그 주인의 몸을 먹고 자란 거야. 마치 너의 키 높이만큼 아버지의 몸이 늙어가는 것처럼 말이야. 그렇지만 네가 자란 만큼 우주의 몸이 건강하게 자라고 있는 것이지.

근대는 인간의 몸을 빼내버린, 아니면 인간의 몸을 병리학적 몸이나 노동의 몸 정도로 가치를 절하시켜 버린 학문이 된 거야. 4차 산업의 공간 안에서 공부를 가상학습 안에 한정시켜 버리면 근대화의 학문과 똑같은 길로 걸어가는 거야. 그러면 인간은 육체 있는 인공지능에 불과해. 인공지능 몸 덩어리야. 그리스도교에서 말하는 영성이란 것은 하나님과 이웃, 자연만물의 올바른 관계야. 그래서 인공지능은 공부가 없어. 학습이나 데이터 축적의 알고리즘만 있는거야. 러닝만 있고 공부가 없는 거야. 인공지능은 공부를 못하는 한계를 갖고 있어. 인간은 수신修身하는 존재야. 그래서 자기 몸을 돌아본다는 것은 모든 관계망을 돌아보고, 음식을 먹거나 물을 먹는 행위가 탐욕이 되면 안 되고, 수신으로서 먹고 마시는 거야. 내 몸을 자연의 모든 관계망에 어울림을 갖도록 수련修練하는 행위가 공부야. 예수님의 제자훈련이라는 것은 그리스도의 몸을 만드는 훈련이야. 그 몸을 인간이 만들 수 없기에 예수님이 죽었고 성령으로 생명을 먹이고 그 몸을 만들어 가시는 거야. 이것이 영성 있는 몸이야. 그리스도의 몸으로 세상의 관계망을 갖는 거야. 이것이 공부야. 그러니 네가 영상으로만 공부하는 것을 공부라 착각하면 안 되는 거야. 그런 것은 학원이야. 학교는 공부하는 곳이고, 착각하면 안 된다.

이건 정말 어려운 말인데 그래서 공예배라고 할 때 우리의 믿음의 조상들이 말씀과 성례를 두었어. 성찬이란 몸을 만드는 행위이기 때문이야. 함께 그리스도의 몸으로 모여 교제할 때, 그리고 성찬을 행할 때 그리스도의 몸으로 성령이 만드시는 거야. 서로가 한 떡을 나누고 한 잔을 나눌 때 그 안에서 그리스도의 몸으로 성립이 되어가는 거야. 떡을 떼면서 나의 몸이 하나님이 주신 이 자연 만물과 이웃에게 생명의 몸으로 대하였는지, 나의 지체가 내게 생명의 몸이 되어 나를 살리고 있다는 사실을 확인하고 그래서 나는 개인의 몸이 아닌 그리스도의 몸임을 철저히 확인하는 것이 성찬이야. 그래서 아빠가 몸 닦고 있는 개혁교회는 성찬을 기념이 아니라 실재라고 하는 거야. 그리스도의 생명으로 진짜 몸이 되는 것이지. 교회가 성립되었다면 성례와 말씀으로 교회의 몸이 만들어져가는 거야. 이것은 엄청난 거야. 사람들이 이 엄청난 사실을 모를 뿐이야. 그래서 예배를 드리는데 몸으로 드리는 예배를 잃어버린 거야. 공예배란 몸으로 드리는 예배야. 순서에 드리는 예배가 아니야. 그 공예배의 모든 순서는 머리 되신 그리스도와 몸으로서의 우리가 만나는 실재가 담겨있어야해. 성찬은 그리스도의 몸으로 수신修身하는 행위야. 즉 그리스도의 몸으로 드리는 예배란 머리되신 그리스도로 인하여 모든 몸의 새로운 질서로서 예배를 드리는 거야. 그것이 성령충만이야. 하나님의 통치가 그리스도의 몸으로 새로운 관계질서로 이루어지는 것이 예배야. 예배를 통해 생명을 먹고 그 질서를 이루어가는 거야. 그러므로 공부라는 것은 그리스도인 학생에게는 그리스도의 몸으로 세워져 가는거야. 네가 학교에서 공부를 할 때도 수신이 되어야 해. 내 몸이 자연과 이웃, 물질에 대하여 올바른 관계를 맺는 거야. 네가 친구들과 만나 공도 차고 싶고, 밥도 같이 먹고 싶고, 놀고 싶은 것은 네가 공부를 하고 싶다는 거야. 그래서 공부란 친구와 공을 차고, 밥을 먹고, 노는 것에 있는거야. 그런 것을 통해 너의 몸이 너의 개인 것이 아니라 관계되어 있는 몸이란 것을 알지. 그래서 하나님이 주신 너의 몸을 함부로 대하는 것은 하나님을 욕되게 하는 것인 줄 아는 거야. 그게 몸으로 배우는 공부야. 그러니 네가 지금 영상으로만 공부하는 것을 공부라 생각하면 안 돼. 4차 산업혁명이 와도 운동장이 필요한 거야.

그런데 많은 사람들이 4차 산업이 오면 줌zoom을 통한 가상공간에서 학습하는 것이라고 생각하는데, 그렇게 말하면 근대교육의 수량화된 교육으로 가는 거야. 그러면 히틀러 같은 사람들이 나오는 거야. 과학문명이 인간을 지배하고 군림하는 학문의 폭력, 지성의 폭력이 나타나는 거야. 그건 공부가 아니야. '쟤는 공부는 잘하는데 인간성이 별로야'라는 것은 근대적 사고야. 성적이 좋은 것이지 공부를 잘하는 것은 아니야. 성적만 좋고 공부가 안된 사람이 정치를 하고 재계의 사장이 되면 이 사회의 몸은 고통을 당하는 거야. 공부를 잘했다는 것은 그와 관계된 모든 몸들이 자기 몸과 어울림이 되었다는 것을 말해. 그래서 공부는 평생 자기 몸을 수련하는 거야. 그리스도인은 그리스도의 몸으로 성령에 의해 만들어가는 거야. 이것이 공부야. 네가 온라인으로 학교 수업을 하면서 네 몸이 답답함을 느끼는 것이 옳은 거야. 선생님을 만나고 싶고, 친구와 공차고 싶고, 어제 너희 친구들 12명이 우리집에 와서 아빠가 바비큐 파티를 해주었지? 너희들이 함께 웃고 떠들고 마시고 농구하고…그것이 공부야. 그래서 '놀이가 공부다'라는 말이 맞는 거야."

"네, 어제 애들이 고기가 정말 맛있었다고 해요."

"바비큐를 먹는 것도 공부야. 함께 나누어 먹고 함께 서로의 이야기를 들어주는 것이 공부지. 그 안에 공동체가 만들어지고 몸이 만들어지는 거야. 그것이 공부야. 우리나라가 신종코로나 바이러스19로 스스로 자가 격리하고 사회적 거리를 자발적으로 두는 것을 보고 전 세계가 놀라. 즉 우리나라 사람들이 공부가 제대로 되어 있었던 거야.

중국은 공산당이 강제적으로 자가 격리시키고 선진국이란 나라는 벌금을 천만원씩 부과한다고 하고, 강제적으로 다루어야만 했는데, 우리나라는 자발적이었어. 선진국인 것이지. 공부를 통해 몸이 무엇인지를 체득적으로 갖고 있는 민족인 거야. 이것은 오랜 역사동안 우리 민족이 수난과 고난, 민주화를 통해 정권중심의 리더십이 아닌 시민의식으로서의 몸이 수양되어서 가능한 일이라고 생각해.

그러므로 4차 산업혁명이 온다고 이런 몸으로서의 공부를 잃어버리면 안 되는 거야. 지금 신종코로나 이후 미국과 중국의 새로운 질서 재패의 싸움이 본격화될 거야. 중국 중심의 체계와 미국 중심의 체계가 싸우는 거야. 이것은 몸이 아니야. 그러면 끝내는 다들 병이 들게 되어 있어. 공부가 안된 거야. 공부란 수신이고 수신은 나의 몸과 타자의 몸이 하나가 되는 과정이야. 예수님이 내가 너 안에 너는 내 안에 있다고 한 것은 십자가 안에서 그리스도의 몸의 통일을 이루었다는 뜻이야. 4차 산업혁명이 와서 네가 줌이나 가상공간에서 지식을 습득할 수 있으나, 이것이 몸으로서의 수신修身되는 공부로 가야해. 4차 산업이 오더라도 운동장이 있는 학교가 필요하다는 뜻이야. 이제 금융에 대해서 이야기를 해보자."

"네"

아들에게 금융의 가장 기본개념인
돈, 자산, 부에 대해서 말하다

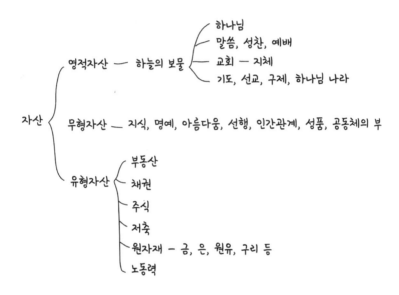

영적자산 ─ 하늘의 보물
 ┌ 하나님
 ├ 말씀, 성찬, 예배
 ├ 교회 ─ 지체
 └ 기도, 선교, 구제, 하나님 나라

무형자산 ─ 지식, 명예, 아름다움, 선행, 인간관계, 성품, 공동체의 부

유형자산
 ┌ 부동산
 ├ 채권
 ├ 주식
 ├ 저축
 ├ 원자재 ─ 금, 은, 원유, 구리 등
 └ 노동력

〈부는 영적자산, 무형자산, 유형자산의 합이다〉

 "아빠가 오늘 잡설을 많이 늘어놓았다. 오늘 주제는 4차 산업혁명
과 금융이야. 금융은 세 가지 기본개념을 가져야 해. 돈, 자산, 부라는
것이야. 돈은 무엇이고 자산은 무엇이고 부라는 것은 무엇이겠니?"

 "돈은 물건을 사는 것, 자산은 집안의 가치, 부라는 것은 부자가 되
는 것 아닌가요?"

"잘 이야기했다. 돈은 교환가치의 수단이야. 즉 물건이 있으면 그것을 가격을 매기지, 그렇다면 그 가격이 비싸면 흥정을 하여 교환가치를 이루는 거야. 그렇다면 그 교환가치의 수단이 돈이야. 네가 잘하는 '이것 얼마예요?'라고 묻는 거야. 그 가치측정의 수단이 돈이고, 교환가치로서의 수단이 돈이야. 그 돈으로 다시 돈을 만드는 것이 자산이야. 즉 돈을 재생산할 수 있는 모든 것이 자산이지. 자산은 세 가지야. 유형자산이 있지. 부동산, 채권, 주식, 저축, 금 등이 있어. 이것을 갖고 있으면 돈을 벌어. 네가 빌딩을 갖고 있다면 누군가에게 세를 주면 매달 돈이 들어오지. 이것이 자산이야. 직장 다니는 사람들은 직장 다니는 동안 자신의 지식이나 노동력이 자산이야. 그래서 몸값을 올리라고 말하는 거야. 스포츠 스타들의 몸값을 말하지? 노동자산을 말하는 거야. 유형자산 말고 다른 것은 무엇이 있을까?"

"무형자산이 있어요."

"그렇지. 어떤 예술가의 그림은 대단한 가격을 갖고 있어. 그렇다면 그 사람의 그림을 그리는 재주는 계속 돈을 벌 수 있는 자산이 되는 거야. 너희가 오랫동안 학교에 다녀야 하는 이유는 금융적 관점에서 무형자산을 키우는 거야. 근래 아빠가 한 논문을 읽었어. '기업의 무형자산은 어떻게 계산 되는가'였는데 흥미롭게 읽었어. 예를 들어, 애플이란 회사가 있는데 이 회사의 재무제표에는 현금자산, 부동산 자산, 실물자산 등은 있는데 무형자산은 없어. 그런데 '이런 무형자산을 없애고 기업가치를 측정하는 것이 옳은 것인가?'라는 논문이었어. 애플이 갖고 있는 특허라든지 그들의 미래를 위한 투자와 인재들의 가치 등은 측정할 수 없는데, 그 자산이 돈을 버는데 측정 불가능이라는 거야. 회사 재무제표에 이런 무형자산을 측정하는 것에 대한 논문이었어.

우리 민족의 무형자산은 얼마 정도 될까? 우리 집안의 무형자산은 얼마나 될까? 김구 선생님이 내가 원하는 조국이라는 글에 우리 조국은 남을 침범하는 민족이 아니라 아름다운 문화를 전 세계에 전달하는 민족이 되길 원한다는 글귀가 있어. 그것은 민족의 무형자산, 민족의 품격을 말하는 거야. 무형자산이 유형자산을 만들어 내는 거야. 그리고 돈을 만들어 내는 것이고. 시은이의 무형자산은 얼마 정도 될까?"

"엄청나죠."

"그래, 시은이의 무형자산은 엄청날 것이라 생각해. 내 아들의 무형자산은 엄청나지. 그리스도가 안에 계시면 모든 무형의 자산, 영적 자산을 가진 거야. 무형자산에는 사람의 관계, 사고 능력, 분별력, 지혜 등 여러 가지가 포함되겠지. 그리고 영적 자산이 있어. 영성의 자산이야. 하나님 말씀은 인간의 탁월한 무형자산이지. 성경을 읽는다고 돈이 나와요? 그런데 돈이 나와. 왜냐하면, 성경 안에는 우리의 물질세계를 지배하는 영성의 가치가 있어. 어려움을 이기는 것은 물질이 아니고 정신이야. 그리고 그 정신 중에 가장 고상한 정신이 영성이야. 그러므로 영적 자산을 가져야 해. 이러한 영적 자산이 없는 사람은 물질이 들어와도 그것이 자기에게 독이 되는 거야. 사람들은 돈을 벌려고 하지 무형자산인 영적 파워, 마인드 파워를 가지려고 하지 않아.

그리고 마지막으로 부라고 하는 것인데, 아까 말한 공부와 연관하면 부라는 것은 나의 돈의 생명관계망이 많아지는 거야. 즉 나의 돈이 그리스도의 몸을 만드는 것, 그것이 부야. 생육하고 번성하라는 주님의 명령처럼, 나의 돈이 그리스도의 몸을 살리고 만들어 내는 돈이면 그것은 하나님이 말씀하신 부자가 된 거야. 그것이 진정한 부야. 그 돈이 자기의 사치와 자기의 드러냄을 위해 사용된다면, 그것은 부가 아니야. 그러므로 부자가 될수록 가난하고 고통당하는 자들의 음성이 내 귀에 들려 내 몸이 고통스러워야 해. 내 몸이 그들의 몸과 연결된 관계망이 되어야 하는 거야. 그래서 그 돈을 아픈 몸을 향해 흘러보내야 하는 거야. 그것이 부야. 그러므로 돈은 부를 향해야 해. 아니면 그 돈은 탐욕이 되는 거야. 나의 돈이 그리스도의 몸의 생육하고 번성하는 일에 사용되지 않는다면, 그것은 부가 아니야. 가난이지. 돈은 있으나 가난한 사람이지. 아주 비싼 옷은 입었지만 벌거벗었다는 사실을 모르는 가난한 자이지.

요한계시록 3장에 보면 라오디게아 교회가 부유한 교회였는데 하나님 눈에는 가난한 거야. 그래서 안약을 사서 눈에 넣어 너의 실상을 보라고 하는 거야. 그 부유함이 영적인 부유함, 생명의 부유함이 되지 못한 것이지. 그러므로 부란 공동의 자산개념이야. 공동체를 부유하게 하는 재물이란 뜻이야. 그러므로 아빠는 금융이란 부의 정직한 확장과 공동체의 나눔이라고 생각해. 정직한 부의 확장 없이 공동체 부

의 나눔도 없단다. 정직하지 않게 획득된 부유는 어차피 공동체를 고
통스럽게 하는 거야. 정직하게 번 부유라는 것은 그 부의 획득과정도
공동체를 유익하게 한 것이어야 해. 그리고 정직한 부유함일수록 공
동체의 부의 나눔으로 가는 거야. 정직한 부를 획득하기로 한 사람이
라면 그 부유를 공동체로 나눌 마음이 되어있는 거야. 그러므로 부의
확장은 부의 나눔과 정직을 목적으로 해야 한다는 사실이 공동체의
금융에 대한 정신이 되어야 한단다.

　스웨덴으로 공부하러 간 아빠의 제자가 그 나라의 부자에게 질문을
했는데 '당신 소득의 50%를 세금으로 내는 것을 아까워하지 않느냐'
고. 그러자 그 부자가 '나는 부자이지만 나의 아들이, 나의 손자가 부
자가 되리라는 보장이 없다. 나의 후손도 가난할 수 있다. 나의 부가
세금으로 공동체에 합법적으로 기부되어 가난한 사람에게 간다면, 공
동체가 정당하게 나눌 수 있는 부가 된다면 문제될 것이 없다. 나의
후손도 나 같은 부자의 세금으로 기본소득을 충분히 받을 수 있기 때
문이다. 행정부가 내가 낸 세금을 고통당하고 가난한 자에게 정직하
게 집행하고 있는지 우리가 살펴보는 일은 필요하다.'라고 말을 했다
는 것이야. 미국의 워렌 버핏Warren Buffett이나 빌 게이츠Bill Gates 같
은 사람들이 자신의 부의 일부분을 기부하는 일을 하거나 재단을 만
들어 기부하는 일은 위대한 일이지만, 그것이 미국 전체를 건강하게
하지는 않아. 부의 재분배는 정책적인 시스템으로 해야 하는 거야. 우
리나라 의료보험제도 같은 것은 국가가 만든 좋은 제도야. 모든 국민
들이 동일한 의료혜택을 받는 제도야. 이번 신종 코로나바이러스 19

로 인해 우리나라가 갖고 있는 의료시스템 제도가 얼마나 좋은지를 모든 세상 사람들이 다 알게 되었어. 이런 것은 재벌이 하는 것이 아니야. 시민들이 정치적 합의를 통하여 생명자본 시스템을 구축하는 거야. 이런 제도를 세금을 거두어서 더 건강하게 만들어 후세대에게 주어야 해. 그러려면 부의 정직한 확장과 나눔이란 금융시스템이 필요하단다. 그러므로 정직한 부의 시스템을 뿌리에 두고 자산과 돈에 대한 가치를 가져야해. 아니면 그 자산과 돈은 탐욕이 되고 공동체를 파괴시킨단다. 그 부의 확장을 위해서는 4차 산업혁명의 금융구조를 건강하게 가져야 한단다. 이제 그 내용을 아빠가 다시 설명할게.”

아들에게 산업혁명 역사와 금융의 관계를 말하다

“바울아, 이제 산업혁명과 금융과의 관계를 이야기해줄게. 아빠가 역사는 공간의 확장이라고 했지? 산업혁명이란 궁극적으로 공간의 확장이라고 했어. 1차 산업은 증기기관차와 증기선으로 인한 공간 확장이야. 서유럽과 아시아, 아메리카의 공간 확장이 이루어졌지. 2차 산업혁명은 비행기나 자동차를 통한 공간 확장이야. 이 공간과 저 공간의 시간을 줄여버리는 공간의 확장이라고 했지. 이때부터 선교적으로도 단기선교, 종족 선교개념이 나왔다고 했지. 3차 산업혁명은 컴퓨터를 통하여 정보 공간의 확장이 된 거야. 그래서 선교정보에 근거한 선교전략들이 등장하게 돼. 10과 40 윈도우창이라는 선교전략도 그래서 나오는 거야. 4차 산업은 그냥 가상공간과 현실공간이 생기는 거야. 초연결 가상공간과 현실공간이 만나서 증폭하는 공간이 생기는 거야. 네가 좋아하는 마블 영화를 미중무역전쟁 중에서도 중국청년들이 제일 많이 보았어. 미국을 욕하면서도 어벤져스 같은 마블 영화를 보는 거야. 왠지 알아?"

"중국 청년들에게 마블은 미국이 아니에요. 마블 세계죠."

"그렇지, 그것이 이미지가 주는 가상공간 세계(증강세계)야. 그곳에는 다른 종족이 만들어지고 있단다. 마블 안에서는 마블의 세계가 존재하고 마블의 캐릭터들은 현실 세계의 존재자들이 아니라 가상 세계에서 통용되는 존재로서 세상의 모든 젊은이들이 만나는 거야. 그 속에 언어가 존재하고. 그러므로 4차 산업은 이러한 가상의 공간을 수없이 창조하고 또한 연결시켜 버리는 거야. 그런데 이러한 1-4차 산업혁명의 공간 안에는 새로운 화폐가 만들어지고 금융 질서가 만들어져 왔단다. 공간의 충돌은 새로운 플랫폼이 만들어진다고 했지? 그리고 그 플랫폼 안에서 새로운 서플라이체계와 밸류체계가 만들어지는거야. 그러므로 4차 산업의 공간 안에는 어떤 화폐가 만들어지고 어떤 금융 질서가 만들어지는지 논의되어야 한단다."

"산업혁명 때마다 화폐가 바뀌나요?"

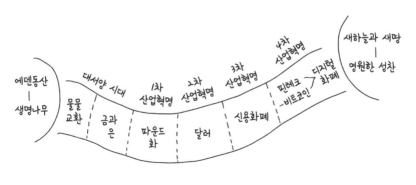

에덴동산
—
생명나무

대서양 시대

물물
교환

금과
은

1차
산업혁명

파운드
화

2차
산업혁명

달러

3차
산업혁명

신용화폐

4차
산업혁명

핀테크
—비트코인

디지털
화폐

새하늘과 새땅
—
영원한 성찬

〈공간의 변화 속에 금융의 변화〉

　"그럼, 이제 산업혁명 전에 먼저 금융의 역사가 시작된 이탈리아부터 이야기를 해줄게. 우리가 피렌체로 배낭여행을 갔을 때 메디치 가문에 대해서 이야기를 했지? 그 메디치 가문이 바로 은행업을 한 가문이지. 피렌체를 중심으로 한 무역업을 통해 금융업을 했어. 이른바 여러 사람의 돈을 받아 무역업에 투자하여 수익을 올리고 그 수익으로 이자를 주는 방식을 택했지. 그래서 그 은행업을 통하여 피렌체의 르네상스를 일으킨 것이야. 지금의 피렌체의 아름다운 예술 작품은 메디치 가문의 후원으로 가능했어. 당시에 이자를 통해 소득을 올리는 것을 죄악시 하는 중세적 분위기 때문에 메디치 가문이 성당을 짓고 성당 안의 여러 미술품들을 그리게 한 거야. 그러나 당시 디아스포라 유대인들이 이탈리아에 정착하면서 동시에 은행업을 했어. 주도권은 메디치 가문에 있었지만 유대인들은 제노바, 베네치아 등 다른 도시에서 은행업을 했어. 즉 이탈리아와 아시아의 공간의 무역 안에 이른바 유대인들의 금융이 있었던 거야. 그런데 이들이 스페인으로 이주

하면서 스페인의 대항해 시대를 열게 되는 거야. 당시 왕실의 재정을 담당했던 사람들은 유대인들이었어. 그들은 이른바 금융지식이 탁월했고 돈 버는 재주가 있어서 왕실이 이런 유대인들을 채용했어. 콜럼버스Columbus 알지?"

"네, 미 대륙을 발견한 사람이죠. 스페인 왕실의 후원을 받아 신대륙을 발견했지 않나요?"

"그렇지, 콜럼버스가 유대인이었어. 이탈리아 유대인 가문에서 태어났지. 물론 스페인에서 나고 자랐어. 콜럼버스가 신대륙을 발견하겠다고 스페인 왕실에 투자를 요청했을 때, 콜럼버스에게 투자를 해야한다고 스페인 왕실에 말한 사람이 왕실재정을 담당한 유대인이었다. 콜럼버스가 이사벨 여왕의 자금으로 신대륙을 발견했지? 콜럼버스가 신대륙을 발견하면 거기서 나오는 이익을 왕실과 5대5로 나누자고 했어. 그러니까 콜럼버스도 탐험가라기보다 사업가야. 이익을 위해 위험, 즉 리스크를 거는 사업가야. 리스크가 클수록 수익이 높거든. 그래서 이른바 대항해 시대가 열린 거야. 대서양과 유럽, 아메리카라는 새로운 공간 창출은 이러한 금융의 지원 없이는 불가능하지. 거기엔 물론 그 공간을 확장하려는 앙트레프레너 같은 자들이 있는 거야. 콜럼버스처럼. 그러므로 금융은 앙트레프레너를 키우고 앙트레프레너들은 공간 확장을 통해 부의 확장을 이루는 거야. 부의 확장은 공간의 확장이야. 이것은 아주 쉬운데, 어떤 국밥을 잘하는 식당이 있다고 하자. 그 식당이 전국에 프렌차이즈를 만들면 그 식당의 공간이 확장되는 거야. 그 공간이 확장되는 것만큼 부가 확장이 되는 거야. 그러므로 산업혁명은 무엇이냐면, 공간의 확장이고, 그것은 부의 확장이기도 해. 에덴동산의 생명나무 곁을 떠난 인간은 공간 확장을 통해 에덴의 공간을 만들려고 해. 그것이 산업혁명의 역사이기도 해."

"새롭게 알게 된 사실이예요."

"그런데 스페인은 전통적으로 가톨릭 왕국이었지. 그래서 유대인들을 추방했어, 1492년 발표한 '알 함브라 칙령'이야. 모든 유대인들은 스페인을 떠나라는 거야. 이것이 해양강국 스페인의 몰락이 되는 셈이야. 유대인들은 금융업에 종사를 했고 금속세공 등에 깊은 재주들이 있었어. 요즘 말로 하면 금과 은에 대한 조예가 있었던 거야. 금융에는 주식과 채권, 원자재가 있는데 원자재는 금과 은, 구리 같은 것이 포함되지. 이탈리아가 창출한 지중해 공간, 스페인이 만든 대서양 공간, 인도양 공간은 궁극적으로 금과 은, 향신료가 유통되는 공간이야. 그런데 이것을 다룬 사람들이 유대인들이야. 이들을 추방했다는 것은 금융을 추방한 것이지. 그렇다면 어떻게 될까? 망하는 거야.

전 세계에 제대로 된 주식시장, 즉 주식거래소가 있는 국가가 20여 개 국이 되지. 주식시장은 금융시스템이 그 나라에 존재한다는 것을 뜻해. 아빠가 도와주는 미얀마는 주식시장이 없어. 이 말은 금융이 없다는 말이야. 그렇다면 가난한 나라란 뜻이야. 금융이 없다는 것은 가난하다는 것이며, 더이상 앙트레프레너들을 창출할 수 없는 환경이란 뜻이야. 우리나라가 제대로 된 금융시장이 만들어져야 앙트레프레너가 등장하는 거야. 우리나라는 주식시장은 있지만 제대로 된 금융 지식이나 금융환경이 없어. 그렇다면 우리나라가 세계 공간을 창출할 인재를 만들 수 없다는 뜻이야. 올바른 부의 확장과 분배가 일어나려면 금융시장이 제대로 작동이 되어야 해. 단순히 주식시장이 열렸다고 되는 것은 아니야. 그리고 금융시장은 앙트레프레너들을 길러내어 정직한 부의 확장이 되어야 하고 분배가 되어야 한다고 했어. 앞전에 아빠가 이 부분을 너무 많이 이야기를 한 것 같아.

  우리나라는 청년들에게 대출을 해주지 투자를 해주는 것이 아니라고 했지? 투자란 잃어버려도 되는 것이야. 100명 중에 도전을 해서 1-2명이 성공하면 100명에게 투자한 돈의 수십배를 창출하는 부의 확장이 되는데, 대출이란 담보가 있어야 하고 실패하면 인생이 끝나는 거야. 이런 금융시스템에서는 전부 공무원이 되길 원하는 거야. 도전을 못 하는 거야. 청년의 잘못이 아니야. 잘못된 부의 시스템, 금융의 시스템이 문제이지. 아빠는 중학교 때부터 제대로 된 금융교육을 받아야 한다고 생각해. 제대로 된 금융시스템과 부의 가치를 배워 시민의식을 가져야 제대로 된 자본생명 시스템을 만들 수 있는 거야. 즉 금융시스템에 대한 사회적 합의, 시민의 협의가 있어야 되는 거야."

  "그런데 왜 학교에서는 금융교육을 하지 않나요?"

  "내가 볼 때 우리나라는 조선시대 때부터 장사꾼들을 멸시했지. 우리나라 역사에서 공간을 연 비즈니스 앙트레프레너로는 장보고라는 사람이 있어. 아마 역사상 아시아 10대 부자 안에 들어가는 유일한 우리나라 사람은 장보고일거야. 완도에 청해진을 만들어 조선과 일본, 중국을 잇는 공간을 지배했지. 이른바 신라시대때 해상의 플랫폼을 만든 사람이 장보고야. 무슬림 사람들까지 신라에 들어온 것으로 확인돼. 그 공간은 이미 실크로드를 품고 있는 공간이었지. 또 조선시대에는 제주에 김만덕이란 여자분이 있어. 제주와 육지의 공간을 잇는 장사를 했고 그 부유를 제주도에 기근이 들었을 때 다 나누어 주었지. 제주도에 아빠랑 여행했을 때 아빠가 이야기 하지 않았니? 김만덕이란 여인에 대해서…"

"네, 알아요. 제주를 사랑했던 사람들이라고 하면서 거상 김만덕 이야기를 했어요. 영조임금께서 소원을 말하라고 하니까. 금강산 여행이라고 했어요. 금강산 여행을 끝내고 다시 제주도로 가서 제주사람들을 사랑하다 죽었다고 이야기하셨어요. 다른 모든 이들은 제주도를 떠나려 하였으나, 김만덕은 제주를 사랑하여 제주로 왔다고. 지금 제주의 복음화가 2%도 안 되는 것은 제주를 정말 사랑하는 사람이 없어서라고 아빠가 말했어요. 그래서 선교의 핵심은 그 민족을 사랑하는 것이라고 했어요."

"잘 기억하네. 이러한 장사꾼들, 금융인들이 우리나라에 나타나곤 했지만 장사꾼들을 멸시하는 경향성, 즉 돈에 대하여 이야기하면 저질이라고 생각하는 우리의 정서에 문제가 있지. 그러면서도 돈을 대단히 사랑해. 정치인들이나 우리나라 지도자들이 뉴스에 나오는 대부분의 문제가 여자 아니면 돈이야. 돈에 대해서 이야기를 하면 천박하다고 생각하면서 돈을 사랑해. 이것은 돈에 대한 올바른 가치 정립이 되지 않았기 때문이야. 우리나라가 제조업 강국이 되었지? 제철, 조선, 화학, 자동차를 통한 제조업으로 여기까지 온 거야. 그러나 금융업에 대한 제대로 된 인식도 없었고 금융에 대한 환경도 없었어. 부가가치를 통한 부의 획득도 오로지 부동산에 몰려 있었어. 이른바 개발도상국 시대에는 부동산이 가장 부가가치를 발생시키는 빠른 방법이기도 했어. 우리 시대에는 복부인이란 말이 많았는데 부동산을 통해 돈을 번 부인네들을 부르는 말이었어. 금융업이나 금융에 대한 지식이 부족하고 그 환경이 부족하게 되었기 때문에 부의 확장이 탐욕이 된 거야. 이제 집집마다 부의 저축이 일어났고 그 여유자금을 통한 부의 확장에 관심을 갖게 되었어. 지금은 부동산에서 주식시장으로 많은 자금이 유입되고 있는 상태야."

"신문에 보니까 동학개미운동 같은 것들이 일어나고 있어요. 동학개미운동이 뭐에요?"

"응, 동학개미운동은 신종코로나19로 인하여 우리 주식시장이 폭락장이 되었을 때 외국기관들에 의해 우리 주식시장이 놀아나서는 안되겠다고 생각하여 많은 학생들, 주부들이 주식시장 안으로 들어온 사건을 증권가에서 동학개미운동이라고 해. 그런데 아빠가 이상한 것은 원래 주식시장에서 돈을 벌려면 상승장일 때 돈을 버는 거야. 지금은 신종코로나19로 인해서 변동성 장세이고 횡보 내지는 강세장으로 들어온 거야. 하락 때 투자해서 상승 때 돈을 벌겠다는 것인데 아빠 생각엔 상승장일 때 무엇을 하고 지금 들어오는 것일까라고 질문이 드는거야. 그리고 금융이란 전체 시스템을 보고 들어와야 해. 주식이란 근본적으로 기업의 이윤을 정당하게 나누는 것이야. 투자가들이 기업에 투자하고 그 기업의 이익을 함께 공유하는 것인데 지금은 기업의 이익과 금융의 이익이 따로 놀아. 이른바 실물경제시장과 금융시장이 따로 노는 것이지. 그 괴리감이 너무 커. 이것은 제대로 된 금융시스템이라고 볼 수가 없고 돈을 가진 자들끼리 게임을 하는 것 같아. 앙트레프레너를 키우고 그들이 더 큰 공간을 확대하기 위해 모험할 때 투자를 해주는 것이 주식의 근본원리인데 말야.

지금 주식 가치가 25% 이상 높아. 이 말은 25%는 기업가치와 상관없는 금융 유동성으로 주식가격이 이루어진 부분이라는 것이야. 이것을 '버블'이라고 해. 나중에 배우겠지만 버블이 만들어지면 버블이 사라져야 정당한 주식가격이 매겨지고 정당한 시장경제가 형성이 되는 거야. 그래야 실물경제와 금융경제의 일치가 일어나는 거야. 실물경제는 쉽게 말하면 수요와 공급이 일어나는 시장의 물건교환 경제이고 금융경제는 이 시장에 돈을 투자하고 이익을 내는 경제야. 그런데 진짜 시장의 가치와 금융의 주식 가치가 불일치가 있다는 것은 버블이야. 거품이야. 이 불일치는 버블을 만들고 끝내는 대공황을 만들어. 그런데 대공황이 오면 부자는 더 부자가 되고 가난한 사람은 굶어 죽는 일이 일어나. 아이러니한 것이지.

버블을 만든 것도 금융자본가들이고 그래서 만들어진 대공황으로 더 큰 자본을 획득하는 것도 금융자본가들이야, 뭔가 이상하지? 왜 애매한 시민들이 그 고통을 계속 안고 가야해? 정부는 이런 불황이 오면 돈을 마음껏 풀어. 그러면 자본가들이 그 돈을 통해 부를 획득해. 서민들에겐 일자리를 보장하겠다는 것인데 사실은 서민들이 더 좋은 일자리를 얻기는 힘들어. 불황에 푸는 돈들은 다 서민들의 세금에서 나가는 거야. 내 세금이 자본가들을 더 부자가 되게 만드는 것이지. 정부가 지원해준 돈으로 기업투자를 하는 것이 아니고 오히려 부동산이나 건물을 사들여서 부의 확장, 자산 가치를 올리는 거야. 아니면 망하는 기업들을 사들여 나중에 정상적인 경제가 되면 독점기업이 되는 거야. 이것은 역사적인 결과물들이 말을 해. 이런 상황에 동학개미, 즉 시민들이 주식시장에 들어왔다는 거야. 이런 폭락장에 주식을 사서 돈을 벌겠다고 말이야.

사실은 동학개미운동을 하려면 '지금 우리나라는 건강한 자본주의인가?'라고 질문을 하는 것으로 시작해야 해. 진정한 자본 운동은 모든 사람들이 함께 자본을 나누는 공동 자본시스템이 되어야 하는 거야. 우리나라 의료시스템처럼 가난한 자나, 부자나 동일하게 그 혜택을 누리는 것이 공동 자본 시스템이고 생명 자본 시스템이야. 이런 것에 대하여 논의하고 사회가 이런 공동의 자본 시스템을 만들도록 운동하는 것이 진정한 동학개미운동이 아닐까 생각을 해. 이런 공동자본시스템에 대한 뿌리를 내리는 운동 가운데 주식이라는 금융시스템이 구축이 되어야 해. 그것이 구한말에 최제우나 최시형 선생이 꿈꾸었던 인내천

人乃天 사상이지. 즉 '백성이 하늘이다'. 왕이 하늘이 아니라 백성이 하늘이고 왕은 하늘을 섬기는 것이라는 동학의 기본정신이지.

　우리나라 역사상 백성들이 자발적으로 혁명을 한 유일한 운동이 동학운동이야. 나중에 일본군이 들어오면서 완전히 전멸했지. 어쩌면 지금의 동학개미운동도 외국인 기관들에 의해 전멸할지 몰라. 지금 동학개미운동으로 주식에 들어온 돈이 45조 정도 된다고 해. 어마 무시하지. 한국 서민들이 이렇게도 돈이 많았나하고 증권가에 일하는 아빠 제자가 말을 하더라고. 대단하지. 아빠는 이들의 돈이 외국기관들에 의해 다 털리는 것은 아닐지 염려가 많아. 특별히 주식을 담보로 돈을 빌려 주식을 하는 돈이 10조 정도가 된다고 하잖아. 그 자본이면 사회의 생명공동자본 시스템으로 사용할 수 있는 어마어마한 돈이야. 의료, 교육, 은퇴 후의 삶이 자본의 시스템에 의해 보장되는 국가가 되어야 해. 그것이 정의로운 국가야. 선진국이고. 그럴 때 성적 중심의 교육시스템에서 기독교가 말하는 소명 중심의 교육으로 옮겨갈 수가 있어. 삶을 영위할 수 있는 기본소득이 주어지면 인간은 자신이 하고 싶은 일을 해, 여기서 창조성이 나온다고, 창조성은 자유에서 나오는 능력이야. 그런데 돈 중심의 교육, 즉 좋은 대학을 나오면 좋은 월급을 받는 기준이 정해진 틀의 교육에서는 창조성이 나올 수가 없어. 앙트레프레네를 키워 부의 확장이 이루어지고 그 부는 공동체 생명자본주의 시스템을 통해 부가 나누어지는 전체적인 금융시스템을 만들어가야 해. 아이구, 아빠가 지금 어디까지 이야기를 한 거야 "

"스페인의 유대인 추방령요."

"그렇지, 추방당한 유대인들은 네덜란드로 갔어. 네덜란드는 개신교들이 있었지만, 이민자들에 대하여 개방된 사회였어. 즉 세계 인재들이 마음껏 들어와 자신들의 꿈을 만들 수 있는 사회가 강대국이야. 강대국의 조건은 금융, 앙트레프레너, 인재들이 자유롭게 들어올 수 있는 사회야. 미국이 강대국이 될 수 있었던 것은 미국은 전 세계의 우수한 인재들이 공부할 수 있고 창업할 수 있는 금융생태계가 존재하기 때문이야. 네덜란드에 가서 유대인들은 무역업과 금융업에 종사하게 돼. 그래서 네덜란드에 동인도회사라는 첫 주식회사가 생기게 되지. 이 주식은 주인이나 하녀나 모두 다 투자할 수 있는 금융의 민주주의가 탄생 되는 거야. 그래서 네덜란드는 강국이 되지. 그런데 스페인과 영국이 해상권을 놓고 충돌했고 영국이 승리해. 영국이 사용했던 전함은 대포의 움직임에도 불구하고 안정된 배의 널판을 갖고 있는 배였어. 이 배를 유대인들이 원래 무역 때 많은 물건을 적재하려고 만든 배인데 영국이 전함으로 만들었지. 이순신 장군께서 개조한 판옥선 같은 배야. 그리고 영국은 투자할 사람, 무역할 사람들이 필요했는데, 네덜란드에서 무역업과 금융업을 하는 유대인들이 대거 건너가게 돼. 영국 왕실의 왕이 네덜란드 출신이 되거든. 그래서 그 왕이 유대인들이 자유롭게 장사하고 금융업을 할 수 있도록 허가해주니까 그대로 옮겨가는 거야. 특별히 무역업과 금융업에 종사했던 유대인들은 해상의 보호력, 즉 군사력이 필요했던 거야. 당시 영국이 해상권을 갖고 보호해주겠다고 하니 유대인들이 대거 네덜란드에서 영국으로 넘어가는 거야. 이것이 1차 산업혁명의 바탕이 되는 거야.

　그리고 이 1차 산업혁명이 유럽 전역에 확대되는 중심에는 유대인 가문인 로스차일드 가문이 있어. 로스차일드 가문은 마이어 암스 로스차일드 라는 사람 밑에 5명의 아들이 있었는데 이 아들들이 유럽의 5개 나라에 흩어져 있었고 금융업을 하면서 왕실의 재정을 맡아 그들을 움직여. 그래서 전 유럽에 정보망을 가질 뿐 아니라 금융의 플랫폼을 갖고 움직이는 거야. 그들을 통해 유럽 전역에 산업혁명의 기반을 깔고 그 잉여가치를 획득하게 되지. 오스트리아에 철도를 깔려고 하는데 왕실에 돈이 없어. 그래서 로스차일드 가문이 왕실에 자기들이 철도를 놓을테니 운영권을 달라고 하지. 그 이익의 일부를 왕실에 드리겠다고 했어. 그래서 운영권을 갖게 되고 투자가들을 모았는데 아무도 투자하려고 하지 않아. 왜냐하면, 철도의 부가가치를 모르는 것이지. 그런데 로스차일드 가문의 은행이 투자한다고 하니까 사람들이 몰렸어. 마치 워렌 버핏의 버크셔 헤서웨이라는 투자회사가 투자한다고 하면 사람들이 이건 돈이 되는 것인가 하고 몰리는 것하고 똑같아. 오스트리아에 철도가 놓이고 1차 산업혁명의 공간이 놓이게 되면서 부의 획득을 하는 거야. 이런 식으로 로스 차일드가문이 1차 산업의 공간을 유럽의 공간에 확충하면서 그 부를 독점하는 것이지. 1차 산업혁명은 철도를 잡는 자가 부의 확장을 이루게 되었고 그 중심에는 로스차일드 가문이 있었던 거야. 미국에서도 제이피 모건이라는 사람이 미국의 철도회사들을 다 장악해 버려. 제이피 모건도 유대인으로서 로스 차일드 금융가의 도움을 받아 성장해. 이른바 유대인 금

용인들이 미국의 신대륙에 진출하게 되지. 2차 산업혁명은 자동차와 철강이야. 그리고 전기이고. 이 중심에 에디슨이 있는데 에디슨도 유대인이야. 제이피 모건이 투자해서 에디슨이 만든 회사가 GE야. 우리 집에 있는 전구를 보면 GE라고 되어 있어. 제너럴 일렉트릭이란 회사야. 에디슨과 제이피 모건이 세운 회사야. 이로써 2차 산업혁명에 로스차일드 가문과 제이피 모건 가문이 들어가는 거야. 그러면서 골드만 삭스 같은 유대인 금융회사가 등장해. 그들이 2차 산업혁명 공간을 만들고 그 공간에 부의 확장을 이루어가는 거야. 3차 산업혁명을 만들어 낸, 인텔이나 마이크로소프트는 다 이런 유대인 금융회사의 지원을 받아 탄생이 되는 거야. 그래서 금융의 역사는 유대인의 역사라고도 말해. 그런데 유대인들은 이 말을 싫어해."

"왜요?"

"히틀러 같은 일이 일어날까 봐. 전 세계의 사람들에게 돈만 아는 수전노라는 지탄을 받을까봐 이런 말을 싫어해. 요즘도 로스차일드 가문의 음모 같은 말들이 세상에 나돌아. 기독교계 안에서 프리메이슨 같은 말이 돌아다녀. 즉 로스차일드 가문 중심으로 가톨릭과 더불어 전 세계 정부를 꿈꾼다는 것이지. 유대인의 세계정복 음모론이지. 4차 산업혁명의 디지털 화폐는 미국 연준을 중심으로 제이피 모건의 은이 연동될 것이란 속설이 이미 나돌고 있어. 제이피 모건이 전 세계 은의 삼 분의 이를 갖고 있고 수집하고 있는데 4차 산업의 디지털 화폐가 이 은하고 연동되는 것이라고 추측을 해. 아빠 생각에는 어느 정도 일리가 있다고 생각은 하지만 그렇게 되지는 않을 거야. 미국은 달러와 연동된 디지털 화폐를 만들거야. 이런 이야기가 나돈다는 것은 유대인의 영향력이 얼마나 강한지를 보여주는 사례야. 이탈리아, 스페인, 네덜란드, 영국, 미국으로 이어지는 유대인의 이민사는 금융사이고 그 속에 있는 산업혁명은 그 금융을 지배하고 있는 유대인의 역사이기도 하지."

"놀랍네요."

"미국에 대공황이 왔을 때 중앙은행 구실을 한 것이 제이피 모건체이스 라는 금융회사이고 이것이 미국연방준비은행이 되는 거야. 연방준비은행, 보통 연준이라고 말을 하는데 우리나라 한국은행처럼 중앙은행이야. 연준도 손해 보는 장사를 하지 않아. 연준의 최대주주가 누군지는 밝혀지지 않았는데 로스차일드 가문이며 제이피 모건 같은 유대인 금융회사들이라는 말이 있어. 전 세계를 지배하는 것이 달러이고, 달러는 찍어내고 금융을 조절하는 것이 연준이야. 그들을 움직이는 것은 유대인들이고."

"미국은 왜 자기들 마음대로 달러를 찍어내요?"

미국의 달러가 기축통화가 된 이유를 아들에게 말해주다

"좋은 질문이야. 우리나라 돈은 우리나라 밖으로 나가면 종이돈이지만 달러는 전 세계에서 통용되는 돈이야. 미국은 두 가지의 강력한힘을 갖고 있어. 하나는 군사력이고 하나는 달러야. 군사력이 강하다는 것은 경제력이 강하다는 것과 거의 동일해. 세계역사를 보면 강대국은 군사력이 강했지. 로마, 스페인, 영국, 미국, 청나라, 명나라 등은군사 강국이었어. 지금 신종코로나 바이러스로 인해 미국이 무제한의달러를 찍어내. 달러 프린트를 한다고 하지. 그리고 헬리콥터 머니라고 해서 헬리콥터에서 달러를 뿌리듯이 뿌리고 있어. 그런데 사람들이 모르는 것이 있어. 미국이 달러를 뿌리는 만큼 너의 돈주머니는 작아져. 즉 내가 만 원이 있는데 달러를 뿌리면 돈이 엄청 많아져서 만원으로 살 수 있는 빵의 가치가 이만 원이 되는 거야. 내 만 원이 쭈그러드는 거야. 가치의 손상이 난다고. 미국이 달러를 무한정 뿌리면 우리의 자본손실이 자연스럽게 나오는거야. 내가 열심히 노동한 노동의가치를 미국의 달러가 갉아 먹는거야. 그런데 사람들은 이 사실을 몰라. 레오 달리오라고 미국의 거대 투자가가 뭐라고 하냐면 머니 이즈트레쉬Money is trash라고 해. 즉 종이돈은 쓰레기이다. 그러면서 금이나 주식을 사라고 해. 지금 금값이 사상 최고가를 치고 있어. 왜냐하면 종이 돈 가치가 적어지니까 투자가들이 금을 사들이는 거야. 아빠는 알면서도 안 샀지. 돈도 없지만 왜 그렇게 해야 하지? 그것은 자기만 살려고 하는 것이 아닌가? 나 혼자 부자 된다면 다른 것은 고통당하고 썩어지는데 그 부자가 부자인가? 건강한 것인가? 라는 의문이 계속 들 수밖에 없어. 내가 볼 때 전 세계 시민들이, 국가들이 '과연 달러는 기축통화로서 인류에게 행복을 주는 돈인가?'라는 질문을 할 것이고 기축통화로서 달러에 대한 의문을 갖게 될 거야. 그런데 미국이 금융패권을 위해 달러의 기축통화 역할을 놓지는 않을거야."

"아빠, 기축통화가 뭐예요?"

"아, 미안. '기축'基軸은 '토대나 중심이 된다'는 의미인데 저마다 자국 통화를 쓰는 수많은 나라들이 거래하는 세계시장에서 중심이 되는 통화, 영어로 키 커런시key currency야. 즉 이 나라나 저 나라나 모든 나라에서 사용되는 중심통화야. 모든 나라에서 사용할 수 있는 돈이 기축통화야. 아빠가 미얀마를 자주 왔다 갔다 해서 미얀마 돈을 많이 바꾸어 놓았는데 이 돈은 미얀마에 가야만 재화 가치가 생겨. 우리나라 상점에서 받아주니? 안 받아주지. 한국 돈도 마찬가지야. 한국 돈 1000억을 갖고 미국가서 주면 안 받아주지. 달러로 바꾸어 오라고 해. 대신 달러는 어느 나라에 가도 다 사용이 가능해. 그리고 이 달러를 마음껏 찍어내도 되는 곳이 미국이야. 그러니 자기가 필요하면 돈을 마음껏 찍어. 그리고 마음껏 찍었다가 거두어서 불태우면 끝이야. 즉 달러 경제조절이 가능한 거야. 그래서 중국이 미국 국채를 가장 많이 갖고 있어. 국채란 미국 정부가 자금을 조달하기 위해 발행하는 증권이야. 종이 쪼가리야 사실은. 중국이 미국에서 물건 팔고 달러를 받잖아. 그러면 그 달러를 저축하려고 하는데 그냥 두면 이자가 없으니까 미국 정부가 발행하는 국채를 달러를 주고 사오는거야. 이자를 주니까 사오지. 그러면 미국 정부는 그 받은 달러를 미국 사람들이 소비할 수 있도록 주는 거야. 뭐 실업수당으로도 주고, 또 대규모 사업을 통해 직업을 발생시켜 월급을 주든지 그렇게 하는 거지. 그러면 그 월급으로 중국에서 만든 물건을 사서 소비하는 거야. 달러의 기축통화로 세계시장의 수요와 공급을 계속 만들어가는 거야.

그런데 중국이 국채를 주면서 '갚아주시오'라고 하면 미국은 간단한 거야. 그것이 예를 들어, 400조 달러라고 하면 그냥 동전에 400조 달러라고 새겨서 주면 끝나는 거야. 왜냐하면, 달러를 찍어낼 수 있는 유일한 나라가 미국이니까 이것이 가능한 것이지. 달러를 통해 전 세계의 부를 조절할 수 있는 것이 기축통화 국가가 갖고 있는 힘이야. 그 배후에는 유대인 금융자본이 있다고들 말해. 이런 자들을 세상 사람들은 금융깡패라고 부르기도 해. 이것이 엄연한 국제 사회의 현실이야. 그래서 완도라는 섬에서 70 평생을 갯벌에서 조개 캐고 낙지잡아서 일억을 모은 할머니 돈이 미국의 달러 횡포에 의해 일억이 백만원이 되는 일이 일어나기도 해. 미국의 은행이 파산되니까 한국은행이 같이 파산해. 왜냐하면, 한국은행이 미국금융회사에 투자를 했는데 그 돈이 없어지니 한국에 있는 은행의 돈이 함께 날아가는 거야. 그 한국은행에 1억을 넣은 완도 할머니 돈이 사라지는 거지. 금융보호법에 의해 5천만원은 건지겠지만 그 할머니 돈 5천만 원은 날아가는 거야. 이것이 기축통화의 횡포야. 그러니까 순진하면 안돼. 비둘기처럼 순결하고 뱀처럼 지혜로와야 해. 세계 시민들이 '왜 달러가 기축통화가 되어야 하지?'라고 질문하고 온 인류가 더불어 살아가는 진정한 금융이 무엇인지, 성경의 가치가 담긴 금융이 무엇인지를 질문하고 사회적 이슈를 삼고 금융계 안에 하나님 나라의 가치가 오도록 해야 돼. 교회에서 목사님들이 십일조 내면 복 받는다라는 아주 단순한 금융적 진리를 가르치면 안돼. 진정한 노동의 댓가로부터 시작하여 지금의 금융시스템이 성경적인지를 바라보게 하고 거기에 하나님의 메시지를 전해야 해. 아프리카나 중동의 난민촌에 바이러스가 들어가도 아무런 의료지원이나 식량지원을 받지 못하는 이러한 지구의 상황에 대하여 침묵하면서 내 주식 계좌를 걱정하는 것을 부끄러워해야 해. 이 지구와 사람들은 하나님이 만드신 것이고 우리는 이 지구를 하나님 가치로 세워나가야 하는 청지기들이야. 세상에 대하여 담대한 교회가 되어야 해."

"그런데 미국이 왜 기축통화국이 되었나요?"

"좋은 질문이야. 먼저 명심해야 할 것은 공간과 공간이 충돌되면 공간의 확장이 일어나고 공간의 확장 가운데 플랫폼이 생기면 밸류 체인과 서플라이 체인이 만들어지지. 그리고 그 플랫폼에는 결제가 되어야 할 통화가 정해져야 된다는 사실을 기억해야 해. 그래서 그 공간을 지배한 국가의 돈이 그 플랫폼에 유통되는 돈이 되는 거야. 기축통화라는 것은 공간의 변화를 통해 플랫폼이 만들어지면 늘 바뀌는 거지. 미국이 기축통화국이 된 것도 100년 정도 된 일이란다.

옛날에 나라와 나라가 무역을 하게 될 때 화폐 교환이 되지 않지. 그럴 때 그 물건의 가치를 평가해야 할 공동된 기준이 필요하겠지? 그것이 금과 은이었어. 금이나 은은 대대로 귀한 보석이니까 그것이 모든 나라의 물건의 가치평가가 되겠지. 아시아는 오랫동안 은이 기축통화 가치였다. 우리나라 조선시대 영화나 중국영화를 보면 은괴가 자주 나올 거야. 그것은 은이 기축통화였다는 것을 말해. 임진왜란 때 일본이 조선을 침범했지? 그때 명나라가 조선을 도우러 들어왔어. 명나라 군사들에게 은전을 월급으로 주었는데 조선의 시장이나 주막에서 그것을 안 받는 거야. 조선의 백성들에겐 기축통화의 의미가 무엇인지 알았겠어? 몰랐지. 그러자 청나라 황제가 조선의 왕, 선조에게 은이 기축통화가 되도록 선포하라고 했지. 은전이 화폐가치에 연동이 되도록 한 거야. 유럽은 금이 화폐에 연동된 가치였지. 그러니까 실크로드를 통하여 유럽의 상인들은 은을 갖고 중국에 가서 팔고 그것으로 금을 사서 유럽으로 돌아가면 엄청난 부를 획득할 수 있었던 거야.

  그런데 사실은 역사상 가장 연동된 실물자산은 은이 많았어. 그런데 금본위제로 바뀐 이유는 유럽이 아시아를 정복하면서야. 이른바 아편전쟁을 통하여 아시아를 유럽이 정복하면서 금본위제로 통일시킨 거야. 모든 화폐는 금의 실질적 보유량에 연동하여서만 발행할 수 있는 거야. 마음껏 찍어 낼 수 없는 거야. 그러니까 당시 많은 나라들이 금을 보유하기 위해 혈안이 되어있었어. 신대륙의 발견을 위한 항해도 궁극적으로 향신료와 금을 확보하기 위한 항해야. 1차 산업혁명을 통하여 영국이 세계강국이 되었을 때 금과 연동된 파운드화가 기축통화의 위치를 유럽에서 누렸어. 그런데 1, 2차 세계대전이 끝나면서 미국은 전쟁을 통해 엄청난 부가가치를 만들어 내면서 유럽의 재건을 지원하는 국가로 부상하게 되지. 거기엔 로스차일드와 제이피 모건 같은 유대인 금융들이 미국의 뒷배경에 있었다고 말했지? 그러면서 자연스럽게 미국의 달러가 파운드화를 대신하여 기축통화가 된 거야. 즉 2차 산업혁명 이후의 공간지배력을 미국이 가지면서 그 플랫폼의 유통통화가 달러가 된 것이지. 그러나 그 달러도 금과 연동되어 있었단다.

그런데 나중에 베트남 전쟁을 통하여 미국에 인플레이션이 오니까 미국은 이걸 조절하기 위해 돈을 마음껏 찍고 싶은데 금에 화폐가 연동이 되니까 못 하는거야. 그래서 금에 연동된 화폐 발행을 없애 버리고 싶은 거야. 유럽은 미국의 채권이 한계가 있다고 생각하니까 채권을 팔고 금을 달라고 하니까 금이 점점 고갈되는 거야. 이것을 눈치챈 유럽의 국가들이 미국채권을 팔고 금을 받아가려고 하니까 미국은 당황한거야. 당시는 달러와 금의 가치가 연동이 된거야. 그래서 당시 대통령이 닉슨이었는데 당시의 산유 강국이었던 사우디 아리비아 왕을 만나서 오일을 팔고 그 매매 화폐를 달러로만 받는다고 선포해달라고 부탁을 해. 대신 사우디아라비아가 다른 나라로부터 안전하게 미국이 지켜주고 모든 미국의 무기를 주겠다고 하는 거지. 이것이 사우디아라비아 왕족과 미국의 밀월의 시작이야. 그 역사는 지금까지 이어오고 있어. 사우디 아라비아가 무슬림 국가이면서 기독교 국가와 정치적인 밀월이 된 배경이야. 그러므로 국가 기독교와 순수 기독교를 구별할 줄 아는 시각이 늘 필요해.

이로써 달러는 모든 나라가 가져야 하는 필수 화폐가 되었고 미국의 닉슨 대통령은 금과 연동된 달러가 아닌 금과 연동 없이 찍어낼 수 있는 달러를 기축통화로 만들어 버리지. 이로써 달러는 전 세계의 기축통화가 되어버린 거야. 달러가 있어야만 오일을 살 수 있기 때문인것이지. 그래서 오일은 블랙머니, 블랙달러라 부르는 것이고 금은 골든머니, 골드달러라고 부르는 거야. 이로써 금융에서 캐쉬 플러우Cash flower 즉 금융흐름과 가치를 정하는 기준이 정해졌어. 금과 은, 원유, 달러야. 그리고 주식과 채권이지. 이것이 금융시장을 조절하고 가치를 결정하는 결정적 요소가 되었어. 오일기름, 금, 은, 구리까지 포함하여 원자재 가치라고 하고 그다음이 달러이고 마지막으로 주식과 채권이야. 이 요소들이 연동되어 이른바 금융시장을 조절하고 결정해. 잘 이해가 안 되겠지만 나중에 좀 더 공부를 하면 이들이 어떻게 서로 작용하고 금융가치를 결정하는지를 알게 될거야.”

“왜 우리나라 돈은 기축통화가 될 수 없나요?”

“이야기했지. 그 나라 돈으로 모든 사람들이 살 수 있는 재화, 즉 물건이 있으면 된다고. 달러는 오일과 연동되면서 기축통화로서 자리를 잡았다고 했지? 2차 세계대전 이후에 미국 달러를 서양에서는 기축통화로 사용하자고 했지만 그 힘이 미약했다고. 본격적으로 기축통화로 영향력을 끼친 것은 오일과 연동되면서야. 생각해봐 2차 산업혁명 이후 모바일은 자동차, 비행기야. 그리고 전기와 공장을 돌리려면 기름이 있어야 해. 그 기름을 모든 나라가 사기 위해서는 달러를 가져야 해. 그러므로 물건을 팔고 달러로 받아야 하는 거야. 달러는 모든 매매교환 수단의 가치가 되는 위상으로 확실히 자리잡은 거야. 자, 여기서 네가 명심해야 하는 것이, 이것은 2-3차 산업혁명공간의 재화가 달러라는 거야. 3차 산업혁명은 컴퓨터가 발명되면서 드디어 신용화폐 시스템, 즉 아빠가 사용하는 신용카드 시스템이라는 새로운 돈이 생겼어.

그래서 신용사회란 말이 등장했는데 미국의 부는 이러한 달러와 신용화폐 시스템에서 확대가 되어 가는 거야. 즉 어떤 사람의 월급이나 경력을 보고 돈을 몇억씩 빌려주는 거야. 이 사람의 신용등급 기록을 보고 하는 거야. 예를 들어, 아파트를 5억 주고 사야해. 그런데 이 사람이 2억밖에 없어. 그러면 살 수가 없겠지? 그런데 신용이 좋아. 그래서 은행에서 3억을 빌려주고 20년간 갚으라고 하는 거야. 그러면 이 사람은 단숨에 5억이라는 재산가치가 생기고 부자가 돼. 아파트 가격이 올라가면 자산 가치는 점점 상승이 되지. 그러면 이 사람의 자산이 올라가는 만큼 시장에는 돈이 돌아. 신용화폐라는 가짜 돈이 돌아다닌다고. 수많은 사람이 은행에서 대출을 받고 집을 사고 건설사는 또 건축을 하고 회사직원들은 월급이 올라가고 또 집을 사고 건축을 하고 계속 신용화폐가 올라가는 거야. 부의 확장이 빚 위에서 계속 진행되는 거야. 이것이 신용화폐에 기초한 자본주의의 모습이야. 그러다가 버블, 즉 거품이 생겨 빚을 갚지 못하면 도산하고 공황이 오는 거야. 이럴 때 미국은 자신들이 기축 화폐니까 무한정 돈을 또 찍어내서 자기 나라는 살리고 도산 당한 다른 나라 기업은 모조리 인수하면서 다시 부의 확장을 하는 것이지. 그렇다면 대항해 시대의 재화수단은 무엇이라고 했지, 아빠가." "금과 은요."

"그렇지, 산업혁명의 공간에 따라 그 공간의 돈이 달라져. 이것을 명심해야 해. 4차 산업혁명의 기축통화는 무엇이 될까? 이것이 화폐 전쟁이야, 금융전쟁이야. 그러니까 4차 산업혁명의 공간 안으로 어떤 기축통화가 만들어지는지를 생각해야 하는 거야. 아주 중요해. 그런데 많은 사람들이 4차 산업혁명을 이야기할 때 기술혁명을 말하면서 인문학의 혁명을 말하지 않고, 금융혁명을 말하지 않고 있어. 이것은 4차 산업혁명을 정확하게 이해하고 있지 못하는 거야."

"그런데 아빠, 달러가 기축통화인 것이 기분 나빠요!"

"옳지. 모든 나라가 기분이 나쁜 거야. 자기들 마음대로 돈을 찍어 내고 그 돈으로 다른 나라를 위협하는 거야. 자기들 필요에 의해 돈을 찍었다가 또 돈을 거두어가고 말이지. 기축통화의 횡포인거야. 이런 것에 대하여 화폐전쟁이란 책에 잘 나와 있으니 나중에 한 번 읽어봐. 그래서 유럽은 유로화를 만드는 거야. 그러나 유로화는 부분적인 기축통화이지만 그 위상이 없어. 중국은 위완화라는 돈을 기축통화로 쓰고 싶은거야. 그래서 40개국 정도하고 달러로 바꿀 필요 없이 바로 중국 돈 위완화로 매매하기로 결정을 했지. 미국을 겨냥한 것인데 미국이 이것을 보고 바로 중국을 무역전쟁을 통하여 공격하는 거야. 중국을 영원한 미국의 마당쇠로 만들기 위해 무역전쟁을 하는 거야. 그리고 미국은 자국의 화폐를 마음껏 찍어낼 수 있도록 몇몇 국가들에게 허락을 해주었지. 이른바 달러와 연동된 가치를 가질 수 있는 권한을 준 나라로 미국은 이 나라들을 통해 세계의 통화량을 조절해 나가기도 해. 일본, 호주, 독일, 영국 등이 있어. 이런 나라들은 마음껏 돈을 찍어내도 돼. 미국 연방준비은행이 허락을 해준거야."

"헐, 미국이 달러제국이란 말이 무엇인지를 알겠어요. 그런데 기분이 나빠요."

"이번 코로나바이러스 위기로 실물경제가 타격을 입었는데도 미국의 주식시장은 연일 상승을 했어. 미국의 연방준비위원회가 달러를 마음껏 프린트하여 뿌린 거야. 그러면 미국의 우량기업들이 여전히 부유하게 된다고. 왜냐하면 돈이 많아져. 이것은 유동성이 풍부해진다는 뜻이야. 더 나아가 이자가 제로금리야. 이자가 0원이란 뜻이지. 그러니 기업들이 돈을 마음껏 빌려서 축적을 해놓는 거야. 공짜로 돈을 빌려 사용할 수 있기 때문이지. 그러나 밑단의 영세한 기업들은 은행들이 돈을 빌려주지 않아. 왜냐하면 은행이 불안해서 돈을 빌려주지 않아. 더 나아가 미국의 연준이 뿌린 수많은 달러는 궁극적으로 미국의 기업을 배부르게 하는 것이지. 신흥국들, 즉 정말 어려운 나라는 그 달러가 들어가지는 않는 것이지. 기축통화의 위치를 철저히 자신의 나라를 위해 사용하는 거야. 가난한 나라는 더 가난하게 되고 가난한 사람은 더 가난하게 되는 거야. 워렌 버핏이 자기가 부자로 성공할 수 있는 이유를 세 가지로 말을 했어. 첫째는 자기가 백인으로 태어난 것이고, 둘째는 미국에서 태어난 것이고, 셋째는 기축통화인 달러 국가에서 태어난 것이라 말을 해. 그러므로 가난한 사람들이 게으르기 때문에 가난한 것이 아니야. 탐욕의 금융지배 질서가 가난한 자를 더 가난하게, 부자를 더 부자로 만들어 버린거야. 세상의 모든 사람들을 이런 금융질서 속에 넣은 거야. 이런 것은 성경적 금융질서가 아니야."

아들에게 스위스가 금융강국이 된 이유를 말하다

"그런데 미국의 기축통화인 달러에 전혀 요동하지 않는 한 국가가 있단다." "어느 나라예요?" "스위스" "우리가 여행했던 스위스 말이에요?"

"응, 스위스의 화폐단위가 프랑이었지? 그래서 우리가 여행할 때 그들은 달러를 받지 않았지. 오로지 자국 통화인 프랑만을 받은 것을 기억하니? 왜냐하면 스위스가 금융 강국이기 때문이야. 아빠가 왜 우리나라가 금융강국이 되어야 하는지 그리고 4차 산업혁명시대에 왜 금융강국으로 가야 하는지에 대해 강조하는 이유이기도 해."

"스위스는 왜 금융 강국이 되었어요?" "칼빈John Calvin이란 믿음의 선배 때문이야. 칼빈 목사님을 아니?" "네, 종교개혁가요? 아빠가 좋아하는 기독교 강요를 쓴 분이예요."

"그렇지, 칼빈이 종교개혁을 스위스 제네바에서 하면서 돈을 빌려주고 이자를 받는 것은 성경적인 가치에 합당한 노동의 대가라고 정의를 내려. 그래서 이 결론을 제네바 시의회가 받아들이면서 개신교도들의 근검, 절약과 금융이 만나게 되는 거야. 이른바 청지기 정신과 금융이 만나면서 돈을 청지기로 관리하고 부를 소유하되 근검절약하게 사는 삶이 형성되는 거야. 그래서 스위스의 금융정신이 생기게 되는 것이지. 부유한 상인들이 개신교도가 되면서 금융업이 부흥이 되는 거야. 동일하게 스위스의 정밀기계, 즉 시계 같은 것이 세계 최고의 시계가 되는 것도 이른바 청지기직에 입각하여 상업과 공업을 중시한 칼빈의 신학적 태도에 있어. 이러한 칼빈의 신학적 태도, 성경적 태도로부터 스위스의 금융과 정밀기계공업, 그리고 의학분야의 세계적 기업들이 탄생이 되는 거야. 1, 2차 세계대전을 거치면서 전 세계의 부유한 사람들이 자신의 금과 돈을 스위스 은행에 돈을 주고 맡기는 거지. 히틀러도 중립국인 스위스를 공격하지는 못했지. 산세가 험악하였고 별 이익이 안 된다고 판단한거야. 이로부터 세계의 모든 돈들이 스위스로 몰려. 스위스는 돈을 받고 그 돈을 보호해주고 그들의 신상을 공개하지 않는 철칙을 지키는 거야. 그래서 독재자들의 돈도 받아주는 것 때문에 욕을 먹기도 했어. 그러나 스위스는 그러한 금융으로 다시 세계 금융에 재투자하여 이익을 올리고, 지금은 관광산업까지 포함하여 엄청난 부가가치를 올리지. 그래서 세계 금융에 휘둘리지 않는 독자적인 금융 강국이 된 거야. 지금의 신종코로나19에도 스위스의 경제는 전혀 요동함이 없어. 금융강국이기 때문이야. 이렇게 벌어들인 돈으로 모든 국민에게 복지가 돌어가는 시스템을 갖고 있어. 실직을 하면 2-3년간 70-80%의 월급을 주지. 그리고 지금은 일인당 300만원씩 주는 기본소득제 실시를 두고 국민 간에 의견을 수렴하고 있어. 언론들이 국민들이 부결했다고 하는데, 그것은 300만원의 기본소득으로 정당한 것인가에 대한 결론이 내려지지 않은 것이고, 기본소득법에 명시적인 액수가 없기 때문에 거부한 것이야.

기본 소득법을 하려면 제일 먼저 복지 시스템을 국가가 가져야 해. 우리나라 의료보험제도라든지, 실업수당이라든지, 대학등록금의 교육시스템이라든지, 이러한 기본적인 시스템을 갖고 난 이후에 기본소득을 주어야 해. 그래야 모든 국민이 안전하게 살 수 있어. 그럴 때 서열 중심의 교육체제에서 자유로운 자신의 삶을 추구하는 삶의 독특성이 보장될 수 있어. 그리고 노동문제라든지, 노사의 문제를 해결할 수 있어. 삶의 가치와 삶의 목적, 공동체의 올바른 목적만이 노동성 향상을 갖고 오는 거야. 칼빈의 경제사상이 제네바의 경제적 부흥을 갖고 온 것처럼 말이야. 우리가 복음을 전한다라고 하는 것은 하나님께서 우리에게 주신 바라크의 정신을 이 땅에 실현하는 삶의 가치가 정착되는 것이야. 그리고 그러한 가치 안에서 금융을 이끌어가야 천박한 금융자본주의가 되지 않아.

이번 신종코로나19라는 고통을 당하는 미국의 언론들의 보도 사진 중에 몇 가지 사진을 보면서 놀라. 그 사진 중에 하나는 푸드박스를 타기 위해 줄 선 긴 자동차 행렬들이야. 미국의 국민 40% 가량이 당장 월 50만원이 없으면 굶어 죽는다고 해. 미국이 세계 강국인데 어떻게 저런 일이 일어나지… 미국의 30%가 80% 이상의 부를 갖고 있으며 30% 중에 10%가 또 40%이상의 부를 갖고 있어. 더 정확하게 말하면 미국의 5%가 미국 대다수의 부를 갖고 있지. 이들이 가끔 구제도 하고 자신의 재산의 일부를 내어놓아. 이런 사람을 미국은 Rich Man이라고 부르고 미국 시민들이 존경해. 그런데 아빠는 아니라고 생각해. 그런 부자들을 통하여 세상이 새롭게 되는 것은 아니야. 아빠는 정당하게 일하여 부자가 되신 분들을 만나고 그들의 도움을 받기도 하고, 그분들이 참 좋은 분임을 알아. 그러나 한 국가의 시스템은 그런 부자 몇몇, 존경받는 몇몇의 부자로 해결될 수는 없어. 경주 최씨 부자는 천리길에 가난한 사람이 없도록 자신의 재산을 내놓았지. 정말 노블레스 오블리주야. 부자의 의무를 실천한 사람이야. 존경해야 할 부자야. 그러나 그것이 절대 가난한 자를 영원토록 구제하지는 못하는 거야. 한 국가의 금융시스템이 건강한 시스템을 가져야 해. 금융시스템을 통해 부의 확대와 재분배가 이루어지기 때문이야. 그래서 스위스나 노르웨이처럼 금융시스템을 통해 부의 확장과 분배가 정확하게 이루어지도록 해야 해. 모든 국민들이 부의 공평한 분배를 누리는 공간의 안전망이 필요해. 앞에 이야기한 것처럼 의료보험제도, 교육, 문화, 교통, 노인복지에 있어서 동일하고 평등한 부의 균등이 있는 시스템을 만들면서 기본소득을 실시해야 해."

"네"

아들에게 4차 산업혁명과 금융에 대해서 말하다

"아들아, 산업혁명 때 새로운 화폐가 발생하고 금융시스템이 생긴다고 했다. 은과 금으로 되어 있던 금융시스템이 1차 산업혁명과 2차 산업혁명을 통하여 금본위제 달러에서 기축통화의 달러로 바뀌었다. 3차 산업혁명 때는 컴퓨터의 발명 등으로 신용화폐시스템이 구축되었다. 4차 산업혁명을 통하여 어떤 화폐가 생기게 될까? 어떤 금융시스템이 생기게 될까? 이것이 이제 우리의 주제이고 네가 살아가야 할 미래야. 4차 산업혁명은 온라인 공간이 오프라인 공간을 만나 증강세계를 만드는 시대라고 했어. 즉 가상공간과 현실공간이 만들어져 증강공간 혹은 증폭공간을 만드는 것이야. 공간의 확대는 부의 확대이며 권력의 확대가 되는 거야. 그런데 여기서 핵심은 '이런 증폭세계에 유통되는 화폐는 무엇이고, 금융은 무엇인가?'라는 점이야.

비트코인이 한국에 나와 한참 인기가 있었지? 비트코인은 이른바 가상공간에 사용하는 화폐로 블록체인Blockchain등을 통하여 서로가 통용되었지. 비트Bit는 디지털 정보량의 단위이고 코인Coin은 동전이지. 즉 디지털화폐인거야. 그런데 비트코인의 문제점은 실물가치와 연동되는 가치가 아니라는 점이야. 즉 현재 우리가 사용하는 재화들, 집, 옷, 등등의 가치와 연동이 되지 않아. 더군다나 달러와 연동되지 않아. 코인의 가치가 얼마인지를 몰라. 미국 정부의 입장에서는 비트코인을 인정하게 되면 기축통화로서의 위상이 깨어지게 되고, 그러면 미국의 패권에 문제가 생기지. 그래서 비트코인에 대하여 국회가 거부해버린 거야. 네가 사용하는 페이스북이 리브라라는 가상화폐를 만들었고 여기서 수많은 기업들이 참가하여 가상공간 아래에서는 리브라 코인을 사용하자고 했는데 미국의회에서 허가를 해주지 않았어. 세계의 중앙은행이나 국가은행도 반대를 했지. 자 봐봐. 우리 돈으로 달러를 바꾸려면 그 수수료를 은행이 먹고, 정부가 먹어. 달러 거래 안에는 사실은 보이지 않는 수수료가 있어 내 재화의 가치와 노동의 가치를 세금이나 수수료로 빼앗아가 버린다고. 그런데 비트코인은 이런 중앙이나 국가의 통제를 없애 버리고 개인과 개인과의 자유와 가상이라는 하나의 공간 안에서 거래가 되니까 화폐의 민주주의를 이룰 수 있다고 보고 있는 거야. 앞으로 블록체인과 디지털 모바일이 결합이돼. 예를 들어, 길을 가다가 예쁜 옷을 보았어. 그럼 네가 핸드폰으로 찍으면 핸드폰이 인식하여 그 옷이 얼마인지, 어디에서 파는지를 너에게 알려주는 거야. 러시아에 있는 가게에 그 옷이 있고 그 옷이 예쁘고 저렴해. 그러면 너는 바로 비트코인이나 가상화폐로 결제하면 바로 드론으로 러시아에서 너에게 택배가 날아오는 세상이 되는 거야. 그러니까 이 공간이 창출하는 생태계라는 것이 어마무시하고 이 공간을 지배하는 자가 세상을 지배하게 되는 거야. 이 공간의 충돌, 패권이 이제 일어나고 있는 거야. 이 공간의 지배자가 되지 못하면 그 지배국가의 종속국가 내지는 마당쇠 내지는 머슴이 되는 일이 일어나는 거야. 이제 이 부분을 정신 차리고 우리가 준비해야 되는 거야.

　예를 들어, 아빠 생일날 선교사님들이 아빠에게 선물을 해주었어. 미얀마에서, 태국에서 선교사님들이 무엇을 했냐면 카카오 페이로 아빠에게 선물을 한 거야. 이미 우리 삶에 일상화가 되어있어. 그런데 지금 세계의 중앙은행이 비트코인이 아닌 디지털 화폐를 준비 중에 있어. 미국의 연준도 이미 디지털 화폐, 즉 달러에 연동된 기축통화로서 디지털 화폐를 준비중에 있다고. 이것을 CBDC라고 해. Central Bank Digital Currency의 약자야. 이것은 중앙은행이 디지털 화폐를 발행하고 블록체인 시스템을 갖고 있는 수많은 기업과 연동해버리는 거야. 중국인민은행은 디지털 화폐를 스타벅스와 맥도날드를 통하여 실험하겠다고 선포했어. 이미 알리바바의 알리페이와 텐센트의 위챗페이는 중국인민들이 다 사용하는 가상화폐야. 중국인민은행은 알리페이와 위챗페이를 위안화와 연동하는 거야. 거대한 가상거래의 화폐를 중앙은행의 디지털 화폐로 전환할거야. 놀랍게도 블록체인과 가상화폐에 관한 특허 1위가 알리바바야. 그리고 중국과 거래하고 있는 모든 국가, 지금은 40개국이니까 적용하겠지. 미국 연방정부는 애플이나 아마존, 비자, 마스터 카드라는 핀테크 체인을 통하여 가상화폐를 발행하겠지. 아줌마들이 좋아하는 루이비통을 만드는 회사인 LVMH도 이미 블록체인을 통해 자신의 명품 이력서 조회시스템을 만들었을 뿐 아니라 전세계인들이 자신의 명품을 가상화폐로 구입할 수 있도록 준비하고 있어. 네가 이 말을 들었을 때, 아 공간의 확장이 본격적이 되는 구나. 가상공간과 가상공간의 전쟁이 이제 시작되는구나 라고 생각해야 돼.

현실공간과 가상공간의 전쟁에서 가상공간이 이겼어. 이것이 이번 신종코로나 19에서 보여준 결정타야. 가상공간 안에 현실공간이 들어와 있는 아마존이나 월마트 같은 회사는 엄청난 부를 획득했지만 기존의 백화점은 다 망했어. 가상공간과 현실공간의 전쟁에서 가상공간이 이겼다고. 이것이 4차 산업의 혁명이야. 그런데 이제 가상공간 쟁탈전, 전쟁이 일어난 거야. 중국과 미국은 이 가상공간을 두고 엄청난 전쟁을 할 거야. 놀라운 전쟁이 일어날 거야. 그러면 가상공간을 창출하는 기업이 세상을 지배하게 되어 있어. 애플의 애플 페이는 마스터 카드와 연동이 되어있고, 아마존의 아마존 페이는 비자카드와 연동이 되어 있고, 스타벅스도 스타벅스 코인을 발행해. 구글은 구글 페이, 마이크로소프트는 마이크로소프트 페이를 발행하고 있어. 우리나라는 카카오 페이를 발행하고 있는거야. 생각을 해봐. 이러한 기업들은 다 플랫폼을 갖고 있어. 플랫폼을 갖고 있는 기업들은 다 자신만의 화폐, 핀테크를 갖고 있다고. 핀테크란 금융을 뜻하는 '파이낸셜 Financial'과 '기술Technique'의 합성어야. 즉 플랫폼을 독보적으로 갖고 있는 IT기업들이 자신들의 플랫폼을 이용하는 모든 자들에게 자신만의 결제시스템으로 화폐를 유통시키는 것을 말해. 그런데 이 모든 기업들의 플랫폼을 미국의 중앙은행이 하나로 연결시켜 디지털 화폐를 유통시키려고 하고 있어. 이 디지털 화폐가 만들어내는 금융자본은 누구 손에 들어가겠어? 이것이 전쟁이야.

달러가 기축통화인 것이 너무 기분 나쁜 중국이 디지털 화폐를 자신들의 화폐로 기축통화를 만들려는 야심을 갖고 있고 미국은 그것을 빤히 보면서 그 주도권의 응전을 깨 버리려고 무지막지한 공격을 할 거야. 중국과 미국 사이에서 수출은 중국에 의존하고 있고 안보는 미국에 의존하고 있는 우리나라에서는 참 어려운 결정과 지혜가 필요한 때야. 나머지 개발도상국들은 모두 이 가상 화폐, 즉 금융자본 안에서 노동과 원자재를 공급해주는 하청국가들로 살아야 하고, 그중에 노동자들과 약한 자들은 아무런 죄 없이 고통 속에 들어가는 삶을 살겠지. 염려스러운 새로운 금융패권주의가 다가오고 있어."

"그럼 아빠 디지털 화폐를 하면 좋은 점이 무엇이죠?"

"디지털 화폐를 하면 지하경제가 사라져. 즉 세금을 내지 않는 마피아의 돈이라든지, 세탁된 돈들이 사라지게 되지. 모든 돈의 흐름을 빅데이터를 통하여, 인공지능 클라우드를 통하여 추적할 수 있고 세금을 부과할 수 있는 거야. 그리고 또 다른 인플레이션을 유발할 수 있어. 적당한 인플레이션, 즉 물건의 가격이 올라는 것은 소비자들이 부를 획득했다는 생각을 갖게 하고 소비를 촉진시켜 부의 확장을 이루는 거야. 그런데 달러의 확장으로 인한 유동성으로 달러가 적당한 가치를 통한 인플레이션을 일으키는 힘이 약해져. 이때 디지털 화폐로 또 다른 부의 확장을 이루면 이른바 부를 획득하게 되는 일이 생겨. 즉 기축통화가 사실은 두 개가 되는 거야. 가상공간에서, 현실공간에서 부의 확장이 이루어지는 일이야. 그러므로 기축통화국의 금융지배력은 배가 되겠지. 그 배후에 있는 유대자본가들은 엄청난 부를 손에 넣겠지."

"무섭네요."

아들에게 4차 산업혁명 가운데 걸어가야 할 금융에 대해서 이야기하다

"아들아, 아빠 이야기를 잘 들어라. 아빠는 지금 무척 우울하단다. 신종코로나19이후 이 세상은 어떻게 될까? 빈익빈부익부貧益貧富益富는 더 큰 차이로 벌어질 것이며 국가 간의 차별은 더 심해질 것이라고 생각해. 이런 일이 일어나면 가난하고 힘든 자들이 더 고통을 당하고 신음을 하게 된단다. 아빠는 앞으로 4차 산업 금융에 대하여 세 가지로 우리가 준비해야 한다고 생각해.

첫째는 4차 산업혁명을 통해 공유자본 시스템을 확충해야 한다는 거야. 아빠가 자꾸 언급하는 것이 무엇이니? 공동체가 생명자본시스템을 가져야 한다는 것이지? 즉 예를 들어, 우리나라 의료보험제도 같은 것이지. 누구든지 의료 혜택을 받을 수 있는 이런 생명시스템을 가져야 해. 아빠가 협동조합에 대하여 관심을 가져서 전국에 있는 협동조합을 가본 적이 있어. 안성에 있는 안성의료협동조합에 갔는데 거기에는 병원, 교육, 여가 생활, 유통이라는 네 가지 공간이 있었단다. 즉 농촌의 천여 가구들이 협동조합비를 내는 거야. 가난한 가구는 일년에 35만원, 잘 사는 분들은 100만원씩 차등적으로 내고 있어. 그것도 서로가 의논해서 말이야. 그 조합비로 병원을 운영해. 한방의사 선생님, 양방의사 선생님 두 분이 있었어. 월급 받는 의사 선생님이었는데 조합원들이 무료로 의사 선생님께 진료를 받는 거야. 그리고 일주일에 한 번은 거동이 불편하여 병원오기가 어려운 분들을 위해 의사

선생님이 차를 타고 가서 진료를 해주셔. 그리고 의료에만 끝나는 것이 아니라 학원을 만들어 조합원의 자녀들이 와서 수업을 듣는 거야. 영어, 수학, 국어, 체육 등을 가르쳐. 어르신들이나 아주머니들은 시간되면 교양과목을 배우는 거야. 그리고 그들의 농산물을 유통하고 판매하는 구조를 갖고 있어. 아빠는 그것을 보면서 충격을 받았어. 여기에는 부자나 가난한 자가 없어. 아빠가 사회주의를 말하는 것이 아니야. 공동체를 말하는 거야.

자본주의나 공산주의는 시스템이야, 구조야. 그러나 공동체는 몸이야. 인격과 인격이 만나 서로의 아픔과 고통을 덜어주고 함께 하나의 몸으로 세워나가는 거야. 안성에 있는 의료협동조합이 이상형은 아니지만 아빠에게 많은 것을 생각하게 했어. 아빠가 '이 협동조합을 그리스도인들이 어떻게 실현할 수 있을까?'를 많이 고민했어. 개인 구원이라는 것은 예수 믿고 천국가는 것으로 끝나는 것이야. 개인 구원이란 서양의 산물이야. 개인 구원은 공동체 구원 안에 있는 거야. 그리스도의 몸으로서의 구원 안에 개인 구원이 있는 것이지 이것을 분절해버리는 것, 관계가 없는 것처럼 해버린 것은 서양의 개인주의적 사고방식이고 여기에 가장 큰 문제는 선교단체야. 개인 구원, 구원의 확신은 강조했지만 인류 전체 안에서의 그리스도의 몸의 구원에 대한 강조는 상실해버렸지. 교회란 그리스도의 몸인데 선교단체들이 교회가 아니니까 개인의 구원의 확신으로 구원에 대하여 초점을 맞추므로 몸으로써의 구원이라는 성경의 가치를 상실 해버렸어. 각자구원, 각자도생 各自圖生이 되었어. 구원받고 네 살길 네가 알아서 살아라. 그래서 교회는 그리스도의 몸의 현상에 대하여 다루는 일을 하지 않는다고. 오로지 구원받아라, 예수 믿고 구원받아라 혹은 복 받아라라고 간 거야. 몸은 똥 누는 일부터 밥 먹는 것, 사업, 결혼, 자녀교육, 직장, 수많은 세상의 문화와 연결되어 반응하는 거야. 이 세상의 몸들과 그리스도의 몸이 어떻게 다른가를 보여주는 구원론은 실패한 거야. 그래서 아빠는 마음이 아프다.

주도성이란 말은 그리스도의 몸에는 없어. 그리스도께서 머리이시니까 머리되신 그리스도께서 주도성을 갖는 거야. 한국선교의 고질적 문제는 몸으로써의 구원방식으로 선교를 하지 않는 거야. 각자도생이지. 한국교회도 마찬가지이고. 그러므로 구원에 있어서 그리스도의 몸을 세우는 방식을 배우지 않으면 선교이든, 뭐든, 그것은 시간이 지나가면 흔적도 없이 사라져. 그리스도의 몸이 아닌 것들은 죽어. 흙이니 흙으로 돌아가 버려. 그러므로 그리스도인은 무엇을 먹든, 무엇을 하든, 나의 결정이, 나의 행동이 '그리스도의 몸을 세우는 것인가?'에 대한 질문을 계속해야 해. 4차 산업혁명도 궁극적으로 그리스도의 몸을 세우는 것으로 가야 해. 아니면 그것은 죽은 몸이야. 흙이니 흙으로 돌아간다. 창세기에 보면 뱀이 흙을 먹는다고 되어 있어. 흙이란 하나님의 생명이 없는 죽은 몸이야. 그 흙을 뱀은 먹어, 그것은 여자의 후손, 예수 그리스도의 몸을 방해하지. 그리고 그 뱀의 몸은 흙으로 돌아가. 없어지는 거야. 그것이 다니엘의 환상이야. 수많은 짐승의 나라가 나타나나 사라져. 그것이 인류의 역사야. 아빠가 다른 곳으로 말을 바꾸었네….

그래서 국가는 여러 가지 생명자본 시스템을 만들어야 해. 가스나 전기, 교육, 인간이 살아가야 할 기본적인 것들에 대한 공유생명경제를 만들어가야 해. 노르웨이의 벽돌공이 월 500만원을 받는데 250만 원은 세금으로 내는 거야. 그러면 자신이 은퇴한 후 250만원 정도를 받는 거야. 그리고 나머지 기본적인 생명자본 공유시스템이 잘되어 있으니 250만원이면 충분한 거야. 그러니 물건을 만들 때 어떻게 하면 돈을 더 많이 남길까를 생각하면서 만드는 것이 아니라 어떻게 하면 사람에게 유익한 물건을 만들까를 생각하는 인간중심의 자본가치로 전환되는 거야. 지금 코로나 바이러스19의 위기 가운데 45조의 돈이 주식시장에 들어왔다라는 말은 한국사회에서 살아남는 길은 돈이라는 것을 반증하는 거야. 한국사회가 함께 살아가는 공동체이고 아픈 사람에 대한 배려, 약자에 대한 배려를 하는 사회이며 돈보다는 문화와 인간다움을 추구하는 사회이며, 4차 산업혁명의 공간에서도 인간의 숨비소리, 생명의 숨소리가 있는 곳이라는 인식이 없는 거야. 기술문명이 인문학의 문명의 지배를 받지 않으면 근대문명이 2차 세계대전을 통하여 인간을 학살한 일이 오늘날에도 일어나는 거야. 그러니 지금 사회적으로 논의되어야 하는 것은 뉴딜이니 경제부흥이니 이런 것이 아니야. '어떻게 함께 더불어 사는 공동생명자본을 만들 것인가?' '이 자본이, 금융이 사람 살리는 생명의 금융인가?'에 대한 논의를 하고 구축해 가야 해. 미연준이 만드는 가상화폐, 디지털 화폐의 공간 안에 휘둘리지 않으려면, 강한 자의 금융의 횡포에 휘둘리지 않으려면, 사람다움에 대한 이야기를 통하여 그들의 자본을 부끄럽게 만들어야 해. 기본소득이란 것도 생명자본 공유시스템을 확충하면서 해야 해. 그래야 기본소득의 수준이 낮아도 충분히 살 수 있고, 생명자본 공유시스템은 부자이든, 가난한 자이든 동시에 사용되는 것이니 이른바 공산주의 시스템은 아니야. 동일하게 적용되는 민주적 자본시스템이야. 이런 생명자본공유시스템 위에 기본소득을 해야 해. 지금 우리나라가 지자체와 정부가 재난구호금을 모든 시민에게 주었지?"

"네, 저도 20만원 받았어요. 누나는 서울시민이어서 33만원 받았다고 해요."

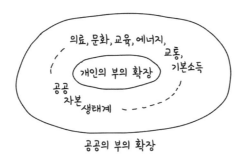

〈개인의 부는 공공의 부의 확장이라는 생태계 안에 자리잡아야 한다〉

"이런 것이 사실은 기본소득의 한 모습이야. 생명자본공유시스템을 만들면서 가난한 자나 자본의 소외된 자들에게 먼저 기본소득제를 적용해 나가면 되는 거야. 그러면서 사회에 노동의 가치를 발휘할 수 있는 일원이 되도록 지속적 교육을 해주어야 해. 즉 무형의 자산을 주는 일을 해. 금융지식을 주고 자신의 은사를 발굴하여 사용할 수 있도록 도와주어야 해. 그러면 범죄도 줄어든다고. 미국이 존 F. 케네디 대통령때 엄청난 부를 획득했어. 정부가 재정이 남아돈 거야. 그때 흑인들에게 무료로 빵을 주었다고, 그들에게 교육이나 무형자산의 가치를 갖도록 하지 않았어. 그 부가 사라졌을 때 빵도 사라졌겠지. 그 흑인들은 다시 총을 잡고 범죄를 하겠지. 케네디가 그때의 엄청난 부로 아빠가 말하는 공유생명자본 시스템을 만들었다면, 흑인들은 어떠했을까? 그리고 지금의 신종코로나 바이러스19를 대하는 미국 시민들은 어땠을까?"

"생각을 많이 하게 하네요."

"두 번째는 한국 교육에 금융교육을 포함해야 한다는 거야. '4차 산업혁명에 어떤 교육을 해야 합니까?'라고 묻는다면 아빠는 금융교육을 해야 한다고 답을 하고 싶어. 미국은 4차 산업을 맞이하기 위해 STEM이라는 교육체계를 갖고 학교수업을 하고 있어. 과학Science, 기술Technology, 공학Engineering, 수학Mathmatics의 준말이야. 특별히 수학에는 행렬부분을 강조해. 인공지능의 알레고리에 필요한 부분이기 때문이야. 그런데 한국은 고등학교 수학에 행렬이 없어. 이 STEM에 영국, 프랑스, 독일은 한 가지를 더했어. 바로 예술Art이야, STEAM이야. 왜인지 알겠니?"

"아빠가 4차 산업은 이미지 언어, 그림 언어가 4차 산업공간의 언어라고 했잖아요."

"그렇지, 잘 들었구나. 4차 산업의 언어는 예술 언어야, 인스타그램, 유튜브, 페이스북, 모든 공간의 언어는 이미지 언어야. 이미지를 산출하는 것은 예술이야. 그러니 유럽사람들이 우뇌의 언어가 4차 산업에 필요하다는 것을 파악한 것이지. 여기에 아빠는 금융Finance과 영성spirituality을 넣어야 한다고 생각해. 핀테크가 아닌 핀스피릿Finspirit이지. 올바른 돈에 대한 가치는 그의 신앙이야. 그가 돈하고 관계 맺고 있는 질서가 신앙이야. 아빠가 늘 청년들에게 당신의 배우자의 신앙을 알고 싶으면 첫째는 그의 묵상집을 보면 되고 둘째는 그의 신용카드 내역서를 보면 된다고 말해. 그의 돈의 지출 내역이 신앙이야. 그의 지출내역 중에 가난한 자와 고통당하는 자에 대한 섬김의 내역이 없다면 그의 신앙은 거짓이야. 핀스피릿이 그의 신앙이야.

금융교육을 한다는 것은 그의 삶의 질서를 바르게 세워주는 거야. 단순히 주식해서 돈 버는 것이 아니야. 그리고 앙트레프레너기업가를 키우는 금융시스템이 있어야 하는 거야. 이 부분은 아빠가 앞에서 충분히 이야기를 했어. 아빠의 관점에는 공간을 여는 기술문명의 과목인 수학과 금융, 사업과 그 공간에 장소를 만들어 내는 인문학 즉 고전읽기, 그리고 그 안에 하나님 나라를 이루는 성경이라는 신학의 공부가 필요하다고 생각해. 이 세 가지의 교육이 필요하다고 생각해. 즉 기술문명인 자연과학은 인문학이 이끌어야 하고 자연과학과 인문학은 신학이 이끌어야 해. 이 세 가지 관점이 아빠가 역사를 보는 관점이고 이 세 가지 관점에 맞는 교육을 가져야 한다고 생각해. 그래서 4차 산업혁명의 공간 창출에는 수학, 금융, 창업이 있어야 한다고 생각해. 그리고 그 공간 안에 인간다운 삶의 장소를 만들기 위해 인문학이 필수적인데 그것은 고전읽기를 해야 한다고 생각해. 그리고 그 장소 안에 하나님 나라를 이루기 위해서는 신학, 즉 성경읽기가 필수적이라고 생각해. 아빠가 생각하는 교육을 도표로 그려보면 다음과 같아"

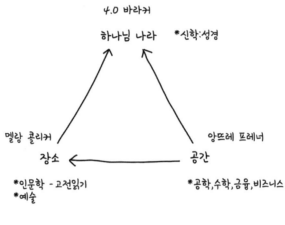

〈4차 산업혁명 시대의 교육〉

"한눈에 들어오네요."

"그런데 오늘은 금융에 대한 이야기이니까, 올바른 금융시스템은 생명자본 공유시스템이라고 했어. 서울대 중심의 교육을 바꾸는 유일한 길은 생명자본 공유 생태계가 있으면 되는 거야. 학벌이 권력이나 금력이 되는 시스템이 존재하는 한, 너희들은 성공을 위한 학력 중심주의에 몰리게 되어 있어. 새벽부터 밤늦게까지 성적을 위해 공부한다고 청춘의 행복을 포기하는 일을 계속해야 할 거야. 청춘의 낭만, 꿈, 즐거움들이 보장되어야 해. 그렇다면 금융 강국이 되어야 하고 너희 개인들도 금융에 대한 올바른 지식을 통하여 개인의 부를 확장할 수 있어. 부의 확장이 있어야만 생명자본 공유시스템이 가능해. 그리고 금융에 대한 올바른 지식을 갖는 시민의식이 필요해. 안성의료협동조합 이야기를 아빠가 했는데, 그곳에 있는 농촌 3200여 가구들이 (확실하지는 않아) 큰 자본가가 없이도 그런 조합을 만들어내지 않니? 그것은 그 협동조합의 정신이야. 자기들 마음이 생명자본 공유시스템을 만들어버린 거야. 아빠는 선교란 그런 생명자본 공유시스템의 마을 안에 그리스도의 복음이 중심이 되어 그 중심의 가치가 흘러가는 것이라 생각을 해. 에덴동산에 생명나무가 있어 그 생명나무로부터 네 강이 흘러 온 세상을 적시고 아름다운 토브의 나라, 하나님 보시기에 좋은 나라가 만들어진 것처럼, 그런 일이 일어나길 기도하고 바라고 있어.

그리고 마지막으로 아빠가 영성을 넣은 것은, 영성이란 것은 그리스도의 몸으로 사는 방식이야. 그리스도의 몸으로 산다는 것은 내가 누군가에게 생명의 떡으로 사는 거야. 내가 누군가에게 참 음료로 사는 방식이야. 그래야 천박한 자본이나 기술문명이 되지 않는다고. 서울대 유기윤 교수팀이 앞으로의 세상의 계급에 대해서 이야기를 했어, 위에는 4.0공간을 창조하는 자들이 지배계급이야. 일론 머스크테슬라, 래리 페이지구글, 스티브 잡스, 팀 쿡애플, 제프 베조스아마존 같은 사람들이지. 제1계급으로 인공지능 플랫폼을 창조하는 자들이야. 그다음이 인공지능이 만든 4차 산업공간의 스타들이지. 이른바 유튜버들이나 엔터테이너들이야. BTS같은 자들이지. 네 동생 강은이도 카툰을 그려 중국의 15억 인구를 자신의 고객으로 만들려고 하잖아. 이런 자들을 2계급이라고 말하고 인공지능 플랫폼 스타라고 했어. 그리고 3계급은 사람이 아니라 인공지능이야. 마지막으로 4계급으로 '프레카리아트'라고 해"

"프레카리아트가 뭐예요?"

"프레카리아트는 이탈리아어로 불안정하다라는 말인 프레카리오와 노동자를 뜻하는 프롤레타리아의 합성어로 '저임금, 저숙련 노동자로 인공지능이 시키는 일을 하는 사람'이라는 뜻이야. 인공지능이 대부분이 일하기에 대부분의 사람이 인공지능의 노예가 된다는 뜻이야. 이것은 약간 비관론적인 생각이야. 인공지능이 나와도 인간만이 할 수 있는 수많은 직업들이 있어. 그러니 너무 걱정은 하지 않도록 해. 그런데 아빠가 볼 땐 제일 위 계층은 여전히 금융인들이 될 거야. 로스 차일드나 제이피 모건 같은 금융가들이 지배를 할거야. 제1계급 위에는 금융계급이 있어. 그러므로 제대로 된 금융인들을 한국이 교육을 통해 키워내야 하고 금융지식을 제대로 가져 천박한 자본주의로 빠지지 않는 시민들이 등장해야 해. 그러므로 금융교육이 필요해.

인간은 떡으로만 살 수 없어. 이러한 계층 위에는 인문학적인 사상가들이 등장해, 기술문명의 공간이 아닌 공간을 장소로 바꾸는 자들이야. 이런 자들은 인문학자와 예술가들이야. 금융이나 4.0플랫폼을 창조하는 자들은 앙트레프레너이고 그 위에 인문학자와 예술가들은 멜랑콜리커들이라고 했지? 아빠가 전에 멜랑콜리커가 무엇인지 이야기를 했잖아. 기억나니?"

"네, 멜랑콜리커들은 어떤 대상에 대해 우울한 기질로 바라보는 자들요. 즉 인간이 만든 공간이 인간이 살만한 공간이 아니란 것을 알고 그것을 슬픔의 눈으로, 아픔의 눈으로 보는 자들이고, 그런 자들이 언어로 표현하는 것을 인문학자라 하고 음악이나 그림으로 표현하는 자들을 예술가라 하는데 그런 자 전부를 멜랑콜리커라고 한다고 하셨어요."

"어, 너 굉장히 유식하다. 공간을 장소로 만드는 자들이야. 그리고 그 위에 하나님 나라를 만드는 자들을 바라커라고 해, 이러한 계층 구조 위에 바라커들이 등장해야 해. 4.0 바라커들 말이야"

"아빠가 늘 말씀하시는 바라커 말이죠?"

"응. 마지막으로 아빠가 늘 말하는 것처럼 4차 산업혁명이 만들어내는 새로운 공간 안으로 그리스도의 복음을 전하는 4.0 바라커들이 등장해야 한다고 생각을 해. 토브, 즉 하나님 보시기에 좋은 세상, 그 공간 안에 하나님의 복을 흘려보내는 바라커들을 만들어내는 일이야. 너희들은 금융의 바라커들이 되어야 해. 바라커는 성경에 나오는 하나님이 만드신 창조계에 복을 주는 자란 뜻이란 걸 알지?"

"네, 전에 4.0 바라커에 대해서 함께 나누었잖아요."

"자, 그렇다면 4차 산업혁명을 통해 바뀌어지는 계층을 도표로 아빠가 정리 해볼게."

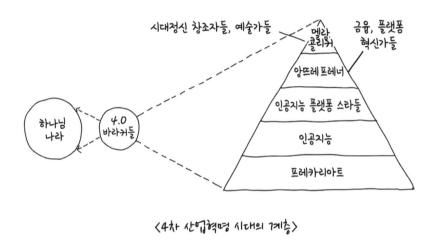

시대정신 창조자들, 예술가들

금융, 플랫폼 혁신가들

메타콜리쿼

앙뜨레 프레너

인공지능 플랫폼 스타들

인공지능

프레카리아트

하나님 나라

4.0 바라커들

〈4차 산업혁명 시대의 계층〉

"아, 정리가 단번에 되네요"

"그래, 도표는 단순하게 하는 장점이 있어. 바라커들은 하나님의 생명으로 생육하고 번성하는 일을 하는 자이지. 아빠가 마카오에서 열린, 세계 그리스도인 부자들의 모임에 간 적이 있어. 그리스도인들인데 세계의 부자들이지. 그들은 기업을 성경적으로 운영하고 기부를 하는 사람들이야. 자신의 기업이 있는 지역을 하나님의 창조 목적에 맞도록 자신의 부를 배분하는 일을 해. 장애우를 고용하고 그에게 출

퇴근할 수 있는 장애우용 차를 사주고, 지역주민들이 함께 잘 살 수 있는 사업을 발굴하여 지역주민의 소득을 올려주는 이른바 지역개발을 하는 사람들이야. 그리고 그 가운데 그리스도의 복음을 전하는 금융 혹은 비즈니스 바라커들이었어. 너무나 귀한 분들이지. 이런 분들의 자본 형태를 박애자본이라고 해. 영국의 경제 저널리스트인 매슈 비숍과 마이클 그린이 박애자본이란 말을 사용했어. 미국은 자선 기부금이 1.67%야. 그런데 명심해야 돼. 이런 박애자본을 실현하는 부자들이 있다고 해서 가난한 자들 모두가 고통에서 멀어지는 것이 아니야. 그래서 국가가 생명자본 공유시스템을 가져야 한다고 아빠가 강조해 말하는 거야. 이런 금융부자들은 자신의 자본을 박애자본으로 작은 단위의 생명자본 공유시스템을 만들어야 해. 아빠가 앞에서 말한 안성의료생활협동조합처럼 자립하여 생명자본 공유시스템을 만들어 주민들 스스로 자신들의 공유자본을 만들어갈 수 있도록 해야해. 부자들의 박애 자본은 거기까지 도와야 하는 거야. 그러면 박애 자본과 지차제 혹은 작은 단위의 생명자본 공유시스템과 국가의 생명자본 공유시스템이 하나가 되어 한 개인이 거대한 금융위기나 고통 가운데 견딜 수 있으면 금융의 탐욕에 휘둘리지 않는 진정한 자유한 인간이 될 수 있단다. 금융 바라커들은 성경적 가치와 복음의 내용을 갖고 이러한 작은 생명공유자본 공동체를 만들어야 해.

국가가 생명공유자본 시스템을 가질 수 있는 나라는 몇몇 나라 밖에 되지 않는단다. 그러므로 기독교인들이, 금융자본을 가진 성경적 가치관의 그리스도인들이 작은 생명자본공유 공동체를 만들어주어야 해. 그리고 그 생명자본 공유시스템 공동체가 스스로 일어나면 그들의 자본이 다른 마을이나 다른 곳에 그러한 생명자본 공유시스템을 만들어가도록 해주어야 해. 큰 부자만 이런 일을 할 수 있는 것만은 아니야. 그리스도인들이 일부의 자본을 모아 그러한 생명자본 공유시스템 공동체를 만드는데 하나님의 돈을 흘러보내면 되는 거야. 빌 게이츠 같은 몇몇의 부자가 할 수 있다는 어리석은 생각을 버려야 해. 그렇다면 우리는 다 부자가 되어야 해. 그런 부자도 있어야겠지만 그리스도의 몸인 교회가 하면 되는 일이야. 단순히 빵을 주면 안 되고 성경적 가치관의 금융을 가르치면서 스스로 자립하여 생명공유자본 시스템을 만들어갈 수 있도록 도와주어야 해. 이것을 도표로 그려보면 다음과 같아."

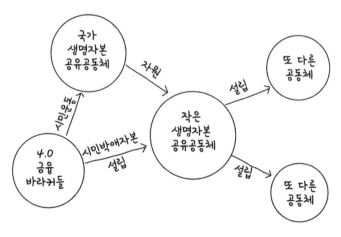

〈4차 산업혁명 금융이 나아갈 길〉

"역시 도표는 쉽게 이해시켜주는 것 같아요."

"아빠가 미얀마음악학교 학생들하고 이야기를 나누었을 때 한 학생이 자기가 졸업 후에도 그리스도를 전하는 삶을 살고 싶다고 했어. 그리고는 직장을 구해달라고 했어. 취업문제가 그 학생에게는 절실했던 거야. 그 학생들이 자신의 공동체로 돌아갔을 때 어떤 공동체 구원을 이룰 것인가라는 문제에 더해 금융가치에 대한 올바른 훈련을 해야 해. 탐욕이 있는 자본을 배우면 그의 구원은 거짓 구원이 되고 마는 거야. 그래서 아빠는 미얀마 음악학교 졸업생들이 그 나라에서 중산층이 되면 좋겠다고 생각했어. 부자는 되지 못해도 성경적 금융교육을 받으면 중산층은 될 수 있다고 아빠는 생각해. 그리고 자신의 금융이 그리스도의 몸을 세우는 금융이 되도록 훈련이 되었으면 좋겠다고 생각을 했어. 그리스도의 몸으로 미얀마의 몸을 세우는 생태계를 만들어야 그 생태계 안에서 복음이 전해지는 거야.

아빠는 실험적으로 여러 사람으로부터 기부를 받아 미얀마 학생들과 함께 음악학원을 창업하고 싶어. 그래서 그 음악학원을 통해 들어온 수입은 또 다른 음악학원을 만들면서 그들이 스스로 생명공유자본으로 살아가는 시스템을 만들고 그들이 그들 민족 가운데 그 일들을 스스로 할 수 있도록 돕고 싶어. 물론 성경적 금융가치를 끊임없이 가르치면서 말이야. 어떤 부자가 아니라 서민 그리스도인들이 해나가는 일이 되도록 만드는 거야. 그래서 자립하는 10-20개의 음악학원들이 생기면 그 가족들이 하나의 협동조합처럼 생명자본 금융시스템을 구축하는 거야. 병원이나 교육학원 등과 연계하여 그들의 가족들이 병원에서 치료받게 하고 자녀들이 교육을 받게 하는 공동체를 만드는 거야. 그렇다면 새로운 그리스도의 몸이 미얀마 안에 만들어지는 것이지. 아빠는 생명자본 공유시스템을 미얀마에서 실현하고 싶어. 그래서 이 일이 하나님의 축복이 되면 전 세계에 하나둘씩 만들어가는 거야. 개발도상국가나 가난한 나라는 국가가 이런 일을 하지 못해. 거대한 금융세력의 밥이 되기 쉽지. 이런 탐욕적 금융으로부터 생명자본 공유시스템을 만들어가는 거야. 이것이 4차 산업혁명시대에 가야 할 금융의 가치야.

4차 산업혁명이 오든, 어떤 공간이 만들어지든, 복음은 흘러들어가게 되어있어. 복음은 능력이기 때문이야. 이제 한국의 선교사가 몇 명 파송되었는지를 어느누구도 묻지 않아. 이유는 그것이 중요한 것이 아니란 것을 알기 때문이야. 어쩌면 한국 선교사님들이 적게 나가는 것이 선교에 유익한 시대가 되었어. 꼭 선교사님들이 나간다고 하여 선교가 잘되는 시대가 아니야. 목사님이 많이 양성된다고 해서 한국교회에 부흥이 오거나 한국교회가 새롭게 되는 것은 아닌 것처럼. 그러므로 지금 신종코로나19로 인해 이루어지는 선교사님들의 철수나 추방 속에 있는 하나님의 뜻을 잘 분별할 필요가 있어. 한 선교사님이 선교사로 가려면 가족 전체가 가야 해. 그러면 선교비가 자녀 공부나 가족들 유지비에 다 들어가. 그리고 나중에 그 자녀들이 선교지로 인해 나라가 몇 번 바뀌면 고통을 당해. 물론 그 선교사님들 자녀들은 앞으로의 새로운 선교사 자원들이야. 전 세계의 비즈니스와 금융을 통해 하나의 그리스도의 몸으로써 선교할 수 있는 훌륭한 자원들이야. 아빠의 꿈에는 우리나라 디아스포라와 선교사 자녀들을 연결하여, 온 세계에 하나의 금융과 비즈니스 네트웍을 이루는 선교 플랫폼을 만드는 게 있어. 그러나 4.0 산업혁명으로 선교의 공간이 바뀌어졌다는 사실을 기억해야 해.

　네가 아는 BTS라는 가수는 한국 사람이 아니야 가상공간 안에서 수많은 인종들이 모여 하나의 ARMY라는 새로운 패밀리를 만들어 버리는 거야. 그 가상공간 안에서 BTS Family를 만드는 거야. 내가 글을 읽어보니까 팔레스타인 여학생과 이스라엘 여학생이 ARMY로서 서로 용서하고 사랑하는 거야. 그리고 BTS 노래를 부르는 거야. 그들에겐 BTS 노래가 언어이고 사상이고 새로운 인종이야. 거기엔 국경이 없어. 인종이 없어 BTS의 몸만 있는 거야. 지금 공간이 바뀌었는데 선교는 아직 오프라인에 머물고 있어. 그러니 지금의 선교사들과 다가오는 가상공간의 인종들과 언어가 다른 거야. 통하지 않는 거지. 복음을 전해도 알아듣지를 못하는 거야. 반대로 가상공간 안에 사는 새로운 시대의 사람들의 언어를 선교사들이 알아듣지를 못하는 거야. 보통 그 나라에 가면 언어를 배우는데 2년의 시간을 선교사님이 사용하지. 그런데 가상공간의 종족들의 언어를 배우려 하고 있지 않아. 지금 선교지의 젊은이들은 가상공간의 젊은이들이야. 그 젊은이들이 선교지의 교회에서도 떠나고 있어. 그리고 그 공간 안의 복음의 도구도 바뀌었고. 바울이 배를 타고 지중해로 수없이 돌아다니면서 교회를 세워나간 것처럼 가상공간 안으로 들어가 복음의 플랫폼을 만들어 수많은 복음의 에너지가 주고받는 서플라이 체인과 밸류 체인들을 만들어야 해. 수많은 공간들이 가상공간 안에서 하나가 되었기에 수많은 나라를 돌아다니면서 복음을 전하는 일은 더 쉬워졌고 강력해졌어. 가상공간 안에서 우리는 수많은 종족과 사람들을 한꺼번에 만날 수 있는 거야. 그리고 그 공간 안에서 수많은 그리스도인들은 하나의 그리스도의 몸으로 일하기가 쉬워졌어.

　오프라인에서는, 즉 현실공간에서는 현지인들이 복음을 전하도록 위임을 빨리하고 철수하는 것이 좋아. 우리나라 초기선교사들의 선교 행적을 보면 그들은 교회가 어느정도 자립되면 그냥 권서인에게 위임하고 자기는 교회가 없는 곳으로 들어가는 일을 해. 복음의 확장성을 넓히는 거야. 그리고 어느 정도 자립하면 또 현지인들에게 위임을 하고 떠나버려. 선교사들의 일은 이제 교회개척을 하고 바로 위임하고 떠나는 일을 하는 거야. No Stay이야. "Planting Church and No Stay, build up 4.0 Mission platform!" 개척하고 떠나라! 그리고 4.0의 공간에서 플랫폼에서 만나는 거야. 현실공간 안에서 복음의 확장을 하고 가상공간 안에서 하나의 플랫폼으로 만나 서로에게 복음의 에너지가 유통되도록 하는 거야. 바울의 선교편지가 이제 가상공간 안에서 주고 받아지는 것이고 양육되어지는 것이야. 바울의 편지는 오랜 시간을 거쳐 전달되고 주고 받았지만, 이제는 바울의 교회들이 가상공간 안에서 하나로 만나는 시대가 된 거야. 복음의 플랫폼 안에서 수많은 교회들이 복음의 에너지를 주고 받으면서 그리스도의 몸이 되는 거야. 이것이 아빠가 생각하는 4.0의 선교야.

그러니까 앞으로는 자신의 선교지에서 빨리 나가 다른 곳으로 복음의 영역을 확대하는 것이 선교사들의 우선순위가 되어야 해. 바울의 선교방법이 가장 적합한 방법이야. 바울은 선교하고 그리스도를 믿는 자들이 생기면 교회 개척 때까지 3년 정도 머물러. 그리고 디모데와 디도 같은 자에게 위임을 하고 떠나버려. 그리고 편지를 통하여 가르침을 전달하지. 그것이 우리가 지금 읽고 있는 바울 서신서들이야. 선교사들은 그 나라에 들어가서 개척을 하고 선교를 할 현지인을 양육하고 바로 위임하고 떠나버려야 해. 지금은 가상공간이 있기 때문에 현실공간에서 위임하고 가상공간에서 만나면 되는 거야. 가상공간 안에서 양육하고 성장시키면 되는 거야. 그래야 공간의 확장을 통한 하나님 나라의 확장을 이루는 거야. 이른바 핸드폰과 인터넷망만 있으면 전 세계를 하나로 연결할 수 있는 공간의 세상이야. 이 가상공간 안에서 선교의 플랫폼을 만들어 서로가 에너지를 주고받고 이 가상공간의 플랫폼이 현실공간에서 복음의 확장을 이루는 거야.

범선, 기차, 증기선, 자동차, 비행기 등을 통하여 공간을 단축하는 선교전략들이 늘 나왔어. 하나님이 그러한 도구들을 이용하셨다고. 지금은 4.0이라는 새로운 기술문명으로 공간과 공간이 만나는 일이 쉬워진 거야. 비행기 타는 방식의 선교는 점점 줄어들어야 해. 인공지능 클라우딩을 만들면 나 한 사람이 수천명의 일을 할 수 있고, 수많은 공간안으로 복음이 확장되어 가는 일이 생겨. 그러므로 그 공간 안으로 복음을 전하는 일을 생각해야 해. 오히려 복음의 생태계를 가상공간 안에 만들어주는 평신도 선교사들이 등장해야 해. 4.0 가상공간은 풀타임 선교사가 많이 있을 필요가 없어. 4.0공간은 누구든지 자유롭게 들어가서 세계의 많은 종족들을 만날 수 있는 공간이기에 직업을 가진 그리스도인들이 그 공간 안으로 복음을 들고 마음껏 갈 수 있는 세상이야. 그러나 오해하지 말아라. 복음을 전하는 방법은 은사와 각자의 상황에 따라 성령께서 결정하시니 획일화되는 것은 아니야. 그리고 직접 그 지역으로 들어가는 선교사가 필요 없다는 이야기도 아니야. 가상공간과 현실공간이라는 두 공간을 통한 증강세계의 선교가 필요하다는 이야기를 아빠는 반복적으로 하는 거야.

금융에 적용하면 가상공간 안으로 금융의 바라커, 비즈니스의 바라커들이 나와야 해. 한국교회는 그런 사람들을 준비해야 해. 4차 산업의 공간 안으로 그리스도의 복음을 전하는 바라커들이지. 4.0 바라커들이야. 그래서 그들이 앞장서서 우리나라에 생명자본 공유시스템을 만들고 선교사를 위해서도 공유시스템을 만들어야 해. 선교사님들의 의료, 은퇴 후의 삶, 차량렌트, 숙박 등을 제공할 수 있는 선교생명자본 공유시스템을 만들어야 해. 한국교회 안에도 교회를 위한 생명자본 공유시스템을 만들어야 해. 더 나아가 그 나라의 현지인들이 교회 개척할 때 도와줄 수 있는 개척교회 인공지능 플랫폼을 만들어 현지인들이 언제든지 도움을 받을 수 있도록 해야 해. 이런 일이 지금 더 중요한 선교적 과업이야. 아빠가 낙도선교회를 하면서 의료, 쌀지원, 예배당 수리, 재정적 지원, 차량 지원 등 여러 공유시스템을 만들려고 노력해왔어. 그리고 요즘 아빠가 서둘러 하는 일은 아빠가 연구한 성경을 모든 그리스도인들이 사용할 수 있도록 성경공유시스템을 만들고 있어. 이런 일들이 4.0바라커들을 통해 전 세계 곳곳에 생겨나야 해. 복음공유 플랫폼을 만들어놓으면 전 세계인들이 가상공간 안에서 사용할 수 있는 시대가 되었어. 굳이 내가 가서 강의를 하거나 내가 주도권을 가질 필요가 없어. 그 공유시스템이 알아서 움직이고 생성이 되는 거야. 이미 네가 경험하는 유튜브는 그것이 현실인 것을 보여주고 있어. 4.0 바라커들이 등장해야 해. 이번 강의는 금융강의니까 금융안에서 4.0 바라커 금융인들이 나와야 하는 거야. 금융바라커들이 등장하도록 한국교회가 양육해야 해. 그래서 세계 곳곳에 성경적 가치를 가진 생명자본공유 공동체를 세워나가야 한다는 말이야."

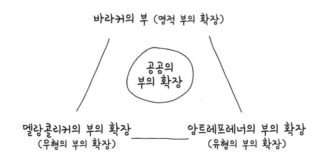

〈부의 올바른 확장을 위해 세가지 영역의 부의 확장이 있어야 한다〉

"근데 아빠, 정말 책으로 낼 거예요? 나도 책에 나와요?"

"응, 이번 신종코로나19가 전 세계에 펜데믹으로 일어나는 것을 보고 아빠는 빨리 책으로 내야겠다고 생각했고, 네가 중학교 3학년일 때 들려준 이야기를 정리하고 오늘 한 이 강의를 정리해서 책으로 내야 겠다고 생각을 했어. 새로운 공간이 우리 안에 만들어졌는데 이 공간 안에서 우리는 어떻게 살아야 하는지, 무엇을 준비해야 하는지에 대한 논의가 너무 늦었어. 특별히 이 공간의 세대인 너희들에겐 무엇보다 시급한 일이야. 기술문명이 공간을 만들지만 그 안에 인문학의 응답이 있을 때 사람 사는 장소가 되고, 복음이 흘러들어갈 때 하나님 나라가 된다는 아빠의 세 가지 관점을 잊지 말아야 해. 그리고 아빠는 네가 4차 산업혁명이 여는 공간 안에 4.0 바라커가 되길 기도하고 응원한다. 성경 말씀을 읽고 우리 함께 기도하자. 시편 37장인데 이것은 너희 엄마가 늘 우리 가족을 위해 기도하는 내용이야. 우리집의 금융 원칙이 담긴 요절이기도 하지. 아빠가 읽어보마. 시편 37편 16절부터 28절이다. '의인의 적은 소유가 많은 악인의 풍부함보다 승하도다. 악인의 팔은 부러지나 의인은 여호와께서 붙드시는도다. 여호와께서 완전한 자의 날을 아시나니 저희 기업은 영원하리로다. 저희는 환난 때에 부끄럽지 아니하며 기근의 날에도 풍족하려니와 악인은 꾸고 갚지 아니하나 의인은 은혜를 베풀어 주는도다. 주의 복을 받은 자는 땅을 차지하고 주의 저주를 받은 자는 끊어지리로다. 여호와께서 사람의 걸음을 정하시고 그 길을 기뻐하시나니 저는 넘어지나 아주 엎드러지지 아니함은 여호와께서 저는 종일토록 은혜를 베풀고 꾸어주니 그 자손이 복을 받는도다. 악에서 떠나 선을 행하라 그리하면 영영히 거하리니. 여호와께서 공의를 사랑하시고 그 성도를 버리지 아니하심이로다 저희는 영영히 보호를 받으나 악인의 자손은 끊어지리로다.'"

아들이 나에게 축복기도를 해주다

"시은아 기도하자.
 이번에는 네가 아빠에게 축복기도를 해주면 좋겠다."

"네"

"사랑하는 하나님 아버지,
아빠를 위해 기도합니다.
아빠가 가슴 아파하고 고통해 하는 부분을 위로해주세요.
세상에 고통 당하고 힘든 자들이 많고
신종코로나19로 인해 죽어가는 수많은 사람들에 대한
생각을 할 때마다 마음이 아파요.
돈이 많아서 섬을 통째로 사서 그곳으로 피하는 사람들도 있지만
한 끼의 양식이 없어 죽어가는 사람들도 있어요.

오늘 금융에 대하여 배웠어요.
모든 사람들이 충분히 함께 나눌 수 있는 양식을 하나님이 주셨
는데 인간들의 욕심이 그것을 이룰 수 없도록 하는 것도 알게 되
었어요. 부의 확장을 위해 인간은 끊임없이 공간을 만들어가는
걸 알았어요.

그 공간 안으로 복음이 들어가고 성경적 금융이 들어가

하나님이 주신 창조의 선물을 다 함께 누릴 수 있는 하나님 나라
가 오길 기도합니다.

아빠가 세상에 대하여, 낙도선교회의 섬 목사님들에 대하여
복음과 생명을 흘러보내는 일을 포기하지 않도록 축복해주세요.
특별히 아빠가 미얀마에 생명자본 공유시스템을 가진 공동체를
설립하는데 축복해주세요.

땅의 지경을 넓히게 해주세요.
4.0 바라커들을 준비시키고 그 다음 세대의 복음화를 위해
일하는 아빠가 되도록 축복해주세요.
예수님의 이름으로 기도합니다. 아멘."

토의하기

1. 공간이 바뀌면 공간의 플랫폼이 바뀌면서 화폐가 바뀐다.
   이유가 무엇인가?

2. 역사적으로 기축통화가 어떻게 바뀌었는지 설명해보라.

3. 왜 달러는 지금의 기축통화가 되었는가?

4. 기축통화가 갖고있는 무서운 힘은 무엇인가?

5. 4차 산업혁명의 화폐는 필자는 무엇이라고 보고 있는가?

6. 우리나라가 기축통화국이 되려면 어떻게 해야 하는가?

7. 당신이 학교의 교장이라면 학생들에게 어떤 식으로
   금융교육을 시키겠는가?

8. 신앙인이 성경적인 재정원리를 배워야 하는 이유는 무엇인가?
   당신의 재정원리는 무엇인가?

아들에게 들려주는
4차 산업혁명

여덟 번째 이야기

4차 산업혁명과
교육에 대해 이야기하다

이야기 요점 STORY POINT ─────────

공간의 변화는 교육시스템을 바꾼다. 그 공간에 최적화된 인간을 만들기 위해서이다. 산업혁명 때 마다 교육이 바뀌어 왔다. 1차 산업혁명이후 대량생산의 시대로 들어오면서 인간은 대량생산에 적합한 분업의 과정을 거친다. 각각의 분야의 전문가들이 하나의 벨트 안에서 생산을 책임지면서 전체적인 생산량을 늘리는 시대가 된 것이다. 그러므로 하나의 사회는 기계적 사회였으며 각 분야별로 전공이 만들어졌다. 학문은 종합적인 학문이 아니라 분절되어 각 과가 나뉘어졌으며 사회는 이른바 그 분야에 따라 계界가 만들어졌다. 종교계, 예술계, 연예계, 문학계, 자연계, 공학계, 의학계…. 우리가 사용하는 이 익숙한 단어는 근대적 언어의 산물이다. 이런 식으로 교육을 바라보는 것도 근대적 교육이다. "아는 것은 힘이다."라고 말한 베이컨의 '안다'라는 것은 수학적 앎이다. 아리스토텔레스가 말하는 본질직관의 인문학적 이성의 앎이 아니다. 이것은 산업혁명 이후 만들어낸 학문의 체계이다. 아리스토텔레스의 학문의 체계는 제1형상인 우주의 원리인 아르케로부터 시작된 학문의 체계였으며 중세는 그 아르케에서 신 중심의 신 존재질서에 대한 세계 이해였다. 그것이 그들이 살았던 공간이었고 그 공간에 대한 이해가 그들의 교육이었으며 그 공간에 적합한 인재를 만들려고 했던 것이다. 4차 산업혁명이 만들어내는 공간은 새로운 교육과 인재를 요청한다. 어떤 사람이 되어야 하는가? 어떤 인재가 되어야 하는가? 이 부분을 아들과 이야기하였다.

　이 부분은 아들과 두 번 논의 하였다. 아들 시은이가 고등학교 1학년이 되었을 때 신종코로나 바이러스 19로 인해 온라인 수업 중이었다. 시은이가 4차 산업이 만든 가상공간에서 친구들을 모아 SNS를 하면서 예의 없는 언어를 사용함을 통해 학교의 명예를 추락시켰다. 학교 당국은 우리 시은이에게 5일 학교등교 금지라는 벌칙을 주었다. 그때 나는 머리카락을 밀었다. 아들에게 아버지의 아픔과 고통을 보여주기 위해서이고 머리카락이 자랄 때까지 기도하기 위해서였다. 나도 안다. 사람이 자라는데 비바람도 있고 폭우도 있다는 사실을. 햇빛 나는 날만 있지 않다는 것을. 그리고 머리를 밀고 빡빡이가 된다고 해서 아들의 죄가 사해지지 않는다는 사실을. 그리스도의 십자가의 사랑과 용서만이, 성령의 양육만이 아들 시은이를 하나님의 사람으로 만든다는 사실을 나는 안다. 그래서 머리를 민 것은 아들의 신앙이 자라기 위해서가 아니라 나의 신앙이 자라야 한다는 것도 알았기 때문이다. 이번 교육에 대한 주제는 두 번 서로 나누었다. 그래서 첫 번째 나눔과 두 번째 나눔이 함께 글 속에 있다. 내가 머리를 밀고 빡빡이가 되어 집으로 온 날, 시은이도 머리를 깎으러 갔다. 나는 이 녀석도 머리를 밀려고 가는가 보다라고 생각했는데 단정한 머리로 왔다. 그러면서 엄마에게 "엄마, 미장원 누나가 좀 더 멋있게 머리를 다듬어야 하는데, 좀 아닌 것 같아."라고 말을 했다. 아버지의 빡빡 민 머리를 보고도 헤어스타일을 신경쓰는 아들 녀석을 보고 속으로 생각했다. 철이 없는 녀석…. 교육은 어렵다.

학문을 한다는 것은 질문하는 것임을 말하다

"아들아, 이제 4차 산업의 마지막 시간이야.(이 강의 이후에 몇 번 더 4차 산업혁명에 대해 논의하게 되었다)" "아, 아쉽다" "아쉬워? 흐흐 이제 4차 산업 끝나면 아빠가 하나님의 나라에 대해서 할지 아니면 세계 금융에 대해서 할지 생각 중이야."

"네"

"아빠가 역사를 바라보는 눈이 세 가지라고 했지? 하나는 공간. 기술문명은 새로운 공간을 만든다고 했지? 4차 산업은 그래서 새로운 공간을 만들었다고 했지? 전 세계를 하나의 사회로 연결하는 초연결 사회로 만들었다고 했지?"

"네" "그런데 그 초연결 사회를 어디서 만나냐면 가상이라는 공간에서 만난다고 했지? 그래서 가상의 공간, 이미지의 공간과 또는 오프라인의 공간과 지상의 온라인의 공간이 만나다고 했지. On to off라고 해서 온라인 오프라인의 새로운 공간들을 창출했다고 했지? 그리고 그 새로운 공간을 구동하는 것이 인공지능 클라우드 플랫폼이고 그 플랫폼을 통해서 전 세계가 하나의 초연결사회로 만들어지는 것이 4차 산업이라고 아빠가 이야기했지?"

"네" "그게 아빠의 정의지." "네" "그리고 그런 공간이 사람이 살만한 공간일까를 고민하는게 장소라고 했지?" "네" "플레이스place라고 했지?" "네"

"앙리 르페브르Henri Lefebvre라는 심리학자는 인생을 바꾸려면 공간을 바꾸어야 한다고 했어. 앙리 르페브르는 사상에 의해 바뀌어지는 공간을 재현된 공간이라고 했는데, 아빠가 볼 땐 이것이 장소야. 공간 그 자체를 받아들이는 것이 아니라, 자신의 인생과 연결된 공간, 그것이 장소이지. 지난번에도 말했지만 일론 머스크Elon Musk가 자신의 꿈을 펼치려면 미국으로 가야 한다고 생각하여 남아공에서 캐나다, 캐나다에서 미국으로 이주하여 자신의 꿈을 펼치지. 지금은 중국으로 들어가서 테슬라를 만들고 있어. 공간은 사람의 존재의미 맥락과 같이 하는 거야. 공간과 사람이 만나 자신의 꿈과 의미를 만들어 나갈 때 장소가 되는 거야. 그러므로 그 공간을 사람의 행복을 위해 존재하는 공간으로 바꾸려는 노력을 해야 하는 거야. 그 일을 하기 위해 자연과학 위에 인문학이 요청되는 거야. 미국에 가면 라스베가스라는 카지노 중심의 도시가 있어. 이것은 사막 위의 공간 안에 지은 도시이지. 지금의 카지노 같은 도시는 유대인들이 건설했어. 서부개척시대 때 뉴욕에서 로스앤젤레스로 갈 때 중간에 잠을 자야 하는 장소가 라스베가스였어, 라스베가스Las Vegas는 초원이란 뜻이야. 이곳에 약간의 은광촌이 있고 여인숙이 있었는데 벅스 시걸이 여기서 머무르면서 이곳에 호텔을 지으면 되겠다고 생각하고 뉴욕의 유대인들의 투자금을 받아 호텔을 지었는데 실패했어. 그러다가 커코리언이라는 사람이 도박과 스트립쇼를 열면서 라스베가스가 유흥도시로 성공했어. 사막이라는 공간에 도시를 세우겠다고 생각한 것 자체가 기발한 발생이지. 공간을 창출하는 힘이 유대인들 속에 있었던 거야. 그러나 그것은 정말 사람에게 행복을 주는 공간인가?라고 생각을 해보아야겠지. 내가 아는 미국 목사님은 교인들에게 절대 라스베가스에 숙박을 못하도록 해. 아빠도 미국에 부흥회를 인도하려 갔을 때 놀러갔는데 라스베가스는 유흥도시로 기억해."

"네"

"그런데 유대인들에게는 공간을 보는 눈이 있다는 것이지. 공간을 기술의 힘을 빌려 비즈니스 공간으로 바꿀 능력, 혹은 공간을 사람이 살만한 장소로 바꾸는 능력이 있는 것이지. 그리스도인은 공간을 하나님의 나라로 바꿀 수 있는 능력을 갖고 있어야 해, 창조 때부터 삼층천과 땅이라는 공간을 하나님이 만드시고 하나님 나라로 채워가셔.

그것이 창조의 모습이야. 그 하나님 나라를 인간의 공간으로 바꾸어
버린 것이 아담이지. 그래서 아담은 하나님의 나라에서 쫓겨나서 인
간의 공간을 끊임없이 만들어야 했어. 왜냐하면, 생명나무 없이는 살
수 없는 것이 인간인데 생명나무를 잃어버린 인간은 생명나무를 대체
할 공간을 자꾸 만들어야 해. 어려운 이야기인데 진짜 생명나무는 그
리스도야. 주님이시라고. 그 주님은 삼층천의 삼층 하늘이라는 공간
에 있어. 인간은 그 공간에 다다르고 싶은 거야. 그래서 바벨탑을 통
해 하늘에 닿고자 하는 거야. 생명나무를 갖고 싶은 욕망이고 배고픔
이지. 아빠는 4차 산업혁명을 통해 만들고자 하는 인간의 가상공간은
삼층천의 공간에 대한 배고픔이며 도전이라고 생각해. 아주 나쁘게
생각하면 악마적이야. 이 공간은, 요한계시록에 보면 이 공간 안에서
천사와 마귀들이 싸운다고. 하늘 공간을 침범하고 싶은 것이 악마야.
마귀가 하늘에서 쫓겨 났잖아. 예수님이 마귀가 번개처럼 하늘에서
쫓겨났다고 말을 해. 그러므로 그리스도인은 삼층천의 하늘에서 땅을
바라보는 진정한 증강현실의 삶을, 그리스도의 복음의 삶을 살아야
해. 나라가 임하오시며…. 하나님 나라가 임한다고 우리 가운데…. 하
나님 나라는 만드는 것이 아니야. 사람들은 하나님 나라를 만들려고
해…. 아니야 하나님 나라는 오는 것이야. 성령을 통해 하나님 나라는
오는 것이지 인간이 만드는 것이 아니야. 많은 그리스도인들도 이 점
에 대해 실패한다고…. 이것은 아빠가 성경적인 공간, 하나님 나라와
인간의 공간, 4차 산업혁명이란 제목으로 한번 깊게 다루어줄게…."

"어 그러면 한 번 더 강의를 나눈다는 뜻이네요."

"그렇지, 새로운 주제가 생기면 계속 이야기하고 토론해야지. 자, 4차 산업혁명의 공간은 '정말 인간다움의 공간일까? 인간다움의 장소일까?'를 고민한다고 했지? 예를 들어서 4차 산업의 바이오 중에 DNA복제 중에 미국에서 이미 비욘드 미트Beyond Meat라는 게 나왔거든? 이게 뭐냐면 소고기를 배양하는거야. 30가지 종류의 고기를 만들었는데, 소를 가지고 고기를 만드는게 아니라. 그 유전자로 고기를 만드는거야. 그런데 그게 미국 FDA에서 승인이 떨어졌고, 맥도날드나 이런 데서도 팔아."

"그렇군."

"그래서 '유전자 고기를 먹으실래요?'라고 물어보고 그것으로 버거를 만들어 주는거지."

"유전자 고기를 해서 좋은게 뭐예요?" "정말 좋은 질문이다. 너는 정말 훌륭한 사람이 될 수 있다. 왜 그게 좋은 질문이냐면, 고기를 먹으려면 뭘 키워야하지?" "소를 키워야해요" "소는 뭘 먹지?" "풀을 먹죠." "풀을 먹지. 그러면 수많은 목축지가 필요하지." "네" "그리고 우리나라 같은 작은 땅에 소를 키우려면 축사가 있어야겠지?" "네" "그리고 유전자 조작된 콩을 먹이겠지? 그리고 소에다가 항생제를 놓겠지? 그러면 그 고기가 나쁜 고기가 되겠지?" "네" "그리고 방목을 하게 되면 수 많은 초원이 환경 파괴가 되겠지? 그리고 자동차 다음으로 이산화탄소를 많이 배출하는게 뭐야?" "소의 방귀요."

"그렇지. 그러니까 이 세상이 어떻게 돼? 환경오염이 되겠지?" "네"
"그런데 유전자 조작 고기를 먹게 되면. 인체에 무해한가 유해한가
를 따져봤을 때 FDA에서 무해하다고 판단을 했어. 연구결과가. 그래
서 지금 미국에서 대량생산을 하고 팔기도 해. 그러면 가난한 모든 사
람에게 이 고기를 줄 수 있을까?" "있어." "있지 공짜로. 그런 고기
를 만들면 수많은 사람들이 먹을 수 있겠지? 그런 고기들을 먹게 되면
가난한 사람들이 어떻게 돼? 없어지겠지? 단백질 부족한 사람은 없겠
지?" "그런데 영양분이랑 맛이 똑같아?" "똑같다고 했어. 조금 더 질
기다고 했어. 환경오염이 막아지겠지?" "네"

"그러니까, 이게 4차 산업의 가운데 유전자 분야라는게 있어. 4차
산업에 있어서 유전공학은 어떻게 될까? 이것도 아주 중요한 주제야.
일루미나illumina라는 미국의 유전자 업체가 있는데 인간의 유전자 검
사로 그 사람이 언제 어떤 병에 걸릴지 예측하는 인공지능을 만들었
어. 그래서 안젤리나 졸리라는 영화배우를 검사했는데 유방암에 걸릴
확률이 있다고 하여 바로 유방을 절제하는 수술을 받았지. 예방하는
차원에서 말이야. 이런 유전공학이 인공지능을 만나면서 더 가속화되
고 있어. 그리고 테슬라의 일론 머스크같은 경우는 인간의 뇌에 인공
지능을 달아버리겠다고 이야기했지? 그래서 인간의 뇌와 인공지능이
서로 교통할 수 있도록 하겠다는 꿈을 가지고 있지?"

"네. 조금 무섭기도 해요."

"그런데 그런 것이 과연 4차 산업이라는 공간 속에서 인간이 행복할 만한 것인가를 묻는게 장소의 개념이라고 했지?"

"네"

"그래서 기술 과학문명 즉 테크놀로지는 공간을 열지만 인문학은 장소를 만들고, 신학은 그 속에 복음을 넣어서 하나님의 나라를 만들어 간다라는 것이 아빠의 역사를 보는 관점이다 라고 이야기 했지?"

"네"

"그렇다면 그 공간을 장소로 만드는 사람이 어떻게 만들어지느냐가 교육이야. 그래서 오늘 아빠가 강의하는 제목은 4차 산업혁명시대에는 어떤 사람이 필요한가 라는거야. 네가 생각했을때는 어떤 사람이 필요한거같아?"

"4차 산업은요? 인공지능에 대해 많이해 본 사람?" "그러면 그것은 공간을 여는 사람이겠지? 장소를 만드는 사람은 어떤 사람이야?" "리더십 있는 사람?"

"초연결망을 연결하는 사람은 어떤 사람이 되어야해? 그리고 하나님 나라를 주고자 하는 사람은 어떤 사람이 되어야하지? 이런 거야. 자, 학문이라는 것은 배울 학자에 물을 문자지? 묻고 답하는 것이 학문이야."

"그렇죠."

"그래서 소크라테스가 너 자신을 알라고 했지? 소크라테스의 유명한 공부법은 질문하는거야. 끊임없이 질문하여 자신의 무지함을 깨우치고 새로운 관점으로 세상을 보게 하는 질문과 답하는 것이 학문의 길이야. 중세의 토마스 아퀴나스도 어떻게 했냐면 어떤 논지에 대해 질문을 해. 그럼 거기에 대한 답을 할 것 아니야? 그러면 거기에 대한 반대의 답변도 해. 그리고 결론을 이끌어 내. 그게 논문이거든? 논문이라는 것은 어떤 사람의 의견을 이야기를 해. 그런데 거기에 대해 내가 반대한다고 이야기하고 답은 무엇일까를 질문하고 답을 찾아가는 과정이 논문이야. 그게 학문의 가장 기본적인 형태야. 그러니까 학문을 하려면 뭘 잘해야 되겠어?"

"질문"

"그렇지 질문을 잘해야 되겠지. 질문에 대한 답을 찾아가는 것이 자연과학이고 인문학이고 그것을 글로 표현한 것이 논문이야. 오바마 대통령이 왔을 때 우리나라 기자에게 질문할 수 있는 기회를 줬는데 우리나라 기자들이 아무도 질문 안했지? 그래서 중국 기자가 '제가 질문하면 안 될까요' 이렇게 말했을 때 오바마가 굉장히 당황했지? 왜 우리나라는 질문하지 못할까? 질문을 해야 답을 찾을 것 아니야? 공간을 만들어도 어떤 공간을 만들까를 질문해야 답을 찾을 것 아니야? 그리고 이 공간이 정말 사람에게 좋은 공간일까를 질문해야 답을 찾지.

그리고 이 공간 안에 어떻게 하면 하나님의 나라를 임하게 할까 라는 것도 하나님 앞에 질문하고 하나님의 음성을 듣는 답을 찾아야지. 이게 다 학문의 기본이야. 질문하는 사람이 되는 것, 진정한 답을 찾아가는 사람이 되는 것, 이것이 학문하는 사람이야. 공간을 만들어 가든, 장소를 만들어가든, 하나님의 나라를 만들든, 가장 기본적인 것은 질문을 잘 해야하는거야. 그래서 아빠가 구글에 입사 질문이 뭐였다 했지? 비행기 안에는 계란이 몇 개 들어갈 수 있을까? 였다고 했지? 막내딸 강은아, 비행기 안에는 계란이 몇 개 들어갈까?"

　"(강은, 이때 강은이가 오빠와 같이 나의 강의를 들었다) 알려줬었어요 오빠가." "그렇지 바울이가 답을 맞췄지? 오빠가 뭐라 맞췄지?" "어떤 비행기를 말하는 거에요?"

　"그렇지, 그렇게 다시 물어봤지? 작은 장난감 비행기에는 계란이 조금 들어갈거고, 큰 비행기면 많이 들어갈거고. 그러니까 구글의 입사 문제가 그런 질문을 던졌다는 것은 네가 질문할 수 있는 인간인가를 묻는 거야. 사실은 4차 산업의 인재는 학문적으로 볼 때는 질문을 잘하는 인간이야. 이게 정말 새로운 공간을 만들 수 있을까? 또는 새로운 장소를 만들 수 있을까? 새로운 하나님 나라를 만들 수 있을까? 를 질문하고 답을 찾아가는 과정을 잘하는 것이 창의적 사고이고, 그 창의적 사고를 잘하는 것이 4차 산업의 인재야. 근데 우리나라는 그런 질문하고 답하는 인간이 나올 수 없지? 모든 입시제도가 점수를 맞추기에 급급해. 생각하고 질문하고 답을 하는 이 순환적 과정의 치열함이 없어. 예를 들어, 어떤 애가 8등급을 받았어. 그런데 5등급 맞은 애가 자기는 정답을 찍어도 8등급은 넘겠다고 말하면서 다음에는 2번으로만 찍으라고 했다는 거야. 이게 웃기는 얘기지만 우리나라 입시제도가 찍는 거란 것을 말하는 거야. 답을 빨리 찾는 것이고. 답은 늦게 찾아도 되는데 답을 찾아가는 과정에 대한 학문의 길들이 이 4차 산업에는 더 필요한 거야. 그래서 어떤 질문에 대한 답을 찾고 그것을 혼자가 아니라 팀으로 토의하고 그래서 그 질문에 대한 답을 팀 논문으로 쓰는 것은 중요한 학문의 방법이야. 4차 산업혁명에서도.” “네”

**역사적 공간의 바뀜 속에서 학문의 체계와
시대적 인재상이 바뀌어 온 과정을 이야기하다**

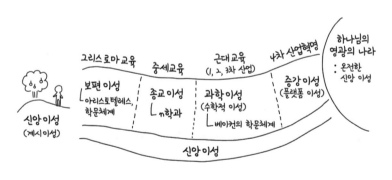

⟨공간에 따른 이성의 발달과 신앙 이성⟩

"바울아 이제 아빠가 어떤 시대의 공간이 생기면 그 공간에 맞는 인재를 만들기 위한 교육이 생긴다고 했어. 즉 이 세계의 공간을 바라보는 관점에 따라 학문의 체계가 생긴다는 거야. 어려운 이야기이지만 아빠가 차근차근 공간에 따라 어떤 교육과 인재가 발생했는지를 알려줄테니 잘 배워보도록 해라."

"먼저 서양에서 학문의 체계를 가장 바로 세운 사람은 바로 아리스토텔레스라고 한다. 아리스토텔레스의 공간은 폴리스를 중심으로 한 지중해 공간이었어. 아리스토텔레스에게 있어서 가장 중요한 것은 행복이었지. 행복한 인간이야. 행복한 인간은 덕이 발현되는 인간이야. 덕을 보통 영어로 버추 Virtue야. 덕은 그 존재의 존재다움이 발현되는 거야. 말이 어려운데 바이올린은 바이올린의 아름다운 소리를 낼 때 바이올린의 덕이 나타나는 거야. 요리사는 맛있는 요리를 할 때 그 덕이 발현되는 거야. 그런데 이 덕은 공동체의 행복과 함께 나타나는 거야. 아름다운 악기의 소리는 모든 사람들에게 행복을 주고 요리사의 음식은 많은 사람에게 기쁨을 주는 거야. 그러므로 개인의 덕은 공동체의 덕과 함께 가는 거야. 그런데 이러한 덕을 잘 발휘하게 해주는 것을 교육이라고 했어. 자신의 덕과 공동체의 덕이 행복하기 위해서는 나의 덕이 공동체와 어울리는지를 알아야겠지. 한문으로 하면 나는 소아, 작은 나라고 말하고 대아는 큰 나야. 즉 공동체야, 사회와 나는 구분되는 것이 아니지. 나라는 개인의 소아가 공동체의 대아라는 나로 어울려지는 것을 알 수 있어야겠지. 우리가 어떤 사람이 공동체에 들어오면 그 공동체가 행복하지 않아. 그러면 우리는 공동체에 행복을 주지 않는 사람을 향해 '저 사람은 철이 없다.'라고 하는 거야. 철이란 뜻은 원래 사계절이야. 사철四季節 four season할 때 절이 변하여 철이 된거야. 즉 자연의 섭리를 잘 이해하지 못한다고 하는 거야. 이것이 철이 없는 거야. 성경에 요셉을 보면 요셉은 자기가 총리가 되었을 때 7년 풍년이 들고 7년이 흉년이 드니 대비해야 한다고 했잖아. 요셉은 하나님 말씀을 받아 세상에 대한 자각을 하고 요셉이라는 자아가 하나님의 섭리라는 자아가 되는 거야. 그것이 섭리 안에 있는 사람이 된 거야. 이것을 우리나라 말로 철이 들었다고 하는거야. 그래서 형제들을 용서하고 보존하지. 이것을 자각이 있다라고 하기도하고 에베소서에는 지혜와 총명의 영을 받았다고 해. 그러니까 나의 덕과 공동체의 덕의 어울림을 중용이라고 하고, 중용을 아는 이성을 갖게 하는 것이 교육이야. 중용이란 이 소리와 저소리가 어울려 내는 한 소리야. 음악을 생각해봐, 각각의 소리가 있는데 하나의 소리잖아. 이것이 중용이고 중화야. 이러한 개인의 덕과 공동체의 덕의 중용을 행할 줄 아는 분별력을 가르치는 것이 교육이야. 그래야 폴리스 안에서 인간도 행복하고 폴리스도 행복하다고 생각했어."

"네 아빠."

"그렇다면 아리스토텔레스가 만든 학문의 체계를 아빠가 도표로 만들어 보마."

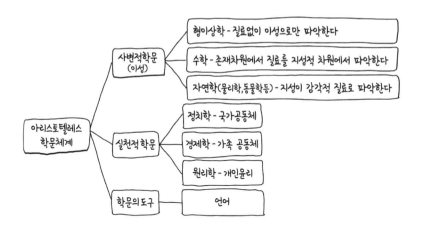

아리스토텔레스 학문체계
- 사변적학문 (이성)
  - 형이상학 - 질료없이 이성으로만 파악한다
  - 수학 - 존재차원에서 질료를 지성적 차원에서 파악한다
  - 자연학(물리학, 동물학등) - 지성이 감각적 질료로 파악한다
- 실천적학문
  - 정치학 - 국가공동체
  - 경제학 - 가족 공동체
  - 원리학 - 개인윤리
- 학문의도구
  - 언어

"이게 무슨 내용이에요?" "설명해볼게. 아주 쉽게 아리스토텔레스는 학문을 두 분류로 나누었어. 실천적 학문과 이성적 학문이야. 즉 전체의 본질, 즉 이 우주는 무엇이고, 인간은 무엇인가? 이런 것을 파악하는 것은 이성이야. 이러한 공동체의 덕, 자연의 덕을 이해하려면 이성으로 파악해야 한다고 본 거야. 아주 쉬운 예인데 더우면 옷을 벗지, 추우면 옷을 입고. 왜냐하면 자연의 섭리에 인간은 한 부분이지. 그렇다면 좋은 나라, 좋은 공동체를 만들려면 이 우주의 근본원리, 즉 그것을 아르케라고 하는데 그것을 파악해야 하는 거야. 공부를 잘한다는 것은 어떤 원리를 터득한 거야. '장사의 신' 이런 것을 보면 어떤 사람은 장사의 원리를 파악한 거야. 그것이 눈에 보이지 않지. 눈에 보이는 것을 질료라고 해. 감각으로 알 수 있는 것이지. 그러나 장사의 원리는 눈에 보이지 않지. 이것은 이성으로만 파악되는 거야. 그래서 이성으로 파악하는 학문을 사변적 학문이라고 해. 제일 밑에 자연학을 두었어. 이른바 물리학이나 동물학이야. 기초학문의 대

상이 질료를 가지고 움직이는 것들이야. 동물, 식물, 물질은 눈에 보이는 것이야. 예들을 생각해봐. 동물원에 가서 동물을 보고 동물을 배우잖아. 그러므로 물질로 된 것을 먼저 배우고 그 위에 수학을 두었어. 수학은 눈에 보이지 않지. 1이라는 숫자는 눈에 보이질 않아. 그러나 1은 완전히 보이지 않는 것이 아니라 우리 머리에서 어떤 것과 일치되어 있는 거야. 사과가 하나 있으면 1, 두 개가 있으면 2, 이런 식으로 일치되어 있어. 그래서 일이란 숫자는 질료가 없어. 우리 눈으로는 볼 수가 없잖아. 그러나 우리 지성에는 사과 한 개와 일치되는 보편적인 것이야. 그 위에 형이상학인데 형이상학이란 물리적인 것 위에 있는 것이란 뜻이야. 즉 물질의 원리를 말하는 거야. 아까 말하는 장사 잘하는 원리, 우주의 원리, 인간의 원리, 뭐 이런 것은 이성으로만 파악이 되지. 우리가 눈으로 보거나 만질 수 없지. 즉 추상화된 학문이 제일 위에 있어. 추상화되었다는 것은 질료를, 즉 물질을 완전히 제거했다는 뜻이야. 물질을 제거해도 그것은 있는 거야. 우리 눈에 보이지 않지만 알 수 있는 것은 이성적으로 가능해. 그것이 최고의 학문이 되지. 동물은 만지고 느낄 수 있지. 수학은 만질 수는 없으나 현상에서 어떤 물질을 만지면서 알지. 사과 한 개는 일처럼, 그러나 철학은 눈에 만질 수는 없지만 우리 이성에 존재하는 거야. 우주의 원리가 어디에 보이지는 않지. 그러나 그것은 존재하니까 우리가 언어로 표현할 수 있는거야. 이런식으로 아리스토텔레스는 학문의 체계를 만들었어. 그래서 이성적 훈련을 통하여 우주의 원리를 잘 파악해야 공동체의 실천적 덕을 올바르게 실천할 수 있다고 본 거야. 삼국지, 너 좋아하지?"

"네, 무척 좋아해요."

"거기에 보면 제갈공명이 나오지? 제갈공명은 장비나 관우처럼 칼을 갖고 싸우는 자가 아니야. 세상만물의 원리를 깨닫고 그 속에서 전투하는 것을 가르치지. 조조가 도망갈 때 그 골목을 관우가 지키도록 제갈공명이 하지. 그리고 조조를 죽이라고 제갈공명이 관우에게 명령을 해. 그런데 그 길목에 조조가 정말 도망 오고 있는거야. 관우는 죽여야 하는데 옛날 의리 때문에 조조를 죽이지 못하고 살려 주지. 그런데 삼국지를 보면 제갈공명이 관우가 조조를 죽이지 못할 것을 알아. 왜냐하면 조조의 별이 하늘에서 떨어지지 않았기 때문이야. 알면서도 관우를 그 자리에 보내지. 그리고 군율을 어긴 관우에게 곤장을 때리는 처벌을 내리면서 유비나 조조, 관우에게 자신의 존재감을 제갈공명이 드러내지. 제갈공명은 우주원리를 깨달은 자고 그것을 유비 공동체에게 그리고 전쟁에서 실천하는 자야. 제갈공명은 사변적 이성으로 원리를 깨달은 자야. 아리스토텔레스가 추구하는 인간교육의 정점이야. 즉 아리스토텔레스가 교육을 통해서 이루고자 한 인간상이야. 자기와 우주의 원리가 일치된 사람을 만들어내는 거야. 보편적 원리를 통해 공동체가 각자의 덕을 실천하게 하여 중용되는 사회. 서로가 행복한 사회를 만드는 사람이 아리스토텔레스가 만들고 싶어했던 교육의 인간상이야."

"우와 멋있군요." "그런데 시은아 이런 이성적 활동에 가장 좋은 과목이 뭐라고 했을 것 같니?" "수학요." "허이 잘아는데…. 그래서 플라톤이 아카데이아라는 교육기관을 만들고 기하학을 모르면 아카데미아에 들어오지 말라고 한거야. 근데 너 수학를 어려워하는 것 같은데."

"나 잘해요. 그런 말 마세요."

"알았어. 그러면 아빠가 만든 아리스토텔레스의 학문체계 도표가 이해가 되겠구나. 사변적 학문을 통해 실천적 학문을 한다는 거야. 그래서 이성을 통한 우주의 원리를 파악하고 실천을 통해 공동체 안에 각 개인이 덕을 발현하게 하는 거야. 그리고 사회에서의 각자의 질서 가운데 정치인은 지혜를 가진 자, 우주적 원리를 파악한 자가 되어야 한다고 생각한 거야. 공부를 제일 잘한 사람이 폴리스의 정치와 행정을 맡아야 한다고 생각한 거야. 오늘날도 공간을 지배하는 자, 장소를 지배하는 자들은 공부를 잘하는 사람들이지. 지금도 스티브 잡스, 토마스 쿡, 저커 버그 등 4차 산업혁명을 주도하는 사람들은 다 공부를 잘하지 않았니? 그러므로 공부란 성적이 높은 것이 아니라 우주의 원리를 터득하여 공동체를 아름답게 하는 것이라는 아리스토텔레스의 학문과 교육의 관점은 아직도 유효하고 배울 것이 많아. 그런데 서양에서 로마-그리스 사회가 이제 중세사회로 바뀌는 거야. 기독교의 전달에 의해 새로운 중세라는 봉건국가의 공간이 생겨. 그래서 다시 교육제도를 만들고 새로운 인재상을 만들어야 겠지? 중세가 되면 7개의 과목이 생겨. 논리학, 문법학, 수사학, 산술학, 기하학, 음악학, 천문학 이것은 가장 기본적인 학문이고 이 과목을 배우면 법학, 철학, 신학을 배우게 되지. 칼빈이라는 우리 믿음의 선배도 법학을 하다가 신학을 했지. 당시 최고의 학문은 신학이야. 아리스토텔레스의 최고의 학문은 형이상학이었다면 중세는 최고의 학문이 신학이 되는 것이지. 즉 하나님이 최고의 원리가 되는 것이며 하나님의 뜻을 이 땅에 펼치는 것이 사람의 뜻이 되는 것이지. 이것이 중세의 학문이야. 그러나 중세 때 '과연 하나님의 뜻을 가톨릭 교회가 펼쳤는가?'했을 때 그 실천을 하는 교황이나 신부들의 타락이 심했지. 그래서 종교개혁이 일어났고 근대라는 새로운 공간이 탄생했어. 여기에 결정적인 것은 과학이야. 네가 잘 알고 있는 천동설, 지동설이야. 지구가 태양의 주변을 돌게 된다는 것이 발견되면서 과학이 발달하게 되지. 그래서 수학적 원리로 된 것만이 진실이 되어버리고 말았어. 이것이 근대학문의 비극이야. 근대학문은 학문을 다 나누어 버리고 말아. 보편적인 진리, 아르케같은 것은 없다고 생각한 거야. 신이나 아르케 같은 것은 종교철학 분야가 되어버리고 마는 거야. 이것은 종교윤리적으로 인간에게 필요한 학문이야. 예를 들어, 인간은 하나님이 계시면 벌을 받는다라는 양심에 관계된 것이 필요하지. 그것이 종교야. 그러나 일상은 전부 과학으로 설명이 가능해. 인간이 보고 판단하는 것이 학문이 되지. 질료로 파악하는 것은 가짜야. 아리스토텔레스 하고 다르지. 즉 우리 눈에는 태양이 지구를 돌아. 그러나 과학적으로는 지구가 태양을 돌지. 그러므로 과학적 이성만이 판단기준이 되는 거야. 그래서 자연과학이 학문의 중심이 되고 그것을 실천하고 만드는 기계문명을 실현하는 자들이 양육되는 거야. 덕의 공동체에서 기술공동체로의 전환이 근대에 이루어지고 그런 사람을 양육하게 되는 것이지. 이것이 근대 교육이고 1차 산업혁명 이후의 교육이 되는 거야. 그 교육이 지금까지 이어져 오는 거야. 그래서 학문에는 전부 과학이라는 단어가 붙는 거야. 인문과학, 자연과학, 물리과학, 경영과학. 전부 사이언스가 붙게 되는 거야. 과학적 입증이 안되는 것은 학문이 아니라고 생각해. 통계와 수치를 의존하게 되고 사람들의 기호와 선택이 공동체의 가치를 만들어 버리는 거야. 베이컨이 말하는 '아는 것은 힘이다'라는 것은 수학적 앎이지."

"그럼 아버지, 수학적 이성이란 말은 다른 이성이 있단 말인가요?"

"어, 좋은 질문이고 힘든 질문이야. 예를 들어, 아리스토텔레스의 이성은 철학적 이성이야. 즉 사변적 이성이야. 어떤 사물을 논리적으로 추론하여 보편 타당한 원리를 찾아내는 이성이야. 중세는 신앙이성이지. 하나님의 말씀을 깨달을 수 있는 이성이야. 개신교에서는 이것을 거듭난 이성이라고 하는 거야. 그럼, 근대 이후의 이성은 무엇일까?"

"수학적 이성, 과학이성?"

"그렇지, 과학적 이성이지. 수학이나 통계가 없으면 세상 원리가 설명이 안되는 것이지. 그런데 세상이 과연 그것이 가능할까? 뉴톤의 수학이 양자역학이란 수학 앞에서는 다 틀리게 되는 것이지. 그래서 근대수학이성도 그 기본토대가 무너지는 거야. 그렇다면 인간이 수학이성으로 보는 것도 틀리는 것이 된다는 뜻이야. 그래서 수학이성대신에 등장하는 것인 심리야. 욕망이야. 욕망으로 만져지는 세계만이 진정한 세계이고 나의 감각으로만 알 수 있는 세계만이 남게 되는 거야. 그래서 현대는 남에게 피해를 주지 않고 너의 욕망에 충실해서 살라는 거야. 나의 욕망의 느낌, 그것이 진정한 세계야. 아들을 잃어버린 어머니에게 이 세상은 저주의 세상이고 복권에 수십억이 당첨된 사람에게는 이 세상이 복된 세상이야. 마음에 따라서 세상의 구성이 달라지는 거야. 마음가는 대로 사는 것이 인간이고 그 마음치료를 주는 것이 학문이 되겠지. 이것이 현대학문이야. 그래서 심리학이 학문의 중심에 자리잡아. 더 나아가 이 세상의 공간은 날마다 변하고 그 공간에 따라 욕망과 사람도 변한다고 말하는 것이 생겨. 이것을 구조주의라고 하는데 즉 구조에 의해 인간은 만들어지고 이 구조는 늘 변화되는 공간이야. 조선시대의 인간, 미국자본주의 인간, 다 다르잖아. 그래서 고정된 학문은 없고 오로지 구조에 따라 학문의 체계는 바뀐다는 거야. 그러므로 각 구조에 따른 학문의 체계만이 있을 뿐이라는 거야. 사실 아빠도 지금 이러한 공간 구조의 변화, 산업혁명의 변화에 따른 학문의 체계도 이런 사람들과 일맥이 상통해."

"그럼 지금의 우리 학교 교육은 어떻게 해서 만들어진 거예요?"

"지금의 교육은 공교육과 사교육으로 나뉘어지지. 공교육은 산업혁명 때문에 등장해. 1차 산업혁명의 공간은 영국이 주도권을 잡아. 그래서 전 유럽이 따라하기 시작해. 그래서 영국이 2차 산업혁명으로 들어갈 때 히틀러와 미국이 2차 세계대전으로 싸우잖아? 그게 사실은 2

차 산업혁명의 전쟁이야. 2차 산업혁명의 주도권을 누가 잡을 것인가에 대한 패권전쟁이 2차 대전으로 폭발 한거야. 독일이 영국 1차 산업혁명이 진행되면서 뒤쳐졌었어. 그러니까 독일에서 2차 산업혁명을 따라잡기 위해서 교육제도를 만들어 냈는데 그게 프로이센의 교육제도라고 해. 그때 공교육이 나타났는데, 예를 들어서 나사를 잘 쪼이고 자동차 바퀴를 잘 굴리고 이런 근대교육은 정형화된 틀 속에 자기 기능을 잘 발휘하는 인간을 만드는 거야. 대량생산과 분업의 방식에 맞게 분업화된 교육이 일어나지. 예를 들어서 인문학, 자연과학, 수학, 기계 공학 같은 수많은 과목이 있지? 이게 다 '근대적 발상'이거든? 모든 전공분화를 세분화 시켜서 그 분야의 탁월한 기능을 하는 인재를 만드는게 근대교육이야. 예를 들어서 심리학을 하는 학생이 철학을 몰라. 또는 수학을 몰라. 또는 다른 예술 세계를 몰라. 왜 ? 자기 전공분야만 아니까. 그 전공에 탁월한 자를 키워서 각각의 탁월한 자들이 각각의 역할 속에서 부속품처럼 역할을 하게 되면 하나의 근대적 사회와 국가가 탄생하는 거야. 그런데 독일이 그걸 했다고. 그래서 2차 산업에 있어서 독일이 강자가 된 거야. 잠수함, 탱크, 비행기, 이런 모든 것은 기계문명의 총화야. 유럽을 여행하다 보면 독일은 뭔가 정형화된 느낌이 들어. 그리고 2차 대전 이후에도 독일이 유럽에서 초강대국이 될 수 있었던 이유도 전쟁으로 모든 것이 파괴되어도 이런 기술문명을 체득한 인재들이 있었기 때문이야. 그래서 지금까지 독일 자동차, 독일 약들은 유명해. 제조업의 강자였지. 그러나 2차 세계대전을 통해 독일은 몰락하고 미국은 2차 산업혁명의 승자로 패권을 갖게 되고 지금까지 그 패권을 이어오고 있지. 이러한 2차 산업혁명의 구조 속에서 만들어져 간 학교가 하버드야. 19세기 후반에 하버드 총장으로 찰스 엘리엇Charles W. Eliot이 와서 40년간 2차 산업혁명에 맞는 인재를 만들었다고. 그리고 미국의 대학들이 법대는 하버드, 공대는 MIT 이렇게 불러지는 것도 다 2차 산업혁명의 공간에서 파생된 교육이야. 그래서 미국도 4차 산업공간에 맞는 교육으로 바뀌어지고 있다고. 지금 한국사회가 하고 있는 교육들은 이런 분절된 교육이야. 그래서 아빠가 신학대학원에 다닐 때 구약교수님께 신약질문하면 신약교수님께 질문하라고 신약에서도 요한복음을 전공하신 교수님께 마태복음 질문을 하면 잘 모르시는 거야. 모든 학문을 하나의 원리로 통합하는 총제적 학문의 체계, 아리스토텔레스가 말하는 하위 학문을 하나로 엮어내는 종합적 학문이 상실된 거야. 그런데 귀족학교는 그런 식으로 교육을 하지 않아. 공립학교는 이른바 보통 시민을 만들어내는, 즉 시대공간에 가장 적합한 보편적 인간을 만들어내는 교육이야. 그러나 서구의 귀족학교는 각 개인의 개성에 따라서 교육을 시켜. 생각해봐. 학생이 100명이면 다 자라는 속도가 달라. 어떤 아이는 일찍 깨닫고, 어떤 아이는 늦게 깨달아. 성장 속도가 다르지. 개성도 다르고. 공교육은 교육프로그램을 정해놓고 거기에 사람을 찍어내는 거야. 이것을 아빠는 찍어내는 교육이라고 해. 그런데 사교육은 각 개성에 따라 학생들을 지도하는 거야. 지금 한국의 사교육, 이른바 개인교습이나 학원은 공교육의 연장이지 사교육이 아니야. 사교육, 귀족교육은 각 개인의 발달에 따라 맞춤교육을 하는 거야. 한국사회가 맞춤교육을 한다고 지금 논의 중인데 아빠가 보면 좋은 시도이긴 하나 여전히 공교육의 시스템 안에서 흉내내는 것이라고 보여.”

"네"

"2차 산업혁명부터 본격적으로 학문이 분절되었어. 그런데 지금와
서는 뭐라하냐면 통합학문을 해야한다고 하거든? 통합학문이라는 것
은 뭐냐면 전체를 서로 아우러서 생각하는 학문이야."

아들에게 4차 산업혁명의 교육, 증강이성, 증강교육에 대해서 말하다

"근데 4차 산업혁명이 일어나면서 모든 학문의 분야 체계의 지식이
빅데이터가 되어서 그 지식을 누구든지 활용할 수 있는 길이 생겼어.
자신의 전공 외에 다른 전공분야의 지식을 인공지능을 통해 얻을 수
있게 되었어. 그래서 인공지능, 즉 앞에서 말한 인공이성이 아닌 아리
스토텔레스가 말한 자연지성, 전 우주의 원리를 파악하며 가장 적합
한 길을 찾는 통합적이면서 창조적 지성이 더욱 필요한 시대가 된 거
야. 이것이 4차 산업혁명의 공간이 만들어낸 새로운 증강이성이야. 아
빠의 생각에 따르면 가상공간과 현실공간을 연결하여 이 공간이 우주
적 변화, 혹은 우주적 원리에 어긋나지 않도록 통합적으로 사고하고
공동체의 덕을 세우기 위해 창조적 사고를 하는 거야. 즉 가상공간의
교육시스템과 현실의 교육시스템의 플랫폼을 통하여 교육을 시키는
거야. 그것이 증강교육이고 4차 산업혁명에 필요한 교육이 된 거야."

"증강이성이 뭐예요?"

"아빠가 학문의 발달에 따라 교육의 체계가 만들어졌고 거기에 따른 이성의 발달이 생겨났다고 말했잖아. 처음에는 아리스토텔레스의 자연이성, 그 다음에 중세는 신앙이성, 혹은 종교이성, 그리고 근대는 과학이성, 혹은 수학이성 마지막으로는 이성이 아닌 심리 혹은 구조적 이성이야. 그런데 4차 산업혁명의 이성은 '우리 이성', 다른 말로 하면 증강이성이라고 생각해. 이건 아빠가 만들어낸 말이야. 즉 가상공간과 현실공간을 이어가고 그 안에 사는 우리 모두가 함께 좋은 공동체를 만드는 이성, 각자의 모든 이성들이, 각자의 학문의 분야들이 가상공간 안에서 인공이성지능의 도움을 받아 증강이성으로 세계를 새롭게 하는 이성이야. 4차 산업혁명은 새로운 학문의 체계가 필요하다고 아빠는 생각해. 예를 들어, 수학을 잘하는 애가 있고, 인문학을 잘하는 애가 있고, 과학을 잘하는 애들이 있잖아? 그 모든 애들이 모여서 어떤 문제에 대해서 토론하는거야. 토론을 해서 종합적인 답을 찾아가는 과정을 통해 우리가 살아가는 인류의 세계를 하나님 보시기에 아름다운 세계로 만들어가는 '우리 이성'이 필요한 거야. 그래서 이러한 통합적 사고에는 즉 증강이성에는 인공지능, 각 개인의 지성, 그리고 가상공간에서 만나는 수 많은 교육플랫폼을 이용하고 또 가상공간 안에서 사람들을 만나 토론을 통해 학문의 체계를 세울 수 있어. 무크, TED 등을 이용하여 공부하는 것이지. 그것이 가상이성이라고 말하자고. 그런데 현실에서 그 가상교육, 온라인 교육을 통하여 공부한 것을 다시 친구들과 토론하고 주제를 정해 팀 논문을 쓰는 거야. 그러면 가상이성이 현실의 이성을 통해 증강이성이 되는 거야. 이것이 아빠가 말하는 증강이성이고. 이 증강이성을 통하여 교육하는 것이 증강교육이야. 독일 프로이센때 각각의 기능만하고 다른 질문을 못하게 했어. 그런데 그 교육의 맹점이 뭐냐면 히틀러가 들어오니까 히틀러의 이데올로기, 히틀러의 생각이 맞는지 틀렸는지에 대한 토론이 없는거야. 히틀러의 생각이 온 인류에게 진정한 행복을 주는 것인지 함께 토론하고 논의하는 일이 생략되어 버린 거야. 그래서 그냥 가서 죽어라 하면 죽는거야. 질문이 없는 사회가 독일 사회가 가지는 굉장한 비극이 되었고, 히틀러 이후에 독일이 학문을 바꿨어. 질문하는 학문으로 바꾸게 되었고, 역사적 비판에 대해서 굉장히 신중을 기하는 학문으로 독일의 학문구조가 바뀐거야. 그런데 일본이 프로이센의 학문 구조를 가져 갔었거든?"

"네"

"그러니까 이게 천황의 구조에 맞는 학문의 구조가 되었어. 일본 친구들이 2차 세계 대전때 우리나라를 침공하고 카미카제가 되어 죽고 이런 일이 일어나. 천황제도에 대한 비판이나 이것이 인류에게 정말 도움이 되는 지에 대한 서로의 논의가 생략되어 버린 거야. 함께 모여 토론하고 창의적 사고를 할 수 있는 교육은 유대인들의 교육문화에서 있어."

"네"

"원래 대학大學이란 한문의 뜻은 한일一 변에 사람 인人 변이거든? 한일이 하늘 天자야. 대학할 때 대大는 사람이 하늘의 뜻을 묻는 학문이 대학이야. 그걸 유니버시티라고 해. 유니가 뭐야? 하나고. 버시티는 버라이어티야. 그러니까 이 코스모스 사이의 여러 다양성을 하나의 통합적 사고를 통해서 이 우주가 내게 요청하는 것을 응답하는 학문이 대학이야. 그게 영어로 유니버시티고, 한문으로 대학이라고 해. 대학의 개념을 알게 되었지? 그래서 동양학에서는 어떤 사람을 만들려고 했느냐면 군자 혹은 선비야. 군자란 말은 어떤 공동체를 다스리는 사람이야 선비도 마찬가지야. 즉 우주의 지혜와 이치를 깨달아 대아大我를 깨달은 자야. 즉 소아 즉 자기중심의 세계를 깨트리고 더 큰 자아, 즉 공동체의 덕을 세워나가는 자가 군자거나 선비야. 즉 공동체를 다스린다고 하니 지배계층과 비지배 계층으로 나눈듯한 느낌이 있지. 그런 것이 아니야. 즉 우주라는 것은 자기와 분리된 개체가 아니라 하나 되어 있다라는 것이 동양인의 의식이야. 즉 사람이 아프다는 것은 자연이 아픈거야. 땅에 농약을 치고 병들면 그것을 먹는 사람이 아픈거야. 분리되는 것이 아니야. 이러한 우주의 공동체를 생각하는 자는 대아이고 자기만을 생각하는 자는 소아야. 이것을 소인배라고 불러. 우리 친구들끼리 모이면 저 친구는 소인배야 라고 말을 하면 그 친구는 전체 공동체를 생각하지 않고 자기만을 생각한다는 뜻이야. 저 사람 대인배야라고 하는 것은 공동체 전체의 어울림을 생각하여 섬기는 사람이야. 성경적으로 말하면 그리스도의 몸이 자신의 몸이라고 생각하는 사람이 대인배이고 자기 몸만 생각하는 사람은 소인배야. 선비나 군자라는 것은 우주적 섭리나 이치를 알아 그 속에서 대아를 생각하는 사람이야. 군자에서 군君은 사람 손에 지팡이를 들고 말로써 인도하는 사람이란 뜻이야. 선비에서 선은 영어로 말하면 성인이란 세인트Saint 와 같은 말이야. 하늘에 가까운 사람이란 뜻이야. 존경받을 사람이란 뜻이야. 이것의 상형문자는 원래 돌도끼 모양이야. 즉 한 부족을 지켜 내는 사람이야. 그래서 임진왜란 때 지역의 선비들이 왜구와 함께 싸우는 의병장들이 된 거야. 선비라고 해서 글을 읽는 자가 아니라 하나의 공동체, 그 대아를 살려내는 자가 선비이고 군자야. 그래서 군자의 교육은 수기치기修己治人이야. 자신을 다스린 이후에 남을 다스린다는 뜻이야. 여기서 자기를 수련한다는 뜻은 자신의 몸과 이루어진 모든 관계망, 즉 타인, 자연, 역사 모든 관계망을 자기 몸의 어울림 속에 단련시킨다는 거야, 이것이 아리스토텔레스의 중용하고도 유사한 것이 많아. 예를 들어, 황희 정승이 길을 가다가 농부가 두 소와 함께 밭을 갈고 있는데 황희가 물었던 거지. 어떤 소가 일을 더 잘 하오. 누렁이요 검둥이요? 그러자 그 농부가 황희 정승에게 와서 귀속에다가 누렁이요라고 답을 했다고 해. 그러자 황희가 '아니 멀리서 이야기하면 될 것을 왜 밭에서 나와 여기까지 와서, 말을 하시오.'라고 하니까 농부가 '이보시오. 소도 귀가 있어서 다 알아듣소. 검둥이가 얼마나 실망하겠소' 라고 답을 했어. 그때 황희 정승이 '이 농부가 선비로다.'라고 했다고 해. 그 농부는 자아가 대아이지. 그 소와 어울림이 되어 있는 또 다른 나가 있는 거야. 이런 관계망을 갖는 학문을 하는 것을 수기修己, 혹은 수양이라고 해. 교회가면 수양회를 하잖아. 똑같은 뜻이야. 수양회가 뭐냐? 그리스도의 몸으로서 그리스도와 온 인류, 자연의 관계로서 나를 발견하는 것이야. 나는 죽고 내 안에 예수가 사시는 몸이 되었다는 사실을 아는 것이 수양이야. 그래야 치인이 되는 거야. 다른 이를 다스릴 수 있는 거야. 나와 객체로서 그를 대하는 것이 아니라 그와 나는 하나의 대아로서 다스리는 것이야. 그래서 수기修己가 안 되면 치인 治人이 되는 것이 아니야. 이것이 군자나 선비의 교육이야. 이런 이야기를 하면 또 많은 시간을 가져야 해. 동양에도 오랫동안 교육기관이 있었고 유교라는 공간, 불교라는 공간들이 있었어. 그러나 교육의 핵심은 하나야. 소아가 아닌 대아로서의 교육이지. 이런 면에서 4차 산업혁명의 교육은 증강이성을 갖는 교육을 해야 하는 거야. 증강교육은 가상공간을 이용한 현실공간의 교육이야. 가상공간을 통하여 수많은 교육의 정보가 흘러나오고 있어. 미국의 유명한 학자들이나 교수들의 강의를 들을 수 있어. 인공지능마저 우리의 질문에 답을 찾는데 동참을 하고 있는 거야. 칸 아카데미khanacademy.org, 테드ted.com, 테드에드ed.ted.com 무크kmooc.kr등의 온라인 강좌 소개myeducationpath.com, 그리고 이비에스ebs, 유튜브의 수많은 강의들이 가상공간 안에서 쏟아져 나오고 있고 사람들은 어느 곳에서나 정보 혹은 지식을 알 수가 있어. 이 가상의 이성이 현실의 이성에서 만나야 하는 거야. 현실의 문제를 가상공간의 이성의 도움을 받아 현실에서 해결하는 이성이 되는 것이지. 이것을 증강이성이라고 해. 그런데 이 증강이성은 홀로가 아니라 팀을 이루어 여러 사람과 더불어 의논하고 토론하여 해결해가는 거야. 그래서 우리이성이라고도 부를 수 있어. 증강이성은 사실 우리 이성이야. 아빠가 앞에서 수양, 혹은 수기가 공부라고 했지. 즉 내몸의 관계망을 배우는 거야. 그래서 가상이성에서 머물면 안되고 함께 가상이성을 이용하여 토론하고 그 문제를 해결하게 될 때 몸으로 공부가 되는거야. 그것도 한 개인이 아닌 우리라는 몸으로 공부가 되는 것이지. 그러므로 아빠 가상이성을 통한 공부만은 반대야. 현실의 몸이 부딪쳐 배워야 하는 거야. 그래야 증강이성을 통한 증강교육이 되는 거야. 예를 들어, 아프리카에 있는 가난한 나라의 문제에 대해서는 전 세계는 관심이 없어. 자국 중심이기 때문이야. 정의라는 것도 보편적 정의보다 각국의 이익에 따른 정의를 통해 각 나라들이 갈등을 겪고 있어. 그래서 가난한 나라의 문제를 해결하기 위해 전 세계의 지성들이, 혹은 시민들이 가상공간 안에서 만나 토론하고 실재적인 도울 길을 찾는 거야. 가상공간 안에 만들어진 가상이성이 현실공간안으로 다시 그 문제를 토론하고 해결 방법을 찾고 그 방법을 아젠다로 택하여 현실 속에 실천하여 증강해 버리는 거야. 실천할 때 초연결된 수 많은 플랫폼들을 이용하여 초연결된 우리가 해결하는 거야. 이것이 증강이성이야. 증강이성에는 클라우드 인공지능 플랫폼을 통해 연결된 가상공간의 이성과 현실에서의 사람의 집단 지성이 함께 하나의 이성으로서 세계 공동체에 기여하는 일이 일어나야 하는 거야. 즉 이러한 가상공간과 현실공간을 이용한 교육을 통하여 플랫폼을 만들고 사람으로 키우는 것이 4차 산업의 교육의 목적이야. 이것이 아빠가 말하는 4차 산업혁명의 교육이야.”

“네”

신앙이성,
그리스도의 몸의 이성을 가진 그리스도인의 교육

"증강 이성과 더불어 이제 그리스도인의 신앙이성에 대하여 이야기하고자 해. 신앙이성이란 거듭난 이성이야. 기독교 교육은 거듭난 이성을 전제로 해. 거듭난 이성이 없이는 기독교 교육은 불가능해. 그것은 인문학의 교육에 불과해. 거듭난 이성이란 성령으로만 가능해. 거듭난 이성은 온 우주와 역사를 창조하시고 섭리하시는 하나님의 일을 아는 거야. 성경을 통해서 알게 되는 거야. 그러므로 거듭난 이성을 위해서 성령께서 우리의 영혼을 거듭나게 해주어야 해. 그래서 개혁교회의 오랜 전통은 자녀들이 회심하여 그리스도를 진실로 만날 수 있도록 일년에 두 번 정도 자녀의 회심을 위한 기도회를 갖게 해. 그리고 그 기간 동안 목사님들이 그리스도의 중요성에 대해. 그리스도의 유일성에 대해 설교를 하시지. 아빠는 네가 거듭난 이성, 신앙이성을 가지길 늘 기도하고 있단다."

"저 예수 믿는데요."

"그래 시은아. 신앙이성을 가져야 하나님을 알 수 있지. 신앙이성만이 현실 공간안에서 하나님의 나라라는 진정한 공간 안에 계신 주님을 볼 수 있도록 한단다. 시은아, 하나님께서 영원 전에 작정하시고 결정하신 일은 섭리를 통하여 펼쳐 나가서. 섭리는 두 가지 섭리가 있어 하나는 창조섭리이고, 두 번째는 구속섭리야. 창조섭리와 구속섭리를 통해 하나님은 이 세상을 보존하시고 통치하실 뿐만 아니라 자신의 창조목적을 이루어가셔. 창조섭리는 자연법칙을 통한 통치야. 우리는 근대과학의 자연과학 법칙을 발견하면 그것은 만물사이에 법이라고 생각하고 하나님은 일하시지 않는다고 생각하는데 그건 거짓이야. 하나님은 자연법칙을 통해 다스리는 거야. 자연법칙 안에는 과학의 법칙도 있지만 자연법이란 것이 있어. 모든 자연을 보존하시려는 하나님의 법이야. 그래서 지구와 태양이 부딪히지 않고 있는 거고, 우주의 수많은 행성의 조각들이 지구에 들어와도 지구를 멸망시킬 수 없는 거야. 자연법은 인간의 양심 안에 두시어 그 양심 안에서 발현된 보편양심이 성문법을 만드는 거야. 그 성문법을 지키고 살아가도록 했고 국가라는 공동체를 만드신 거야. 국가는 성문법, 즉 헌법을 통하여 하나님이 주신 권한을 대신하여 보존하고 통치행위를 하는 거야. 그러므로 기독교 대통령이 되었다고 하여 무슬림을 핍박하고 불교를 없애는 정책을 하는 것은 모든 사람을, 악인과 의인에게도 비를 내리시어 그들을 보존하시려는 하나님의 일반적인 통치를 거부하는 것이야. 그리스도인이 대통령이 된다고 하여서 불교신자를 핍박하거나 해서는 안 되는 거야. 종교의 자유 안에서 그들을 보존하는 것이야. 이런 면에서 무슬림 국가들의 법령은 하나님의 자연법칙을 어기고 있는 거야. 인도의 카스트 제도는 하나님이 주신 자엽법칙을 어기고 있는 거야. 이런 자연섭리를 어기면 안 되는 거야. 그러나 자연섭리는 구속의 섭리 안에 놓여져 있어. 구속의 섭리에서 하나님은 이런 자연의 모든 만물들을 새하늘과 새땅을 만드시기 위해 끊임없는 구속의 일들을 행하고 계셔. 구속의 통치는 그리스도인들, 즉 교회를 통해 통치

해 나가. 그러므로 자연섭리는 구속의 섭리에 순종해야 하는 거야. 또한, 구속의 섭리는 자연섭리를 섬겨야 하는 거야. 그리스도인들도 암으로 병에 들어 죽을 수 있어. 자연섭리 안에서 인간에게 흙이니 흙으로 돌아가라고 말씀하셨기 때문이야. 그러나 우리는 구속의 섭리 안에 있기 때문에 죽어도 살아나는 부활이 우리 안에 적용되고 효력을 발휘하게 되는 거야. 그리스도인이 아프면 병원가야 하는 거야. 그것은 자연섭리를 통한 하나님의 통치방식이야. 동시에 기도도 해야 하는 거야. 기도를 통한 특별한 은혜가 임하도록 해야 하는 거야. 이 두 가지의 통치방식 안에서 언약의 완성이신 그리스도를 통하여 새 하늘과 새 땅이 이루어지는 거야. 그러므로 그리스도인의 신앙이성은 새 하늘과 새 땅을 이루어가는 하나님의 섭리를 보고 거기에 순종하는 자세를 가져야 하는 거야. 그리스도인은 신앙이성을 통하여 자연이성을 다스리고 자연이성을 통하여 세상을 섬길 수 있어야 하는 거야. 4차 산업혁명을 통해 증강이성이 인문학적으로 공간에서 장소로 만드는 과정을 거치지만 우리는 신앙이성으로 하나님의 나라를 이루는 자들이야. 세상의 사람들은 창조의 섭리 안에서 일반은총으로 살기 때문에 지금 살아가는 이 지구라는 공간이 그들에게 유일한 공간이지만 우리에게는 새 하늘과 새 땅이라는 비전을 신앙이성으로 볼 수 있기 때문이야.”

“아빠가 생각하는 그리스도인의 학문과목은 무엇이에요.”

“아빠가 도표로 그려볼게.”

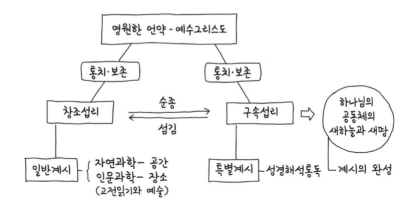

<창조섭리와 구속섭리 관계 안에서의 학문>

"헐. 단번에 이해가 되는데요."

"창조섭리 안에 있는 과목은 자연과학이야. 자연과학은 공간을 이끌어내지, 장소를 만드는 것은 인문학이지. 인문학에서 가장 중요한 것은 고전읽기와 예술이야. 인문학은 수학을 내러티브로 만들어. 이야기로 만들지. 그리고 이미지로 만드는 거야. 사람들은 숫자로 설득되는 것이 아니야. 내러티브로 설득되고 삶의 의미를 찾아. 그래서 자연과학과 인문학의 융합은 내러티브 넘버스Narrtive-numbers가 되는 거야. 자연과학이 없으면 과학적 근거가 없는 소설이 되기 때문에 스토리텔링은 수학적 근거에 의한 상상력을 발휘해야 하는 거야. 네가 아는 해리포터라는 이야기도 그 안에 연금술이나 체스판 같은 수 많은 수학이 들어 있어. 그래서 환상이지만 사람들이 허구라고는 생각하지 않아. 그리고 그 속에서 삶의 의미를 찾아가. 이러한 자연과학과 인문학을 통한 공간과 장소로서의 학문은 성경을 통해 하늘의 가치로 자리잡아야 해. 구속섭리 안에서는 성경적 가치와 사고를 가져야 해. 성경적 가치를 가지려면 성경해석통독을 해야 해. 성경해석통독을 통해 유기적 성경해석관을 가져야 해. 그리하여 구속섭리, 즉 성경적 가치관을 통해 하나님이 자연과 역사를 섭리하여 이끌어가시는 진정한 장소, 새 하늘과 새 땅인 하나님 나라를 바라 볼 줄 알아야 하는 거야. 구속섭리의 사람들은 자연섭리 안에 있는 국가와 사람들을 이끌어가면서 섬겨야 해. 그리하여 성경적인 탁월한 가치와 삶을 세상 사람들이 보고 구속의 가치와 그 통치 앞에 순종하도록 만들어야 해. 그런데 그리스도인들이 세상의 학문에 대해서도 통찰이 없고 성경의 탁월한 가치도 모른다면 어떻게 되겠어. 자연섭리의 통치방식에 대한 이해도 없고 구속 섭리의 통치방식도 이해하지 못한다면 어떻게 이 땅에 하나님의 나라를 이룰 수 있겠니? 특별히 4차 산업혁명에서 하나님 나라를 증강현실 안에 이루어 갈 수가 없는 거야. 그러므로 자연과학의 학문과 인문학인 고전읽기와 예술을 동시에 배우면서 성경적 가치관을 성경을 통해 만들어가는 교육과정이 그리스도인들에게 필요한 거야.”

“성경을 열심히 읽어야겠어요. 그런데 왜 예술이 중요해요?”

“전에 말한 것처럼 알파벳 랭기지에서 수학 언어로 넘어왔고 수학 언어에서 디지털 언어로 넘어왔다고 했지. 그런데 4차 산업은 디지털 언어가 예술언어가 되는 거야. 예술언어로 구현되지 못하는 것은 전부 제조업이야. 4차 산업의 제조업이지. 예술언어를 사용하는 것은 4차 산업이 된다고. 이미지 언어. 그래서 유럽에서는 4차 산업학문의 과목 중에 가장 중요시 여기는 것이 토론있는 고전문학이고 그리고 예술이야. 예술을 하려면 가장 중요한 것이 무엇인지 아니?"

"무엇이에요?"

"토브 라아야. 예술 중에 예술인 하나님의 아름다움을 볼 줄 아는 사람만이 세상을 아름답게 만들고 하나님 나라로 만들어. 그래서 기독교 교육에 있어서 가장 중요한 것은 토브 라아를 만드는 것이라고 생각해."

"토브 라아가 뭐예요?"

"'토브'는 아름답다, 좋다, 착하다 라는 뜻이야. 히브리어야. 성경에 스데반이 착한 사람이라 이렇게 되어있는데 그 착하다가 토브야. 토브의 사람이란 뜻이야. '라아'는 보다라는 뜻이야. 하나님 나라를 이 땅에 이루려면 하나님이 보시기에 좋았더라라는 눈을 가져야 해. 그것이 토브 라아야. 예수님이 소경을 만났을 때 제자들은 저 사람은 죄 때문에 저렇게 되었다고 하는데, 예수님은 그를 통해 하시는 하나님의 일을 보라고 말했지? 그리고 그 사람 눈을 뜨게 해줬지? 그리고 뭐가 보이느냐 라고 물으셨지."

"네" "제자들은 소경 안에 있는 하나님의 일을 보지 못했어, 왜냐하면 토브 라아가 없었기 때문이야. 너희 엄마가 좋아하는 요절이 뭐냐면 '노아가 하나님께 은혜를 입었더라' 이런 요절이 있어. 그게 히브리어로 문자 그대로 번역하면 '노아는 하나님의 눈에 있는 은혜를 보았더라' 야"

"오~"

"그러니까 하나님의 아들들이 사람의 딸들을 취했다고 성경에 나와 있잖아? 하나님의 아들들이 보는 것은 탐욕의 눈이었어. 그걸 보고 하나님이 신음하시고, 탄식하며 심판하겠다고 이야기 했을 때 그 하나님의 눈 속에는 심판만 있는 것이 아니라 하나님 눈 속에서 은혜를 본 자가 노아야. 심판 가운데도 온 우주와 사람을 살리려고 하시는 하나님 은혜의 눈빛을 노아가 보았더라 라고 하는게 직역이야. 사실은 문자대로 하면 그 은혜의 눈빛을 누구에게 준거야 사실은? 노아가 보았다라는 것은 사실은 뭐가 포함 되어있냐면 하나님이 그 은혜의 눈으로 노아를 본것이고, 노아가 그 눈을 봤기 때문에 은혜를 입게 된 거야. 이해되지? 하나님은 우리를 은혜의 눈으로 보시고 우리는 하나님 안에 있는 은혜의 눈을 봄을 통하여 새 하늘과 새 땅이라는 하나님의 비전을 이 땅 가운데, 우리 인생 가운데 펼쳐가는 거야."

"네"

"그렇지만 아빠가 이야기하는 '착한 사람'은 하나님의 선하신 긍휼의 눈빛으로 세상을 바라보는 사람이야. 예를 들어서, 미얀마에 있는 언니 오빠들이 기숙사가 없어서 아빠가 지금 그 일을 하잖아? 그러면 그 언니 오빠들에게 아빠가 너희들이 필요한게 뭐니 물었을 때 두 가지를 이야기했어. 첫 번째가 기숙사를 지어달라는 것이야. 비가 오면 비새고 물통으로 받고 이렇게 자는거야. 안 좋은 상황에서. 그래서 보면 마음이 아파. 그래서 기숙사를 지어줘야겠다는 착한 마음이 생긴 것이지. 그리고 그 착한 마음이 생겼다는 것은 그 공간을 하나님의 토브의 장소로 바꾸는 하나님의 나라의 마음이 열렸다는 거야. 그러므로 이쪽 사람의 고통과 저쪽 사람의 아픔에 귀를 기울여 들었을 때, 그 사람을 어떻게 도와줄까 하는 생각이 들었을 때, 하늘에 계신 하나님의 공간이 열려. 하늘 보좌에 계신 영적이 공간이 열려서 이 가상의 공간 안으로 들어오는 바라크, 복이 임하는 거야. 그 착한 눈이 있을 때, 그럴 때 산업혁명이 만들어내는 공간과 인문학으로 만들어내는 장소 사이로 하나님 나라를 만들어내는 거야. 그러므로 '토브 라아'가 필요해. 아빠가 이번에 부흥회를 갔는데 그 부흥회의 부장 집사님이 대전의 의사야. 부인도 의사고 딸도 의사야. 그래서 이분이 개인 병원인데, 종합검진센터도 만들고 그랬어. 아빠가 이번에 부흥회 하다가 이 의사선생님과 대화를 하게 되었어. 이분에게 뭐라고 했냐면, 무료로 건강검진을 시켜 달라고 했어. 내가 추천하는 사람 20명을 무조건 무료로 건강검진을 시켜달라고 했어. 그랬더니 이분이 그렇게 하겠다고 했어. 그런데 내가 섬 목사님들한테 무료로 건강검진 받고 싶은 사람은 이야기하면 내가 추천해주겠다고 했어. 그래서 3월에 섬 목사님 가정을 그 병원에서 검진을 받도록 추천을 했어. 아빠는 왜 그 의사에게 그런 부탁을 했을까?"

"그게 보였기 때문에?"

"착한 마음이 있기 때문이지. 왜냐하면 섬에 있는 목사님들이 아프거나 고통을 당하면 어떻게 치료해줄까를 늘 생각하잖아. 그 고통의 소리를 들었기 때문이야. 아까 아빠가 학문은 질문하고 답을 찾는 것이라고 했지?"

"네"

"그러므로 우리는 '신앙이성으로 나를 통해 하나님의 구원의 일은 어떻게 일어나는가?' '저 사람을 통해 구원의 일은 어떻게 일어나는가?'를 질문 하는 사람이 신앙이성을 가진 사람이야. 아빠가 아픈 사람을 어떻게 하면 도와줄까 생각하는데 그 의사선생님이 집회에 온 거지. 그래서 부탁을 하니까. 그 의사 선생님이 들어준거지. 그 의사 선생님도 착한 사람이야. 이분은 자기 수익의 1%를 다 환원한데 건강검진으로. 이 의사선생님의 1%가 얼마나 되는지는 모르겠지만 10억을 벌면 1%가 천만원정도 되겠지? 그러니까 20명 정도는 된다고 말하신 것 같아. 아빠가 추천하는 사람은 20명이 무료로 검진을 받게 되어있어. 이게 좋은 일이야 안좋은 일이야?"

"좋은 일이지." "착한 일이지? 그러니까 착한 마음을 먼저 가지라는거야. 이 4차 산업 시대에 어떤 사람이 되어야하냐면 착한 사람, 토브의 눈을 가진 토브의 사람이 되어야 한다는 거야. 스데반은 착한 사람이었어. 착한 사람은 토브의 눈을 가진 사람이야. 그걸 영성이라고 해. 사람들이 영성을 이상하게 생각하는데 영성은 '착한 마음'을 갖는 거야. 4차 산업은 하나님의 나라의 공간을 이땅에 집어 넣는 사람이어야해. 4차 산업의 가상 공간과 현실 공간, 이른바 온라인 공간과 오프라인 공간을 통한 증강공간 혹은 초연결공간 안으로 하나님 나라를 오게 하는 사람이야. 그렇게 하려면 착한 사람이 되어야 해. 토브의 사람, 토브 라아의 사람이 되어야 해. 토브의 사람이 되면 하나님께서 구원의 일을 이루도록 복바라크을 주시는 거야. 그게 첫 번째고 두 번째는 어떤 사람이 되어야하냐면, 소명을 따라 사는 사람이 되어야해. 대학은 뭐라했지? 큰 대大 자가 사람 인人변에 하늘 천天자가 합쳐진 거여서 하늘의 뜻을 묻는 학문이 대학이라했어."

"네"

"유니버스Universe가 뭐라했지? 버라이어티Variety와 유니라Uni는 단어가 만들어낸 것이라 했지. 하나님이 만드신 수많은 버라이어티, 일들과 사건과 이 모든 일들을 하나님의 섭리의 하나 가운데 찾아가는게 소명이야. 하나님이 너에게 주신 소명이 있을 것 아니야? 네가 토브의 눈으로 가면 자연스럽게 하나님께서 너에게 소명을 주셔. 소명을 찾으려고 하지마. 착한 사람이 되어서 토브를 통한 바라크의 길을 꾸준히 가면 소명이 너에게 오는 것이야. 소명을 찾지 말고 착한 눈으로 착한 사람으로 살아가면 소명이 늘 너의 눈 앞에 나타나는 거야. 문제는 착한 사람이 되는 것을 포기하지 않는 거야. 살다보면 착한 일을 하면 사람들이 지지하고 축복해주는 것처럼 생각들지만 오히려 아무도 알아주지 않고 박수를 보내지 않을 수도 있어. 그러나 진리의 길이란 대중의 박수에 의해 가는 길이 아니야. 진리이기 때문에 그냥 걸어가는 거야. 토브이기 때문에 걸어 가는거야. 뚜벅이처럼."

"네"

"예를 들어, 요셉이 자기가 이스라엘을 구할지는 생각도 못했지? 팔려갔는데 하나님이 나타나셨지? 감옥에서도 하나님이 나타나셨지? 바로에게 갔을 때도 하나님이 나타나셨지? 그 모든 과정 속에서 요셉은 토브 라아로 살아가는 거야. 보디발의 집에 있을 때 보디발의 아내가 유혹을 했을 때 하나님 앞에서 그럴 수 없다고 했어. 토브 라아로 그 문제를 본 것이지. 토브 라아로 보면서 계속 자신의 인생의 문제를 질문하고 살아간 거야. 계속 질문하고 답을 하다보면 너의 소명의 자리에 가 있는 거지. 억지로 너의 소명을 찾지 말라는 뜻이야. 그래서 아빠는 소명이란 단어보다는 동행이라는 단어를 좋아하는 거야. 토브 라아로 동행하는 삶, 이것이 4차 산업혁명에도 여전히 유효한 인재야."

"네"

"네가 착한 일을 하다가 가보면 하나님이 네게 원하시는 소명의 자리에 데리고 가신다는 거야. 이해되지?"

"네"

"그러므로 '4차 산업에 어떤 사람이 되어야해요?'라는 질문에 답으로 첫 번째는 토브 라아의 눈을 가진 착한 사람이고, 두 번째는 소명을 찾아가는 사람이 되어야하고, 세 번째는 실질적인 이야기인데 영적 에너지를 가진 사람이 되어야 해. 영적 에너지는 성령의 일하심으로 다른 사람을 연결하는 힘이 있어. 4차 산업혁명은 초연결사회라고 했지? 초연결사회는 수많은 사람이 초연결이 되어있기 때문에, 네가 못하는 부분을 수많은 초연결 속의 사람이 연결이 되어 너를 도와줘. 아빠가 말한 증강지성을 가지는 사람이 되어야 해, 증강지성이란 사실 초연결 사회를 만드는 공동체 지성이야. 그러려면 증강지성에서 가장 큰 것은 영적 에너지Spiritual Energy를 갖는 거야. 그러므로 기독교 교육의 핵심은 영적 에너지를 갖도록 교육하는 거야. 무슨 말인지 이해 돼?"

"네"

"넷째는 그리스도의 몸으로 초연결 사회가 되도록 노력을 해야 해. 쉽게 말하면 복음의 플랫폼으로 일을 해야 해. 아빠는 한 500명 정도가 아빠와 연결 되어있거든? 이 사람들이 날 도와줘. 아빠가 '하나님 나라를 위해 이런 일을 해야겠어요'라고 말하면 그분들이 자발적으로 도와주고, 함께 해주고, 재정적으로도 지원해줘. 아까 병원을 네트워크 시켰잖아? 이게 초연결사회야. 오늘도 의사선생님께 섬 목사님, 두 분이 아프시어 그 분들의 주민등록번호와 어디가 아픈지를 카톡으로 보냈어. 검사해주기를 바란다고. 그런데 이분이 카톡을 받고 '목사님 염려하지 마세요. 제가 직접 연락드리겠습니다.'라고 했어. 그래서 내가 섬목사님에게 '이제 전화 갈테니까 염려하지 마시고 날짜를 잘 잡으셔서 검사 받길 바랍니다'라고 카톡을 보냈지. 이게 초연결사회야. 만나지는 않았지만 서로서로가 '우리'가 되어있지? 그러므로 초연결망을 통하여 우리라는 공동체를 만들려고 하는 그리스도의 몸으로서 일하는 법을 배우는게 4차 산업의 사람이어야 해. 이게 네 번째야. 마지막 다섯 번째인데, 정말 현실적인 이야기야. 이것은 네가 인정해도 되고 안해도 되는데, 하나는 경제적인 자유가 있어야 된다고 생각해."

"맞아요. 저도 그렇게 생각해요."

"공동체 플랫폼을 만들기 위해서. 그래서 경제적 자유가 어느정도 있어야한다고 생각하고, 그걸 위해 마지막에 가르쳐야할 게 4차 산업혁명과 성경적 금융이라고 생각해. 그때 아빠가 더 자세히 설명할 테니 그 주제를 꼭 들으면서 어떤 금융환경을 만들어야 하는지를 생각해야 해. 유대인들은 13살부터 가르치거든? 그래서 소명과 금융교육이 같이 가야한다고 생각해. 유대인들은 젊은 사람들에게 창업할 수 있는 투자금을 줘. 우리나라는 뭘준다 했지? 돈을 대출해준다 했지? 대출은 담보가 있어야해. 그리고 대출해서 못 갚으면 신용불량자가 되어야해. 그래서 우리나라 젊은이들은 어느 누구도 창업을 하려고 안해. 신용불량자가 되면 끝이니까. 그런데 유대인들은 똑똑한 애들이 창업을 할 수 있도록 해주는거야. 그래서 기업을 어느 정도 키우면 미국의 대기업에 파는 거지. 그리고 그 돈으로 다시 젊은 애들에게 창업자금을 주는거야. 그래서 금융의 사고방식이 개인의 재정이 아니라 자기 재정을 우리의 재정으로 생각하고 자기가 번돈이 이스라엘의 공동체처럼 똑같이 나누어 가질 수 있는 마음을 가지고 있는거야. 이런 투자라는 선순환적 금융시스템 플랫폼을 이스라엘은 가지고 있어. 우리는 이게 없어서 각자독생이야. 성공해도 자신이 성공하는거지, 사회나 공동체의 은혜를 받아 성공한 경험이 없어. 그래서 자기의 자본을 공동체로 돌리지 않는 거야. 그래서 4차 산업에 가면 4차 산업의 경제학자는 인공지능이나 4차 산업의 플랫폼을 통해 번 모든 재정은 공동의 재정이 되어야 한다고 말해. 기계가 일하고 인공지능이 일하고, IoT를 통하여 모든 산업구조가 자동구조가 되니까. 아디다스가 예전에는 5천명을 고용해서 옷을 만들었다면 자동화 시스템은 2명만 사람이고 나머지는 인공지능이 알아서 옷을 만드는 거야. 나머지는 실직자가 되니까, 이런 사회에서는 번 돈을 그 실업자들에게 나누어주고, 인간이 누리는 최상의 문화, 컬쳐, 아트를 누리게 하고, 저녁이 있는 시간을 보낼 수 있도록, 인간다운 삶을 누릴 수 있도록 번 돈을 똑같이 쥐야한다고 이야기하는 거지. 이 금융이라는 것은 개인적인 주제를 말하는게 아니라 생육하고 번성하라, 바라크 하라 즉 복을 주라는 의미에서의 금융적 해자를 갖는 것이 중요하다는 거야. 해자는 적군이 처들어와도 못 공격하도록 성 밖 땅에 바로 물을 집어넣은거지? 그러니까 너의 소명을 찾아가는 해자로서, 다른 사람의 소명을 찾아주는 해자로서의 금융교육을 해야한다는 거지."

그리스도인의 교육의 정점,
하나님의 아름다움을 보는 토브 라아를 갖는
영적 파워Spiritual Power 대해서 이야기하다

"네, 알겠어요. 근데 아빠 토브 라아는 어떻게 가질 수 있나요?"

"좋은 질문이야. 토브 라아는 사람들이 만들 수 있는 것이 아니야. 우리 안에 예수께서 사시고 내 안에 예수님이 사시면 예수님이 토브 라아로 우리를 통해 바라보는 거야. 중국선교사님이었던 허디슨 테일러는 중국 사람에 대해 토브 라아가 열렸어. 미얀마에 가면 한 종족이 전부 예수 그리스도를 믿는 종족이 있는데 저드슨이라는 미얀마 선교사님이 복음을 전해서 이루어진 일이야. 저드슨 선교사님에게 토브 라아가 열린 거야. 그러므로 '늘 내 눈을 열어 토브 라아로 보게 하소서!'라고 기도를 해야 해. 그리스도인들은 하나님의 눈을 가지려고 해야 해. '내 눈을 열어주소서'라고 기도를 늘 해야 해. 어떤 사건이나 일들을 만날 때 탐욕의 눈으로 보지 말고, 늘 '내 눈을 열어주소서'라고, '아름답게 보게 하소서'라고 기도를 해야 해. 그래서 길가에 핀 작은 꽃 하나에 말을 건네면서 너 참 아름답구나. 정말 아름답구나라고 말을 건네는 연습부터 해야해. 자연섭리 속에 있는 은총을 누리는 토브 라아를 가져야 해. 자연섭리를 일반은총이라고 하는데 그 속에 있는 자연과학과 인문학을 배우면서 동시에 자연안에 있는 피조물들을 아름답게 볼 줄 아는 눈을 길러야 해. 그것이 영성이야. 이것을 자연 영성이라고 해. 성 프란체스코라는 신부가 있었어 농부가 참새들이

와서 애써 지은 벼를 먹으니까 프란체스코에게 왔어. 프란체스코에게 참새들에게 말을 해달라고 부탁을 했어. 프란체스코는 참새들과 대화가 가능한 영성을 가진 분이었어. 참새들을 불러놓고 농부가 지은 벼를 먹지 말라고 했어. 그리고 너희들이 먹을 음식을 밭 옆에 둘테니 그것만먹으라고 했어. 참새들이 알겠다고 했어. 농부도 그렇게 했어. 농부와 참새 사이에 평화가 온 거야. 프란체스코의 삶에는 이런 이야기가 많아. 자연섭리를 몸으로 안 사람이야. 이것이 영성이야. 그러므로 미물 속에 있는, 작은 소자 안에 있는 아름다움을 볼 줄 알아야 해. 그래서 마당에 있는 꽃들을 보면서 너 참 이쁘구나라는 연습부터 시작해야 하는 거야. 자연섭리 속에 있는 아름다움을 보고, 구속 섭리 속에서 그 아름다움을 만들어가시는 하나님의 아름다움, 그리스도의 아름다움, 성령의 아름다움을 보는 것이 최고의 미학이요. 최고의 학문이라고 생각해. 성경을, 인문학과 자연과학, 지성적 이해로만 한다면 그것은 자기 중심성의 소아小我적 사고 방식에 잡히는 거야. 아름다움은 추함에 대한 아픔과 그 추함이 아름다움 안으로 꽃 필 수 있다는 것을 아는 거야. 모든 상황에서 하나님의 아름다움을 보는 자는 하나님이 아름답게 하신다는 믿음이 있는 거야. 그래서 자기는 죽고 하나님의 아름다움을 가득채우는 대아大我적 삶을 사는 거야. 토브 라아가 없다면 모든 과목을 배운들 그것은 머리 속에 있는 지성이거나 자기만을 사랑하는 실력이 되는 거야. 그 속에는 하나님의 아름다움을 만드는 바라크, 생명의 복이 없는 거야. 토브 라아는 생명의 복으로, 바라크로 이어져 가는 거야. 그 속에 하나님 나라가 임하는 거야. 토브 라아를 만들어내는 아름다운 눈에 대한 교육이 없으면 그것은 진

정한 교육이 아니야. 토브 라아는 영성이야. 일반은총의 과목과 특별
은총의 성경을 완성하는 새 하늘과 새 땅이라는 진정한 장소를 만드
는 영성이야. 요한계시록에도 보면 사도 요한이 매번 하늘에 가서 아
름다운 삼위 하나님의 공동체를 보고 이 땅으로 내려와. 토브 라아의
눈, 종말의 눈으로 현실을 보고 그 가운데 복음을 전하는 거야. 성경
을 읽는다는 것은 궁극적으로 눈이 밝아지는 거야. 사도 바울이 하나
님의 눈으로 밝아졌고 엠마오의 제자들이 눈이 밝아지고⋯. 선악과의
눈은 죽고 토브 라아의 눈이 열려야 하는 거야. 그것이 기독교 교육의
핵심이 되어야 하고 정점이 되어야 해. 그러므로 토브 라아의 눈을 가
지려면 하나님이 만드실 아름다움을 믿음의 눈으로 봐야 하는 거야.
베드로의 끝을 보고 베드로를 갈리리 바다에서 예수님이 부르신 거
야. 있는 그대로 보지 말고 하나님의 아름다움으로 이 사람을, 이 사
건을 하나님이 아름답게 만드실 것을 상상하면서 지금을 보아야 해.
즉 토브의 빅 피처Big Picture로 지금을 보아야 하는 거야. 그러기 위해
서는 영적 파워Spritual Power가 강한 사람으로 자라야 돼. 영적 파워가
자라야 토브 라아가 자라는 거야. 동시에 영적 파워가 강해야 4.0 복
음의 플랫폼 안으로 하나님의 생명을 유동시킬 수 있는 사람이 되는
거야. 어떻게 영적 파워를 가지는 지는 나중에 한 강의로 너에게 설명
할 거야. 질문이 또 있니?" "질문 없습니다."

내가 생각하는 4.0 바라크 학교에 대해 이야기하다

"시은아, 아빠가 생각하는 4.0 바라크 학교에 대해서 이제 이야기를 해주마. 공간과 장소혁명을 위한 창조적 사고를 위해서는 수학과 영어, 그리고 인문학인 고전 읽기가 필요하다. 그리고 가상공간과 현실 공간을 만드는 초연결사회를 만드는 그리스도의 몸으로서의 지성, 예수의 몸으로서 지성이 필요하다고 했지. 그 지성 위에 토브 라아를 가져야 하는 거야. 그래서 아빠가 생각한 것이 4.0 바라크 학교야. 아빠의 상상이기도 해. 아빠는 학년에 맞는 고전읽기를 해야 한다고 생각을 해. 그 학년에 맞는 고전읽기 책을 선택해주는 거야. 고전은 절대 많은 양을 읽을 수가 없어. 아빠가 철학을 공부할 때 일년 내내 아리스토텔레스의 니코마코스의 윤리학을 공부했어. 교수님과 함께 매일 토론하고 서로의 생각을 나누었어. 깊이 읽기와 토론이 시행되지 않는다면 고전읽기는 실패해. 고전을 한권을 제대로 읽으면 나머지 책들은 아주 쉽게 읽힐 수 있단다. 아빠는 그리스도의 몸으로서 공부하는 바라크 학교를 하기 위해서 일 년에 세계 3개국 정도를 이동하면 된다고 생각해. 교실과 식사는 선교사님들이 세운 선교센터 혹은 학교가 전 세계에 있으니 그곳을 이용하거나 에어비엔비를 통하여 숙소를 마련하면 된단다. 그곳에서 프로젝트를 하는 거지. 20년 이상 그 곳에 있었던 선교사님들은 그 나라의 역사와 문화, 미래에 대하여 충분히 공부하신 분들이야. 그런 분들의 강의를 듣는 거지. 아니면 그 나라 대학의 석학들을 모시고 선교사님 통역을 통해 들어도 된단다. 그 대학에 가서 그 나라 최고의 석학으로부터 자신의 민족의 역사와 비전에 대해 듣고 학생들이 질의응답을 하는 거지. 그러므로 각 나라의 비전을 바라보면서, 즉 토브 라아를 바라보면서 학생들이 함께 그 민족의 정치, 경제 등을 발전시키기 위해서 어떻게 해야 하는지를 질문하고 토론하고 그리스도인으로서 어떻게 그 민족을 바라크 할 것인지를 논의해서 각 팀별로 논문을 쓰는 거지. 아빠는 이것을 토브 라아 프로젝트라고 하는 거야. 그 프로젝트를 그 민족의 석학들 앞에서 발표하고 그 곳에 있는 대학생들에게 발표해서 서로 나눔을 하는 거야. 그리고 그 민족의 역사와 문화를 탐방하는 것이지. 그 나라에 진출한 NGO가 있다면 그 NGO와 프로젝트를 함께 해보는 거야. NGO가 하는 활동에 참여해도 된다고 생각해. 그리고 고전 읽기는 각 책의 석학들을 영상으로 촬영하여 가상공간에서 교육하면 되고 아니면 가상공간, 즉 줌Zoom이나 여러 인터넷으로 서로 질문하고 토의하는 시간을 가져도 돼. 그리고 학생들이 토의한 것을 발표한 것을 영상으로 해서 다음 후배들이 볼 수 있도록 구축하면 고전 읽기의 깊이가 더 깊어질 거야. 그리고 수학이나 영어는 선생님이 학생들과 동행하여 그 나라에서 가르쳐도 되는 거야. 성경읽기는 아빠가 클라우드 성경을 구축했잖아. 그곳에 들어와서 아빠가 쓴 120일 유기적 성경통독을 매일 듣고 읽으면 성경을 읽을 수 있는 거야. 성경통독이 가능한 거야. 즉 가상 공간과 현실공간을 통해 고전읽기, 성경 읽기를 하고 일년에 2-3개국을 돌아다니면서 그리스도의 몸의 이성을 가진 토브 라아의 4.0 바라커로 자라게 하는 것이 아빠가 꿈꾸는 학교야. 3년이면 전 세계 9개국 정도를 돌아다니면서 만물의 주인이신 주님을 누리고 온 민족의 주인이신 주님을 누리게 되는 거야. 그럴 때 그리스도의 몸의 이성을 가진 토브 라아로 세상을 볼 수 있는 바라크들이 되는 거야. 박병기 교수님이라고 알지?" "네, 아빠 책, 120일 유기적 성경통독을 출판하신 분요"

"맞아, 웨신대의 박병기 교수님미래교육리더십이 미래교육플랫폼이란 단체와 증강학교란 걸 만들었어. 아빠가 말한 가상공간과 현실공간을 잇는 증강공간을 통하여 새로운 세상을 만드는 인재를 길러내기 위해 증강학교를 만들었어. 박병기 교수님은 옛날부터 그런 빅픽처를 갖고 있었던 분이야. 아빠는 그 분이 그 일을 잘 이루시도록 도울거야. 그리스도의 몸이 하면 되는 거야. 나는 죽고 그리스도의 몸 만이 남는 거야. 내가 죽어 그리스도의 몸이 될 때 그리스도의 몸으로 구원의 활동이 일어나…나는 박병기 교수님이 4.0 바라커를 키우는 증강학교를 잘 이루어가시길 축복하고 응원해. 우리는 그리스도의 몸으로 살아야 해. 그리스도의 몸을 세우고 그리스도의 몸의 확장을 위해 살아가야 하는 거야. 그것이 바라커의 삶이야."

"네, 아빠."

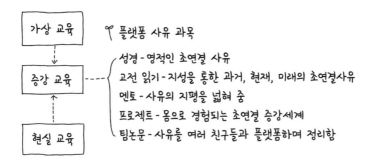

〈증강학교는 증강이성을 통하여 플랫폼 사유를 몸으로 하게 해주어야 한다〉

아들, 시은이를 위한 기도문을 낭독하다

"시은아 아빠가 너를 위해 기도문을 하나 작성했어. 유대인들은 아기가 태어날 때 머리를 감아주면서 그의 이성에 하나님의 축복을 주길, 세상의 지혜를 주길 기도하고 손을 씻기면서 그의 손이 세상에 복을 주는 축복의 손이 되길, 발을 씻기면서 세상에 평화를 주는 발이 되길 기도한다고 해. 그러니 어릴 때부터 자신이 세상을 축복하는 사람이라는 의식을 갖게 되는거야. 교육 중의 교육은 기도야. 그래서 아빠가 널 위해 기도문을 작성했어. 이 기도문을 이제 매일 읽고 매일 기도하자. 그래서 네가 바라크의 사람이 되는 비전을 품고 꿈을 꾸자. 오늘은 이 기도로 마무리 하자."

"아빠가 저를 위해 쓴 기도문인가요?" "응"

**사랑하는 아들,
시은이가 이런 주님의 사람되게 하소서!**

"사랑하는 주님,
당신이 주신 아들 시은이를 위해 기도합니다.
시은이의 머리의 지성 속에는
하나님의 말씀을 깊이 이해하는 지혜와
세상을 바르게 알 수 있는 지식을 주옵소서

시은이의 눈에는 아름다움을 볼 수 있는 눈,
토브 라아의 눈과
세상을 통찰할 수 있는 비전의 눈을 주옵소서.

시은이의 귀에는 하나님의 뜻을 분별할 줄 아는 들음과
세상의 고통스러워하는 자의 아픔의 소리를 들을 줄 아는
열린 귀를 주소서.

시은이의 입술에는 당신의 말씀의 지혜가 흘러나가게 하시고,
그의 말에 권세와 능력을 주어 많은 사람을 살리는
언어를 갖게 하소서.

시은이의 손은 민족과 세상을 축복하는

바라크의 축복의 손이 되게하시고,

그의 발은 전 세계에 그리스도의 복음을 전하는
아름다운 발걸음을 이루는 발이 되게 하옵소서
착한 토브의 사람으로 착한 일을 행하며
하나님과 평생의 동행이 될 수 있는 축복을 허락하옵소서

주의 시간에 주신 아내를 만나,
그리스도의 몸의 사랑과 돕는 배필의 따뜻함을 누리게 하시고,
생육하고 번성하라는 당신의 약속이 실현되게 하옵소서.
친구를 주시되 평생을 주 안에서 벗되는 친구를 허락하시고
선생님, 선배, 후배의 평생의 이웃들을
은혜의 각인되는 사람들로 채워주시어
그의 삶의 울타리가 은혜의 울타리가 되게 하옵소서.

겸손하되 용기 있게 하시고
너그럽되 분별력 있게 하시고
사랑하되 지혜롭게 하옵소서.

아들 시은이의 생애를 토브와 바라크의 실줄과 날줄로
엮어주시어 그의 생애가 하나님 보시기에 아름다움이
되게 하옵소서.

그리스도의 심장 안으로 아들 시은이를 올려보내니
품으시고 잉태하시어 당신의 보혈로 날마다 창조되어 탄생되는
새피조물의 새로움을 그의 생애에 가득 채우소서.

당신의 사랑이
나의 사랑이
아들 시은이에게 있음으로
그의 생애는 복될 것임을
믿음으로 받아드리오니

여소서
우리의 눈을

맞이하게 하소서
당신의 찾아오심을

당신이 시은이 안에
시은이가 당신 안에 있음이 그의 생애에
영원한 비밀되게 하소서
저는 시은이 안에 당신의 자리를 만드는 종되게 하옵소서.

아름다운 눈을 가지신
예수 그리스도의 이름으로 기도하옵나이다. 아멘.”

아들에게 들려주는 4차 산업혁명 여덟 번째 이야기

토의하기

1. 필자는 공간의 변화에 따라 이성이 바뀌어졌다고 했다.
   어떻게 바뀌어졌는가?

2. 각 이성의 변화에 따라 학문의 체계가 바뀌어졌다. 어떻게 바뀌어졌는가?

3. 필자는 가상공간 안에서 교육을 통하여 각 개인의 맞춤교육이 가능하며
   지식의 보편화가 가능하다고 말하고 있다. 온라인 안에서 배울 수 있는
   교육프로그램이 무엇이 있는지 설명해보라. 그리고 당신은 그것을 어떻
   게 이용하고 있는가?

4. 팀을 이루어 어떤 문제에 대하여 질문하고 답을 찾는 과정을 논문이라고
   하였다. 팀 논문이 가장 중요한 교육이라고 하였다. 당신이 팀을 만들어
   쓰고 싶은 논문 주제는 무엇인가?

5. 4차 산업혁명에 있어서 인재에 있어서 가장 중요한 요소는 필자는 무엇
   이라 생각하는가? 당신은 무엇이라 생각하는가?

6. 당신이 학교를 만든다면 어떤 학교를 만들고 싶은가?

아들에게 들려주는
4차 산업혁명

아홉 번째 이야기

4차 산업혁명과 예술,
스트리밍의 아름다움에 대해
이야기하다

아들 시은이와 나는 15일 정도 유럽 배낭여행을 하였다. 자녀들에게 자기가 원하는 나라에 함께 여행을 해주는 것이 나의 약속이었다. 시은이와도 그 약속에 따라 여행을 했다. 시은이가 선택한 나라는 이탈리아, 스위스, 프랑스였다. 가기 전에 유럽 예술사에 대해 한 달간 함께 공부를 하였다. 4차 산업혁명을 다루면서 예술에 대하여 다루는 사람들은 적다. 산업혁명이니 기술적 부분에서 다루고 생각했을 것이다. 이 장에서는 예술사 전반에 대해 다룰 수는 없고 산업혁명의 공간변화에 따른 예술의 변화와 4차 산업혁명 안에서 예술은 어떻게 변화할 것인가를 다루었다. 4차 산업혁명은 이미지 언어이다. 이미지 언어는 예술이다. 그 부분에 대해 아들과 대화를 나누었다. 예술에 대해서는 '토브 라아'라는 제목으로 책을 단권으로 발간할 예정이다.

아름답다라는 것은 하나 됨의 스트리밍이다

〈Streaming is beautiful〉

"시은아, 아름답다라는 것이 무엇이니?"

"글쎄요. 보기에 좋은 것 아닌가요?"

"좋은 답이야. 오늘 4차 산업혁명과 예술에 대해서 다룰 것인데, 예술은 아름다움에 대한 학문이야. 그래서 '아름답다'라는 것에 대해 말할 필요가 있어. 예술에 대한 정의는 다 달라. 플라톤, 칸트, 하이데거 등 수 많은 철학자들, 예술가들이 아름다움에 대한 생각이 달라. '아름답다'라는 것은 비규정성이야. 무슨 말이냐면 '이것은 떡이다' '이것은 핸드폰이다'라는 것은 규정이 되잖아. 물건이니까 공간 안에서 고정되어 있잖아. 사물로서 고정되어 있으니 규정된다고 그런데 예술은 규정이 되지 않아."

"왜요? 규정되잖아요. 루브르 박물관에 있는 모나리자, 규정되잖아요. 저건 모나리자야. 이런 식으로 규정되지 않나요?"

"좋은 질문이야. 네가 말한 것은 모나리자라는 그림이지 모나리자의 아름다움은 아니야. 사람들은 예술, 즉 아름답다를 모나리자라는 그림으로 규정하는 것이지. 그러면 그것은 아름다움을 보는 것이 아니라 모나리자라는 그림을 보는 거야. 아름답다는 규정되거나 고정되는 것이 아니야. 늘 흘러가는 거야. 이것을 영어로 스트리밍streaming이라고 해. 개울처럼 계속 흘러가는 물인 셈이야. 자 아빠가 자세히 이야기 해볼게. 예술은 시선이야. 그 아름다운 작품을 만든 예술가의 시선이며, 그 작품이 우리를 바라보는 시선이며, 동일하게 우리가 그 작품을 바라보는 시선이야. 즉 시선의 스트리밍이야. 시선이 계속 흘러가는 거야. 하지만 과학이성은 주체와 객체를 분리시키려고 해. '바라보는 나'라는 주체와 '보여지게 되는 대상'이라는 객체로 분리를 한다고. 여기서 공간 분리가 일어나 너의 공간, 나의 공간이라는 분리가 일어나. 그렇게되면 위계질서하이어라키, Hierarchy 가 생겨. 하이어라키는 신분질서의 계층이야. 즉 윗 공간은 지배층, 아랫공간은 하층민이라는 공간마다 다른 계층공간이 생기는 것이지. 이것은 사람사는 지역마다 집값 계층이 생기는 것과 동일해. 영화 기생충 봤잖아. 부잣집과 가난한 동네 지하방, 그리고 그 부잣집의 윗층과 지하실 방에 사는 사람들, 설국열차라는 영화를 보아도 칸들마다 계층이 있잖아. 그런데 사실 우리가 비행기를 타도 비즈니스, 이코노미 이런 식으로 공간이 나뉘어 있지. 즉 이성은 객체와 주체를 분리시키고 공간을 분리시켜 버리는 거야. 그런데 예술은 이성의 영역이 아니야. 논리적으로 추론해서 아름답다가 아니야. 그냥 아름다운 거야, 보기에 아름다운 거야. 그런데 이 아름답다가 스트리밍Streaming이야. 스트림Stream은 하천이고 스트리밍은 흐르다라는 뜻이야. 즉 아름답다는 고정되지 않아 흘러가는 거야. 아담이 꽃들과 동물들을 보았지. 아담만 보았겠어. 꽃들도 동물들도 아담을 보았겠지. 그런데 자기 아름다움이 아니야. 꽃속에 있는 하나님 영광의 아름다움은 있지만 내가 만든 아름다움은 아니야. 하나님의 아름다움은 서로가 서로를 볼 때 주체와 객체가 아닌 스트리밍의 아름다움이 흘러 가는 거야. 아담이 하와를 만나는 순간 하와를 아름답다고 말하고 하와도 아담의 아름다움을 보는 거야. 둘의 바라봄 속에는 하나님의 아름다움이 흘러가고 있는 것이지. 아름다움을 바라보는 시선이 스트리밍이야. 늘 흐르는 거야. 내가 그에게로 흐르고 그가 나에게로 흐르고 다시 서로를 보면서 또 흐르는 거야. 고정된 것이 아니라고. 그 스트리밍 속에서 아름답다라는 것이 느껴지는 거야. 그러므로 아름답다라는 것은 고정된 것이 아니라 흘러가는 거야. 내가 꽃을 보잖아, 저것은 장미야. 이건 이성이야. 그런데 '아름답다'라는 것은 이성적 감각이야. 장미란 것을 알지만 아름답다가 나오는 거야. 장미라는 것을 아는 것은 이성이고 그 장미에서 나오는 아름다움을 감정으로 느끼는 거야. 그래서 감각적 이성이야. 감각이성. 그런데 내가 집 안으로 들어가면서 우리집 마당의 장미를 보잖아. 그러면 아름답다라는 좋은 감정이 내 영혼 속에 머물고는 있어. 시간이 지나면 사라지기도 하겠지. 그런데 그 장미를 내가 다시 또 보잖아. 그러면 아름답다가 장미에게서 나에게 흘러가는거야. 그래서 스트리밍의 다른 말은 사귐이야. 다른 말로 해보자. 아빠가 36살에 결혼을 했잖아. 그러면 그 전에 연애도 하고 아가씨들을 만났겠지. 다른 사람이 보기에 정말 아름다운 아가씨도 있었겠지. 할머니가 아빠보고 '그 아가씨는 이쁘고 참한데 왜 너는 결혼할 마음이 없니?'라고 물었어. 그때 아빠가 할머니에게 '내 마음이 뛰지 않는다'고 했어, 그런데 너희 엄마를 만나는 순간 가슴이 뛰는 거야. 그리고 아름답다라는 감정이 생기는 거야. 너희 엄마는 처음에는 아빠 얼굴보고 아니었음 좋겠다라고 생각을 했다가 아빠와 대화를 하면서 아름답다라는 감정이 흘러나온 거야. 아빠의 시선과 엄마의 시선이 아름다움으로 흘러갔기 때문에 아름답다가 이루어지는 거야. 지금도 아빠가 엄마를 볼 때, 엄마가 아빠를 볼 때 아름답다라는 스트리밍이 흘러가고 있는 거야.

　네가 말한 모나리자를 보자. 우리가 루브르 박물관으로 갔을 때 수많은 사람들이 그 그림 앞에 서 있잖아. 그렇다면 너의 시선, 다른 사람의 시선, 그리고 모나리자가 그 사람을 바라보는 시선이 흘러가겠지. 그럴 때 누군가에게는 모나리자가 아름다울 것이고 어떤 이는 그냥 저것은 모나리자구나 하고 지나가는 거야. 거기 있는 모든 사람들은 모나리자라는 것을 알아. 보편 이성이지. 그러나 아름답다라는 스트리밍은 다 달라. 모나리자 눈썹이 이쁜 사람, 입술이 이쁜 사람, 모나리자 보다 옆에 서 있는 아가씨가 이쁜 사람… 스트리밍은 흘러가고 있고 그 속에서 아름답다라는 것은 보는 시선에 의해 하나로 될 때 나타나는 감정인거야. 아빠 조카인 진실이 누나는 정신지체부자유자야. 그런데 진실이 누나 아빠는, 너희 큰 고모부는 늘 진실이를 보면서 넌 이뻐, 너무 이뻐하는 거야. 그 아빠의 눈과 진실이의 눈 사이의 시선은 아름답다가 만들어지는 거야. 많은 사람들이 보는 시선이 아름답다라고 규정되면 그것은 보편적 아름다움, 혹은 대중적 아름다움으로 형성이 되겠지. 아름다움은 스트리밍이야. 이성이 범주로 내리는 객체같이 규정되는 것이 아니야."

"그러면 아빠, 북한에서 김일성 부자의 그림을 아름답다라고 했을 때 그 아름다움은 뭐예요?"

"좋은 질문이네. 하지만 어려운 질문이기도 하다. 원래 아름답다라는 것은 진리이고 선함이야. 진선미는 구분되는 것이 아니라 한 덩어리야. 예를 들어, 어떤 사람이 진리의 삶을 살아. 그러면 우리는 그를 아름답다라고 해. 예수님이 진리의 삶을 사셨기에 아름다우신 분이야. 마더 테레사의 삶은 아름답지. 그분은 선한 삶을 살았기에 아름다운 거야. 아름다움을 본 사람은 진리가 아닌 것을 싫어해. 진리를 추구하지. 진리는 아름다움이야. 진리란 세상의 원래 질서야. 하나님이 창조하신 질서가 진리야. 그 진리가 아름다움이야. 그 진리를 벗어나면 추하다는 사실을 알아. 그래서 아름다움을 볼 수 있는 자는 선을 행해. 인간의 아름다움을 본 자는 인간의 인권의 파괴와 참혹을 견디지 못하겠지. 들에 핀 꽃의 아름다움을 본 자는 생태파괴를 하지 않겠지. 아름다움을 본 자는 아름다움을 추구해. 그것이 선善이야. 그러므로 우상들에게서 아름다움을 본다는 것은 너와 나, 그 대상의 스트리밍에서 벗어난 거야. 너와 나, 그 아름다움의 대상의 스트리밍은 그 스트리밍 자체를 아름답게 만들어야 해. 예수 그리스도는 베드로의 아름다움을 보았기에 십자가에서 죽었지. 우리의 추함 속에서도 죄악 속에서도 예수 그리스도는 우리의 아름다움을 보았어. 우리가 아직 죄인되었을 때에 우리를 사랑하신 하나님은 우리의 아름다움을 보신 것이지. 베드로가 예수님의 아름다움을 보았을 때, 그 아름다움을 위해 살고 싶은 거야. '예수님의 보다'와 '베드로의 보다'는 '새로운 보다'를 낳고 '새로운 스트리밍'을 만들어. 그 스트리밍이 아름다워야 해. 그 스트리밍이 아름답지 않다면 무엇인가 잘못 본 거야. 아담이 선악과를 보고 취하였을 때, 다윗이 밧세바라는 여인을 보고 취했을 때 그 '보다'의 스트리밍은 고통과 아픔으로 끝나지. 북한이라는 공간 안에서조차도 김정은의 스트리밍이 아름답지 않지. 그 공간 안에서의 추악함이 이미 드러나 있고, 그 공간 안에 있는 사람들의 마음에는 김정은의 아름답다의 스트리밍은 없는 거야. 히틀러가 아름다운가? 유대인들이 보는 히틀러에 대한 스트리밍은 추함이며 고통이야. 그러므로 그것은 거짓 아름다움이야. 조작된 아름다움이라고. 진선미는 분리되지 않아. 칸트가 과학적 자연이성을 통해 세계 파악을 진리의 범주로, 윤리, 즉 선을 종교의 범주로, 아름다움을 예술의 영역으로 나누어 버렸어. 예술은 과학으로 규정할 수 없는 영역이고 종교도 과학의 영역으로 규정할 수 없다는 것이겠지. 하지만 이것은 과학적 이성을 진리의 범주의 판단 기준으로 삼은 거야.

그러나 아빠는 칸트의 이론에 반대해. 진선미는 동일한 거야. 나타내는 얼굴이 다를 뿐이야. 칸트가 진선미를 나누어 놓았으니 자연과학의 이성이 아름다움을 추구하지 않고 힘을 추구하게 되는 거야. 그럴 때 인간의 자연이성은 과학으로 인간을 죽이는 2차 세계대전을 맞이하게 되는 거야. 아름다움이란 '보다'의 스트리밍의 하나 됨으로 나타나는 거야. 그것은 진리와 선이라는 윤리 속에 같이 흘러가는 거야. 아름다운 대상과 내가 만나면 서로 보는 거야. 인간만이 보는 것이 아니야. 그 대상도 나를 보는 거야.

그 '본다'는 것은 나의 아름다움을 보여주는 거야. 즉 꽃이 나를 본다는 것은 꽃이 자기의 아름다움을 보여주는 거야. 내가 그 꽃을 본다는 것은 나의 아름다움을 보여주는 거야. 즉 내 안에 있는 아름다움의 본성이 드러나는 것이지. 그러므로 꽃도 나의 아름다움을 보고 나도 꽃의 아름다움을 볼 때 꽃과 나의 아름다움이 되는 거야. '보다'의 스트리밍 덩어리, 하나가 되는 거야. 그것이 아름다움이야. 신문에 보니 어떤 사진작가가 꽃을 찍기 위해 옆에 있는 백년 된 나무를 베어 버렸다고 해. 그 사람이 보는 아름다움은 아름다움이 아니지. 폭력이지. 그는 아름다움의 기술을 가진 것이지 아름다움을 가진 것은 아니야. 아름다움이 흐른다는 것은 그 대상과 나를 향한 선과 진리가 같이 흘러가는 거야."

"알겠어요."

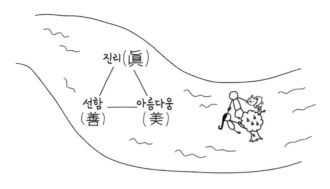

〈아름다움을 맛본 사람은 진리와 선을 추구한다.
아름다움은 streaming의 body이다〉

'보다'는 빛이다

"그런데 '보다'는 빛이야. 우리가 무엇을 보려면 빛이 필요해. 우리가 5G를 다룰 때 이 세상은 빛으로 가득찬 공간이라고 말을 했지. 기억나?"

"네, 기억나요."

"성경에 하나님이 공간, 스페이스를 만들고 빛을 만들었다고 되어 있지. 스페이스는 영어로 우주라는 뜻을 갖고 있어. 일론 머스크가 쏘아 올린 민간 우주선이름이 스페이스-X야. 즉 우주는 하나의 공간이야. 그 공간 안에 빛이 들어온 것이지. 빅뱅이론을 이야기 하는 자도 빅뱅당시 우주의 크기가 10^{-33}Cm였다고 해. 그리고 점점 팽창을 해. 그 다음에 쿼크, 양성자, 중성자, 광자빛가 만들어졌다고 해. 우주 공간이 만들어지고 빛이 채워졌다고 말하는 것이지. 공간 안에 빛이 들어오므로 인간은 아름다움을 보는 거야. 카메라 옵스큐라Camera obscura를 카메라라고 보통 불러. 카메라가 원래 방이란 뜻이야. 옵스큐라는 어둡다라는 뜻이야. 어두운 방안으로 빛이 들어와 아름다움을 만든다는 것이 카메라의 뜻이야. 빛이 우리 눈에 그 사물의 아름다움을 보여주므로 말미암아 우리 눈 안의 공간으로 아름다움이 만들어지는 거야."

"신기하네요."

"그런데 인간은 공간을 인지하지 못해. 삼차원의 공간을 볼 수 없다고. 그런데 우리의 뇌가 삼차원의 공간을 만들어내는 거야. 사실 우리 눈에 들어온 사물은 망막에 반대로 맺혀. 그런데 그 사물을 바르게 볼 수 있는 것은 우리의 뇌의 역할이야. 그리고 우리 눈은 움직이는 것만 볼 수 있어. 그런데 바위나 산같이 움직이지 않는 것은 우리 눈이 한 번 보고 두 번 볼 때 그 보는 것 사이의 시차로 인해 움직이지 않는 것으로 인식하여 뇌가 파악을 하는 거야. 그래서 그 차이를 통해 움직이지 않구나라는 것을 알고 파악을 해, 또 우리는 초당 200장의 정지된 그림을 돌리면서 그것이 움직인다고 생각해. 각각의 그림은 그 공간 안에 고정된 사물이 있는데 빨리 돌리면 움직이지. 그리고 그것이 공간이 분절된 것이 아니라 움직이는 하나의 스트리밍으로 인식하는 거야. 그런데 200장 이상이 넘어가면 그것이 앞으로 가는 그림인데 뒤로 가는 것처럼 우리 뇌가 혼란을 일으키기도 해. 그리고 사람을 볼 때 앞면, 옆면, 뒷면을 보잖아. 그것은 다 하나의 이미지인데 우리 뇌는 덩어리로 보는 거야. 스트리밍의 덩어리로 보는 것이지. 음악도 동일해. 음악이 흘러나올 때 하나의 음계가 우리 귀에 들리지만 우리는 그 음계전체를 한덩어리로 듣는다고. 즉 그 음의 울림이 내 귓속에 계속 울리고 다음 음이 울리어 한 덩어리가 되는 거야. 스트리밍의 한덩어리야. 아름다움의 스트리밍의 덩어리야. 이것이 아빠가 정의하는 예술이야. 인간은 땅에 붙어 살지만 우주라는 광활한 공간을 보는 거야. 우리의 뇌가, 더 나아가 우리의 영혼이, 그 공간을 보는 거야. 하나님이 우주라는 공간 안에 사물을 창조하시지. 즉 공간 안에 사물들이 빛과 함께 있을 때 아름다운 거야. 그리고 우리는 그것을 보는 거야. 원래 공간 안에 사물을 집어넣었을 때 그곳은 장소가 되는 거야. 하나님이 천지창조 때 에덴에 사람을 넣으시지. 그곳에 자신이 거하시고. 그러면 그 장소는 하나님의 나라가 되는 거야. 인간이 인간답게 사는 공간은 장소이고 하나님과 인간이 사는 공간은 하나님 나라야. 그래서 아름다움을 누리는 공간을 아빠는 장소라고 해. 그런데 인간은 장소를 상실해버렸어. 장소를 상실했다는 것은 아름다움을 상실하였다는 뜻이야. 너와 아빠가 유럽을 갔을 때 아빠가 무엇이 좋았다고 했어? 아빠가 대학시절 배낭여행을 했을 때의 파리의 골목과 그 집이 그대로 있는 것이 너무 좋은 거야. 추억이지. 아빠가 파리에서는 마루바닥을 함부로 고치지 않는다고 했어. 할아버지가 걸어온 소리, 손자가 걸어온 소리가 담긴 바닥이야. 그래서 그 삐거덕 소리를 들으면서 돌아가신 할아버지를 생각하는 거야. 그것이 장소야. 그런데 우리나라는 자본의 효율에 따라 공간 안에 있는 장소를 싹 다 바꾸어 버리지.

그래서 공간의 자본 효율성은 높아졌으나 사람이 사는 장소의 상실이 일어난다고 했지. 아름다움의 손실이 일어나는 거야.”

“그래서 아빠가 할머니가 사용하시던 장롱을 버리지 않고 계시군요.” “그렇지 그 장롱을 볼 때 그 장롱의 공간과 할머니의 공간을 내가 보는 것이지. 그것이 추억이고 아름다움이야.”

“저도 잘 보관할게요.”

“우리 눈에 보이는 빛 중에서 가장 아름다운 빛은 가시광선이라고 했지. 수많은 광선이 있는데 우리 눈에 하나님이 가시광선을 보게 했어. 공간 안에서 가시광선의 빛이 가장 아름다운 빛이기에 하나님이 주신 빛이라고 했지. 그런데 창조 때의 빛은 원래 신령하고 아름다운 빛이야. 즉 하나님을 볼 수 있는 빛, 하나님이 자신의 아름다움을 비춰어주시는 빛이야. 신적인 빛이지. 그래서 아담은 영혼의 눈으로 그 빛을 통해 하나님을 보았어. 그러나 인간은 타락하여 그 빛을 잃어버렸어. 그래서 하나님의 아름다움을 볼 수 있는 빛의 상실이 일어났어. 뇌로만 그 빛을 인지하게 된 거야. 그리고 그 빛은 가시광선의 빛만 남게 되었지. 이런 아름다움의 빛을 잃어버린 인간은 에덴이라는 장소에서 쫓겨나게 됐어. 즉 진정한 공간 안에서의 장소상실, 아름다움의 상실이 일어나게 된 거야. 그러므로 아름다움을 추구하는 역사가 인간의 공간 안에 일어나게 되어 있어. 가장 아름다우신 하나님을 잃어버렸기에 아름다움에 대한 구원의 역사를 인간은 자신의 공간 안에서 실현하는 거야. 그것이 예술의 역사이기도 해. 이제 각 산업혁명마다 어떤 아름다움을 추구했는지를 간략히 알아보도록 하자."

"네"

인간이 아름다움을 추구하는 것은 영원성에 대한 그리움이다

"바울아, 아빠가 4차 산업혁명은 이미지 언어라고 했지. 늘 하는 이야기인데 이것을 좀 더 구체적으로 이야기 해볼게. 하나님이 천지를 창조하실 때 말씀으로 창조하셨는데 그 말씀이 이미지로 표현되지. 창조 때의 이미지는 하나님의 자신의 표현이야. 자신의 영광의 표현이야. 그런데 이 이미지는 고정된 것이 아니라 영광의 스트리밍이야. 즉 생육하고 번성하는 것을 통하여 영광이 증가되는 거야. 아담은 이 이미지를 보는 거야. 즉 영광의 아름다움을 보는 거야. 영원성이란 시간의 멈춤이나 정지가 아니야. 영원성이란 아름다움을 영원히 누리는 상태야. 아름다운 스트리밍의 지속성이 영원성이야. 창조 때도 첫째날, 둘째 날 시간이 흘러가지. 그러나 그 시간은 지금 우리가 누리는 시간이 아니야. 우리의 시간은 세계의 소멸의 시간이야. 세계의 소멸이란 궁극적으로 아름다움의 소멸이지. 그러므로 영원성이란, 아름다움의 지속성이야. 창조 때는 영원성이 있었어. 그것은 아름다움의 지속성으로서의 시간이야. 하나님의 아름다움의 지속성이야. 그러나 아담이 그것을 잃어버렸어. 그러므로 구원은 아름다움에 대한 구속이야. 하나님의 영광이 가득한 새 하늘과 새 땅, 아름다우신 하나님이 계신 종말이라는 것은 아름다움의 완성이야. 그런데 그리스도인마저 종말을 두려워해. 그것은 구원을 잘못 이해한 거야. 나의 몸이 아름다운 몸이 되고 내가 바라보는 세계가, 세계가 나를 바라보는 시선이, 하나님이 나를 바라보는 시선이 토브 라아로 마쳐지는 것, 즉 '보시기에 좋다'라는 아름다움의 완성이 종말이야. 아름다움의 영원성 그것이 구원의 결말이야. 인간들은 시간을 아름다움과 결별시켜 버렸어. 아름다움을 능률이나 효력으로 전환시켜 버린 것은 인간의 파괴를 가져온 거야. 아름다움의 실종은 인간의 비극이야. 너 같은 고등학교 1학년이 학력의 효율성에 따라 대학에 들어가야 해. 고등학교 1학년으로 자란 너의 신체와 너의 삶의 아름다움, 너에게 준 청춘의 아름다움, 세계가 너를 바라보는 아름다움을 시간 안에서 없애 버린 거지. 이것은 인간의 타락이야. 영원성을 잃어버린 시간은 아름다움을 파괴해. 그런데 인간은 이 상처를 안고 살아. 자본주의 시간, 진보적 시간 안에서 인간은 아름다움을 상실하여 신음하지. 그래서 아름다움에 대한 구원을 요청하고 스스로 그 구원의 아름다움을 만들려 하지. 그래서 인간은 끊임없이 공간 안에서 아름다움의 스트리밍을 만들려고 하는 거야. 그것이 산업혁명이라는 공간 안에 아름다움이라는 이미지를 만들려고 하는 인간의 역사이고."

"아름다움의 실종이 영원의 실종이란 말이 뭔 말인지 알아듣게 설

명해주세요.” “아빠가 가장 행복할 때가 언제이니?” “막내 강은이를
안을 때요”

 “그렇지. 아빠가 강은이를 바라보고 강은이가 아빠를 바라볼 때 가
장 행복해. 강은이의 아름다움을 아빠가 누리고, 강은이는 아빠의 아
름다움을 누리는 거야. 그것은 아빠의 아름다움도 강은이의 아름다움
도 아닌 또 다른 아름다움의 스트리밍이야. 서로의 아름다움이 흘러
가는 거야. 그 아름다움이 고정되길 바라지. 즉 변화가 없이 흘러가길
바라. 그것을 영원성이라고 해. 신앙적으로 보면 아름다우신 하나님
을 즐거워하는 일이 끊임없이 흘러가는 거야. 그것이 영원성이야. 인
간은 그 아름다움을 즐거워함이 중단되면 영원성이 중단되는 거야.
그것이 아픔이고 불안이고 고통인 거야. 만약 강은이가 교통사고로
죽는다면 아빠에게는 세계가 종말이야. 강은이에게서 받아야 할 아름
다움이 사라진 것이기에 나의 아름다움의 종말이고 세계의 아름다움
은 종말이야. 영원성이 없어진 거야. 인간은 지옥가도 오래 살아. 그
것은 영원성이 아니야. 그곳은 아름다움이 없는 어둠이 있는 곳이니
고통이고 아픔이야. 창조 때 보면 공간 안에 하나님의 바람, 성령은
계속 온 지구를 위해 바람처럼 돌아다니시지. 온 수면 위에 움직이면
서 품지. 그리고는 아름다움을 만드시지. 품는다는 말은 어미새가 알
을 품는다는 뜻인데 아름다움을 낳기 위한 모습을 말해. 스트리밍이
란 아름다움을 낳는 것을 말해. 에덴에서 네 개의 강이 있고 그 강이
온 세계에 흘러가지. 스트리밍하지. 즉 생명나무가 중앙에 있고 그곳
에서 4개의 강이 흘러 온 땅에 스트리밍이 될 때 지구라는 공간은 하

나님의 아름다움의 장소, 하나님 나라로 나타나는 거야. 인간은 경작을 통하여 즉 생명의 섬김을 통하여 아름다움을 피워내는 거야. 아담이 하나님과 함께 동행하는 스트리밍. 성령의 스트리밍, 강물의 스트리밍은 에덴에 아름다움으로 가득하게 하는 하나님의 영광이 되는 것이며 이것은 아담과 하와의 시선, 세계의 시선, 하나님 보시기에 좋은 시선이 이루어져 하나의 '토브 라아'가 되는 거야. 하나님이 보시기에 아름다운 세상이 되는 거야. 이 아름다움의 스트리밍이 오염되지 않고 계속 흘러가는 것을 영원성이라고 해. 아름다움의 영원성이야. 그런데 이 영원성을 잃어버리는 순간, 인간은 불안해지기 시작하는 거지. 그래서 시간의 불안, 공간의 불안, 존재의 불안, 심리의 불안이 나타나는 거야. 아름다움을 잃어버린 인간에게 불안 증세가 나타나는 거야."

"이해가 돼요."

구원은 아름다움에 대한 구원임을 말하다

"다큐멘터리 영화 중에 '님아, 그 강을 건너지 마오'라는 영화가 있어. 76년을 결혼하여 사시면서 늙은 부부가 사랑하는 이야기야. 나중에 할아버지가 먼저 돌아가셔. '할머니가 왜 나와 함께 같이 가지, 먼저 갔느냐'라는 대사가 나와. '나를 두고 가지 말고 같이 가지'라는 대사가 나오는데 그것을 보면 모든 사람이 울컥해. 사랑을 준 사람, 사랑을 받은 사람, 사랑은 홀로 하는 것이 아니라 둘이 하는 것이지. I love you. You love me. It is love야. 그것이 아름다움이야. 사랑은 아름다움이야. 스토킹같은 사랑은 사랑이 아니야. 그것은 아름다움이 아니야. 추함이지. 스트리밍이 되지 않은 사랑이 뭔 사랑이야. 그런데 그 다큐멘터리를 보면 아름답다고 생각 돼. 인생이 아름답고 늙는다는 것이 아름답고 나중에 먹먹해지는 것은 노인 부부의 아름다움의 지속성의 실종 때문이지…. 한 분이 돌아가시니까…. 마지막 장면이 할아버지 무덤에서 할머니가 흑흑 우셔…. 그런데 그 영화를 보면서 우리는 아름다움을 생각하는 거야. 그 영화를 보는 순간 아름다움의 실종, 아름다움의 결핍을 향한 우리의 구원이 이루어지는 거야. 영화 속의 부부의 아름다움이 내 영혼에 스트리밍이 되어 흘러가는 거야. 할아버지는 죽어도 할머니 영혼 안에 할아버지의 사랑이 추억으로 스트리밍 되는 것처럼 그 영화를 보는 우리 안에도 사랑의 스트리밍이 이루어져. 그럴 때 삶의 아름다움을 누리는 거야. 아름다움의 결핍에 대한 구원이 일어나. 내 삶의 아름다움의 결핍을 자각하고 아름다움을 채우려고 하는 거야. 아니 아름다움을 보려고 하는 거야. 내 삶에 아름다움이 많은데 그것을 보지 못한 것, 내 아이들 속에 아름답고 사랑스러운 구석이 너무 많은데 그 아름다움을 보는 눈을 잃어버렸음에 대한 구원이 그 영화를 통해 이루어지는 거야. 예술은 아름다움에 대한 구원이야. 사실 사회 정의라는 윤리적 언어도, 보편 복지라는 언어도 인간이 사는 공동체의 아름다움에 대한 회복의 언어야. 정의가 없다는 것은 아름다움의 스트리밍이 오염되었다는 것을 뜻해. 그러므로 사회과학, 기술과학, 인문학의 최종점은 아트야. 아름다움의 구원이야. 그리고 그 아트의 아트는 하나님이셔. 가장 아름다우신 분은 하나님이시기 때문이야. 자연과학은 인문학을 이끌고 인문학은 예술이 이끌고 그 모든 것을 포섭하는 학문은 하나님에 대한 지식이야. 하나님이 가장 아름다운 분이야. 그래서 구원은 아름다움에 대한 구원이야."

"'님아, 그 강을 건너지마오'라는 영화를 보고 싶네요"

"그래 그 영화를 다운받아서 한번 보렴. 그 영화와 어울리는 노래가 김광석이라는 가수가 부른 '어느 60대 노부부 이야기'야. 그 노래를 우리가 유튜브로 한번 듣고 잠시 쉬었다가 다음 대화를 이어가자."

어느 60대 노부부 이야기

곱고 희던 그 손으로
넥타이를 메어주던 때
어렴풋이 생각나오 여보 그 때를 기억하오
막내아들 대학 시험 뜬 눈으로 지새던 밤들
어렴풋이 생각나오 여보 그 때를 기억하오

세월은 그렇게 흘러 여기까지 왔는데
인생은 그렇게 흘러 황혼에 기우는데
큰 딸아이 결혼식 날 흘리던 눈물 방울이
이제는 모두 말라 여보 그 눈물을 기억하오

세월은 그렇게 흘러 여기까지 왔는데
인생은 그렇게 흘러 황혼에 기우는데
세월은 그렇게 흘러 여기까지 왔는데
인생은 그렇게 흘러 황혼에 기우는데
다시 못 올 그 먼 길을 어찌 혼자 가려하오

여기 날 홀로 두고
여보 왜 한마디 말이 없소
여보 안녕히 잘 가시게
여보 안녕히

이미지 언어에서 문자언어로
수학의 언어 그리고 다시 스트리밍 이미지 언어로 오다

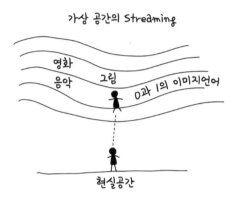

〈인간은 아름다움을 소비하여 아름다움에 대한 구원에 이르고자 한다〉

"바울아, 좀 쉬었니? 김광석 가수의 노래가 서정적이지?" "네"

"처음의 예술은 이미지 언어였다. 동굴에 원시인들이 그린 그림들
이 발견되지. 이들이 왜 그림을 그렸는지 의견이 분분해. 술먹고 취
해서 그림을 그렸다. 제의의식이었다. 놀이였다 등등 여러 의견이 있
어. 요한 하위징아Johan Huizinga라는 작가의 호모 루덴스Homo Ludens
에 의하면 놀이이든 축제이든 이 모든 것은 종교의식이야. 즉 놀이라
는 것은 타인과 투쟁하여 이기는 놀이야. 자신의 종족을 보존하기 위
해, 혹은 사냥터에서 사냥감에게 이겨야 하는 거야. 그러기 위해 신을
불러서 막강한 힘을 얻어야 하는 거야. 그래서 이기면 축제를 하고 사

냥이나 전쟁의 고단함을 잊어버려야 하는 거야. 그래서 영웅적 서사들이 그리스 신화나 삼국지 같은 곳에서 그려지는 거야. 신들과 영웅들의 이야기를 통해 신화가 만들어지고 종교적 축제가 이루어지는 놀이가 생성된다는 거야. 다른 하나는 스스로 즐기는 놀이야. 종교적 축제야. 주술이 나오고 황홀경을 집단으로 경험하는 거야. 이 모든 것을 엑스타시ecstasy라고 해. 즉 인간은 황홀경을 경험해야 이 세상의 고단함으로부터 벗어나 살 수 있는거야. 그러므로 고대의 이미지 언어는 제의의식과 관계가 많아. 이집트의 피라미드의 이미지 언어, 중국의 거북이 등에 글자를 새기는 문자인 갑골문자등은 이미지 언어야. 그것도 주술과 관계된 이미지 언어들이지. 그러므로 엑스타시의 언어들을 이미지 언어로 받고 경험해야 하는 거야. 엑스타시가 일어나야 하는 거야. 근대의 스포츠나 영화는 이러한 엑스타시의 기능을 하고 있는거야. 축제는 놀이이며, 종교이며, 예술인 거야. 놀이하는 인간은 이미지 언어를 통하여 다른 세계를 접촉하는 거야. 우리가 유럽여행 갔을 때 수많은 성당 속에 그려진 그림언어들을 보았지, 노트르담 성당 정문에 있는 조각상들, 그리고 성당 안에 있는 수많은 그림들은 하늘의 세계를 알려주는 이미지 언어들이야. 그러므로 성당은 건물자체가 이미지 언어로 구성되어 있는거야. 성당에서 엑스타시를 경험하는 거야. 이 세상의 부조리, 부정의, 결핍들을 성당의 입구부터 성당 안에서 건축과 이미지로 엑스타시를 경험하도록 해놓은 거야. 그런데 글자언어가 발견되었지. 인쇄술의 발견으로 사람들은 그림언어에서 글자언어로 바뀌게 되는 거야. 글자언어는 정보축적에 용이하기 때문이야. 문자 안에서 종교, 예술, 일들에 대한 정보가 축적되고 표현되었지. 그러다가 근대에는 모든 것을 수학으로 표현하는 수학적 언어들이 등장하게 되는 것이지. 그러나 이런 문자적 언어, 수학적 언어가 이미지를 죽일 수는 없었어. 지속적으로 회화라는 이미지 언어가 있었고 카메라, 축음기, 영화, 타자기의 발견은 이미지의 언어를 지속하게 했어. 근대 축음기, 영화, 타자기의 발견은 문자로부터의 해방이야. 축음기는 정보를 문자로 저장하는 방식에서 소리로 저장하는 방식이 되었지. 문자가 의식을 재생하는 방식에서 소리가 의식을 재생하는 방식이 이루어졌어. 이것은 음악이라는 이미지를 언제든지 영구적인 방식으로 저장하도록 하는 역할을 해. 축음기를 돌리면 음악이라는 스트리밍이 하나의 이미지로 인간에게 들리는 거야.

우리의 뇌는 문자가 들어오면 이미지로 저장해. 그 언어들을 저장하는 것이 아니야. 소리도 이미지로 저장해. 영화는 실재의 모습들을 편집하여 가상화했어. 타자기는 인간이 자신의 언어를 조합하고 조작하게 하는 거야. 즉 언어의 편집이 기계로 대량생산이 되는 거야. 편집이라는 것은 이미지를 조작하는 거야. 정보의 나열이 아니라 자기가 하고 싶은 이야기를 앞뒤 순서를 조작하거나 바꾸어버리거나 해서 인간 뇌의 상상계를 자극하는 거야. 그런데 디지털언어의 발견, 즉 컴퓨터의 도래는 이 모든 방식을 허물었다. 즉 영화, 축음기, 자판기라는 분리된 방식의 이미지의 생성을 디지털 언어인 컴퓨터에 의해 하나의 방식으로 통합해 버린 거야. 0과 1이라는 디지털 언어의 숫자는 가상공간 안에 음악, 영화, 언어라는 편집이 한 번에 가능하게 만든 거야.
그리고 원시사회의 주술적 기능으로서의 이미지 언어로 엑스타시를 경험하려고 했고, 중세의 성당 안에서의 종교적 이미지 언어로 엑스타시를 하려 했고, 근대의 수학언어 안에서 인간은 인간의 심리 안으로 혹은 우주선을 쏘아올려 우주로의 탈출이라는 엑스타시가 일어나는 거야. 아빠는 일론 머스크의 행동을 보면 엑스타시의 행동이 느껴져. 화성으로 사람을 보내어 사람이 살도록 하겠다고 말하고 인간의 뇌에 2,000개의 칩을 넣어 인공지능 클라우드와 연결시키겠다는 행동은 엑스타시, 즉 구원을 향한 종교적 몸부림으로 느껴져. 이런 면에서 과학은 종교적 행위이기도 해. 근대는 수학언어에 지친 인간들이 심리학적인 면에서의 자신의 내면의 상징계 안으로 들어가는 거야. 즉 인간 심리의 확장공간을 만들어. 슈퍼 에고 같은 것이 있다고 하여 현실 속에서의 내가 아니라 마음 심리 안에 또 다른 자아라는 상징계를 만들지. 두 개의 내가 생기는 거야. 심리적 공간 안에 생기는 나는 이미지와 현실의 이미지야. 상징계와 현실계의 두 이미지가 생긴다고. 예를 들어, 프로이드는 내면의 나는 꿈 속에서의 이미지로 나타난다고 했어, 내가 꿈을 꾸었는데 누군가 총을 들고 나를 쫓아오는 거야.

그러면 이것은 성적욕구가 있는 나라고 해석을 하는 거야. 우리나라에서도 꿈을 해석하기도 했어. 즉 우리가 사는 세상의 실재계는 나의 상징계의 이미지와 연결되어 있다고 믿는 거지. 이런 것을 생각하면 4차 산업혁명의 가상공간과 현실공간이 어떤 관계를 맺을 것인지를 이미 프로이드는 보여주고 있는 셈이야. 인간 내면의 상징계를 가상세계 안으로 집어넣어 상징계의 나를 마음껏 욕망하도록 만들어버리는 것이 4차 산업혁명이야. 내 속의 나를 가상공간 안의 나와 연결시켜

버리는 거야. 원시사회에서는 엑스타시를 통해 황홀경 속에서의 내가 있고, 중세때는 성당 안에서 엑스타시하는 내가 있고, 근대에서는 심리 안에서의 내가 있어. 더 나아가 우주비행선을 보내 우주공간 안에서의 엑스타시를 만들어. 이것은 기술적 엑스타시야. 그런데 4차 산업혁명으로 들어온 디지털 언어는 가상세계를 만들고 그 속으로 엑스타시가 일어나는 거야. 또 다른 아바타, 내가 만들어지는 거야. 이것은 4차 산업이라는 기술적 엑스타시이기도 하고, 그 속에 수많은 이미지를 만들어 내는 주술적 엑스타시이기도 해.

놀랍게도 주술이 기술적으로 혹은 과학적으로 바뀐 것뿐이야. 그러나 기술이나 주술은 엄밀히 말하면 다른 것이 아니야. 다른 가상공간에 대한 그리움이야, 아름다움에 대한 구원의 몸부림이야. 나와 세상의 결핍된 아름다움이 심리로, 주술로, 종교적 행위로, 기술적 행위를 통해 구원으로 분출되는 거야. 즉 하늘의 보좌에 계신 아름다우신 하나님에 대한 그리움을 표현한 거야. 그래서 기술의 시대에도 여전히 미신이나 점집, 타로점은 흥행할 것이며 우리의 일상 가운데 있게 돼. 가상공간의 이미지와 신을 접한 엑스타시의 이미지는 겹쳐서 일어날거야. 현실에서의 구원을 기술의 힘으로 혹은 미신의 힘으로 인간은 갖고 싶은 거야. 그것은 하나님이 계신 삼층천에 대한 그리움이야. 그런데 가상공간 안에서의 이미지는 스트리밍이야. 즉 흐르는 이미지야. 고정된 이미지가 아니야. 그래서 이미지를 수없이 재생산하는 거야. 페이스북, 트위터, 유튜브, 인스타그램은 다 이미지이며 스트리밍이야. 고정된 것은 소유이고 스트리밍은 소비야.

하지만 아름다움은 소유의 대상이 아니야. 타락한 인간은 아름다움을 소유할 수가 없어. 그 아름다움은 영원성이 없기 때문에 소유가 안 되는 거야. 스트리밍으로 끊임없이 아름다움을 소비하는 거야. 글은 그 이미지의 부속 수단에 불과해. 이미지의 재생산이 끊임없이 흘러가는 거야. 이미지를 소비하는 것이지. 왜냐하면 이것은 영원한 아름다움의 이미지가 아니기 때문에 계속 이미지를 소비하는 거야. 순간순간 아름다움을 소비하는 것이지 아름다움을 즐기는 것은 아니야. 즐긴다는 것은 그 아름다움과 나의 아름다움이 서로에게서 하나가 되는 현상이 지속되는 것이고, 아름다움을 소비한다는 것은 그것을 나의 것으로 취하여 아름다움이 시들면 버리는 거야. 즉 아름다운 좋은 차를 산다고 해봐. 그 아름다움의 소유가 약해지면 그 차를 팔고 다른 차를 사는 거야. 그것은 아름다움의 소비야. 4차 산업은 스트리밍을 통해 아름다움을 소비시켜 버려. 즉 그 아름다움을 돈을 주고 사면서 내가 그 아름다움을 소유하였기에 자신도 아름답다라는 착각을 일으키지. 그러므로 4차 산업의 아름다움의 스트리밍은 소비하는 스트리밍이야. 그래서 거기에도 아름다움이 없어. 소비하는 순간만 아름다움이 있는 것이지.

하나가 되는 아름다움. 즉 나의 아름다움과 대상의 아름다움이 하나가 되어 또 다른 아름다움으로 지속적으로 이루어지는 스트리밍은 하나님밖에 없어. 정리하면 원시의 이미지 언어는 문자가 발견되어 문자언어로 바뀌고 나중에 수학언어로 바뀌지. 그럼에도 불구하고 이미지 언어는 사라지지 않고 심리학의 상징언어로 계속 존속된다고 했어. 그리고 4차 산업혁명은 디지털 언어인데 이것은 궁극적으로 이미지 언어, 스트리밍 이미지 언어로 이루어진다고 했어. 사실 이러한 언어의 변화는 궁극적으로 산업혁명과 더불어 이루어진 예술의 역사이기도 해. 이제는 산업혁명과 예술의 역사를 간략히 살펴보도록 하자. 좀 어렵지?"

"뭐 그닥."

산업혁명의 공간이 만들어내는
예술의 변화에 대해서 말하다

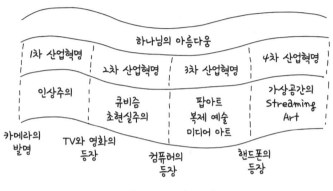

〈산업혁명과 예술의 발전〉

"바울아, 예술의 빛 그림이야. 즉 빛을 통한 아름다움을 재현하는 것이 예술이야. 앞에서 말한 것처럼 하나님은 우주라는 공간에 빛을 두시므로 아름다움을 창조했다고 했어. 그리고 진정한 아름다움은 토브 라아의 스트리밍이라고 했어. 하나님이 보시고 아담이 보고 그리고 온 자연이 하나님을 보는 '토브 라아'의 상태가 영원히 지속되는 것이라고 했어. 그래서 산업혁명의 공간 안으로 인간은 빛을 통한 아름다움의 이미지를 창출하려고 해. 1차 산업혁명이 들어오면서 예술사에 가장 획기적인 발명이 이루어져. 그것이 무엇인지 아니?"

"뭐예요?"
"카메라의 발명이야."

"그림이 사실적인 아름다움을 더 이상 추구하지 못하도록 한 결정적인 것이 카메라의 발명이야. 1826년경에 처음 카메라로 사진을 찍었는데 1839년 카메라의 발명이 공식적으로 발표 되었어. 카메라도 작은 공간 안에 빛이 들어와 아름다움을 찍어내는 거야. 처음에는 카메라가 있는 그대로의 모습을 재현했기 때문에 더 이상 예술은 아름다움의 재현으로는 부족하게 된 거야. 프랑스 화가 폴 들라로슈는 카메라의 발명이 공식적화된 날, '오늘로써 회화는 죽었다'라고 말을 했어. 알베르트 자코메티이라는 조각가는 이렇게 말을 했어 '사진이 발견된 이후로 나는 사람을 똑같이 만들 필요가 없어졌다. 그래서 나는 초상화를 그리지도 만들지도 못한다.' 그런 말을 했어. 그러므로 다른 눈으로 사물의 아름다움을 보는 일이 필요했어. 새로운 토브 라아아름다움을 보는 눈가 필요했던 거야.

거기서 등장하는 것이 인상주의야. '빛'과 함께 변화하는 자연의 인상impression을 밝고 다양한 색을 사용하여 자유롭게 표현하는 것이야. 빛이 비추어지는 사물 그대로가 아닌 빛이 스트리밍하는 사물을 보여주는 거야. 즉 빛에 의해 변화되는 자연의 스트리밍을 보기 시작 한 거야. 여기 그림을 봐. 클로드 모네의 <파리의 생라자르 역>이야. 역으로 들어오는 기차인데 사물을 나타내는 것이 아니라 사물 안에 비추어지는 빛의 스트리밍을 만들어내는 거야. 1차 산업혁명의 증기기관이 얼마나 신기하면 이렇게 그림을 그렸을까? 두 번째 그림을 봐. 우리가 프랑스 파리의 오랑주리 미술관에서 전시회 할 때 본 그림이지? 르누아르의 '피아노 치는 소녀들'이란 그림이야. 이 그림은 산업혁명 이후에 부르주아들이 등장했고 이들의 부의 획득으로 예술을 소유하는 대중화가 이루어져. 피아노 앞에 서 있는 애들의 얼굴이나 모습에서 부유함이 묻어나지. 이때 캔버스의 발견과 물감의 대중화가 이루어지면서 이동하면서 그림을 그릴 수 있었고, 그림이 경매나 전시회를 통해 팔려나가기 시작해. 옥션이 경매라는 뜻인데 유럽에서는 수 많은 미술 경매 시장이 열려. 그리고 대중들이 아주 가까이 아름다움을 소유하게 되지. 파리가 예술의 도시가 된 이유는 수많은 갤러리와 경매가 동시에 이루어졌기 때문에 예술가들이 파리로 모였기 때문이야. 이것이 1차 산업혁명 이후 만들어진 공간 안에서의 빛 그림이야

(여기 나오는 그림은 인터넷에서 갖고 온 것으로 저작권이 지난 이미지들이다. 책엔 흑백으로 나오니 인터넷으로 컬러로 보길 권한다)

클로드 모네 <파리의 생라자르 역>

르누아르 <피아노 치는 소녀들>

2차 산업 혁명의 새로운 공간은 자동차, 비행기, 석유에너지가 본격화되는 시점이야. 예술사에서 영화라는 장르가 등장하는 거야. 영화라는 것은 카메라처럼 하나의 이미지가 아니라 스트리밍이 나타나는 거야. 이것은 3차 산업혁명이라는 컴퓨터의 발견까지 이어져. 즉 컴퓨터도 궁극적으로 영화라는 정보를 축적하고 재생하는 기능을 해. 그래서 영화는 계속 동작과 사건, 시간의 현재, 과거를 언제든지 바꿀 수도 있고 조작도 가능하게 된거야. 즉 새로운 가상공간이 현실 안에 영화로 생긴 거지. 현실적으로는 전 세계가 자동차나 비행기로 한 공간의 거리를 좁혔지만 영화라는 가상공간의 등장은 공간과 시간을 마음껏 조절할 수 있는 것이 되었지. 영화산업을 주도한 것도 유대인이야. 원래 뉴욕에서 영화가 시작되지. 네가 아는 찰리 채플린의 영화를 보면 주된 영화의 배경이 뉴욕이야.

유대인들이 영화산업에 들어가. 이른바 엔터테인먼트 산업, 문화산업이 돈이 된다는 것을 안 거야. 이른바 미국영화의 메카가 할리우드인데 할리우드의 영화산업도 유대인들이 만들어. 미키 마우스를 만든 월트 디즈니는 유대인이 아니야. 이런 영화산업과 현실의 놀이공원을 일치시킨 것이 디즈니야. 즉 영화에 나오는 가상의 현실을 놀이공원에서 실재적으로 체험하게 한 거야. 즉 가상의 세계를 현실의 세계에서 놀이할 수 있도록 한 거야. 이런 영화산업은 가상세계를 만드는 시작이 된 거야. 그래서 영화와 카메라의 영향으로 회화는 보이는 그대로가 아닌 즉 현실계가 아닌 상징계를 표현하는 것으로 흐르는 거야. 이것은 큐비즘이나 초월주의야. 즉 추상주의가 등장해. 현실계 그대로가 아니라 그 사물의 본질을 그대로 나타내는 거야. 피카소의 게르니카는 평면 안에 4차원의 분할을 통하여 전쟁의 참혹함을 그린 거야. 아빠는 대학시절에 배낭여행을 했는데 스페인 바로셀로나에 가서 게르니카를 직접 보았어. 그 그림이 웅장하고 흑백의 조화가 너무 강렬하고 멋있어. 그 감동에 압도당해. 다른 하나의 그림은 살바도로 달리의 <기억의 지속>이라는 그림이야. 프로이드 이후 인간은 내면의 공간의 상징계에 대한 탐구를 했다고 했지. 내면의 상징계를 회화를 통해 본질을 파악하는 거야. 살바도로 달리의 <기억의 지속>이라는 그림은 시간을 세탁하고자 해. 인간의 잘못된 시간은 인간에게 폭력을 행사했고 시간의 노예가 되게 했다고 보는 것이야. 근대적 계량화된 시간관, 즉 아침 되면 출근하고 저녁되면 퇴근하는 시간에 맞추어 인간을 계량화시키는 것은 인간에 대한 폭력이라고 본 것이지. 그러므로 우리 의식 안에 있는 시간의 세척이 인간의 자유라고 생각하는 거야. 각자의 시간이 있는 것이지 계량화되고 보편화된 시간은 없는 것이라고 말이야. 이렇게 2차 산업의 근대화된 시간에 대한 반발은 무의식의 상징계를 나타내는 거야. 또한, 시간은 죽음을 뜻해. 달리의 기억의 지속에 보면 개미가 나와 개미는 죽음의 상징이야. 인간의 시간은 개미가 갉아먹고 끝내 죽음을 갖고 있는 거야. 이런 그림의 해석은 각자의 자유야."

피카소 <게르니카>

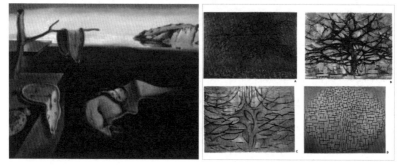

살바도로 달리 <기억의 지속>   몬드리안 <나무>

"아빠, 달리의 그림을 누나가 좋아해요."

"그래서 너희 누나가 심리학과를 갔나보다. 현실계가 아닌 또 다른
세계가 인간의 내면의식, 마음에 있다고 본 것이야. 그러니 인간의 실
재는 마음에 있는 상징계이지. 물론 달리는 2차, 3차 산업혁명의 공
간에서 지속적으로 활동했던 작가야. 다른 하나의 그림은 몬드리안의
나무 연작이야. 나무의 분할을 통하여 나무가 나타내고자 하는 상징
계만 그리는 것이지."

"아, 몬드리아의 분할 구도, 이런 것들이 다 상징을 나타내는군요."

"응. 아빠 친구의 딸이 작가인데 음악을 듣고 그 음악을 색으로 표현하여 하나의 캔버스 안에 그리기도 해."

"알겠어요."

"4차 산업혁명 시대에는 디지털 카메라의 발명과 핸드폰의 발명으로 숭고의 미학을 버리고 궁극적으로 시뮬라크르의 미학을 찾는 예술이 시작돼. 숭고의 미학은 그 사물의 본질을 찾는거야. 달리나 몬드리아 등이 추상작품을 추구했지만 그 추상이란 것도 사물의 본질, 즉 인간의 내면의 본질의 상징계를 찾아 인간다움을 추구하는 것, 나무의 본질적인 색을 표현하여 그 본질의 숭고함을 추구하는 거야. 그러니까 3차 산업혁명을 통하여 예술이 여러 변화를 주어 그 공간 안에서 주어진 사물의 본질을 추구하는 예술이었지. 그것을 숭고의 예술이라고 하는 거야. 그런데 4차 산업혁명은 기술문명이 새로운 공간을 만들어 버렸어. 이른바 가상공간을 만든 거야. 그렇다면 가상공간은 상징계가 아니야. 또 다른 현실계야. 즉 여기에 있는 현실과 가상공간에 있는 현실이 있을 뿐이야. 그렇다면 두 공간의 차이를 통한 아름다움을 추구하는 일이 생겨. 그것을 시뮬라크르라고 해. 뜻이 복제, 복사야. 복사라는 것은 이데아를 찾는 숭고가 아니라 차이를 찾는 아름다움이지. 즉 다른 나를 찾는 거야."

"무슨 말이에요?"

르네 마그리트 <이것은 파이프가 아니다>

"그림을 하나 보여줄게. 이것은 르네 마그리트가 그린 '이것은 파이프가 아니다'라는 그림이야. 밑에 프랑스어의 뜻이야. 그럼 이것은 무엇이니? 파이프가 아니면, 그냥 그림에 있는 또 다른 파이프라는 거야. 실재계의 파이프를 묘사 한 것이 아니라, 그림으로 그리는 순간 다른 파이프라는 거야. 그러므로 두 개의 파이프가 생기는 거야. 그러므로 두 개의 파이프의 차이가 존재한다는 거야. 장자가 꿈을 꾸었는데 자신이 나비가 된 꿈을 꾼 거야. 그리고 하는 말이 '꿈 속의 나비인 내가 진짜 나인지, 지금 장자로 있는 내가 나인지 모르겠다.'고 한 거야. 두 개의 자아가 생긴 것이지. 그러므로 어떤 사물을 복사한다면 그 시뮬라크르의 아름다움이 생기는 거야. 즉 어떤 여자가 명품 핸드백을 사고 그것을 갖고 있다고 쳐. 그럼 명품 핸드백은 기능적 의미가 있는 것이 아니야. 이미지가 있는 거야. 그 이미지와 자신의 이미지가 형성이 되어 또 다른 이미지로 복제가 되는 거야. 두 이미지가 하나의 이미지로 복제되어 현실세계에 나타나는 것이지. 미美를 소비하는 형태의 자본주의인데, 복제된 내가 생기는 것이지. 아빠가 주목하는 것은 4차 산업으로 가상세계를 만들었잖아. 이것은 인간이 자신의 공간을 가장 저비용으로 확장할 수 있는 공간이야. 그리고 거기에 자신의 이미지를 넣어. 그것은 새로운 나인거야. 예를 들어, BTS는 가상공간의 가수야. 실재의 BTS보다 가상공간의 BTS을 사람들은 좋아해. 거기에서 BTS는 한국사람이나 동양인이 아니야. 가상공간의 실재야. 다른 BTS야. 그리고 BTS을 따르는 대중들을 Army라고 하잖아. 여긴 흑인, 백인, 동양인, 수많은 사람들이 모이지만 그냥 가상공간 안에 새로운 종족이야. 이것이 현실이야. 그들은 현실의 종족문제로, 국가의 갈등의 문제로 다투지 않아. 가상공간 안에서는 하나의 종족이야. 실재계이지. 또 다른 세계이지. 가상 공간 안에 흐르는 아름다움을 소비하려고 하는 거야. 가상공간 안에 계속 아름다움이 스트리밍이 되어 흘러가고, 그 속에서 아름다움을 계속 소비하고 생산하는 일이 일어나는 거야. 그리하여 아름다움에 대한 구원을 인간은 이루려고 해. 이것이 4차 산업의 아름다움의 추구야. 하나의 상업적 기호와 자신의 기호를 덧붙여 새로운 아름다움을 만들려고 하는 자본주의적 아름다움으로 나타날 거야. 럭셔리한 자동차, 옷, 가방, 루이비통Lvmh같은 명품 소비의 욕망은 더 확장될 거야. 물건을 소비하는 것이 아니라 아름다움을 소비하는 자본론적 형태가 이루어질 거야. 다른 하나의 가상공간의 아름다움을 소비하여 또 다른 아름다움을 만들거나 충족하려는 구원이 이루어지고 있어. 인공지능이 소설을 쓰고, 회화를 그리고 작품을 만드는 것을 가지고 사람들은 자꾸 이런 것으로 4차 산업의 예술을 말하려고 하는데,

물론 인공지능이 작곡도 하고 소설도 쓰고 해. 부인하는 것은 아니야. 그러나 예술은 아름다움에 대한 구원이야. 그래서 인간은 공간을 만들고 그 공간에서 터져 나오는 아름다움을 계속 만들어 아름다움에 대한 만족을 누리려는 구원을 시도하는 거야.

이 그림을 봐, 앤디 워홀 Andy Warhol의 마릴린 먼로 Marilyn Monroe라는 작품이야. 팝 아트인데 이른바 대중예술가라는 것인데 여기 나오는 마릴린 먼로는 색깔에 따라 다 다른 복사품이 되는 것이고 그것은 다 각각 다른 마릴린 먼로야. 즉 이미지의 스트리밍인거야. 즉 다양한 색깔의 스트리밍 가운데 각각의 먼로가 있을 뿐이야. 그래야 스트리밍 가운데 있는 각각의 먼로의 아름다움을 소비할 수 있는 거야. 공간 안에 아름다움을 흘려보내고 그 수 많은 아름다움의 스트리밍을 소비하는 것이 가상공간 안에 현실이 된 것이 4차 산업혁명의 예술이야. 공간의 사물 존재의 '보다'에서 스트리밍의 이미지 존재의 '보다'로 바뀌어 가고 있는거야. 이데아의 아름다움, 숭고의 아름다움에서 스트리밍의 아름다움이야. 모든 것이 아름다울 뿐이야. 더 아름답고 덜 아름답다가 아니라 아름다움의 모습이 스트리밍되어 흘러가는 거야. 이것이 4차 산업혁명의 미학이야. 그래서 영화도 스트리밍이야. 넷플릭스도 영화라는 움직이는 이미지를 수없이 흘러보내 인간들이 소비하도록 만든거야. 그 가상의 이미지와 현실의 나의 이미지가 만나 새로운 이미지로 만들어지는 것이며 그것은 가상이 아니라 또 다른 실재이지. 너희들이 게임을 좋아하지. 마이크로 소프트, 애플, 텐센트 등 수 많은 기업들이 스트리밍을 제공하고 그 가운데 게임도 제공하려고 해. 게임은 고단한 현실을 잊게 하여 내가 가상공간에 놀이하는 인간으로 제공해주는 역할을 해. 이와같이 4차 산업혁명은 스트리밍으로서의 예술을 가상공간 안에서 이루어지게 하는 거야. 그러므로 백남준 같은 사람들이 스트리밍하는 기계에다 이미지를 표현했다는 것은 그가 4차 산업혁명의 예술의 선구자적 인물이라는 것이야. 용인에 백남준 아트센타가 있으니 꼭 가보도록 해."

앤디 워홀 <마릴린 멀로>

"약간 어려운데 이해는 돼요."

4.0 바라크가 추구해야 할 진정한 아름다움, 토브 라아!

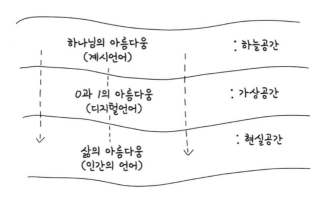

〈하나님의 계시언어는 아름다움을 보게 하는 토브라아의 언어이다〉

"바울아 성경에 보면 하늘은 삼층천이야. 제일 위는 하나님의 보좌, 아래는 천사들의 세계 마지막은 땅의 하늘이지. 그리고 우리가 사는 땅이야. 하늘의 세계는 실재세계이고 이 땅의 세계도 실재세계이지. 무소부재하신 하나님께서 하늘 공간을 만드시고 거기에 자신의 처소를 삼으셨어. 그것은 자신의 공간과 우리의 공간을 하나로 만들어 아름다움을 충만하게 하기 위해서야. 그것이 하나님 나라야. 아름다우신 하나님은 이 땅을 자신의 영광으로 가득 채우시고 마지막에 가장 아름다운 피조물인 사람을 만드셨지. 사람에게서 아름다움의 빛이 나타났지. 영광의 빛이야. 그리고 자연만물 속에서도 아름다운 빛이 나타난 거야. 그 영광의 빛, 아름다움의 빛이 온 우주에, 사람에게 가득했고 하늘의 공간과 땅의 공간이 하나가 되어 아름다움의 하나가 되는 거야. 이것이 '토브 라아'야. 하나님이 보시니 좋았더라, 하나님이 보시니 아름답다라고 한 거야. 하나님이 '보다'라는 것은 그와 내가 하나가 되겠다라고 하는 아름다움의 덩어리라고 했지. 너희가 내 안에 내가 너희 안에 있는 아름다움의 충만이야. 그러므로 하늘의 아름다움이 이 땅에 스트리밍으로 흐르는 거야. 우리가 하나님과 동행한다는 것은 하나님의 아름다움을 즐기는 스트리밍이야. 인간은 가장 아름다움이신 하나님을 잃어버렸어. 그래서 아름다움을 실종한 거야. 더 하나의 비극은 아름다우신 하나님을 즐거워하고 그 아름다움을 담을 수 있는 영혼의 감각을 실종한 거야. 자신의 영혼의 공간을 잃어버린 거야. 그 아름다움이 자신의 영혼의 공간 안으로 올 수 없는 거야. 자신의 영혼의 카메라 옵스큐라, 즉 어둠의 방 안에 아름다움이신 예수의 빛이 들어올 수 없는 거야. 그리하여 자신의 삶이 얼마나 아름다운지도 모르고 자신 속에 있는 아름다움이 스트리밍 되어 흘러가지도 않는 거야. 여기에 인간의 비극이 있는거야. 그리스도인들은 '토브 라아'를 잃어버리면 안돼. 하나님 보시기에 좋은 아름다움을 가져야 하는 거야. 길거리에 있는 맹인을 향해 '저 사람이 맹인이 된 것은 저 사람의 죄입니까? 그 부모의 죄입니까?'라고 제자들이 말을 했어. 예수님은 하나님의 일을 보라고 했어. 그의 눈에 진흙을 바르고 실로암으로 보내 눈을 뜨게 해. 무엇이 보이느냐고 묻지? 하나님의 아름다움을 보는 토브 라아를 가지라고 하시는 말씀이야. 인간은 현실 세계 위에 가상의 공간을 만들었어. 이것은 삼층천에 계신 하나님의 아름다움을 그리워하여 만든 자신들의 공간이야. 성령의 공간이 아니라 자신들의 기계문명, 디지털 문명을 통해 만든 이미지 공간이야. 여기서 아름다움에 대한 구원을 시도하지만 그것은 우물가의 여인처럼 목마른 물이야.

아름다움에 대한 구원이 없는 거야. 우리는 이 가상공간 안으로 하나님의 공간을 넣어야 해. '하나님 나라가 임하소서'라고 해야 해. 그러기 위해서는 가상공간의 언어인 이미지 언어를 만들어 들어가야 해. 그래서 아름다움에 대한 목마름을 가진 그들에게 '보라, 너희 죄를 지고 가는 어린양을 보라!'라고 외치고 예수님의 아름다움을 봐야해. 그들의 죄가 제거되어 자신의 아름다움을 보게 됨을 통해 하나님의 아름다움과 그들의 아름다움이 하나되는 일이 일어나도록 해야 해. 그러므로 4차 산업혁명의 가장 중요한 언어는 예술언어야. 이미지 언어야. 여기에 복음이 들어가도록 해야 하는 거야. 알겠지? 아름다움의 스트리밍을 너희 세대가 만들어야 하는 거야. 4.0 바라커들이 만들어야 하는 거야. 가상공간의 플랫폼 안으로 아름다움이 유동되고 흘러가도록 해야 하는 거야."

"네"

"기도하자."

아들을 위해 축복기도를 하다

"사랑하는 주님,
나의 아들, 시은이가 아름다움을 볼 수 있는
토브 라아의 눈이 열리게 하옵소서.
그리하여 절망 가운데 하나님의 소망을,
고통 가운데 하나님의 창조를,
슬픔 가운데 하나님의 희망을,
분쟁 가운데 하나님의 샬롬을 볼 수 있는
아들이 될 수 있도록 하옵소서.

자신의 인생의 아름다움을 볼 수 있는 아들이
역사 속에서 섭리하시는 하나님의 아름다움을 볼 수 있는 아들이
하나님의 토브 라아 속에서 볼 수 있도록 축복하옵소서.

민족과 열방 가운데 고통 당하고 아픔을 당하는 사람들에게
하나님의 눈으로 아름다움을 창조하는 눈을
그리하여 그들과 하나되어 하나님의 아름다움의
토브를 완성하는 시은이가 되도록 축복하옵소서.

종말의 아름다움이
시은이를 이끌게 하시고
4.0 바라크의 삶을 이어가되

섬김 속에서
낮아짐 속에서
고난 속에서

하나님의 아름다움의 황홀경을 늘 누리는
시은이 되도록 축복하옵소서
가장 아름다우신 그 이름,
예수님의 이름으로 기도하옵나이다.
아멘."

토의하기

1. 저자는 아름다움을 무엇이라 말하고 있는가?

2. 인간은 아름다움에 대한 결핍이 생겼고 그 아름다움을 찾는 구원을 추구한다고 했다. 저자는 원시부터 현대에 이르기까지 아름다움에 대한 구원을 이루는 행위를 어떤 식으로 표현했는가?

3. 아름다움의 영원성이 없는 자는 아름다움의 소비가 이루어진다고 했다. 인간은 어떤 식으로 아름다움을 소비하는지 적어보라.

4. 산업혁명마다 예술의 변화는 어떤 식으로 이루어졌는가?

5. 4차 산업혁명의 예술은 무엇인가?

6. 4차 산업혁명에서 이루어지는 예술가를 찾아보고 그가 어떤 추구를 하는지 설명해보라.

7. 4차 산업혁명의 예술 공간 안으로 그리스도의 아름다움을 흘려보내는 방법이 무엇인지 토론을 해보라.

아들에게 들려주는
4차 산업혁명

열 번째 이야기

모든 하나님의 아들들에게
4.0 바라커의 실천사항에 대해
이야기 하다

이야기 요점 Story Point

4차 산업혁명 시대를 살아갈 한국의 청소년들, 젊은이들을 위해 나는 이 책을 쓴다. 아들과 4차 산업혁명에 관한 이야기를 중 3때 시작하여 마무리하였다. 그리고 지금은 아들 녀석이 고등학교 1학년 가을을 맞이하고 있다. 4차 산업혁명 이야기를 처음 시작할 때는 코비드19가 오지 않았을 때이다. 나는 4차 산업혁명의 공간이 늦게 올 줄 알았다. 그러나 코로나19는 4.0 공간을 3-5년 정도 앞당겼다. 아들과 나눈 이야기를 정리 후 책으로 내야겠다는 생각을 갖고 살아왔다. 그러다 코로나19를 맞이하면서 마음이 급해졌다. 4.0 공간은 나의 아들 시은이와 동시대의 청소년들이 살아갈 공간이기 때문이다. 이 공간에 대한 이해를 성경적으로, 인문학적으로 정리해 줄 필요가 있었다. 이들은 시은이와 동일한 나의 아들들이기 때문이다. 이 글은 매듭짓는 결론적인 글이다. 나는 이 장에서 4.0 공간 안에서 복음으로 어떻게 살아야 하고 준비해야 하는지를 설명하였다. 아들과 나눈 대화가 아니라 아들이 고등학교 1학년 가을을 맞이할 때 정리하는 차원에서 쓴 글이다.

4차 산업혁명의 공간에서 가장 필요한 것은 무엇일까? 가장 필요한 것은 확률이나 행렬의 수학이나 코딩하는 법이 아니다. 여전히 영적 파워를 갖는 것이다. 믿음이다. 모든 플랫폼의 주인은 예수님이다. 모든 만물 안에 충만으로 거하시는 분은 주님이시다. 그 공간을 하나님 나라로 만드신 분은 주님이시다. 우리가 믿음으로 사는 법을 배우면 그 플랫폼은 하나님의 플랫폼으로 자연스럽게 변한다. 모세가 애굽의 플랫폼 안에 믿음으로 들어갔고 바울은 지중해의 플랫폼 안으로 믿음으로 들어갔다. 그 믿음이 그 공간의 플랫폼을 하나님 나라로 변화시켰다.

영적 파워인 믿음을 갖는 영성훈련이 더 중요해졌다. 4.0 바라커는 영적 파워를 갖는 믿음이 있는 자라야 한다. 4차 산업혁명의 새로운 공간 안에서 복음의 플랫폼Gospel Platform을 만들어 그리스도의 복음이 생명력 있게 흘러가게 하기 위해서는 영적 파워가 필요하다. 4.0 바라커들은 복음의 파워로 영적 에너지를 가진 자가 되어야 한다.

영적 파워를 갖기 위해서는 그리스도가 모든 플랫폼의 주인이심을 확신해야 한다. 그리스도께서 바라크와 토브의 주인이심을 확신하는 그리스도인이어야 한다. 4.0 공간도 머리 되신 그리스도의 충만한 공간에 불과하다. 별것 아니라는 뜻이다. 그러므로 그리스도에 대한 확신이 중요하다. 그다음에 성경을 먹어야 하고, 고전을 읽어야 한다. 영적 파워를 가진 영적 멘토를 만나야 한다. 매일의 자기경영서를 통해 생명의 삶을 살아가야 한다. 사람의 일이 아닌 하나님의 일을 해야 하며 함께 하나님의 일을 이루어갈 공동체로부터 영적 파워를 얻어야 한다. 그리고 건강한 음식 섭취와 운동을 해야 한다. 영적 파워를 가져야 하나님의 선하심과 하나님이 이루실 놀라운 일을 보는 토브 라아의 눈을 갖는다. 토브 라아는 '하나님이 이루실 선하신 일을 보는 눈'이다. 영적 파워가 없으면 토브 라아의 눈을 가질 수 없다. 그 토브 라아의 눈으로 하나님이 이루실 토브의 비전을 바라보아야 한다. 그리고 하나님과 동행하면서 날마다 복_{바라크}을 받아야 한다. 그래야 4.0이 이루는 인공지능 클라우드 플랫폼 안에서 복음의 플랫폼, 바라크의 플랫폼을 만들 수 있다. 4.0 산업혁명의 공간 안에 영적 파워를 가진 하나님의 사람들, 축복을 주는 바라커Baraker들이 절대적으로 필요하다. 앞으로의 세상은 4.0 바라커의 것이다. 그들을 축복한다.

4.0 공간은 양자 인공지능 클라우드 플랫폼으로 갈 것이다

공간이 바뀌고 있다는 것을 어떻게 알 수 있을까? 학교건물도 그대로 있고 내가 사는 집도 그대로인데 어떻게 공간이 바뀌고 있단 말인가? 여러분의 하루의 삶을 보라. 게임하고 유튜브를 보고 있다는 것,

아이패드와 모바일로 보내는 시간이 많다는 것으로 알 수 있다. 당신이 가상공간에 들어가는 시간이 현실의 시간보다 많아지고 있다는 것이 당신의 공간이 바뀌고 있다는 것을 말한다. 페이스북, 유튜브, 구글 등 내가 접촉하고 살아가는 공간이 나의 삶 안에 자리 잡았다. 구글이나 유튜브에서 당신은 당신이 모르는 것을 질문하고 음식점이나 옷을 고를 때에도 페이스북이나 구글을 통하여 결정한다. 친구도 가상공간에서 만나 수다를 떨고 오늘 하루의 삶을 가상공간의 친구들하고 나누고 있다. 현실의 삶보다 당신이 살아가는 가상공간의 시간이 더욱 많아졌다. 가상공간은 이제 더는 가상假像이 아니다. 현실의 또 다른 공간이다. 가상공간의 나는 이미지로 변환되어도 그것은 현실의 그림자이거나 가짜가 아닌 가상공간 안에서의 나이다. 그 속에서 상처받고 고통받고 아파한다. 가상공간 안에서 웃고 떠들고 내가 살아있음을 확인한다. 가상공간에서 만난 친구 때문에 자살을 하기도 하고 삶의 의욕을 얻기도 한다. 가상은 현실의 나와 다른 또다른 나로 존재한다. 이 둘은 하나가 되기도 하고 둘이 되기도 한다. 양자역학 같은 일이 생겨나는 것이다. 생각하지도 못한 일들의 삶을 온 인류가 살고 있다.

이러한 4.0 공간의 최종지점은 무엇일까? 나는 세 가지라고 생각한다. 첫째는 양자컴퓨터 클라우드 인공지능이 될 것이다. 전 세계의 모든 데이터를 수집하여 가상공간 안에 서플라이 체인과 밸류 체인을 만들려면 지금의 컴퓨터 클라우드로는 할 수 없다. 지금도 전 세계데이터의 30% 가량만이 해석되고 있을 뿐이다. 양자컴퓨터로 가야만 전 세계의 모든 데이터를 분석하여 디지털 언어로 소통되는 가상공간을 만들 수 있다. 그러므로 양자 클라우드 컴퓨터로 갈 것이다. 세계는 양자 컴퓨터 개발에 전력을 투구하고 있다. 둘째는 에너지이다. 빅데이터 센터와 양자컴퓨터를 움직이려면 엄청난 에너지가 소모된다. 특별히 전 세계를 하나의 밸류 체인과 서플라이 체인으로 만들려면, 그리고 그것이 소통되는 공간을 유지하려면 엄청난 에너지가 필요할 것이다. 공해가 없고 지속 가능한 에너지는 태양핵융합 에너지이다. 아이언맨의 가슴에 단 에너지가 소형 태양핵융합 에너지이다. 세 번째는 자동차, 비행기, 반도체, 핸드폰, 컴퓨터, 데이터센터를 초경량으로 만들 신소재이다. 나노 탄소 소재로 갈 수밖에 없다. 그래핀 반도체, 그래핀 비행기, 그래핀 자율주행 자동차는 에너지 절감뿐 아니라 6G와 연동된 새로운 세상을 만들 것이다. 전 세계의 패권국가들은 양자컴퓨터, 태양핵융합 에너지, 나노 신소재에 올인하고 있다. 이 세 가지를 통하여 블록체인으로 전 세계를 하나의 서플라이 체인과 밸류 체인을 만드는 플랫폼으로 지배할 수 있기 때문이다. 세계 강대국들은 늘 플랫폼을 지배하는 국가들이었다. 가상공간과 현실공간을 연결한 증강세계라는 새로운 플랫폼은 양자 클라우드와 태양핵융합 에너지, 그래핀으로 구성된 플랫폼으로 완성될 것이다.

이러한 4.0의 플랫폼 안으로 4.0 바라커들이 들어가야 한다. 4.0 플랫폼 안에 있는 증강세계의 사람들, 증강세계 종족들은 하나님의 영광을 갖고 있는 바라커들을 기다리고 있다.

산업혁명의 공간 속에서 복음을 전한 바라커들

그리스도께서 자신의 삶에 살아있는 바라커들은 인간이 만든 공간을 향하여 바라크복를 주기 위해 살았다. 생명나무를 잃어버린 인간들은 끊임없이 공간을 확장했다. 생명나무을 상실한 인간들은 구원의 공간을 위한 플랫폼 만들기를 시도하였다. 산업혁명은 공간을 창출하는 혁명이다. 하늘 공간을 잃어버리고 생명나무를 잃어버린 에덴에서 쫓겨난 아담의 후예들은 자신들의 공간을 만들고 그 속에 플랫폼을 만들어 생명이 흘러가길 원했다. 서플라이 체인과 밸류 체인의 수없는 유동을 통해 생명이 지속적으로 유지되길 원하였다. 그러나 영원한 생명 없는 플랫폼 안에서는 끊임없는 지배와 압제, 착취가 일어났다. 이 세상의 플랫폼 안에는 지진, 기근, 병, 착취가 일어난다. 죄 있는 인간이 만든 플랫폼은 언제나 오염되어 있기 때문이다.

사람은 전쟁, 무역 등을 통하여 공간확장을 하였다. 더 많은 공간은 더 많은 부유를 가져왔고 그것은 생명나무를 대신하였다. 그러나 공간의 확장에는 지배자들의 부의 확장을 위해 죽거나 희생되어야 하는 수많은 사람들이 있었다. 힘의 제국이 만든 플랫폼 안에서 제국을 위한 복의 공급의 서플라이 체인과 밸류 체인이라는 플랫폼은 늘 만들어졌고 인간이 만든 복으로 제국들은 혜택을 누렸다. 힘의 패배자들은 복의 생산을 위한 희생자가 되었고 플랫폼의 복을 만들기 위해 죽어가야 했다. 하나님의 바라크 대신 인간이 바라크를 생산하는 산업구조를 만들어야 했다. 그 공간 안에는 에너지원이 있어야 했다. 석탄, 석유, 전기, 원자력, 수소, 태양광, 태양핵 에너지라는 에너지원이 공간 안에서 창출되었다. 그리고 공간과 공간을 이어주는 플랫폼의 이동수단들이 등장한다. 증기기관, 자동차, 비행기, 우주선, 기차, 자율주행 자동차, 전기차, 드론, 모바일-모빌리티 등이 등장하였다. 플랫폼의 공간 안에서의 의사소통이 필요했다. 서플라이 체인과 밸류 체인을 통한 부의 확장을 위해서였다. 전신, 전화, 전보, 텔레비전, 언론, 유튜브, 페이스북, 카톡. 5G 등 수많은 공간을 확장하고 증강하는 일을 인간은 해왔다. 그러나 거기에는 아름다움도, 행복도, 생명도, 영광의 증강도 없었다. 허무였다. 그 허무 때문에 예술을 만들고 사람다움의 장소를 꾸미려는 인문학, 예술이 발전되었다. 공간의 확장은 재현된 공간을 통하여 철학, 문화, 예술 등으로 장소로 전환하는 일을 했다. 그러나 그 부의 확장은 만족되지 않았다.

끝내는 공간의 확장은 인간의 내면의 확장으로 들어갔다. 인간의 무의식의 공간인 심리학으로 그 공간을 확장했고, 그 무의식을 이미지화하고 디지털화 하여 가상공간이라는 공간으로 확장하여 인공지능 클라우드라는 플랫폼을 만들었다. 우주로 로켓을 쏘아 올려 공간을 끊임없이 확장하는 일, 인간의 마음의 내면으로 공간을 확장하는 일의 제한성을 느낀 인간들은 인공지능 클라우드를 통해 아예 세계를 연결시키고 가상공간을 만들어 무한의 공간을 확장하고자 한다. 그 속에 플랫폼을 만들어 부를 확장하고자 한다. 욕망을 확장하고자 한다. 현실공간과 가상공간이 부딪혀 인간에게 더 부유함을 선사하고자 하는 증강공간을 확대하고 있다. 물리적 공간의 확장의 한계에 다다른 인간은 인간의 내면의 심리공간에서 4차 산업의 기술을 이용하여 VR, AR을 통하여 디지털 공간, 가상공간을 만들어 버렸다. 마치 영화에 나오는 이야기처럼, VR을 끼고 다른 가상 세계에서 살아간다. 그속에 살아가는 내가 진짜다. 그 기계가 영속만 한다면 내 몸이 죽지 않고 정신만 살아있다면 나는 가상공간 안에서 영속된다. 그리고 그 안에 온갖 생명나무를 넣어 에덴을 만들어 놓으면 그곳이 행복한 가상이 된다. 그것이 이미지의 나이며 진정한 자신이 된다.

그러나 현실을 떠날 순 없다. 잠에서 깨면 늘 현실이다. 그래서 순간순간 현실과 가상을 겹치게 하여 증강의 공간을 끊임없이 재생산한다. 온라인과 오프라인을 통한 초연결망을 통해 지상의 공간의 효율성을 극대화시켜 공간이 주는 부를 소유하고자 한다. 이것이 4차 산업혁명이다. 그러나 그 공간 안에는 영광의 증강이 없다. 인간은 공간의 확장 가운데 허무를 느낀다. 그 공간을 넘어 또 다른 공간을 가고, 또 가도 공간 안에 가두어져 있다. 공간의 벽을 허물 수 없다. 공간의 구원은 또 다른 공간 안에서의 구원으로 이어지는 큐브에 불과하다. 인간은 죽으면 공간이 소멸된다. 그런데 하나님은 흙이니 흙으로 돌아가라고 명령하셨다. 끝내 그가 돌아갈 공간은 흙이다. 바라크와 토브 없는 공간과 큐브 안에 인간은 가두어져 있으며 구원자를 끊임없이 기다린다. 아니 끊임없는 구원자 알리바이를 제공하는 구원자 게임을 시도한다. 그리고 안도한다. 슬픈 인간이다.

"너는 흙이니 흙으로 돌아갈 것이니라 하시고" - 창세기 3장 19절

"내 손으로 한 일 모든 일과 내가 수고한 모든 것이 다 헛되이 바람을 잡는 것이며 해 아래에서 무익한 것이로다" - 전도서 1장 11절

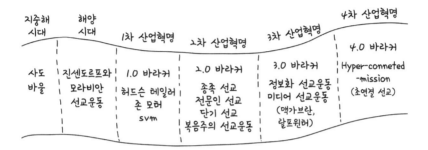

〈하나님나라를 위해 파송된 바라커들과 산업혁명〉

    이러한 공간의 플랫폼 안으로 하나님은 바라커들을 보내셨다. 하늘과 땅을 잇는 그 영광의 플랫폼을 이 땅 안에 임하게 하기 위해서이다. 지중해라는 공간을 통해, 로마의 길을 통한 공간을 통해 바울은 복음을 전했다. 그리고 대항해 시대가 열렸다. 범선을 통해 전 세계의 공간이 연결되기 시작했다. 이것을 선교에 있어서 제1물결 시대1730-1850라고 한다. 대해양 시대의 해안가 선교시대이다. 이 당시 가장 중요한 인물은 진젠도르프 백작의 모라비안 선교공동체, 그리고 윌리엄 캐리이다. 이들이 '대항해 시대'의 바라커들이었다. 이들이 복음을 전하는데 있어서 가장 중요한 도구는 무엇이었을까? 나침반, 지도, 배, 인쇄술의 발달이었다. 그들은 배를 타고 해안가 지역에 복음을 전하였다. 그리고 해안 중심으로 교회가 세워졌다. 대해양 시대가 만들어

놓은 공간 안으로 복음이 들어갔다.

제 2 물결1850-1930은 내지선교 시대로 1차 산업혁명을 통한 공간확
대의 시대이다. 증기기관차와 증기선의 연결이 만들어 놓은 내륙의
공간으로 복음을 전한 것이다. 이 당시 가장 중요한 인물, 바라커들은
리빙스턴과 허디슨 테일러, 존 모터, C T .스터드, D.L. 무디의 SVM
대학생자원선교운동 운동이다. 이 시대의 가장 중요한 선교운동은 서구에
서의 대학생자원 운동과 여성들의 선교참여 운동이었다. 근대선교 제
2의 물결을 일으킨 주요 요인의 하나로 1차 산업혁명을 언급하지 않
을 수 없다. 산업혁명으로 인해 유럽과 미국에서는 경제적으로 여유
있는 중산층이 생겨났다. 상업 거래와 원료 공급이 활발해지면서 거
대한 부가 축적되자 세계 선교에 투입할 수 있는 자금도 그만큼 늘어
났다. 그리고 귀족층에 한정되었던 교육은 대중을 향한 교육이 되었
고 대학생 자원이 부유하게 되었다. 남녀 대학생 자원은 선교사 자원
이 되었다. 이때부터 대학생 선교운동을 통한 바라커 운동이 생겼다.
우리나라에 들어온 언더우드, 아펜젤러도 1차 산업혁명의 공간 안으
로 들어온 바라커들이었다.

18세기 후반부터 영국의 일부 공장에서 기계생산 방식을 도입했다.
그때까지만 해도 인간과 가축의 힘으로만 돌아가던 생산 공정이 기
계의 힘을 빌리게 된 것이다. 먼저는 섬유 산업의 전력 공급원으로 기
계가 사용되었고, 금속 원료와 석탄의 생산도 증대되었다. 또한, 기계
화로 짧은 시간 내에 더 튼튼한 운하를 건설하는 것이 가능해졌고 도

로망이 확장되었다. 1830년대에는 철도가 놓였다. 여기에 증기기관의 발명으로 산업 생산량도 급성장하였다. 19세기의 첫 20년간은 금속 기계의 발달로 경제도 덩달아 성장했다. 이런 놀라운 발명품들이 19세기 동안 유럽과 북미 지역에 널리 전해져 국가는 부강해지고 중산층은 두터워졌다. 기독교 선교사들도 산업혁명의 수혜자였다. 석탄화력 증기선 덕분에 이동이 빨라지고, 내륙에는 증기기관차가 어디든 들어갈 수 있게 되었다. 질병 치료에 필요한 의약품 조달 또한 원활해졌다. 산업혁명으로 삶의 수준이 높아지자 선교 사역에 헌금하는 사람이 늘었다. 제1차 산업혁명은 잉여적 자원과 중산층을 양성하여 선교의 새로운 시대를 열게 되었다. 그리하여 각 나라 육지의 깊은 곳까지 교회가 세워지게 되었다.

　제3의 물결은1930-현재 제2차 산업혁명인 석유산업과 제3차 산업혁명인 컴퓨터의 발명이다. 비행기와 자동차를 통해 내륙의 공간의 분화인 종족의 공간으로 복음을 전하게 된 것이다. 이 시대를 종족선교와 전문인선교 시대, 자비량, 단기선교 시대라고 부른다. 이 시대의 가장 중요한 선교의 바라커들은 도널드 맥가브란, 캐머런 타운센드, 랄프 윈터이다. 이 시대는 이른바 학문의 전문화가 이루어지는 시대이다. 그래서 전문인 사역의 시대가 열린다. 동시에 석유산업의 발명으로 인하여 잉여자본이 축적되어 중산층이 등장한다. 평신도 자비량으로 선교할 역량을 갖게 된다. 그래서 자비량 선교의 전략이 나오게 된다. 민족 단위내지선교에서 종족단위의 변화는 교통수단의 변화에 기인한다. 전 세계를 하루 안에 다닐 수 있는 비행기의 발전은 종족단위의 복음을 가능하게 했다. 더 나아가 장기선교가 아닌 단기선교가 가능한 시대를 열었다. 세계 선교 정보축적에 대한 문서화 작업이나 포럼이 가능한 이유는 컴퓨터의 발명에 기인한다. 문서를 입력하여 정보처리하는 기능이 단순해졌고 빨라졌기 때문이다. 또한, 영상 매체의 발명, 텔레비전의 발명 등으로 예수 영화 혹은 방송 전파를 통하여 복음을 전하는 방식이 도입되었다. 대학생선교회ccc에서 제작한 영화 <예수>를 보고 주님을 구주로 영접하는 일이 4초마다 지금도 일어나고 있다. 하루에 이만 천 명, 한 달에 63만명, 일 년이면 750만 명 이상이 그리스도인이 되고 있다고 CCC 미디어 선교팀은 말하고 있다.

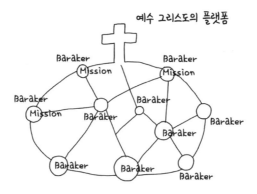

예수 그리스도의 플랫폼

<4.0 Mission은 예수 그리스도의 플랫폼 선교이다. 특정한 사람이 선교사가 아니라 모두가 플랫폼 안에서 선교하는 것이며, 선교를 위한 서플라이 체인과 밸류체인이 성령의 사귐과 소통 안에서 이루어지는 선교이다>

4차 산업혁명은 초연결 사회를 통한 공간이 하나가 되는 시대이다. 4차 산업혁명은 Sending Mission보내는 선교이 핵심이 아니다. 초연

결 사회를 통한 증강 선교이다. 초연결 선교의 시대이다. 세계 곳곳에 있는 그리스도인의 자원들을 바라커로 세워 가상공간을 통하여 초연결하여 증강시키는 미션을 해야 한다. 실크로드에는 고려인들이 있다. 한국인 디아스포라들이 실크로드와 전 세계 구석구석에 있다. 한인 재외동포 숫자는 조선족 등 중국 안에 있는 한인약 250만 명·미국 땅에 있는 한인약 240만 명·일본에 있는 교포약 91만 명·고려인약 55만 명을 포함해 약 750만 명에 달한다. 중국인 5,500만, 유대인 1,000만 명에 비하면 적은 수다. 그러나 각국의 인구에 비해 세계에서 두 번째이고, 살고있는 나라 수로 따지면 세계에서 첫 번째로, 한국의 디아스포라가 전 세계에 가장 많이 흩어져있다. 이들을 초연결하는 미션을 만들어야 한다. 아니, 이들과 현지인들을 함께 연합시켜 연결하는 초연결 미션을 해야 한다. 그들을 그리스도인들로 만들고 4.0 바라커로 만들어야 한다. 그리고 이들을 초연결하는 플랫폼을 만들어 복음을 전하도록 해야 한다. Sending의 선교에서 Hyper-connected Mission을 해야 한다. 초연결 미션은 플랫폼 미션이며 4.0 바라커들을 통해 이루어지는 그리스도의 몸으로서 선교이다. 그러므로 세계 구석구석에 4.0 바라커들을 양육하고 그들이 복음의 능력으로 살아가며 바라크 할 수 있는 플랫폼을 구축하는 일이 중요하다. 그 플랫폼을 통해, 세계에 있는 4.0의 바라커들을 통해 그 자리에서 복음화하는 것이다. 오프라인 안에서는 바라크 공동체로 초연결하고 온라인에서는 가상공간 안에서 초연결하여 증강선교를 해야 한다. 바울이 지중해의 플랫폼 안에서 직접 교회를 방문하거나 편지를 통해 교회의 양육을 이루어갔다면 이제 우리는 가상공간 안에서 교회를 방문하고 양육하면

서 동시에 현실 공간 안에서 현지인들을 세워 복음을 스스로 전하게
하는 가상공간과 현실공간을 잇는 초연결 선교를 해야 한다. 증강선
교를 해야 한다.

4.0 복음 플랫폼 안에 복음의 에너지, 그리스도의 복이 흘러가도록
하여 하나님의 영적 파워가 플랫폼 안에 유동되어야 한다. 그리하여
약한 자를 세우고 약한 공동체를 강한 공동체로 세우는 일을 해야 한
다. 사도 바울이 직접 지중해의 선교여행을 한 것처럼 우리는 가상공
간을 통하여 선교여행을 하고 현실공간을 통해 동시에 선교여행을 하
면서 복음의 플랫폼이 유동되도록 하고 그 플랫폼 안으로 바라크를
흘러보낼 수 있는 많은 그리스도인을 초연결 시켜야 한다. 그리하여
초연결된 그리스도인들이 플랫폼 안으로 영적 에너지, 바라크를 쉽
없이 흘러보내는 일을 해야 한다. 4차 산업혁명 시대에는 보는 선교,
가는 선교라는 개념은 사라져야 한다. 초연결 안에서 모든 곳, 모든
시간 안에서 선교할 수 있다. 초연결 사회라는 것은 모든 사람이 초
연결되어 있는 것이다. 그러므로 특정인이 선교하는 것이 아니라 초
연결된 모든 사람이 플랫폼 안에서 선교하는 것이 초연결 선교Hyper-
Connected Mission이다. 선교를 위한 서플라이 체인과 밸류 체인의 플
랫폼 안에서 서로 연결되어 있는 선교이다. 주의 성찬의 플랫폼이다.
생명을 서로 주고 받고 하여 그리스도의 바라크가 플랫폼 안으로 흘
러들어가 4.0 공간의 플랫폼을 복음으로 채우는 선교이다. 이것이 4.0
바라커가 해야 할 일들이다. 4차 산업혁명의 공간 안에 4.0 바라커들
이 세워져야 한다. 4.0의 증강세계, 증강 플랫폼 안으로 토브와 바라

크의 플랫폼이 흘러들어가야 한다. 하나님은 4.0 바라커들을 세우시길 원하신다.

말씀으로 영적 파워를 얻기

4.0 바라커로서 영적 파워를 가지기 위한 구체적인 실행에 대해서 이야기를 해보자. 중요한 실천은 매년 성경 일독을 하는 것이다. 인간은 원래 말씀으로 살도록 되어있었다. 말씀은 영적 파워이다. 하나님은 말씀으로 세상을 창조했다. 말씀은 영적 파워이다. 인간은 타락 이후 전부 말씀God's word이 아닌 말speech을 한다. 말씀은 영적 파워이지만 타락 이후 인간의 말은 긍정적 사고방식에 힘을 주는 말 내지는 인간의 내면의 파워를 죽이는 말이다. 타락한 아담의 첫 마디가 하나님이 주신 배필 하와에 대한 원망이었다. 말씀을 잃어버린 인간의 모습이다. 그리스도인들도 대부분 말을 한다. 말씀을 읽어야 말씀으로 말할 수 있다. 말씀은 하나님과 나 사이의 토브와 바라크의 플랫폼 안으로 영적 파워를 넣는 능력이다. 사람들은 성경을 말로 읽는다. 말씀으로 읽어야 한다. 내 영적 파워의 저장소인 영혼은 말씀으로 충전해야 영적 파워를 갖는다. 요셉의 고난을 이기게 한 것은 아브라함에게 하신 약속이었다. 모세가 이스라엘 백성을 출애굽 할 수 있었던 영적 파워도 하나님이 주신 말씀이었다. 영혼의 양식이고 영혼의 파워

가 말씀에서 나온다. 말씀을 읽어야 빅픽처 안에 있는 하나님의 빅픽처, 토브 픽처를 만난다. 그리스도인은 하나님의 창조와 섭리, 종말이라는 하나님의 작정 안에 있는 사람이다. 즉 하나님의 토브와 바라크의 플랫폼 안에 있는 사람이다. 성경을 읽게 되면 우리는 영적인 눈이 열려 나에게 주신 하나님의 큰 플랫폼을 이해하고 받아들이며 나아간다. 그러므로 하나님의 토브와 바라크의 플랫폼이라는 큰 그림은 말씀을 통해서 이해할 수 있다.

　필자가 120일 유기적 성경통독(거꾸로미디어)을 출판하였다. 일 년에 3번 이상 통독하도록 되어 있으나 천천히 조금씩 읽더라도 일독을 하도록 하라. 그리고 유튜브를 통해 120일 유기적 성경통독 해석 강의가 매일 올라가니 함께 들으면 하나님의 말씀을 이해하는데 도움이 될 것이다. 말씀은 우리의 큰 그림과 작은 그림 사이에 영적 파워를 주는 힘이다. 말씀만이 영적 파워이다. 우리는 세상의 말들, 사람의 말들, 언론의 말들로 둘러싸여 있다. 그리고 그 말에 의해 나의 존재를 파악하고 한계를 갖는다. 자신의 육신이 속한 플랫폼의 언어들로 인간은 살아간다. 다윗이 골리앗과 싸우기 위해 나아갔을 때 그의 형제들은 비웃었다. 모세가 바로 앞에 섰을 때 바로 뿐만 아니라 이스라엘 동족들도 비웃었다. 그들의 말들은 다윗이나 모세에게 영적 파워가 아니었다. 하나님 말씀이 다윗이나 모세에게 영적 파워였다. 그러므로 성경을 일 년에 일독하라. 성경은 영적 파워이다.

　또 중요한 것은 매일 묵상을 하는 것이다. 묵상은 먼저 조명기도를 하라. 조명기도란 나의 삶을 말씀으로 비추어 달라는 기도이다. 주의 말씀은 내 발의 등이 되는 것이다. 조명이란 '빛을 비추다'라는 뜻이다. 하나님은 말씀을 통하여 내 영혼에 빛을 비추어주시고, 내 삶을 비추어주신다. 바라크의 조명이다. 어두운 길에 빛이 비춰면 가야 할 길이 드러나듯이 하나님은 말씀으로 우리의 영혼을 비추어주시어 우리의 눈이 우리의 삶 속에서 하나님의 섭리를 볼 수 있도록 해준다. 예를 들어, "하나님 아버지, 내가 공부를 잘하고 싶어요. 어떻게 해야 해요? 라든지, 직장 두 곳에서 제의가 들어왔는데 저는 어느 직장으로 가는 것이 좋을까요?"라고 기도를 통해 조명을 받는 것이다. 그렇게 기도하면 하나님께서 묵상을 통해 말씀의 빛으로 나의 생각과 마음에 하나님의 뜻이 무엇인지를 드러내시며 내 영혼에 하나님은 영적 파워를 성령으로 주신다. 성경통독을 통해 이미 성경의 말씀이 체계로 영혼 속에 있는 사람은 이런 조명의 기도를 드리면 우리의 마음에 말씀으로 생각을 지키시고 이끄신다. 하나님의 생각을 바로 분별력 있게 가질 수 있다. 즉 그 영혼 안에 먼저 바라크가 임한다. 말씀의 빛을 통해 우리의 생각을 하나님의 생각으로 지켜주시기 때문이다. 그러므로 성경을 여러 번 통독하는 것은 필수적이다.

　이런 조명기도를 드린 후 묵상을 한다. 묵상은 조명 묵상이다. 즉 오늘 묵상할 성경 본문을 소리를 내어 또박또박 읽는 것이다. 그러다가 어떤 요절이나 어떤 단어가 나의 영혼을 움직이기 시작한다. 그 말씀이 내 영혼에 영적 파워를 주고 있기 때문이다. 그래서 영혼의 움직임을 살피는 것이다. 내 영혼이 그 말씀에 동요하고 있으면 그 말씀, 그 요절을 갖고 조명 기도한 것을 갖고 조명 묵상을 동시에 하는 것이다. 그때 깨달은 바를 적어본다. 그리고 구체적으로 어떻게 실행해야겠다는 생각이 떠오르면 구체적으로 적는다. 예를 들어, 누군가 나에게 도움을 요청했을 때 당시 나의 주머니 사정이 좋지 않았다. 그때 내가 그 문제를 놓고 기도하고 묵상했을 때 하나님께서 '왕의 얼굴의 빛은 많은 사람을 살린다'라는 잠언 말씀을 내 영혼에 비추었다. 나는 왕 같은 제사장으로 나의 얼굴에서 하나님의 긍휼과 사랑의 빛을 비추어야 한다고 해석했다. 그래서 나는 그분을 일 년 동안 도왔다. 나에게는 꽤 부담되는 액수였으나 하나님은 말씀으로 나의 영혼을 움직였고 하나님은 도울 수 있는 넉넉한 재정을 주셨다. 묵상이 끝난 후 일 년을 도울 수 있는 재정의 공급을 우선 기도제목으로 삼고 하나님의 공급하심을 기다리며 나의 삶의 바라크를 요청하였다. 일 년 동안 하나님은 나를 바라크하셨고 나에게 도움을 요청한 선교사님에게 나는 바라커가 되었다. 이런 일은 나에게 일상이다. 내가 다른 사람들에게 바라크를 받아 바라크를 흘러보낸 재정은 상상할 수 없는 액수였다. 수없이 바라크를 흘러보낸다. 나는 하나님의 바라크와 토브의 플랫폼 안에 있으며 순간순간 묵상을 통해 영적 에너지를 주께로부터 받게 되고 나의 영적 눈은 열린다. 말씀 통독 안에서 말씀의 체계를 갖고 조명기도, 조명묵상과 조명의 삶은 바라커의 삶을 실천하게 한다. 말씀 통독의 체계가 없으면 성경 묵상을 자기가 원하는 대로 할 가능성이 높다. 그러므로 성경통독은 필수적이다. 묵상과 통독을 통한 바라커의 삶은 말씀으로 생긴 영적파워의 삶이다.

조명의 삶이란 묵상한 말씀이 나의 삶에 파워로 적용되어 나타나는 삶이다. 하나님께서 말씀하신대로 나의 삶을 만들어가시는 것을 보는 것이다. 하나님이 나의 바라크와 토브가 되시는 것을 보는 것이다. 우리는 하나님이 나의 토브와 바라크가 된다는 사실을 확신하지 못하면 부당한 대우를 받을 때나 나의 환경이 복의 환경이 되지 않을 때 분노한다. 그러므로 일상의 삶이 하나님의 토브와 바라크로 채워져 있다는 사실을 배우는 것은 4.0 바라커들에게 필수적으로 요청된다. 그러므로 하나님의 토브와 바라크의 플랫폼 안에 내가 있다는 것을 성경 묵상과 기도를 통해 맛보는 것이 중요하다. 이러한 삶을 통해 나의 존재는 육신의 존재가 아니라 그리스도의 몸의 존재가 되고 그리스도의 몸으로 살게 되는 것이다. 바라크와 토브의 플랫폼을 형성하고 그 속에 영적 파워를 주는 것은 말씀이다. 토브와 바라크의 플랫폼 안으로 말씀이 들어가게 하라. 말씀 통독과 묵상은 영적 파워를 갖는 방법이다.

4.0 바라커의 삶의 실천2.

멘토로부터 영적 파워를 얻으라

다음의 실천은 영적 파워를 갖는 멘토mentor, 영적 파워를 갖고 돕는자를 갖는 길이다. 특별히 당신에게 부족한 부분이 보이면 그 부족한 부분에 영적 파워를 줄 사람이 주변에 없는지 살펴보라. 그런 사람이 있다면 정중하게 당신의 부족한 점을 말하고 그 부분을 영적 파워로 채워

줄 수 있도록 요청하라. 만약에 주변에 그런 사람이 없다면 하나님 앞에 그런 멘토를 달라고 기도하라. 그리고 당신도 누군가에게 영적 파워를 주는 멘토가 되어야 한다. 토브와 바라크의 플랫폼은 그리스도의 머리되심으로 그리스도의 몸을 만들어가는 플랫폼이다. 내가 주인공이 아니다. 그리스도의 몸이 세워지는 것이다. 그러므로 나도 멘토로부터 영적 파워를 얻어야 할 뿐 아니라 나도 누군가에게 영적 파워를 흘러보내는 사람이 되어야 한다. 토브와 바라크의 플랫폼에서 가장 중요한 것은 사람이다. 사람을 귀하게 여기지 않는 자는 토브와 바라크의 플랫폼을 만들 생각을 하지 말아야 한다. 물론 당신에게서 영적 파워를 갉아먹거나 없애버리는 사람은 만나지 않거나 멀리하라. 하와에게 뱀이 다가왔다. 뱀은 하와의 영적 파워를 갉아 먹었다. 하와가 영적 파워를 잃어버리는 순간, 에덴동산에 있었던 토브와 바라크의 플랫폼은 사라졌다. 더이상 에덴에서부터 세상으로 바라크가 흘러가지 못했다. 이것이 세상을 엉망진창으로 만들었다. 불행이 찾아왔다. 뱀 같은 지혜를 가진 자들이 세상에는 많다. 그들은 영적 파워를 갉아먹는다.

여러분이 영적 파워를 얻는 가장 좋은 방법은 정말 좋은 멘토를 만나는 길이다. 영적 멘토를 존경하고 그를 귀히 여겨라. 그와 함께 하는 시간을 정기적으로 만들어 영적 파워를 충족시켜라. 그리고 영적 파워를 주어 섬길 자와 당신에게 영적 파워로 섬겨줄 자가 당신의 플랫폼 안에 유동되도록 하라. 토브와 바라크의 플랫폼은 하나님의 몸을 강하게 하는 플랫폼이다. 토브와 바라크 안에는 영적 파워를 가진 멘토가 늘 있어야 한다. 하나님의 영적 파워를 가진 멘토를 구하고 찾아라. 4차 산업혁명은 가상공간 안에서 언제든지 만날 수 있다. 그러므로 가상공간 안에서 영적 파워를 가진 멘토들을 적극적으로 만나야 한다. 그리고 그런 영적 파워를 가진 사람들을 찾아내야 한다. 그것이 영적 파워를 빨리 채우는 일이다. 당신의 토브와 바라크의 플랫폼 안에 좋은 사람들, 영적 파워를 가진 사람들이 연결되는 초연결이 있어야 한다. 그러므로 좋은 사람을 절대 잃어버리지 말아야 한다. 그를 존중히 여기고 그의 말을 겸손히 듣는 태도를 잃지 않아야 한다. 다른 사람의 영적 파워와 지혜를 얻는 것만큼 영적 에너지를 충족시키는 빠른 길은 없다.

4.0 바라커의 삶의 실천 3.
고전 읽기로 부터 영적 파워를 얻으라

우리는 사람으로부터도 영적 파워를 얻지만 영적 파워를 줄 멘토가 없다면 경건서적이나 일반 서적을 통하여 영적 파워를 얻어야 한다. 내가 그리는 빅픽처 안에 있어야 할 여러 부족한 부분이 보이면 책을 통하여 영적 파워를 얻어야 한다. 그러므로 책 읽기를 즐거워하고 고전 읽기를 해야 한다. 독서계획을 세우되 구체적으로 해야 한다. "당신의 10년 후는 당신이 지금 읽는 책과 사람들이다"라는 말이 있다.

우리는 과거로 돌아갈 수도 없고 다른 장소나 영적 파워나 지적 파워가 있는 모든 사람들을 만날 수 없다. 그러나 과거와 미래의 공간으로 사람들을 만날 수 있도록 연결시켜주는 것은 독서이다. 독서는 우리의 지성을 통하여 수많은 초연결을 만들어낸다. 과거와 미래, 현재를 연결하고 지혜 있는 사람들을 연결한다. 그러므로 독서는 초연결을 해주는 파워이다. 그리하여 앞으로 세상에 대한 전망을 갖게 하고 어떤 식으로 플랫폼을 만들지에 대한 아이디어와 창조력을 준다. 그러므로 독서는 우리에게 영적 파워를 주는 중요한 도구이다. 특별히 고전 읽기는 중요하다. 고전은 시대의 변화에 상관없이 우리에게 영적 파워를 주는 책들이다. 일 년에 깊이 있는 책을 열 권 이상 읽지 않았다면 그에게는 영적 파워가 없다.

하나님은 역사상 수많은 사람들에게 지혜를 주었고 그들을 통하여 역사를 보존하고 통치하셨다. 그들이 쓴 책은 성경보다 영적 파워 면에서 열등하나 그 속에서도 영적 파워를 얻을 수 있다. 그러므로 나의 부족한 부분들이 무엇인지를 알고 책을 읽어야 하며, 내가 관심 있는 분야를 주제로 정하여 책을 읽어야 한다. 책은 지성을 통해 모든 것을 연결시켜주는 초연결이다. 의학분야, 음악분야, 경제분야 등을 초연결시켜 준다. 그러므로 토브와 바라크의 플랫폼을 만들어가는 바라커들은 책을 손에서 놓지 말아야 한다. 책을 읽어야 초연결하는 플랫폼을 만드는 영적 파워가 생긴다. 토브 라아의 눈이 열린다.

4.0 영적파워 노트를 작성하고 하나님의 일을 하라

바라커의 삶을 살기 위한 실천을 위해 영적 파워가 필요하다. 내가 이미 하나님의 플랫폼 안에 들어가 있기ㅊ때문에 하나님의 영적 에너지가 하나님으로부터 흘러들어올 것이다. 하나님은 나에게 하나님의 토브의 일을 하도록 섭리하실 것이며 영적 파워를 줄 사람들을 나에게 보내주실 것이다. 그러나 토브와 바라크의 플랫폼을 하나님이 나를 통해 만들어가실 때 수많은 고난과 외로움, 고독을 만날 것이다. 이때 자기 경영서가 필요하다. 자기 경영서 쓰기증강학교에서는 미래저널 쓰기는 중요한 실천방법이다. 나는 자기 경영서를 영적 파워 노트 Spiritual Power Note라고 부른다.

토브와 바라크의 플랫폼 안에 나는 있으며 동일하게 하나님은 나를 통해 토브의 바라크의 플랫폼을 만들어 가신다. 다니엘은 바벨론 궁에서, 에스더는 페르시아의 궁에서, 다윗은 광야에서, 모세는 애굽 안에서, 바울은 지중해 안에서 토브와 바라크의 플랫폼을 만들어 가셨다. 그러므로 우리는 두 개의 플랫폼이 있는 셈이다. 하나님과 나와 멘토들과 연결된 플랫폼과 나를 통해 하나님이 이루어가시는 플랫폼이다. 마치 자율주행 자동차를 만드는 플랫폼과 자율주행 자동차를 통해 만들어가는 플랫폼, 그 두 플랫폼이 자율주행차의 하나의 플랫폼이듯 우리의 토브와 바라크의 플랫폼은 두 개의 플랫폼이 움직인다. 그러므로 4.0 바라커들은 4.0 영적 파워노트, 자기 경영서 작성을 통해 이 두 개의 플랫폼이 움직여 나가는 것을 파악해야 한다. 각각의 은사와 부르심에 따라 그 경영서의 모습은 다를 것이다.

　학생은 학생때의 자기 경영서를 만들면 된다. 금융인이나 사업가는 자기에게 맞는 경영서를 만들면 되고 목회자나 선교사는 그들에게 맞는 경영서를 만들면 된다박병기교수가 쓴 미래저널은 좋은 자기경영서이다. 참조해도 좋겠다. 경영서의 목적은 토브의 바라크의 플랫폼 안에서 하나님의 영적 파워를 얻는 것이며, 동시에 나를 통한 토브와 바라크의 플랫폼을 만들어가는 과정 속에 영적 파워를 얻는 것이다. 영적 파워가 없으면 그 일을 이루기가 어렵다. 우리는 쉽게 좌절하고 쉽게 포기하고 쉽게 결승점에 가기가 어려운 연약한 사람들이다. 나도 수없이 그만두고 싶을 때가 있다. 나의 죄성이 나의 영적 에너지를 갉아먹고 하나님의 토브와 바라크의 플랫폼 안에서 살지 못하도록 한다. 그러므로 영적 파워 노트인 자기경영서미래저널를 노트를 적어 기록하는 습관은 중요하다. 영적 파워노트는 빅 픽처를 그리고 작은 그림을 단계별로 작성하여 하나님의 토브-픽처 안으로 들어가도록 해야 한다.

　예를 들어, 올해 어떤 일을 이루고자 하면 그 일이 큰 빅 픽처 안에서 어떤 단계인지를 확인해야 하고, 그 단계마다 어떤 일을 이룰지 생각해야 한다. 예를 들어, 나의 큰 빅 픽처는 전 세계에 10개의 바라크와 토브의 공동체를 세우는 일이다. 그 공동체를 통하여 전 세계를 복음화하는 일이다. 나는 한국의 섬들 안에 이러한 토브와 바라크의 플랫폼을 만들었다. 그리고 미얀마에 있는 음악대학을 통해 미얀마에 이러한 토브와 바라크의 플랫폼 공동체를 세워나갈 것이다. 그러면 나의 빅픽처는 미얀마에 언제까지 그런 토브와 바라크의 공동체를 세울지 생각을 하는 것이다. 다음에는 어떤 나라에 세울지를 생각하고 그림을 그리는 것이다. 어쩌면 내가 죽을 때까지 10개의 나라에 토브와 바라크의 공동체를 세우지 못할 수도 있다. 그러나 나는 빅픽처를 그리고 스몰 픽처 안에서 이루어갈 것이다. 하나님의 바라크를 기대하며 한 걸음씩 나아갈 것이다. 또한, 그러한 토브와 바라크의 빅픽처에 필요한 사람들이 누군지, 어떤 사람들이 필요한지를 기록하고 하나님께 요청하고 있다. 그들과 내가 토브와 바라크의 그리스도의 몸이 되어야만 토브와 바라크의 플랫폼이 만들어진다. 하나님의 플랫폼은 내가 주인공이 아니다. 사람이 주인공이 아니다. 그리스도의 머리 되심과 여러 지체들이 하나가 되어 움직이는 그리스도의 몸이다. 그러므로 토브와 바라크의 플랫폼 안으로 영적 에너지를 서로 주고받을 지체들이 필요하다. 그런 멘토들을 세우고 내가 그들의 멘토가 되어 영적 에너지가 플랫폼 안에서 끊임없이 주고 받아져야 한다. 플랫폼은 조직이 아니다. 영적 파워를 서로 주고받는 것이다. 토브와 바라크 플랫폼 안에 생명과 영광이 끊임없이 흘러가는 것이다. 조직으로 일하지 말아야 한다. 플랫폼으로 일해야 한다.

또한, 영적 파워노트 안에는 일상의 삶을 통해 나의 언어나 사건을 바라보는 나의 것이 바라크의 말이었는지, 토브의 눈이었는지를 점검하는 부분이 있어야 한다. 나의 언어가 하나님 말씀이 아니면 나의 영적 에너지를 갉아먹는다. 그러므로 육신이 언어가 아닌 하나님 말씀의 언어를 하도록 해야 한다. 나는 안 된다라든지, 나의 한계는 여기까지라고 말하지 않도록 주의하라. 상대방에 대해서도 동일하다. 감사하다는 말을 자주 하고 그에게 잘할 수 있을 것이라 격려하고 자기 자신에게도 '너는 토브와 바라크'라고 끊임없이 말해주어야 한다. 지체에게도 '너는 토브와 바라크'라고 끊임없이 말해주어야 한다. 내 안에 그리스도가 계시다고 말해야 한다. 우리의 말들은 죄의 오염의 말들로 가득 차 있다. 분별할 수 있는 지혜와 말은 필요하나 영적 에너지를 갉아먹는 말은 되도록 하지 말아야 한다. 사건을 볼 때도 '토브 라아'의 눈으로 보아야 한다. 나의 영혼 속에 영적 에너지가 고갈 되고 있다고 느낄 때 바로 기도하라. 영적 에너지가 고갈되면 나의 언어, 나의 생각, 나의 행동은 죄의 오염에서 나간다. 그러면 공동체의 영적 에너지를 죽여 버린다. 이것은 마귀가 좋아하는 일이다. 멈추고 기도 해야 한다. 잠시 눈을 감고 '주여 내게 성령으로 영적 에너지를 주소서'라고 기도해야 한다.

하나님과 성령으로 초연결을 해야 한다. 마귀는 우는 사자처럼 우리에게 덤벼든다. 그리고 하나님의 토브와 바라크가 다른 이에게 흘러가지 못하도록 나의 영적 에너지를 없애 버린다. 세상의 플랫폼은 인공지능 클라우드가 움직이지만 하나님의 토브와 바라크의 에너지는 영적 에너지가 움직인다. 영적 에너지로 영적 파워를 행사해야 한다. 그러므로 잠들기 전에 당신의 영적 파워 노트를 살피고 하루 중에 내가 했던 언어나 내가 사건을 바라보았던 눈이 바라크와 토브의 플랫폼 안에 있었던 것이 아니면 하나님 앞에 용서를 구하고 다시 영적 에너지를 하나님 앞에 기도로 구해야 한다. 잠들기 전, 당신의 영혼이 하나님의 토브와 바라크 안에 있도록 해야 한다. 플러그가 전기 콘센트에 접속이 되어야만 에너지가 충전되듯이 당신의 영혼을 주님을 토브와 바라크의 플랫폼 안에 접속시켜야 한다. 잠들기 전 영적 파워노트를 점검하면서 다시 하나님의 토브와 바라크 안으로 접속시켜야 한다. 그리고 매일의 일상의 삶의 우선순위를 기록하고 일정을 기록하면서 하나님의 동행일지를 기록하라. 우선순위란 내가 해야 할 일 최우선의 일이다. 우리는 모든 일을 다 할 수가 없다. 최선의 일이 무엇인지 선택해야 한다. 하나님의 토브와 바라크의 플랫폼을 만드는 일에 최우선을 두어야 하고 그 순서에 따라 우선순위를 정해야 한다. 나의 빅픽처를 위해 재정을 절약하고 있는지, 나의 건강을 위해 운동을 하고 있는지, 나의 은사를 위해 연습을 하고 있는지 파악하고 그 우선순위를 정해야 한다. 게임이나 다른 일에 시간을 보내는 것은 영적 에너지를 갉아먹는 일이다. 나의 시간 배정이 영적 에너지를 만들고 하나님의 토브와 바라크의 플랫폼을 만드는 일에 우선순위를 두어야 한다. 그러므로 하루의 일정표를 정하고 우선순위를 두어야 한다. 영적 에너지를 만드는 시간으로 일정을 정하고 토브와 바라크의 플랫폼을 만드는 시간으로 채워야 한다. 시간도 영적 에너지이다.

우리는 실수를 할 수도 있고 내가 원하는 수준까지 도달하지 못할 수도 있다. 그러나 하나님 앞에서 날마다 자기를 되돌아보면서 자기와 이웃이 토브와 바라크의 플랫폼이 되도록 해야 한다. 그리스도의 십자가와 부활로 나는 죽고 예수만 살아서 내가 그리스도의 몸이 되었지만 현실 안에서 우리의 육적인 자아는 그리스도의 몸인 사실을 망각하게 한다. 우리는 날마다 자기 경영서를 통하여 토브와 바라크 플랫폼을 만들어가는 과정을 거쳐야 한다. 지금은 디지털 시대이니 디지털 경영서로 기록해도 좋으나 손으로 종이에 기록하는 것이 가장 뇌에 오래 남고 우리의 삶을 지배한다. 그러므로 영적 파워를 주는 자기 경영서미래저널는 손으로 기록하는 습관을 갖는 것이 좋다. 자기 경영서미래저널를 의무감이나 숙제처럼 하지 말아야 한다. 자기 경영서미래저널는 매일의 삶을 하나님과 동행하는 기록일지이다. 그러므로 하나님의 매일의 생명의 양식을 먹는 일이다. 하나님과 관계 맺어진 매일의 삶이 자기경영서미래저널이다. 자기 경영서미래저널를 숙제하듯이 하면 안 된다. 하나님과 나의 삶을 묵상하여 나의 삶이 하나님으로부터 영적 에너지를 얻는 경영이 되도록 해야 한다. 그리하여 공동체와 더불어 나눌 때도 서로 격려하고 자기 속에 행하신 하나님의 일을 나누어야 한다. 그래야 지체가 먹은 영적 파워가 서로에게 나누어 진다.

　자기 경영서는 하나님의 일을 먹도록 해야 한다. 많은 그리스도인들은 사람의 일을 먹으므로 영적 능력이 고갈된다. 하나님이 나의 일상의 삶, 나의 일들 속에 바라크를 주어 하나님의 양식을 먹도록 하는 것이 하나님의 일이다. 자기가 계획하고 만들어가는 것은 사람의 일이다. 영국 고아의 아버지 조지 뮬러에게서 우리가 배워야 할 점은, 그는 5만 번의 기도 응답을 어떻게 받았는지 날마다 기록하였다는 사실이다. 우리가 거기서 알 수 있는 것은 조지 뮬러가 하나님의 일을 했다는 사실이다. 그는 사람의 일을 하지 않았다. 사업을 하지 않았다. 하나님의 바라크를 받았으며 하나님의 생명으로 그 일을 했다. 그래서 우리는 조지 뮬러가 한 일을 읽을 때 사람의 일을 보는 것이 아니라 하나님의 일을 보게 된다. 하나님의 일은 우리에게 영적 파워가 자라게 한다. 하나님을 더욱 신뢰하게 되고 그리스도께서 토브와 바라크의 주인이심을 확신하기 때문이다. 그러므로 자기 경영서를 통해 매일의 삶이 생명의 양식이 되게 하고 당신의 일이 사람의 일이 아닌 하나님의 일이 되도록 해야 한다. 하나님의 일은 모든 자원을 주시는 하나님을 알게 하고 하나님께서 토브와 바라크의 플랫폼인 것을 알게 한다.

4.0 바라커의 삶의 실천 5.

하나님을 즐거워하고
인생을 즐거워하며 섬김을 환영하라

토브와 바라크의 플랫폼은 하나님의 영광이 흘러다니는 곳이다. 그러므로 토브와 바라크의 플랫폼 안에서 삶을 살게 된다는 것은 그리스도의 영광스러움을 즐거워한다는 뜻이다. 우리 인생의 목적은 일의 성취가 아니다. 그리스도와의 사귐이다. 그리스도를 즐거워하는 것, 하나님을 즐거워하는 것이 우리 인생의 목적이다. 하나님을 영화롭게 하고 그를 영원토록 즐거워하는 것이다. 하나님을 즐거워하는 것이 그분을 영화롭게 하는 것이다. 우리에게 바라크를 주시고 토브를 주신 이유는 단 하나이다. 하나님이 우리를 즐거워하고 우리가 하나님을 즐거워하여 영원한 사랑의 즐거움, 구원의 황홀함을 즐거워하도록 하기 위해서이다. 천국은 사랑의 나라이다. 영원한 사랑의 깊이와 넓이가 지속되는 사귐이다. 삼위 하나님의 사귐이 지속성 안에 우리가 있는 것이다. 그러므로 우리의 토브와 바라크의 플랫폼의 삶은 하나님을 즐거워하는 것이다.

조지 뮬러는 5만 번 기도 응답을 받았다. 토브의 일을 하면 바라크를 주신다. 조지 뮬러의 5만 번의 기도 응답이 우리에게 감격이 되는 이유는 기도의 횟수가 아니다. 하나님을 즐거워하는 일이다. 하나님이 얼마나 아름다우시고 그 행하신 일이 얼마나 놀라운지를 조지 뮬러의 기도 응답 가운데 즐거워하는 것이다. 조지 뮬러는 하나님의 토브와 바라크의 플랫폼 안에 있었던 사람이다. 4.0 바라커의 삶의 모험은 하나님을 즐거워하는 것이다. 그것이 찬미이고 예배이다. 기뻐하며 찬양하는 것이다. 그러므로 기쁨이 없는 토브와 바라크의 플랫폼이라면 멈추어야 한다. 그 속에는 분명히 하나님의 즐거움이 있어야 한다. 우리의 고난과 고통을 이겨내는 기쁨이 흘러넘쳐야 한다. 그리스도께서 이미 만드신 토브와 바라크의 플랫폼은 하나님을 즐거워하라고 만드신 것이다. 또한, 우리를 통해 만드실 토브와 바라크의 플랫폼은 하나님의 영광을 즐거워하기 위해 만들어가시는 것이다. 4.0 바라커는 우리 인생의 아름다움을 즐거워하고 하나님을 즐거워할 줄 알아야 한다.

4차 산업혁명을 개척한 선구자 스티브 잡스가 죽기 전에 남겼다는 글이다. "나는 비즈니스 세상에서 성공의 끝을 보았다. 타인의 눈에 내 인생은 성공의 상징이다. 하지만 일터를 떠나면 내 삶에 즐거움은 많지 않았다. 결국 부는 내 삶의 일부가 되어버린 하나의 익숙한 '사실'일 뿐이었다. 지금 병들어 누워 과거 삶을 회상하는 이 순간, 나는 깨닫는다. 정말 자부심 느꼈던 사회적 인정과 부는 결국 닥쳐올 죽음 앞에 희미해지고 의미 없어져 간다는 것을. 어둠 속 나는 생명 연장 장치의 녹색 빛과 윙윙거리는 기계음을 보고 들으며 죽음의 신의 숨결이 다가오는 것을 느낄 수 있다. 이제야 나는 깨달았다. 생을 유지할 적당한 부를 쌓았다면 그 이후에는 부와 무관한 것을 추구해야 한다는 것을…. 그 무엇이 부 보다 더 중요하다면: 예를 들어, 관계 아니며 예술, 또는 젊었을 때의 꿈을…. 끝없이 부를 추구하는 것은 결국 나 같은 비틀린 개인만을 남긴다. 신은 우리에게 부가 가져오는 환상이 아닌 만인이 가진 사랑을 느낄 수 있도록 감각을 선사하였다. 내 인생을 통해 얻는 부를 나는 가져갈 수 없다. 내가 가져갈 수 있는 것은 사랑이 넘쳐나는 기억들뿐이다."

이 글은 타이완에서 출판된 『Say It Before It's Too Late: the Last Words of New Yorkers』라는 책에 실린 글이라고 한다. 스티브 잡스의 글처럼 읽히는 이유는 그의 삶과 유사하기 때문이다.

스티브 잡스는 사랑의 추억이 없었다. 그래서 불행이다. 4차 산업의 기술혁명이 사랑의 추억을 주지 못한다. 인간이 만든 플랫폼 안에는 추억도, 사랑도 없다. 기술만이 있는 것이다. 하나님의 영광이 흘러가고 영적 에너지가 흘러다니는 곳은 하나님의 토브와 바라크의 플랫폼밖에 없다. 명심하라. 일을하되 일에 집중하지 말고 하나님께 집중하고 하나님을 즐거워하라. 토브와 바라크의 플랫폼 안으로 흘러들어오는 하나님의 아름다움과 그 영광을 즐거워하고 성령으로 영적 에너지를 얻으라. 그리고 당신을 통해 하나님의 기쁨과 영광이 흘러가도록 하여 성령이 당신을 통해 토브와 바라크의 플랫폼이 확장되도록 하라. 당신의 인생은 충분히 아름답고 즐거운 것이다. 하나님을 즐겨라, 인생을 즐겨라. 이것이 4.0 바라커의 삶이다.

더 나아가 토브와 바라크의 플랫폼을 확장하는 일은 섬기는 일이다. 하나님은 우리에게 바라크를 주실 때 우리가 섬겨야 할 대상을 보여주신다. 그러므로 섬기는 일이 생길 때 그것이 나에게 바라크와 토브의 플랫폼을 확장하기 위해 주는 일이 아닌지 묵상해야 한다. 섬긴다는 것은 토브와 바라크의 플랫폼이 확장되고 있다는 증거이며 내 안에 하나님의 영광의 즐거움이 더 부유해지는 내적인 영적 성숙으로 이어지는 일이다. 섬기는 일이 생기면 섬기라. 섬기는 토브와 바라크는 하나님이 주시며 그 섬기는 가운데 하나님 영광을 즐거워 할 수 있도록 하신다. 하나님이 나의 영역을 넘어 섬기는 영역을 주시는 것은 바라크와 토브의 플랫폼이 움직이고 있다는 뜻이다. 그러므로 4.0 바라크는 하나님을 즐거워하고 인생을 즐거워하고 섬김을 환영해야 한다. 토브와 바라크의 플랫폼 안에 있는 부유함을 즐겨라.

4.0 바라커의 시대가 다가오고 있다

 필자의 이 글은 4.0 바라커의 삶을 살아갈 청소년들에게 앞으로 다가올 새로운 세대에 대해 이해시키고 준비하도록 하기 위해 작성되었다. 틀린 부분이 있을 수 있고 부족한 부분이 있을 수 있지만 분명한 한가지는 4.0 산업혁명 플랫폼 안에 복음의 플랫폼을 만들고자 하는 나의 열정이다. 하나님 나라를 이 땅에 이루는 4.0 바라커로 세우기 위해 이 글을 쓴 것이다. 현실공간과 가상공간이 만들어져 새로운 증강세계를 이루어가는 4차 산업의 공간 안으로 토브와 바라크의 플랫폼을 만들고 흘러보낼 인재들이 그리스도인들 중에 더 많아지길 바란다. 4차 산업혁명의 새로운 공간을 4.0 바라커 경영서를 통해 준비하고 성령을 통해 하나님의 바라크를 경험하게 될 모든 청년들과 청소년들에게 이 글을 드린다. 나도 4.0 바라커로 이 땅에 토브와 바라크의 플랫폼을 만들어가고 있다. 4.0 바라커는 나이와 상관 없다. 하나님의 토브의 눈으로 민족과 열방을 보고 그 속에 이미 그리스도의 십자가 안에서 완성된 토브와 바라크의 플랫폼을 확장시키며 만들어 갈 모든 이들이 4.0바라커들이다.

 "하나님이 자기 형상 곧 하나님의 형상대로 사람을 창조하시되 남자와 여자를 창초하시고 하나님이 그들에게 복바라크을 주시며 그들에게 이르시되 생육하고 번성하여 땅에 충만하라, 땅을 정복하라, 바다의 고기와 공중의 새와 땅에 움직이는 모든 생물을 다스리라 하시니라 하나님이 가라사대 내가 온 지면의 씨 맺는 모든 채소와 씨가진 열매 맺는 모든 나무를 너희에게 주노니 너희 식물이 되리라 또 땅의 모든 짐승과 공중의 모든 새와 생명이 있어 땅에 기는 모든 것에게는 내가 모든 푸른 풀을 식물로 주노라 하시니 그대로 되니라 하나님이 그지으신 모든 것을 보시니 보시기에 심히 좋았더라토브:복 저녁이 되며 아침이 되니 이는 여섯째 날이니라" - 창세기 1장 28-31절

"우리를 흑암의 권세에서 건져내사 그의 사랑의 아들의 나라로 옮기셨으니 그 아들 안에서 우리가 구속 곧 죄사함을 얻었도다 그는 보이지 아니하시는 하나님의 형상이요 모든 창조물 보다 먼저 나신자니 만물이 그에게 창조되되 하늘과 땅에서 보이는 것들과 보이지 않는 것들과 혹은 보좌들이나 주관들이나 정사들이나 권세들이나 만물이 다 그로 말미암고 그를 위하여 창조되었고 또한 그가 만물보다 먼저 계시고 만물이 그 안에 함께 섰느니라 그는 몸인 교회의 머리라 그가 근본아르케arche/근원이며 근본원리이요 죽은 자들 가운데서 먼저 나신 자니 이는 친히 만물의 으뜸프로튜어proteuo/모든 것을 통치하심과 사건의 처음이 되려 하심이요 아버지께서는 모든 충만으로 예수 안에 거하게 하시고 그의 십자가의 피로 화평을 이루사 만물 곧 땅에 있는 것들이나 하늘에 있는 것들을 그로 말미암아 자기와 화목케 되기를 기뻐하심이라"
- 골로새서 1장 13-20절

위의 두 말씀은 4.0 바라커의 핵심적인 말씀이다. 하나님은 하나님의 형상인 사람에게 바라크를 주시어 토브로 이끌고 계시다. 이것이 창조의 플랫폼이다. 그러나 사람의 실패에도 여전히 바라크를 통하

여 토브를 완성하신 것은 보이지 아니하시는 하나님의 형상이신 그리스도가 계셨기 때문이다. 그리스도께서 죽을 때 우리도 죽는다. 그래서 세상의 죄의 플랫폼, 욕망의 플랫폼에서 벗어나 하나님 나라의 플랫폼으로 옮기신다. 토브와 바라크되신 그리스도를 통하여 우리에게 모든 만물의 충만을 이루시는 하나님의 일꾼, 4.0 바라커들이 되게 하셨다. 화목이란 하나님의 생명과 영광이 충만한 상태에 이르는 것이다. 4.0 바라커들은 하나님의 플랫폼 안에서 영원한 바라크되신 그리스도의 머리되심의 공급을 받아 살아가는 자들이다. 그리하여 우리의 복음의 플랫폼은 모든 나라와 민족, 모든 만물을 화목된 상태로 만드는 것이다. 누군가 나에게 '플랫폼은 어떻게 만들어요?'라고 물으면 그리스도가 만드신다고 답하고 싶다. 하나님 아버지가 모든 충만으로 예수 안에 충만한 것처럼 우리 안에 성령으로 예수가 충만하면 토브 라아의 눈이 열리고 하나님의 초연결의 플랫폼을 보게 된다. 만드는 것이 아니라 보게 된다. 보게 될 것을 만들면 된다. 하늘과 땅에 있는 눈에 보이는 것, 보이지 않는 것들이 그리스도의 머리되심으로 초연결되어 있다. 그리스도 없이 그들의 생명과 영광의 충만은 있을 수 없다. 영적 파워를 주는 영적 음식들을 먹고 그리스도로 초연결되어 있는 세상을 보라. 이미 당신은 그리스도의 플랫폼 안에 들어와 있다! 4.0 산업혁명을 통한 인공지능 클라우드 플랫폼은 그리스도의 플랫폼에 봉사하기 위해 만들어지는 하나님의 역사 운행의 일부에 불과하다. 4.0 공간은 4.0 바라커를 위해 열려 있다. 내 아들 시은이와 같은 4.0 바라커들의 시대가 다가오고 있다. 4.0공간은 4.0 바라커의 것이다. 샬롬!

4.0 바라커들을 위한 기도

"사랑하는 주님,
우리는 각자의 태어난 환경, 은사, 생김새가 다 다릅니다.
그러나 우리에게 동일한 것은 주님이 우리의 주인이시며
구세주란 사실입니다.
우리 모든 그리스도인들에게 합당한 바라크를 주시는 분이란
사실입니다.
그리하여 우리는 우리에게서 복이 나오는 것이 아니라,
하나님 자체가 우리에게 복이며 복의 근원임을 고백합니다.

당신이 우리에게 주신 복을 따라
세상에 복을 흘러보내는 사람들로 우리를 자녀 삼아주시고
우리의 재능과 은사, 주어진 물질을 통하여 그리스도의 공동체를
부유케하여 우리 모두가 행복할 수 있도록 축복하여 주옵소서.

토브 라아의 눈을 만들어주시고
함께 일하는 그리스도의 지체를 통한 그리스도의 몸을 주시어
이웃과 민족, 열방을 향하여
그리스도의 바라크를 끊임없이 보내어
당신이 만드신 토브, 그 영원한 하나님 나라가
우리 안에 임하는 것을 보게 하옵소서.
4.0 바라커들을 축복하시어

4차 산업 시대에 복음을 전하는 자로 세워주시어

하나님 나라가 가상의 공간에, 초연결의 사회에 전해지는

놀라운 축복을 허락하옵소서.

하나님이 4.0 바라커를 통해 이루시는 놀라운 일들을 바라봅니다.

축복하시고 역사하여 주옵소서

예수님의 이름으로 축복하며 기도하옵나이다.

아멘."

토의하기

1. 하나님이 천지창조를 통해 토브와 바라크의 플랫폼을 만드셨다.
   이 플랫폼 안으로 무엇이 흘러 들어가는가?

2. 아담의 타락으로 토브와 바라크의 플랫폼은 오염되었으며 인간은
   에덴 동편으로 쫓겨난 후 끊임없는 공간확장을 통해 토브와 바라크
   의 플랫폼을 만들고자 하였다. 그러나 이 토브와 바라크의 플랫폼의
   문제는 무엇인가?

3. 인간의 타락에도 불구하고 토브와 바라크의 플랫폼이 멈추어지지
   않고 이 땅에 계속 만들어져가는 이유는 무엇인가?

4. 당신은 그리스도께서 완성하신 하나님의 토브와 바라크의 플랫폼
   안에 있다. 그 사실을 당신은 어떻게 아는가?

5. 하나님은 산업혁명의 공간확장 때마다 바라커들을 보냈다.
   그 역사를 요약해보라.

6. 필자는 토브와 바라크로서의 삶을 살기 위한 다섯가지 실천의 삶을
   말한다. 요약해보라.

7. 당신에게 영적 파워를 줄 멘토를 적어보라. 그리고 당신은 누구에게 영적 파워를 주고 싶은 멘토가 되겠는가?

8. 당신은 4.0 바라커로 어떤 토브와 바라크의 플랫폼을 만들어 세상에 흘러보내고 싶은가?

9. 4.0 바라커의 삶은 하나님 영광을 즐거워하는 것이다. 그 영광을 즐거워하는 삶을 살기 위해 당신이 해야 할 일은 무엇인가?

10. 당신의 자기 경영서를 만들어 보고 서로 나누어 보라.

참고도서
목록

공간의 역사와 4차산업혁명

가스통 바슐라르 저, 곽광수 역, 『공간의 시학』 동문선, 2003

강명구 저, 『4차 산업혁명 이야기』 주키출판사, 2018

구범회 저, 『예수, 당태종을 사로잡다』 도서출판 나눔사, 2012

김대식 저, 『4차 산업혁명에서 살아남기』 ㈜창비, 2018

김명자 저, 『산업혁명으로 세계사를 읽다』 까치글방, 2019

김호동 저, 『동방 기독교와 동서문명』 까치글방, 2002

남경태 저, 『트라이앵글 세계사』 도서출판 푸른숲, 2001

다나카 아키라 저, 현명철 역, 『메이지 유신과 서양 문명』 도서출판 소화, 2013

베이징대륙교문화미디어 저, 양성희 역, 『역사를 결정한 대정복 8장면』 ㈜현암사, 2010

베이징대륙교문화미디어 저, 양성희 역, 『역사를 뒤흔든 대이동 7가지』 ㈜현암사, 2010

새뮤얼 헌팅턴 저, 이희재 역, 『문명의 충돌』, 김영사, 1997

신시아 브라운 저, 이근영 역, 『빅히스토리』 바다출판사, 2017

안무정 저, 『4차 산업혁명을 주도할 6가지 코드』 나비의활주로, 2018

에드워드 렐프 저, 김덕현·김현주·심승희 역 『장소와 장소상실』 논형, 2005

왕지아펑·천용·가오다이·가오이·리공전·탕중난·쉬텐신·허순궈 저, 양성희·김인지 역, 『대국굴기』 ㈜크레듀, 2007

유현준 저, 『공간이 만든 공간』 ㈜을유문화사, 2020

이주희 저, 『강자의 조건』 엠아이디출판사, 2014

자크 아탈리 저, 이효숙 역, 『호모 노마드, 유목하는 인간』 ㈜웅진씽크빅, 2005

제이슨 델 간디오 저, 김상우 역, 『다른 세상은 가능하다』 도서출판동녘, 2011

조명진 저, 『3개의 축』 ㈜새로운 제안, 2008

조병학 저, 『2040 다비이디드』 ㈜인사이트앤뷰, 2019

조성은 저, 『길 위의 세계사』 한겨레출판주, 2017

주경철 저, 『대항해시대』 서울대학교출판문화원, 2008

최진석 저, 『인간이 그리는 무늬』 소나무, 2013

크리스토프 바우머 저, 안경덕 역, 『실크로드 기독교』 ㈜일조각, 2016

클라우스 슈밥 저, 송경진 역, 『클라우스 슈밥의 제4차 산업혁명』 메가스터디주, 2016

키스 젠킨스 저, 최용찬 역, 『누구를 위한 역사인가』 도서출판 혜안, 1999

타케미츠 마코토 저, 이정환 역, 『세계 지도로 역사를 읽는다』 황금가지, 2001

홍대순 저, 『아트경영』 아카넷, 2018

CCTV 다큐멘터리 대굴국기 제작진 저, 『강대국의 조건: 미국』 안그라픽스, 2007

W. 데이비드 스티븐슨 저, 김정아 역, 『초연결』 다산북스, 2019

반도체와 데이터

보 벌링엄 저, 김주리 역, 『스몰자이언츠가 온다』 넥스트북스, 2019
비나 벤카타라만 저, 이경식 역, 『포사이트』 ㈜더난콘텐츠그룹, 2019
정인성 저, 『반도체 제국의 미래』 ㈜이레미디어, 2019

인공지능

구태언 저, 『미래는 규제할 수 없다』 클라우드나인, 2018
김용규 저, 『서양문명을 읽는 코드, 신』 ㈜휴머니스트 출판그룹, 2010
리처드 필립 파인만 저, 박병철 역, 『파인만의 여섯가지 물리이야기』 도서출판 승산, 2003
박문호 저, 『뇌, 생각의 출현』 ㈜휴머니스트 출판그룹, 2008
에이미 추아 저, 윤미연 역, 『불타는 세계』 부광출판사, 2004
오승현 저, 『인공지능 쫌 아는 10대』 도서출판 풀빛, 2019
이영진 저, 『영혼사용설명서』 도서출판 샘솟는기쁨, 2016
이지성 저, 『에이트』 차이정원, 2019
자크 아탈리 저, 양영란 역, 『미래의 물결』 위즈덤하우스, 2007
존 버거 저, 최민 역, 『다른 방식으로 보기』 열화당, 2012
한스-게오르크 호이젤 저, 강영옥·김신종·한윤진 역, 『뇌, 욕망의 비밀을 풀다』 비즈니스북스, 2008

모바일

커넥팅랩 저, 『모바일 트렌드 2019』 미래의창, 2018
커넥팅랩 저, 『모바일 미래보고서 2020』 ㈜비즈니스북스, 2019

자율주행자동차, 드론, 플라잉카와 공유경제

박신식 저, 『일론 머스크의 세상을 바꾸는 도전』㈜크레용하우스, 2016
이민화 저, 『공유 플랫폼 경제로 가는 길』KCERN, 2018
이상우 저, 『얄팍한 교통인문학』크레파스북, 2018

5G와 빛

고삼석 저, 『5G 초연결사회, 완전히 새로운 미래가 온다』㈜메디치미디어, 2019
고재현 저, 『빛 쫌 아는 10대』도서출판 풀빛, 2019
김상일 저, 『카오스와 문명』, 동아출판사, 1994
데이비드 보더니스 저, 김민희 역, 『E=mc²』주생각의 나무, 2001
리즈 에버스 저, 오숙은 역, 『시간 인문학』옐로스톤, 2017
마이클 길랜 저, 서윤호·허민 역, 『다섯개의 방정식』경문사, 1997
버터필드 외 저, 이정식 역, 『과학의 역사』도서출판 다문, 1990
이강환 저, 『우주의 끝을 찾아서』주현암사, 2014
이준호·박지웅 저, 『5G와 AI가 만들 새로운 세상』갈라북스, 2019
장하석 저, 『장하석의 과학, 철학을 만나다』이비에서미디어주, 2014
정우기 저, 『5G 이동통신 첫걸음』복두출판사, 2019
존 배로우 저, 최승언·이은아 역, 『우주의 기원』주식회사 동아출판사, 1995
토머스 S. 쿤 저, 김명자 역, 『과학혁명의 구조』주식회사 두산, 1992
F.카프라 저, 이성범·구은서 역, 『새로운 과학과 문명의 전환』㈜범양사 출판부, 1985

신소재

사토 겐타로 저, 송은애 역, 『세계사를 바꾼 12가지 신소재』북라이프, 2019
신동민·정봉주·조현보 저, 『스마트제조』이프레스, 2017
한상철·한명희·최철·김도형·유재은 저, 『신소재, 4차 산업혁명을 이끄는 힘』흥릉과학출판사, 2019

스마트시티와 4.0정치

김구 저, 『스마트사회와 공동체』 도서출판 대영문화사, 2016
손지우 저, 『불평등이 야기한 산업혁명 그리고 스마트시티』 매경출판주, 2019
에른스트 캇시러 저, 최명관 역, 『국가의 신화』 서광사, 1977
예병일 저, 『정치의 미래와 인터넷 소셜 의지』 ㈜북이십일 21세기북스, 2014
윤현섭 저, 『법의 심리학』 학지사, 1995
KBS 명견만리 제작팀 저, 『명견만리- 새로운 사회 편』 ㈜인플루엔셜, 2017

금융

김한진·김일구·김동환 저, 『빅히트』 페이지2북스, 2019
나심 니콜라스 탈레브 저, 안세민 역, 『안티프래질』 ㈜미래엔, 2013
나심 니콜라스 탈레브 저, 차익종·김현구 역, 『블랙 스완』 동녘 사이언스, 2008
다니엘 벨 저, 김진욱 역, 『자본주의의 문화적 모순』 문학세계사, 1990
대니얼 카너먼 저, 이창신 역, 『생각에 관한 생각』 김영사, 2012
마루야마 슌이치·NHK 다큐멘터리 제작팀·유발 하라리 외 4인 저, 신희원 역, 『초예측 부의 미래』 웅진지식하우스, 2020
마르크스 베버 저, 박성수 역, 『프로테스탄티즘의 윤리와 자본주의 정신』 문예출판사, 1988
서준식 저, 『투자자의 인문학 서재』 한스미디어, 2020
성정모 저, 『욕망사회』 한겨레출판주, 2016
에스워드 다모다란 저, 조성숙 역, 『내러티브 앤 넘버스』 한빛비즈주, 2020
와타나베 이타루 저, 정문주 역, 『시골빵집에서 자본론을 굽다』 도서출판 더숲, 2014
유리 그니지·존 A. 리스트 저, 안기순 역, 『무엇이 행동하게 하는가』 김영사, 2014
윤재웅 저, 『차이나 플랫폼이 온다』 미래의창, 2020
조용준 저, 『4차산업 1등주에 투자하라』 한스미디어, 2019
천영록·제갈현열 저, 『부의 확장』 다산북스, 2020
캐리 폴라니 레빗 저, 박종현·정태인 역, 『거대한 전환에서 거대한 금융화로』 민언프린텍주, 2017
클레멘스 봄스도로프 저, 김세나 역, 『노르웨이처럼 투자하라』 미래의 창, 2019
헤먼트 타네자·케빈 매이니 저, 김태훈 역, 『언스케일』 청림출판주, 2019
홍익희 저, 『달러 이야기』 한스미디어, 2014
홍익희 저, 『유대인 이야기』 ㈜행성비, 2013
홍춘욱 저, 『50대 사건으로 보는 돈의 역사』 ㈜로크미디어, 2019
홍춘욱 저, 『디플레 전쟁』 ㈜스마트북스, 2020

교육

로베르타 골린코프·캐시 허시-파섹 저, 『최고의 교육』예문아카이브예문사 , 2018
박병기 저, 『제4차 산업혁명 시대의 리더십, 교육 & 교회』 거꾸로미디어, 2018
박희진·신건철·최선경·오우진·정동완 저, 『미래교육 미래학교』㈜다빈치하우스-미디어숲, 2019
스티븐 코비 저, 김경섭·박창규 역, 『원칙 중심의 리더십』 김영사, 2001
이지성 저, 『내 아이를 위한 칼 비테 교육법』 차이정원, 2017
존 카우치·제이슨 타운 저, 김영선 역, 『공부의 미래』 어크로스출판그룹주, 2019

산업혁명과 예술, 스트리밍의 아름다움

게오르크 W.베르트람 저, 박정훈 역, 『철학이 본 예술』 세창출판사, 2017
김영대 저, 『BTS The Review』 알에이치코리아, 2019
문성길 저, 『넷플릭스하다』 ㈜스리체어스, 2017
박홍순 저, 『미술로 뒤집는 세계사』 도서출판 르네상스, 2014
밥 배철러 저, 송근아 역, 『더 마블 맨』 한국경제신문 한경BP, 2019
심혜련 저, 『20세기의 매체철학』 ㈜그린비출판사, 2012
엘렌 다사나야케 저, 김성동 역, 『예술은 무엇을 위해 존재하는가』 연암서가, 2016
요한 호이징하 저, 김윤수 역, 『호모 루덴스』 도서출판 까치, 1981
윤지영 저, 『오가닉 미디어』 ㈜북이십일 21세기북스, 2014
임상빈 저, 『예술가의 눈으로 세상을 바라보기』 ㈜박영사, 2019
조광제 저, 『회화의 눈, 존재의 눈』 이학사, 2016
조은령·조은정 저, 『혼자 읽는 세계미술사 1』 다산북스, 2015
진중권 저, 『미학 오디세이 1』 ㈜새길, 1994
진중권 저, 『미학 오디세이 2』 ㈜새길, 1994
차민주 저, 『BTS를 철학하다』 비밀신서, 2018
클레어 콜브룩 저, 정유경 역, 『이미지와 생명, 들뢰즈의 예술철학』 도서출판 그린비, 2008
프리드리히 키틀러 저, 유현주·김남시 역, 『축음기, 영화, 타자기』 ㈜문학과지성사, 2019
필리프 코스타마냐 저, 김세은 역, 『안목에 대하여』 글담출판사, 2017
하야시 마사유키 저, 서재원 역, 『그림으로 배우는 클라우드』 주식회사 영진닷컴, 2016
하워드 가드너 저, 김한영 역, 『진선미』 북스넛, 2013
한병철 저, 『아름다움의 구원』 ㈜문학과지성사, 2016

자연, 생명, 헬스케어

J. 크레이그 벤터 저, 김명주 역, 『인공생명의 탄생』 바다출판사, 2018
랄프 왈도 메너슨 저, 서동석 역, 『자연』 ㈜은행나무, 2014
비피기술거래 비피제이기술거래 저, 『4차 산업혁명과 환경기술』주비티타임즈, 2019
예병일 저, 『의학사의 숨은 이야기』 도서출판 한울, 1999
윌리엄 H. 맥닐 저, 허정 역, 『전염병과 인류의 역사』 도서출판 한울, 1992
윌리엄 코기·이승무 저, 이승무 역, 『제국 문화의 종말과 흙의 생태학』 도서출판 밥북, 2020
장화익 저, 『물질, 생명, 인간』 돌베개, 2009
잭 와이너스미스, 켈리 와이너스미스 저, 곽영직 역, 『이상한 미래 연구소』 ㈜시공사, 2018
제러미 리프킨 저, 안진환 역, 『글로벌 그린 뉴딜』 ㈜민음사 2020
최윤섭 저, 『디지털 헬스케어: 의료의 미래』 클라우드나인, 2020
한현욱 저, 『4차 산업혁명 시대 이것이 헬스케어 빅데이터이다』 클라우드나인, 2019
홍영남 저, 『이기적 유전자』 ㈜을유문화사, 1993
황상익 편, 『재미있는 의학의 역사』 한울림, 1991

4.0 바라크

박경철 저, 『시골의사 박경철의 자기혁명』 ㈜웅진씽크빅, 2011
박병기·강수연·김주혜·정지원 저, 『청소년들이 함께 연구한 서번트 리더십』 거꾸로미디어, 2020
스티븐 코비 저, 김경섭·김원석 역, 『성공하는 사람들의 7가지 습관』 김영사, 1994
정철희 저, 『자기주도학습 만점 공부법』 행복한나무, 2009
한국성과향상센터 저, 『나를 바꾼 프랭클린 플래너』 바다출판사, 2007
할 엘로드 저, 김현수 역, 『미라클 모닝』 한빛비즈주, 2016